浅野八郎＝著

いちばんやさしい

手相入門

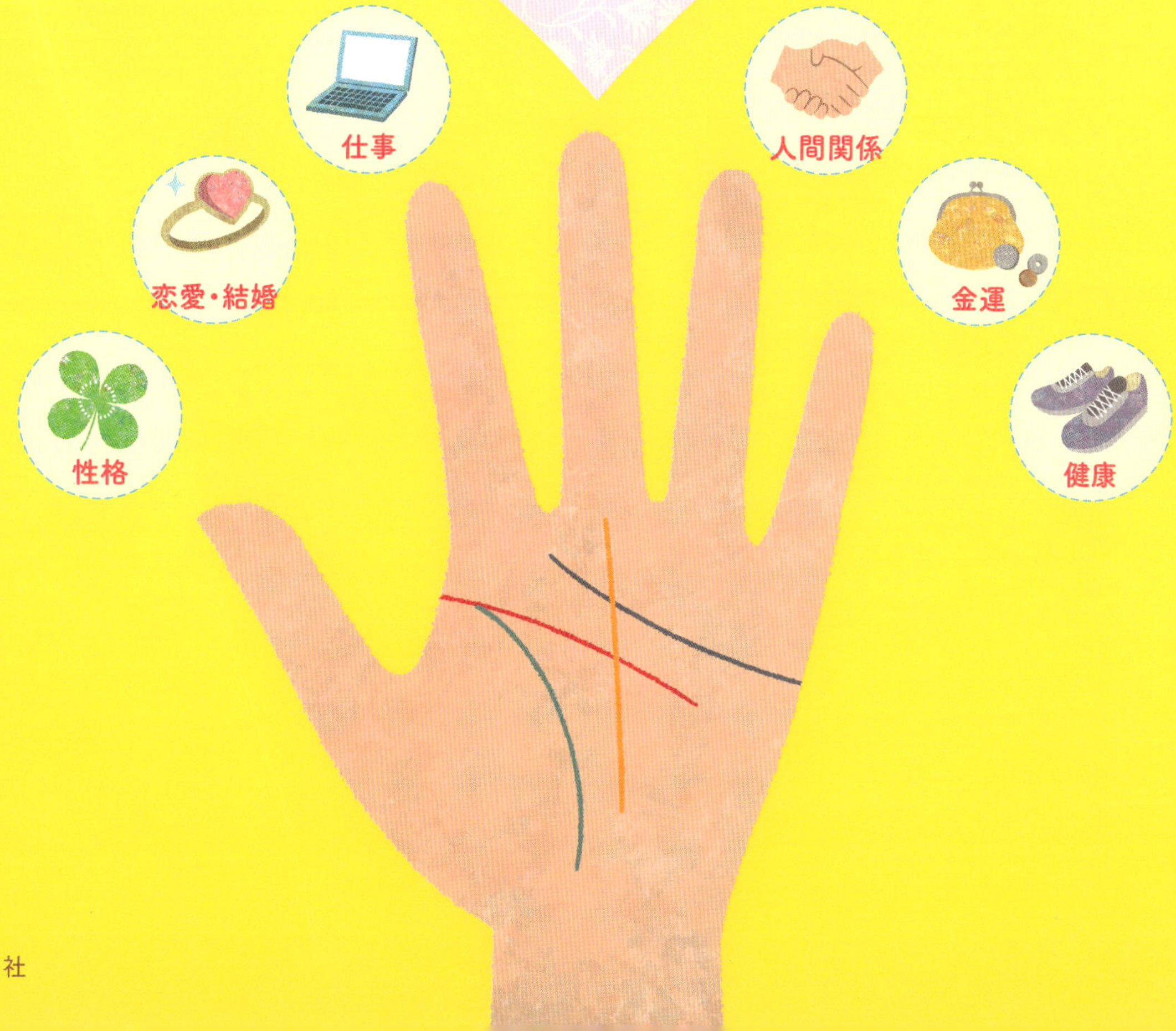

ナツメ社

はじめに

人の人生を決める運の要素は、大きく分けると三つあります。

まず、一つ目は生まれつき持っている運で、親から受け継ぐものなどです。

二つ目は、性格や生活環境で変わってくる運です。

最後の三つ目は、自分で努力して作っていく運です。

この三つをどう生かすかで、その人の運命は決まってくるといえます。


生まれつき持っている運というのは、自分では変えられないものです。

たとえば、お金持ちの家に生まれるという運の人がいます。しかし、そのような運を持っていても、お金に困る場合もあります。その人の運を決めていくのは、性格、環境、努力といった要素が大きな割合を占めるといえるでしょう。


そして、第二、第三の運を高めていくためのヒントになるのが、この「手相占い」になります。

生年月日や星座など、 もともと決まったデータを元に占うものが多いなかで、

「手相」は確実に個人個人が見えてくる占いです。

この世に自分と同じ手相の人は、二人といないのです。双子であっても、手相は違います。 最初は似たような手相だったとしても、 時間と共に変わるので、まったく違う手相に成長していきます。

手相を読むことで、現在の状態を知り、チャンスを見極め、足りない点を補う努力をしていけば、運を味方にすることができます。

たとえ手相にマイナスの要素が出ていたとしても、落ち込む必要はありません。

そのサインを参考にして、自分の心の持ちようや行動、人づきあいの仕方を変えていくことで、運をつかむことができるからです。


手相をヒントにして、あなたも幸運を手に入れましょう！

浅野八郎

手相のこと、教えて！

1 手相で何がわかりますか？

昔から手相には、その人の性格や持っている能力、考え方、センス、体力などが表れるといわれてきました。つまり、その人固有のパーソナリティーが、手相には反映されているということ。これまでどういう人生を歩んできたのか、そして、どういう未来が広がっているのか。あなたの人生の航海図は、手相にはっきりと示されているのです。

2 手相って変化しますか？

手相は一生変わることのない「宿命」ではありません。心手は身体の各部位や大脳と深いつながりがあります。その人身のコンディションが悪くイライラしていると、その人の手相はどんどん悪くなります。そして、体調や精神状態が落ち着いているときには、自然といい手相になります。つまり、あなたの思考と行動を、手相は忠実に反映していくのです。

3 手相の診断は右手？　左手？

右手、左手はそれぞれ異なる意味を持ちます。手相を見るときは、まず「積極的な手」を中心に診断します。そして、次に「消極的な手」も合わせて見ることで、総合的な判断をすることができます。この「積極的な手」「消極的な手」については14ページで解説します。

4 手のシワと線は違うの？

手相では、シワも線として鑑定します。複雑に入り組んでいるものも、すべて線として見てください。そして、濃くはっきりとした線ほど、意味が強くなります。この場合の「濃い」の基準は、指の第一関節の線と同じくらいと考えてください。たとえ、消えそうな薄い線でも、濃い線に変化することがありますから見逃さないように。

5 手相を見る順番は？

最初に基本の4大線（生命線・頭脳線・感情線・運命線のこと。18ページで解説）を探してください。恋愛や金運などの鑑定はより細かい線を見ていきますが、すべての人にこの線があるわけではありません。また、今は出ていなくても、将来出てくることもあるのです。

いちばんやさしい手相入門 もくじ

はじめに……2
手相のこと、教えて！……3
もくじ……5

第1章 手相の基本

手相でパーソナリティーを知る……12
手相で身体の変化を自己診断……13
手相は左右どちらの手を見るのか……14
手相を見る前に、「手」の全体像に注目しましょう……15
手全体の厚みは？……15
手の出し方は？……16
手のひらの色は？……17
基本の4大線……18
手のひらの4つのエリア……20
4大線以外の主要な線……22
手のひらの丘と平原……28
年齢がズバリわかる！ 流年法……30
人生の流れは？……30
結婚のタイミングは？……31
お金に恵まれる時期は？……32
健康に注意すべきときは？……33
手のひらのサイン……34
手の形で見る……36
爪の形で見る……39
手の指紋で見る……40
コラム 手相学の歴史……42

第2章 浅野式48タイプの基本性格

浅野式あなたの手相チェック……44
生命線と頭脳線のスタート位置は？……44
頭脳線のゴール位置は？……46
感情線のゴール位置は？……47
あなたはどのタイプ？ 48の性格診断……48
コラム 手相は変わる!!……64

第3章 恋愛のタイプ

恋愛運の傾向はココで見る！……66
どんな恋愛パターンにハマりそう？……68
好きになったらまっしぐら！……68
障害をものともしないエネルギー……68
「好き！」「嫌い！」好みがはっきり……69
恋の対象の範囲が狭過ぎる……69
早熟だけど現実性に乏しい……69
忍耐力に欠ける恋……70
何よりデータ重視のクールな恋……70
自由奔放危険過ぎる恋……70

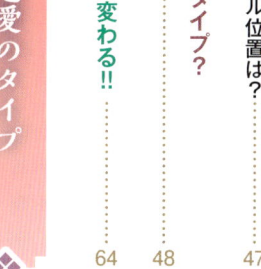

ドラマチックな恋愛への憧れ…71
自らは動かないのんびり型…71
自分完結の妄想恋愛ごっこ…71
恋の試練が山ほどありそう…72
相手任せの態度でケンカばかり…72
理想を語るも行動が伴わない…72
人目を気にして被害妄想…73
マイペースで堂々とした恋…73
相手のペースに巻き込まれがち…73
複数の異性が気になる浮気性かも?…74
激情型浮気タイプ…74
八方美人型浮気性…74
不倫にドハマリタイプ!…75
複数の人と熱い感情をぶつけ合う…75
惚れっぽくて一人に決められない…75
オープンにする? 秘密にしておく?…76
ストレートで激しい大胆な恋愛…76
恋愛もセックスも積極的に楽しむ…76
多くを語らない秘密主義者…77
口下手な内向派…77
自己完結になりがちな恋愛…77
もちろんノーマル? 冒険のアブノーマル?…78
ドキドキハラハラのリスクを好む…78
歪んだ愛情表現に注意を!…78
充実したセックスライフを満喫…79
「普通じゃない」に燃えるタイプ…79
セックスを味わい尽くしたい!…79
だからモテる! だからモテない…80
異性が途切れない魔性の女…80
自分の感情が表面にはっきり出る…80
自信がなくて受け身に回る…81
曖昧な態度で損をするタイプ…81
危険な人に狙われるかも…81
魅力満開のモテ期はいつ?…82
10〜20代まで幅広くチャンスが…82
30歳以降の成熟期に期待大!…82
学生時代が一番のモテ期…83
20歳過ぎから魅力がアップ!…83
20代後半から一気に恋愛開眼…83
運命の出会い、チャンスはいつ?…84
積極的なアピールが鍵!…84
モテオーラ放出中!…84
うれしいハプニングが接近中…85
チャンスをものにする準備をして…85
攻めの姿勢でOK!…85
恋が成就する幸せの予感…86
ステキな恋人に巡り会うチャンス!…86
恋のキューピッドが現れそう…86
予想外の人から愛の告白!…87
いよいよ恋愛成就のとき…87
奇跡的な復活愛の兆し…87
恋する気持ちが失せている?…88
恋心を思い出して!…88
恋愛への関心が希薄なタイプ…88
異性に興味がない!?…89
恋愛には疎い奥手タイプ…89
恋愛に怖じ気づいてない?…89
抱えている恋の悩みと理由は?…90
自分に自信がない!…90
小さなことでクヨクヨ…90
過去の人が忘れられない…91
相手を疑って束縛しそう…91
過去の些細なことも悔やむ…91
コラム 恋愛のパターン ひと目で判断! ひと言で診断!…92

第4章 結婚・家庭のタイプ

結婚・家庭運の傾向はココで見る!…94
幸せも金運も! 玉の輿に乗れる?…96
最強の結婚が待っている!…96
玉の輿で夢の暮らしが実現…96
大恋愛が実って理想の結婚へ…97
パートナーの大きな支えで幸せに…97
結婚で得られる人生の喜び…97

結婚のチャンスとその過程を知ろう……98
理想の相手が近いうちに出現……98
運命の人を見逃さないで！……98
障害があってもあきらめない……99
仕事や趣味への比重を抑えて……99
焦って結婚するのはNGかも……99

結婚相手とは恋愛？　お見合い？……100
周囲からの心強いサポートが鍵……100
目上からのバックアップに期待を……100
慎重に時間をかけて決断しそう……101
昔ながらのお見合いがおすすめ……101
お見合いから運命の出会いが訪れる……101

チャンス到来はいつ？　婚期のめやす……102
若いうちに結婚の決断をしてOK……102
早婚でも幸せな結婚生活の予感……102
晩婚の方が安心できるタイプ……103
適齢期を過ぎても焦らないでOK……103
あなたの結婚適齢期を判断する……103

相手の手相で知る　結婚生活のイメージ……104
人生を切り開いていくパワフルな人……104
独立心とバイタリティにあふれた人……104
実家や親にべったり依存しがちな人……105
優しいけれど親に逆らえない人……105
常に親の許可を得ようとする人……105

結婚生活の幸せな予想図は？……106
家族にハッピーなニュースが舞い込む……106
念願のマイホーム購入が実現……106
結婚後に運気が一気に急上昇！……107
相手も幸せにする最強の手相……107
老後の経済面も余裕で安心……107

幸せの象徴、子宝に恵まれる？……108
子どもを授かれる？　人数は？……108
妊娠率がかなり高いタイプ……108
たくさんの子どもに恵まれる幸福線……109
親思いの優しい子どもに恵まれる……109
子どもの存在が家族を救う……109

パートナーとあなたの力関係は？……110
パートナーへの依存度は高め……110
女性なら専業主婦になるタイプ……110
一家をがっちり支える良妻賢母……111
配偶者と助け合える関係に……111
しっかりもので仕切るタイプ……111

あなたは家庭向き？　自由な独身向き？……112
家族を上手にまとめられる人……112
仕事中心より家庭向きのタイプ……112
独身生活を十分に謳歌したい……113
縛られることが嫌いな自由人……113
結婚願望よりお金に関心がある……113

結婚相手の実家とのおつき合いは？……114
姑との対立が待ち受けているかも……114
一時的に相手の実家ともめそう……114
トラブルが起こる前に対策を……115
家庭がギスギス落ち着かない……115
子どもの存在で人間関係が良好に……115

離婚や再婚の可能性はありそう？……116
ドロドロの不倫劇になりそう……116
お互いへの不満が爆発寸前！……116
愛が冷め切ってセックスレスに……117
離婚の危機で大ピンチ！……117
熟年離婚の可能性がありそう……117

家庭内で勃発する　今後のトラブルは？……118
寂しい晩年になってしまうかも……118
将来に対するいろいろな不安……118
大きな金銭トラブルに注意を……119
一家がバラバラになってしまう？……119
お金の問題には事前に予防線を……119

コラム　**結婚と家庭生活　ひと目で判断！　ひと言で診断！**……120

第5章　仕事のタイプ

仕事運の傾向はココで見る！……122
どういう仕事に向いている？……124

身体を動かすパワフルな仕事向き…124
マニュアルに沿って正確に進める仕事…124
どんな仕事も体力勝負でこなせる…125
頭をフル回転させる仕事が得意…125
繊細で理論的な作業に向いている…125
神経を使う作業をきっちりこなす…126
頭脳を駆使する仕事に就くべき！…126
豊富なアイデアを生かせる仕事…126
芸術的センスと柔軟な発想力…127
数字を扱う仕事で頭角を表す…127
科学の分野で大活躍の予感…127
論理的な才能を生かした仕事…128
個性を生かした専門職向き…128
技術を職業に結びつけて成功…128
知的探究心を満たす職種で大成…129
趣味を仕事にしない方が良い…129
安定した仕事場や職種で力を発揮…129

仕事に生かせる個性を発見！…130
正確さ、精密さが苦にならない…130
聞き上手を生かすサービス業向き…130
臨機応変な対応力が発揮できる…131
根気強くコツコツ努力できる人…131
直感に優れたアーティスト…131

リーダーシップがある人、補佐役に回る人…132
強い気持ちで周囲を引っ張る…132
空気が読める縁の下の力持ち…132
常識的で人の模範となるタイプ…133
親分肌、姉御肌で頼れるタイプ…133
意志の強い先導型のリーダー…133

実力を発揮できるシーンはどこ？…134
故郷から離れたところに好機…134
転機が国外にあるタイプ…134
グローバルな活躍に期待大！…135
実家や地元での生活に実りがある…135
どんな環境でも道を切り開いていく…135

仕事に対する充実度は高い？　低い？…136
転職を繰り返してしまう…136
根気がなくて仕事が続かない…136
理想の仕事に就いて活躍できる…137
順風満帆で充実の仕事ぶり…137
困難を乗り越えてつかむ仕事運…137

どうすれば仕事で成功できる？…138
故郷を離れて出世するタイプ…138
親から受け継いだもので成功…138
障害を乗り越えて結果を出す…139
仕事と趣味を一緒にしないこと…139
海外で出会う人やものからの影響…139

周囲の人とうまくやっていける？…140
人とのトラブルが原因で転職続き…140
心強い協力者に恵まれる…140
上司から認められてランクアップ…141
会社や仕事で八方ふさがりに…141
上司や先輩と意見の食い違いが…141

転職するべき？ それとも現状のまま？…142
転職しても成功をつかめる！…142
いばらの道の先にチャンスが…142
転職より日常生活を見直して…143
仕事もプライベートもいい流れ…143
今の環境でこのまま続けていく…143

仕事でどんな悩みを抱えている？…144
モチベーションが足りない…144
能力を生かす場はどこにある？…144
気持ちを意識してコントロール…145
悪い流れを変える朝型生活を…145
仕事のトラブルやリストラの暗示も…145

仕事でのトラブル注意信号…146
倒産などの避けられない不運…146
旅行先でアンラッキーに見舞われそう…146
海外で思わぬアクシデントが！…147
さまざまなトラブルが続いてしまう…147
余計な発言がトラブルの元…147

コラム　才能と仕事　ひと目で判断！　ひと言で診断！…148

第6章 人間関係のタイプ

人間関係運の傾向はココで見る！……150
空気が読める？ それともKY？……152
敏感に場を読む思いやりの人……152
場の空気を大事にする人気者……152
感情を表に出さず抑えがち……153
人目が気にならない楽天家……153
短気で自分の感情が中心かも……153
どんなタイプの人気者になれそう？……154
一生ものの友人に恵まれる！……154
温和で人を惹きつける社交家……154
デリケートで思いやりのある人……155
存在感ある天性のスター……155
個性的なアイドルキャラ……155
頼れるリーダーの素質を分析……156
面倒見抜群の人格者……156
周囲と歩調を合わせて進む先導者……156
柔と剛を備えた穏やかな人……157
大らかな魅力で人を惹きつける……157
意志が強い孤高のリーダー……157
どんなタイプの人から好かれる？……158
自然といい出会いに恵まれる……158
海外の人と運命的な縁がある……158
目上の人から引き立てられる……159
自分勝手な人に振り回されがち……159
旅先でインパクトある出会いが……159
肉親や兄弟とはどういう関係になる？……160
いざというときに身内が助けに……160
家族を援助する責任ある立場……160
親と離れた生活が始まりそう……161
先祖から強い加護を受ける……161
家族の仲に亀裂が入りそう……161
こんな対人トラブルに見舞われる！……162
人に頼りきりの姿勢が非難の的に……162
思い込みからすれ違いが発生？……162
デリカシーのなさが露呈してしまう……163
度が過ぎるおしゃべりとルーズさ……163
争いやケンカが絆を深める……163
コラム コミュニケーション能力 ひと目で判断！ ひと言で診断！……164

第7章 金運のタイプ

金運の傾向はココで見る！……166
将来、お金持ちになれそう？……168
仕事で成功して裕福な暮らしに……168
収入を得る才能やセンスがある……168
億万長者になる可能性も！……169
順調に貯蓄額が伸びている……169
大金が転がり込むチャンス！……169
金銭的なセンスに恵まれている？……170
人に流されないがっちりした倹約家……170
経済的なセンスとひらめきが抜群……170
望んだ場所にマイホームが持てそう……171
お金を生み出す天性のひらめき……171
上手にお金を活用する天才……171
お金の使い方、倹約派？ つい浪費型？……172
入った分だけ景気よく使ってしまう……172
ローン破産予備軍？……172
計画的に買い物ができる……173
やりくり上手な倹約家……173
稼ぐことも使うこともしない……173
潤沢な遺産を受けることができそう？……174
親の財産に守られて苦労知らず……174
裕福でお金に恵まれた生活……174
相当な遺産を相続して安泰……175
中年以降に生活が苦しくなる？……175
莫大な遺産が舞い込む可能性……175
株やギャンブルに関する才能はある？……176
大胆な勝負師になれそう……176

株やギャンブルで大儲け！……176
浮き沈みの激しい人生の暗示……177
夢のお告げで大ラッキーの予感……177
ギャンブルにはまる危険大！……177

周りに助けられる？ それとも苦労を背負う？……178
思いやりにあふれた苦労人……178
親に依存し過ぎていない？……178
金銭面で人に頼りっぱなしの人生……179
資金面の援助者が出現する……179
親しい人にだまされないように……179

現在の金運はどうなっている？……180
投資やローンの時期をチェック！……180
貸していたお金が戻ってきそう……180
お給料アップは期待できる？……181
働いているのに生活が楽にならない……181
アイデアで大金をつかむチャンス！……181

こんな金銭トラブルに注意して！……182
詐欺の被害に遭いやすいかも……182
愛情に負けてお金を貢ぎそう……182
税金の申告漏れなどの失敗が……183
余計なものを買わされるはめに……183
投資や株で大失敗しそう！……183

コラム マネー感覚 ひと目で判断！ ひと言で診断！……184

第8章 健康のタイプ

健康運の傾向はココで見る！……186

健康第一で長生きできそう？……188
長生きの典型、大往生の予感……188
元気でスタミナにも恵まれる……188
いつまでも若々しさを保てる……189
気力と体力にあふれるタフな人……189
エネルギーが一時的に枯れているかも……189

注意したい身体の部分はどこ？……190
胃腸の病気に気をつけたい……190
気管支や呼吸器系に注意を……190
心臓や血管にトラブルの恐れが……191
肝臓が疲れている可能性あり……191
不妊症になりやすいかも……191

思わぬ事故やケガの可能性は？……192
事故やケガに注意すべき時期……192
自分の不注意によるケガの暗示……192
頭痛のストレスから注意力散漫に……193
危険な場所には近づかないで……193
旅行先でアンラッキーな出来事が……193

ストレスを溜めやすくなっている？……194
悩みを一人で抱え込んでしまう……194
激しい不安に襲われて憂鬱に……194
人間関係に悩んで胃腸にトラブルが……195
悩みが重なって気持ちが落ち込む……195
些細なことでもイライラしそう……195

今の健康状態はどうなっている？……196
全身のコンディション不良……196
視神経の疲れに気をつけて……196
運動不足で足腰にダメージが……197
心に張りがなく気持ちが老化……197
もしや重い病気の可能性が？……197

コラム 健康バロメーター ひと目で判断！ ひと言で診断！……198

第9章 手相を変えて開運

手相を変えて運気をアップする……200
心の状態で手相が変わる……202
食事・環境で手相を変える……203
しぐさ・行動で手相を変える……204
運気を悪くする手の習慣あれこれ……205
3大基本線を鍛えて運気を上げる……206
手のひら全体、指先を鍛える……207

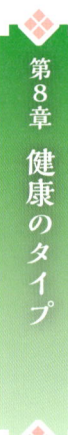

第1章

手相の基本

手のひらに刻まれたシワやふくらみには、すべて意味があります。手相に示されたその秘密を解くヒントを、わかりやすく解説しましょう。

手相でパーソナリティーを知る

手相には、その人の性格や持っている能力、思考、体力などが表れます。これらのパーソナリティーをしっかり把握することは、将来の人生設計をするうえでとても大切です。

たとえば、職業を例に考えてみましょう。人間の「仕事」を大きく区分すると、その性質から見て「頭脳的なもの」が重要な役割になる仕事と、「肉体的な労働」を求められる体力的な仕事に分けられます。

自分のパーソナリティーに合った職種を選んで、いい方向に人生が進む人がいる一方、パーソナリティーに適さない仕事に就いた結果、成功が遠くなる人もいるかもしれません。さらには、ストレスで体調を崩すなど不運に見舞われる確率も高くなりそうです。

つまり、どれくらい自分自身のパーソナリティーを自覚しているかが、成功への第一歩だといえるでしょう。

手相で身体の変化を自己診断

ヨーロッパの手相術では、手と身体の関係を次のように示しています。

- **親指とそのつけ根の盛り上がり……全身の健康状態**
- **人さし指…肺、胃腸**
- **中指……小腸、肝臓**
- **薬指……腎臓、血液循環**
- **小指……生殖器、心臓**
- **生命線……主に肺、呼吸器系**
- **頭脳線……主に目、耳、口、大脳**
- **感情線……心臓、血液循環**

人間の体循環は酸素や栄養素の運搬と老廃物の回収、血液を送るなど重要な役割を持ちます。そして東洋医学では、身体の中には6つの経路があると考えられていて、その経路のすべてが手に集中しているのです。ですから、内臓や身体の一部の異変を手がキャッチすることで、手相となって表れると考えられています。

手相は 左右 どちらの手を見るのか

両手を図のように組んで、親指の重なり方に注目してください。

積極的な手 → 親指が下になる手

消極的な手 → 親指が上になる手

積極的な手のシワには変化が多いといわれます。また、現在のその人らしさ、未来を予想した事柄が手相に表れます。一方、消極的な手の手相には、その人の先天的な気質、隠れている意識などが表れます。

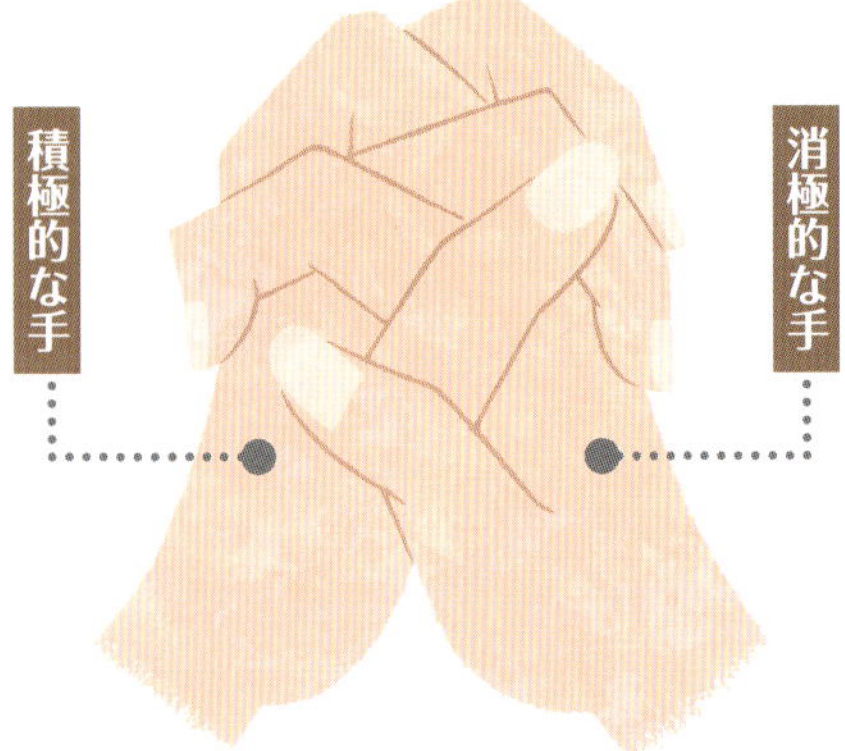

左手の親指が上になる人は個性的で豊かな発想をしますが、変わった行動が目立つ場合もあります。右手の親指が上になる人は、他人と打ち解けるのが得意で、合理的な考え方をするようです。手相を見るときは、まず積極的な手を中心に診断し、次に、消極的な手も合わせて見ていくと良いでしょう。

※「積極的な手」というのは利き手とは関連がありません。

手相を見る前に、「手」の全体像に注目しましょう

皮膚の色、手の厚み、手を出したときのしぐさなど「手」の第一印象を観察します。

手全体の厚みは？

側面から手のひら全体の厚みを見てみましょう。横から見たときの第一印象で判断してください。

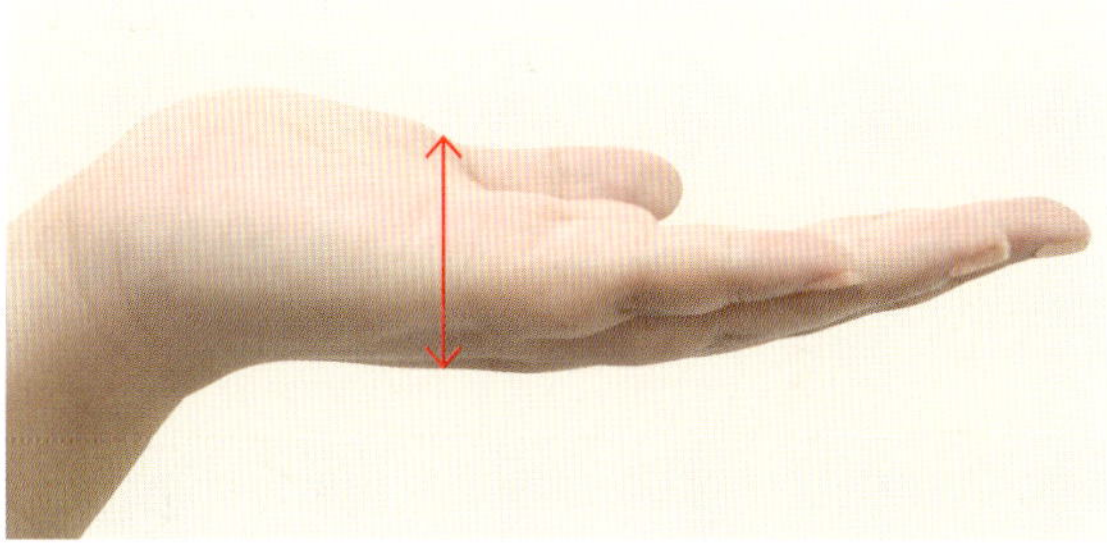

全体的にふっくら肉厚

厚みがあって弾力のある手。健康で社交性があります。スタミナに恵まれたエネルギッシュなタイプ。

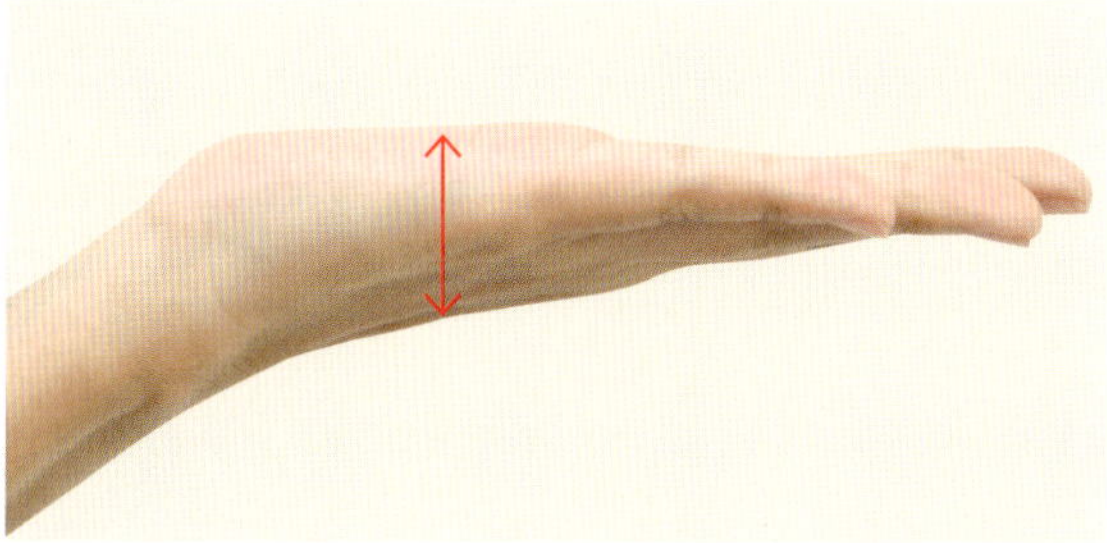

厚さがなく華奢で薄い

知識欲が旺盛で、美的感覚にも優れています。繊細な神経の持ち主で、優しく思いやりにあふれたタイプ。

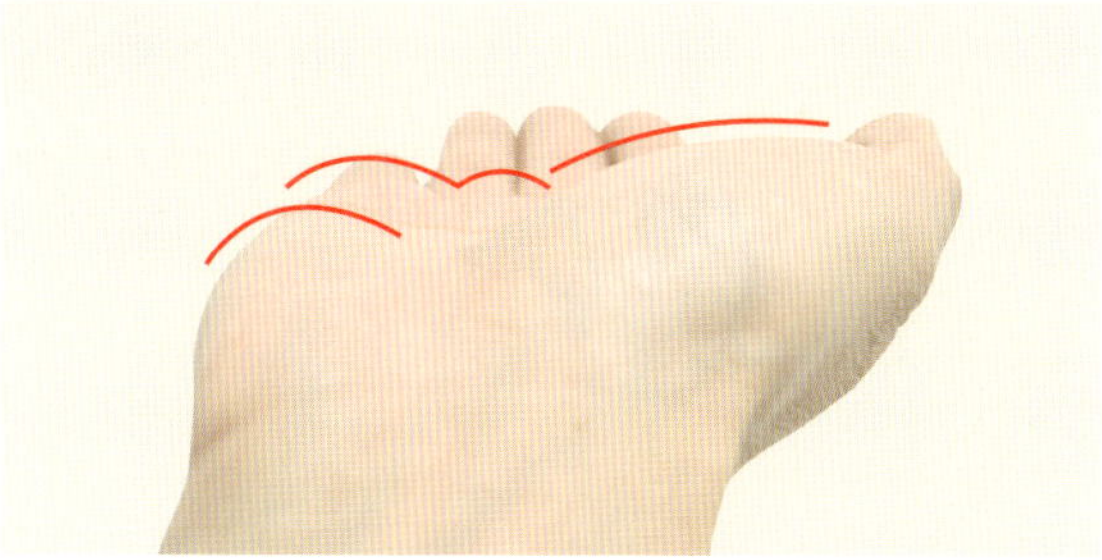

ふくらみが発達している

バイタリティーがあり、人を楽しませることが得意です。温和で、芸術的センスにも恵まれています。

手の出し方は？

「手を出して」というとき相手の人はどのように手を見せたでしょうか？　大まかな性格を分析します。

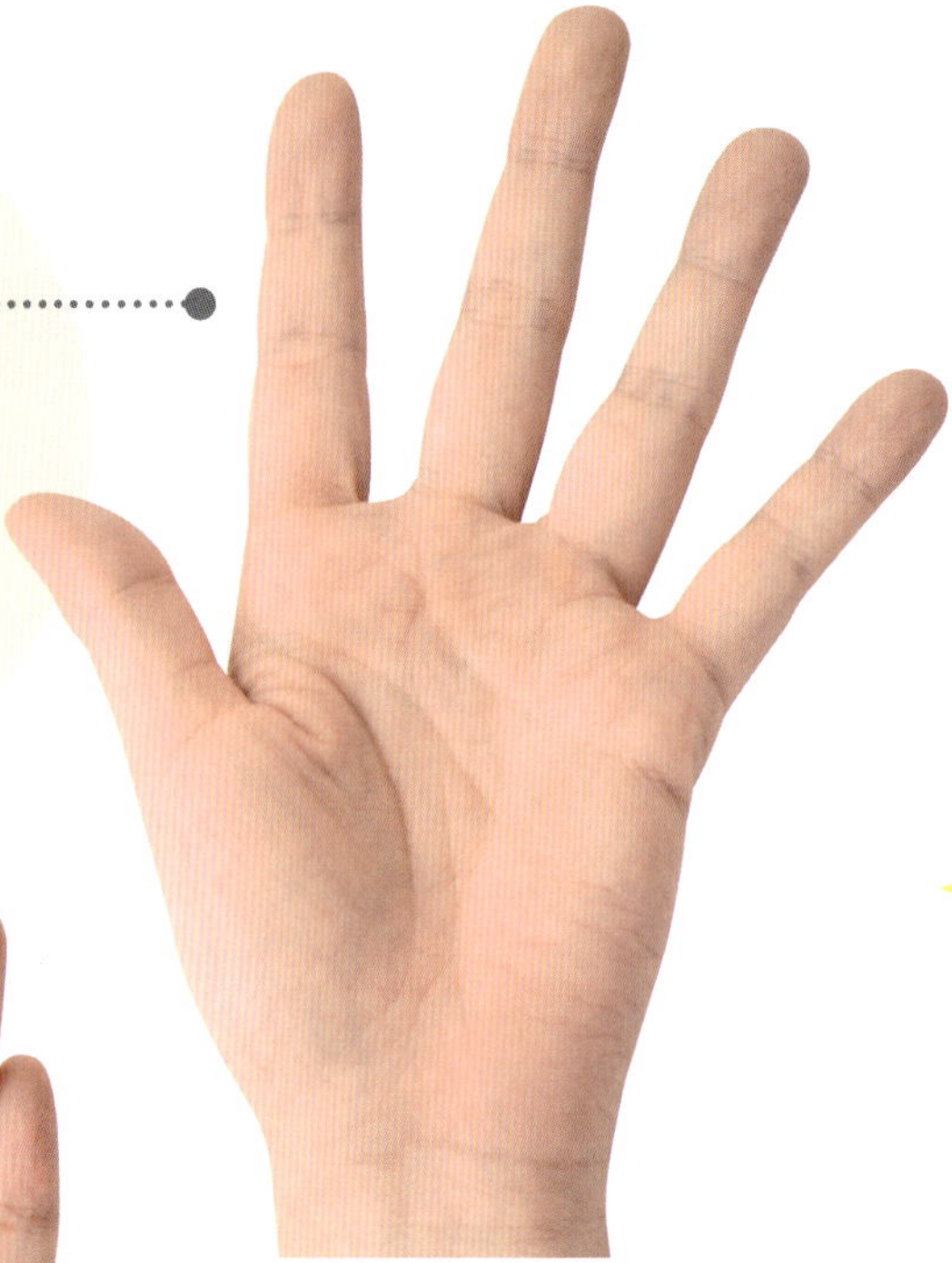

指の間がすべてあいている

指をすべて広げて出すのは、明るくストレスの少ない人。気持ちをオープンに表現できるタイプ。

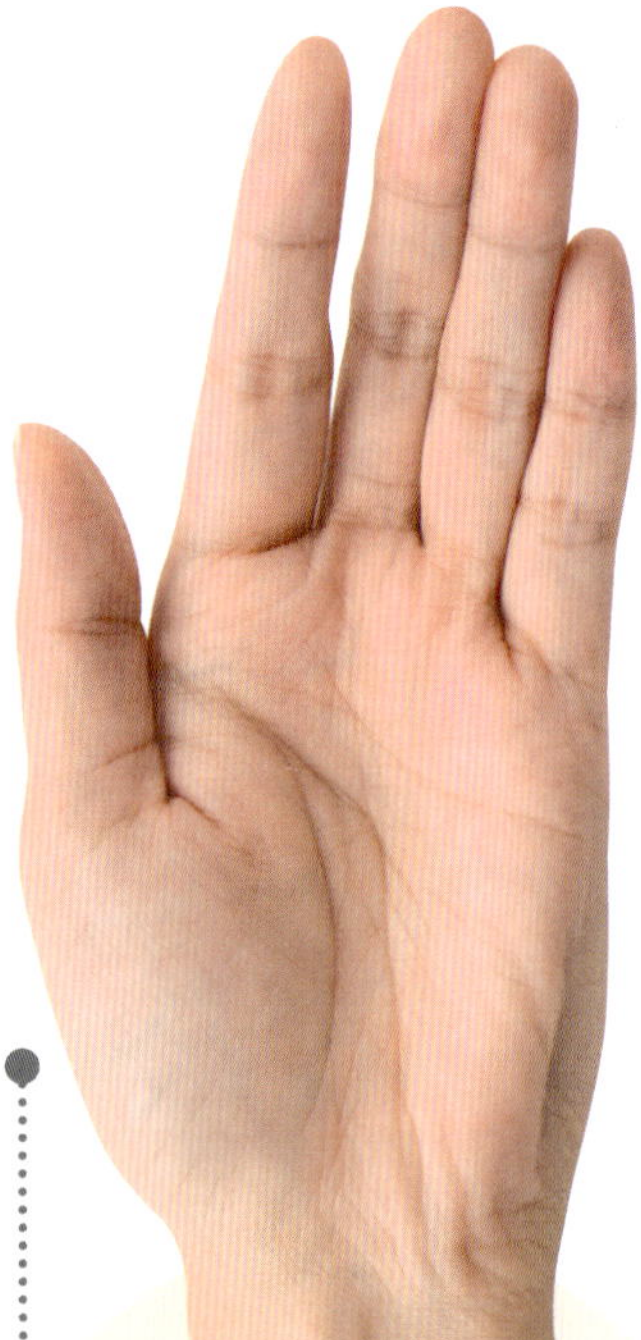

手のひらですくうような形

手のひらも指もすぼめたようにそっと出すのは、周囲を気づかうタイプ。控えめな人でしょう。

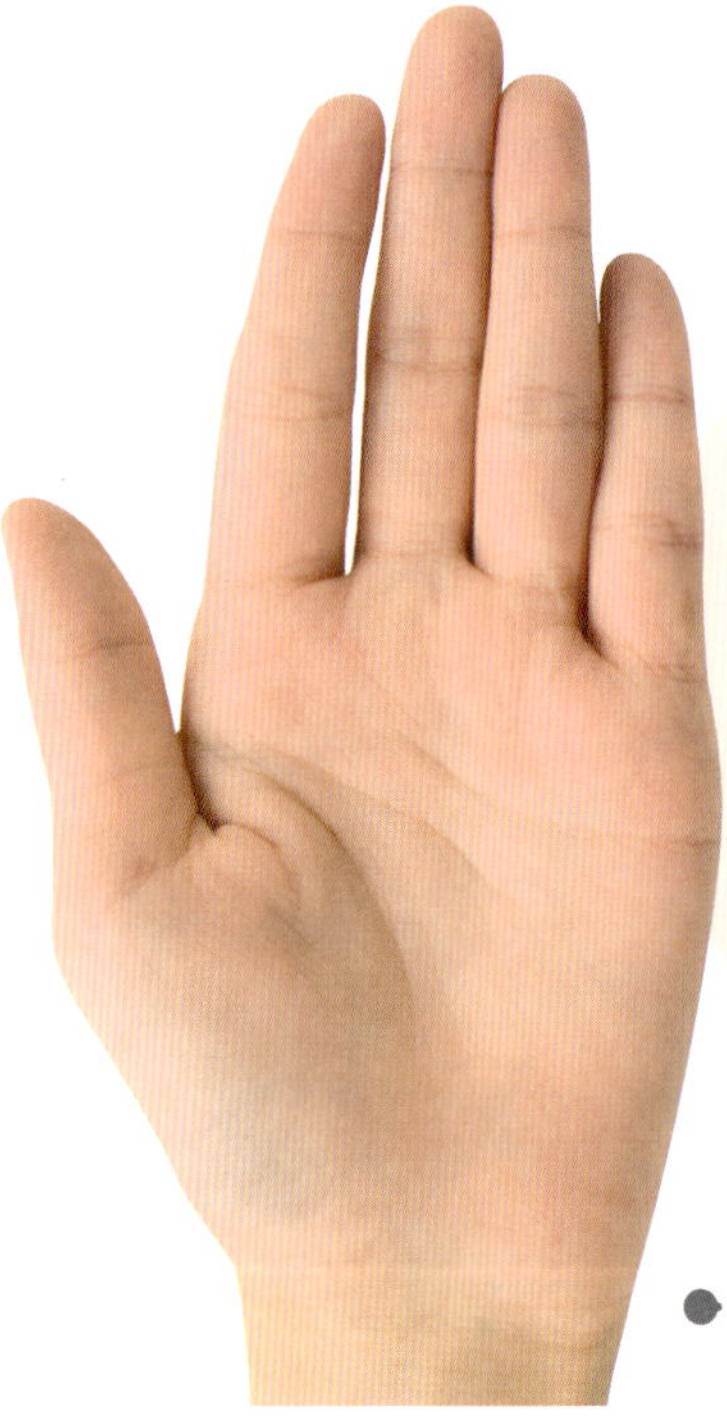

指をまっすぐそろえている

指をきちんとそろえて出すのは、真面目で礼儀正しい人。周囲との協調に気を配るタイプです。

手のひらの色は?

手のひらの色で現在の健康状態をチェックしましょう。全体的にツヤがあると運気の波にも乗っています。

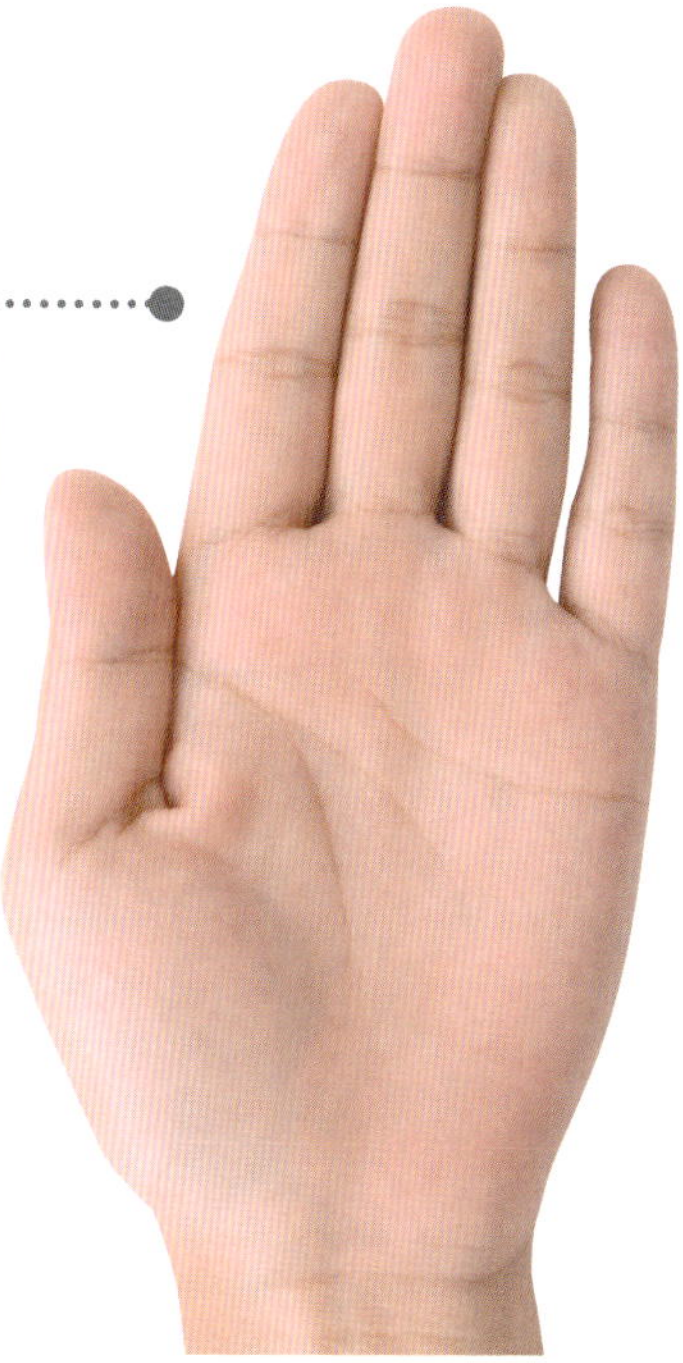

ピンク色のとき

ツヤがあってピンク色の手のひらは心身共に健康です。エネルギッシュに行動できるとき。

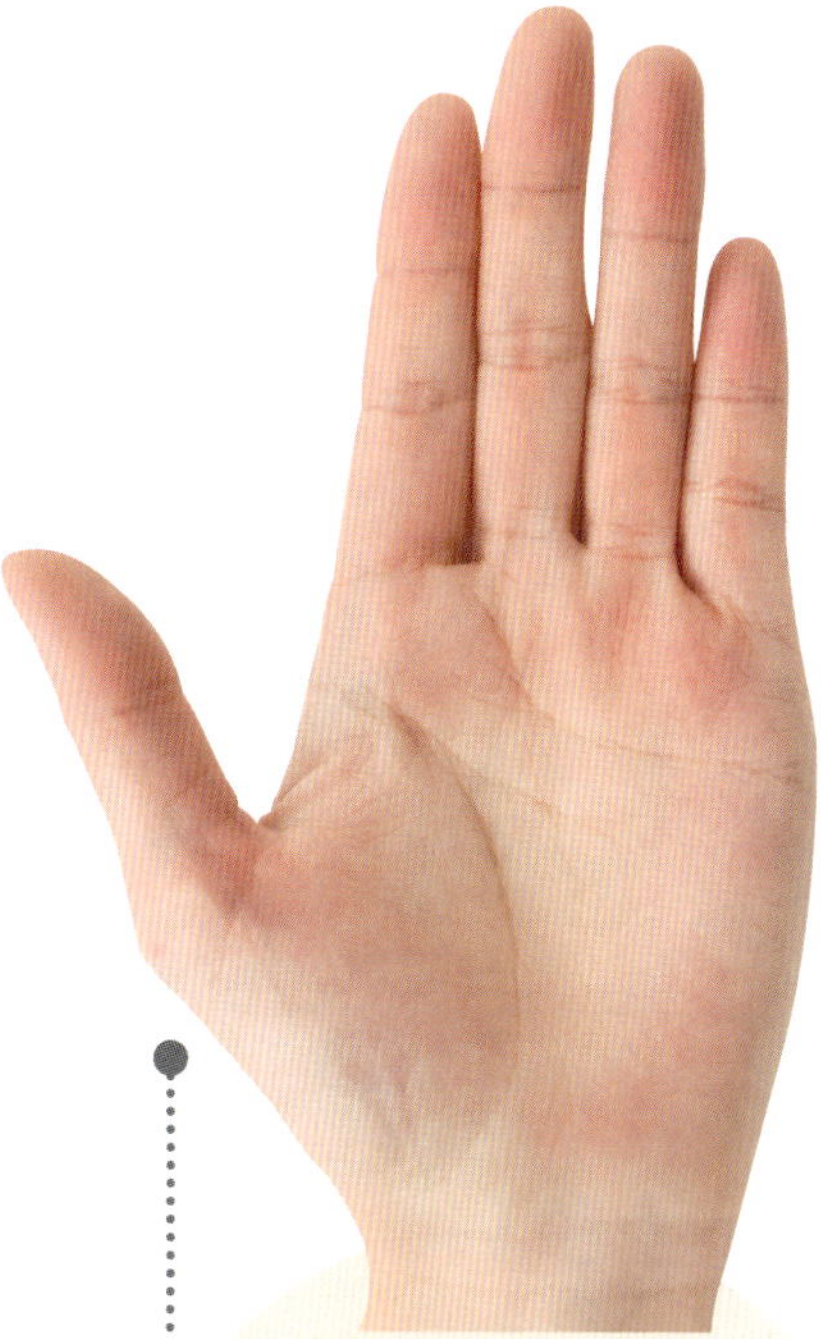

不自然に赤いとき

体調が思わしくないかもしれません。気持ちと行動にギャップがあり、ストレスが溜まっていそう。

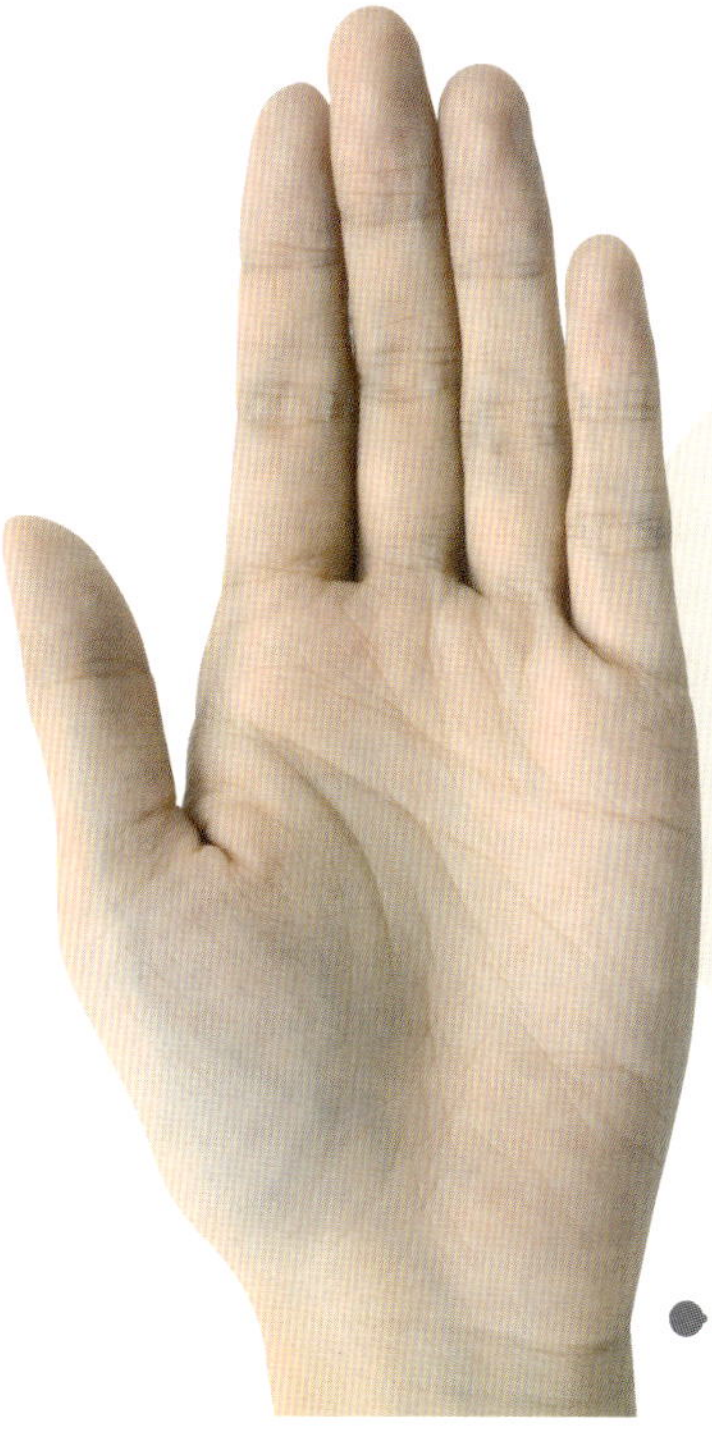

青白いとき

青白っぽい手のひらのときは、身体が冷えやすくなっています。心がふさぎ込んでいるかも。

基本の4大線

手のひらで、もっとも目立つ3本のスジが生命線、頭脳線、感情線です。それに運命線を加えた4本のスジを手相の「主要4大線」と呼びます。これが診断の基本となる線です。

❶ 生命線

（バイタリティ
健康）

この線はバイタリティや健康といった、その人の持っている生命力を示しています。この線がくっきりしている人は、スタミナがあり、体力にも恵まれています。しかし、この線がぼんやりしていたり、くさり状になったりしている場合は、体力のなさ、 呼吸器系統の弱さを表します。寿命と線の長短に関連はありません。

❷ 頭脳線

（運動能力
才能）

その人の運動能力や才能、考え方の志向など、自我と関連した部分とかかわりがある線です。この線に表れるのは頭の良し悪しではなく、思考や能力の方向性です。たとえばその人が空想的な考え方をするのか、理論的な考え方をするのか、頭脳線の特徴によってわかるのです。注意力の有無もこの線に表れます。

❸ 感情線

（感情表現
対人関係）

この線が示すのは、感情表現の仕方やコミュニケーション能力などです。また、その人の異性への接し方や性的な関心なども、この線に表れると考えられています。さらに、自律神経系統や内分泌系の影響を受けやすい線でもあります。身体のコンディションによって変化しやすいために、複雑な形になることもあります。

❹ 運命線

（精神状態
生活態度）

その人の心身のバランスや成長度がわかる運命線。ここから読み取れるのは、精神の緊張度、不安、生活態度などで、それは社会生活や仕事ぶりにも反映されます。社会環境や職場が変わると、この線も変わるので、別名「職業線」「社会的な線」とも呼ばれます。現在、見当たらなくても、将来は出てくる可能性が。

手のひらマップ

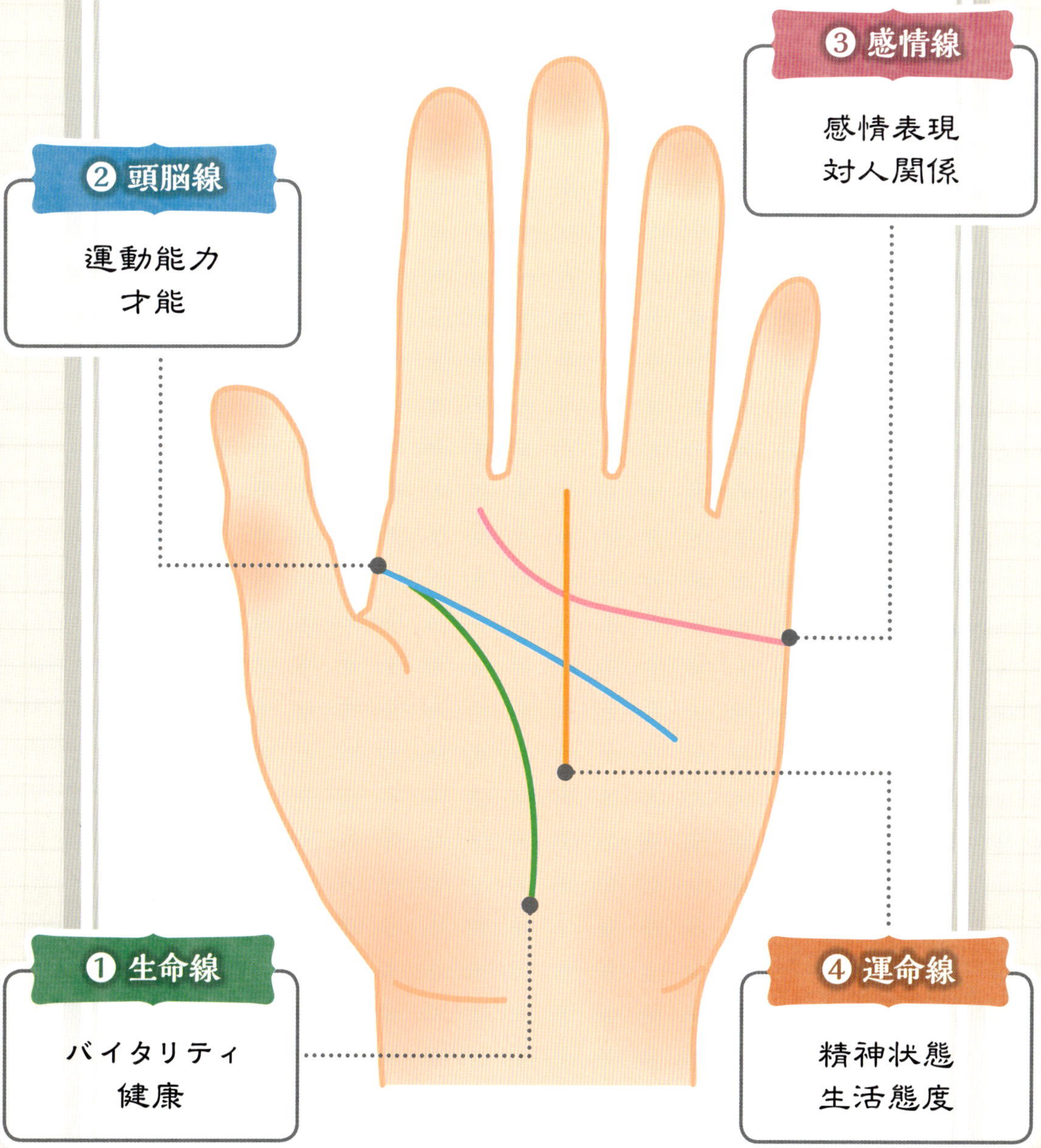
③ 感情線
感情表現
対人関係
② 頭脳線
運動能力
才能
① 生命線
バイタリティ
健康
④ 運命線
精神状態
生活態度

手のひらの4つのエリア

手のひらはその機能や解剖学的な特徴から区分してみると、大きく4つのエリアに分割できます。そして、どこの位置にシワやしるしが現れたかで、さまざまな意味を持ちます。

❶ 感情エリア

感情、感覚
性的な欲求

このエリアには、小指と薬指、及びそれらの指のつけ根があります。薬指と小指は、他の指に比べると力が弱く、とくに小指は細く短いのが特徴。他の指の補佐的な役割を果たしています。また、約束をするときの「指切り」は小指ですることから、感情を表す指であるともいわれます。性的な欲求も表しています。

❷ 頭脳エリア

自我、理性
向上心

人さし指と中指、そのつけ根にあたるエリアを示します。 この領域は、頭脳の成長と向上心によって発達する部分であるともいえるでしょう。５本の指のなかでも、人さし指と中指、親指の３本は、かなり複雑な動きをします。また、人さし指は「もの」を指すときに使うことから、意志力を表す指でもあります。

❸ 状態エリア

調整
コンディション

小指のつけ根の感情エリアの下から、手首までの間のふくらみがあるところです。この部分の肉づきは人によってさまざまで、体つきや体格などで、ふくらみの大きさに差が出てきます。男性はこの箇所が横にふくらんで発達し、手全体も幅広くなります。女性はそれほど発達しないので、手の形も細くなります。

❹ 生命エリア

行動力
生命力

親指のつけ根にあるふくらみ部分です。この親指は、５本の指のなかでも中心的な役割を果たしています。なぜなら、他の４本とは違う動きや役割があり、握ったり、つまんだり、という複雑な動作には欠かせない存在だからです。親指は人間らしい行動力、自我、意志などとも深い関連があると考えられています。

手のひらマップ

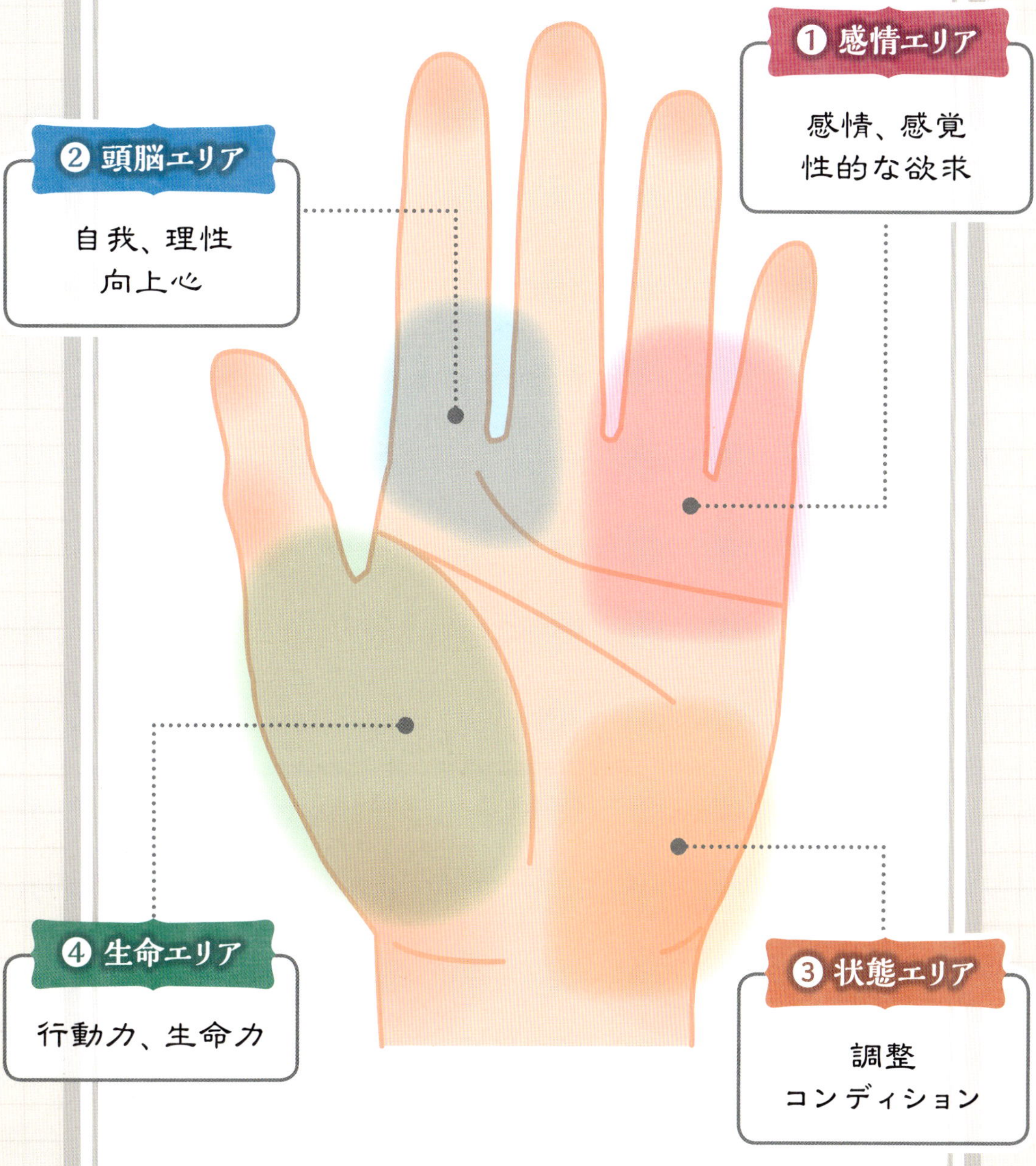
❶ 感情エリア
感情、感覚
性的な欲求
❷ 頭脳エリア
自我、理性
向上心
❸ 状態エリア
調整
コンディション
❹ 生命エリア
行動力、生命力

4大線以外の主要な線

4大線以外にも手のひらには重要な意味を持つ線がたくさんあります。これらのスジはその人の心身や環境の状態をよく反映しているものです。

❶ 結婚線

小指のつけ根のところに水平に出る線です。その人の恋愛、結婚、出産など性に関する事柄、関心の度合いを表しています。切れたり、枝分かれしていないものがいい線です。

❷ 財運線

この線は金銭や財産と関係があるものです。太陽線と意味が似ていますが、太陽線が金銭を生み出す能力を表し、この線はその能力の結果である財産を蓄える能力を表します。

❸ 太陽線

薬指のつけ根の丘に縦に走っている線です。この線があれば、金運、アイデア、仕事、名声などに恵まれます。金銭とのかかわりも深く、長くまっすぐ伸びているのがいい線です。

❹ 健康線

第２生命線とも呼ばれ、感情や自律神経と深いかかわりがあります。長くはっきり出たり、切れ切れに出たり、まったく出ないなど、身体や心のコンディションに左右されます。

❺ 影響線

この線は、その人の恋愛傾向とつながりがあり、異性との交流、つき合いなどが表れます。とくに、相手に愛されている場合には、この影響線が示してくれます。

❻ 障害線

この線は、その人が直面するトラブルと関係があります。この線が長いほど、障害が大きいことを示します。長さや方向、他の線との接し方で意味が変わり、消えることもあります。

❼ 金星環

この環は異性への関心の強さや感受性の強さ、美的センスを示しています。この環がきれいな半円を描く例はまれで、切れ切れになって現れることが多いようです。

❽ 土星環

この線は忍耐力や研究心、我慢強さなどを表します。またその一方、残忍さ、陰険さの意味もあります。あまり見かけない線ですが、昔から「凶相」と呼ばれ、知られています。

手のひらマップ

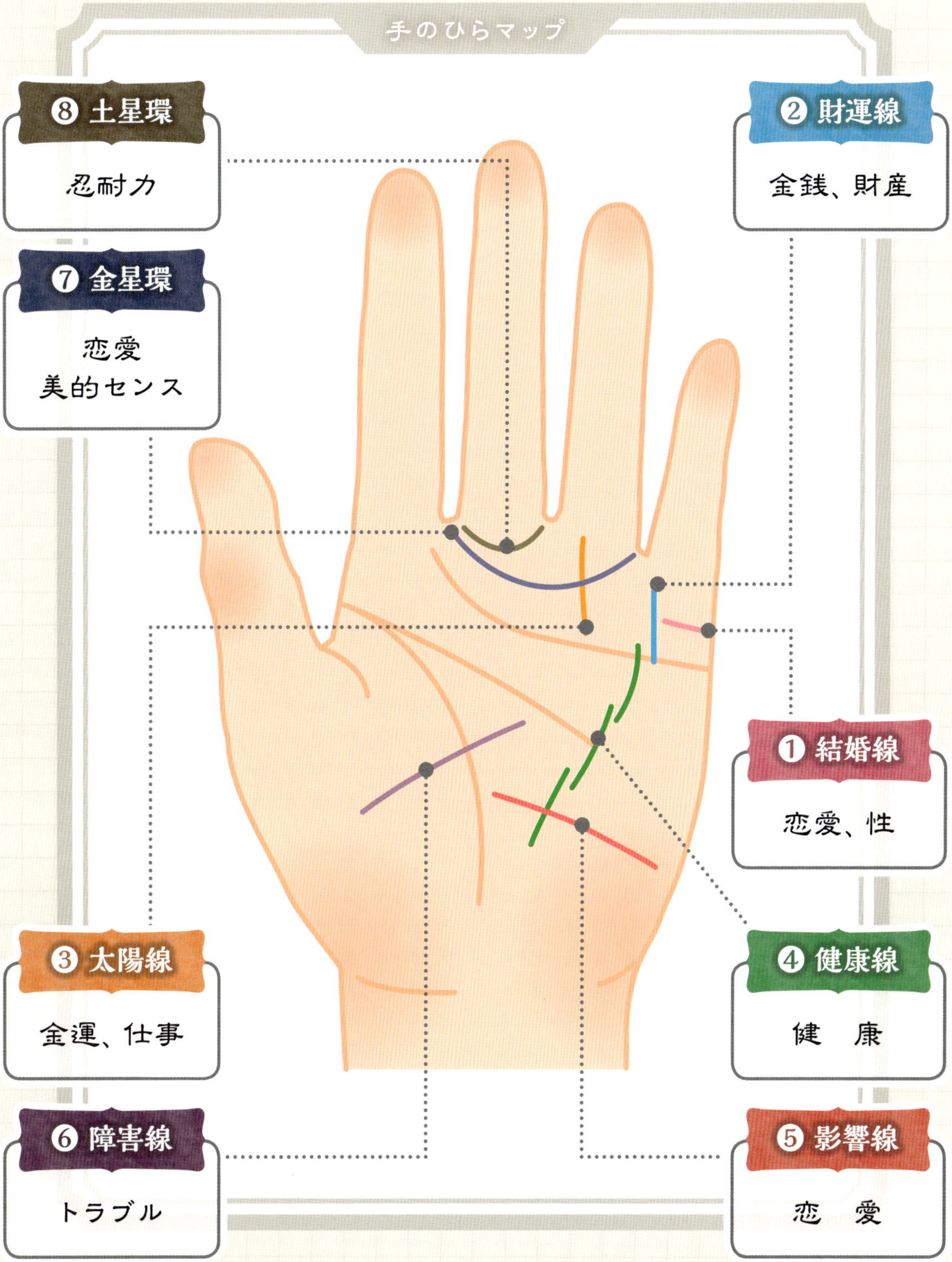

⑧ 土星環
忍耐力
⑦ 金星環
恋愛
美的センス
② 財運線
金銭、財産
① 結婚線
恋愛、性
③ 太陽線
金運、仕事
④ 健康線
健　康
⑥ 障害線
トラブル
⑤ 影響線
恋　愛

⑨ 上昇線

生命線から人さし指のつけ根に向かって伸びていく線です。これは別名「向上線」とも呼ばれ、このシワが現れたときには、願い続けている夢や理想が具体的に実現するといわれています。

⑩ ヴィア・ラシビア

手のひらの下部、親指のつけ根から月丘に水平に伸びる線です。決められた型にはまることを嫌い、奔放で情熱的な人です。自由を愛し、美的センスの高い人の手のひらに現れます。

⑪ 旅行線

生命線の末端にある支線です。旅行などで家を離れることを表します。この線が長くはっきり現れていると、生まれた地を離れて暮らすことを示しています。近い将来、海外勤務の可能性も。

⑫ 情愛線

親指のつけ根のところに生命線に沿うように現れる短いシワです。「浮気線」と呼ばれることもあります。いつも出ている人は心変わりしやすいタイプ。急に出たときは浮気心の芽生えを示します。

⑬ 神秘十字

手のひらの中央にあるくっきりした十字線。これは、感情線と頭脳線の間に現れる、クロスの形をした神秘のシワです。このシワがある人は、強い霊感を持ち、信仰心も備わっています。

⑭ 不動産線

運命線と太陽線を橋渡しするように走る、斜めのシワです。この線は、マイホームや土地を手に入れた人、または、手に入れたいと真剣に考え始めると現れます。ラッキーな線のひとつです。

⑮ ソロモンの環

人さし指のつけ根に半円形になって現れるシワで、大変珍しいものです。幸運を表すといわれていて、神秘的なものへの憧れや、スピリチュアルな感性、信仰心などと深い関係があります。

⑯ 反抗線

感情線の始点の下、第２火星丘(P.28)に出現する横のシワです。型にはめられることを嫌うタイプの人によく見られるもので、 正義感の強さ、権力への反発心、反骨精神などを示しています。

⑰ 直感線

小指のつけ根から月丘(P.28)にゆるやかに伸びる、湾曲したシワをいいます。この線がある人には、ひらめきや鋭い直感が備わっています。第六感が働いたり、予知夢を見たりすることがあるかも。

手のひらマップ

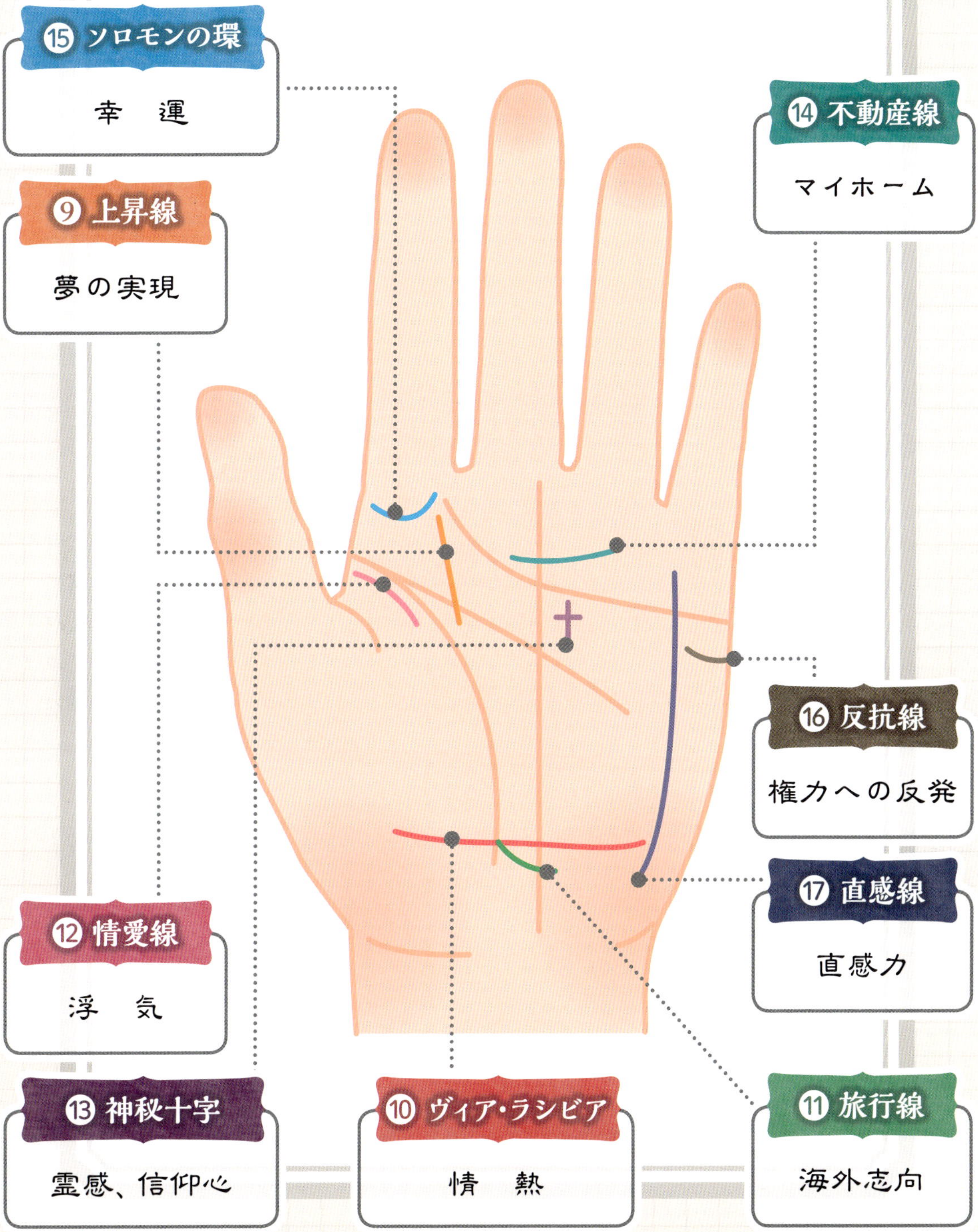
⑮ ソロモンの環
幸　運
⑨ 上昇線
夢の実現
⑫ 情愛線
浮　気
⑬ 神秘十字
霊感、信仰心
⑩ ヴィア・ラシビア
情　熱
⑭ 不動産線
マイホーム
⑯ 反抗線
権力への反発
⑰ 直感線
直感力
⑪ 旅行線
海外志向

⑱ テンプル

金星丘（P.28）と月丘（P.28）にはさまれた地丘から上がっていて、運命線に接して家の形のように見えるシワのことです。これは実質的に家族を盛り立てる人や、家の中心人物の手に出てくるものです。

⑲ メディカルライン

小指のつけ根に下に向かって伸びる細かい縦の線が３本はっきりある線です。看護師や介護職の手に多く出るもの。４～５本ある人は他人のためによく奉仕し、同情心にあふれています。

⑳ スポーツ線

別名二重感情線です。粘り強さと忍耐力を持った人の手に出る線で、優れたスポーツ選手の手によく見られます。金星環と紛らわしいのですが、スポーツ線は環の一部ではなく、単独の線として現れます。

㉑ ファミリーリング

親指のつけ根のふくらみの部分と、親指の境目にあるくさり状のシワです。女性の妊娠する能力を表します。リングの数が多いほど妊娠する可能性が高くなるのです。標準は３～４つです。

㉒ 二重頭脳線

頭脳線の近辺にもう１本の頭脳線が出ることがあります。これは二重頭脳線で、特殊なことに対する興味を表します。じっとしているよりも動くことを好む人の手に現れるものです。

㉓ 奉仕十字

⑱のテンプルと生命線の間に現れる十字型のシワです。このシワがある人は、どんなときでも家のことを一番に考えます。家族のために尽くして生きる人です。奉仕の精神が根づいています。

㉔ ラシェット

手首のところに現れる水平のシワです。この線は、その人の健康状態、スタミナのバロメーターを表します。とくに、この線が３本以上ある人は、気力と体力に恵まれているでしょう。

㉕ 二重生命線

親指のつけ根に生命線と並行するように、もう１本現れる生命線です。これを二重生命線といいます。この線は胃腸が強く、病気に対する抵抗力を持っている人の手に現れるものです。

㉖ スタミナ線

親指のつけ根に水平に走る、短く深いスジです。胃腸が丈夫でエネルギッシュな人、基礎体力がある人の手に出現しています。一流のアスリートやスポーツ選手の手によく出るものです。

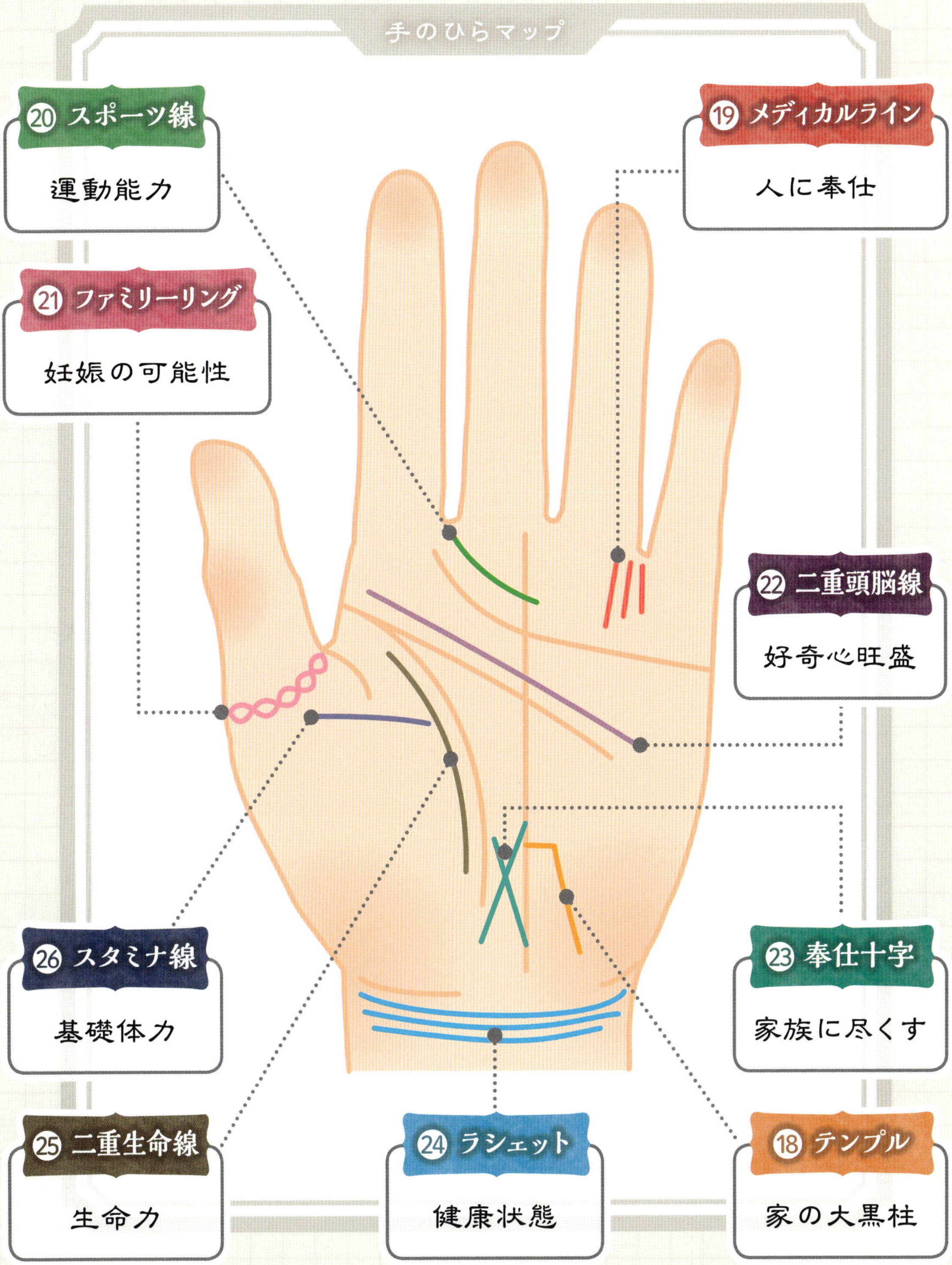
手のひらマップ
⑳ スポーツ線
運動能力
⑲ メディカルライン
人に奉仕
㉑ ファミリーリング
妊娠の可能性
㉒ 二重頭脳線
好奇心旺盛
㉖ スタミナ線
基礎体力
㉓ 奉仕十字
家族に尽くす
㉕ 二重生命線
生命力
㉔ ラシェット
健康状態
⑱ テンプル
家の大黒柱

手のひらの丘と平原

手のひらには各部分にふくらみがあり、それぞれに名前と意味があります。それが「丘」「平原」です。この「丘」の名称には、西洋占星術からの影響が強く出ています。

① 水星丘《すいせいきゅう》

社交性、分析力、決断力を示します。経済観念を表し、ここが発達している人には商才があります。

② 太陽丘《たいようきゅう》

金銭運、アイデアを示します。ここが発達している人は、芸術的なセンスがあります。

③ 土星丘《どせいきゅう》

研究心、忍耐力、用心深さを示します。この丘が発達している人は粘り強く、孤独を愛します。

④ 木星丘《もくせいきゅう》

名誉、地位、自我、権力欲などを示します。この丘が発達している人はリーダー的要素があります。

⑤ 第《だい》1火星丘《かせいきゅう》

正義感や攻撃性、反発力などを表します。ここが発達している人は勇気、根性があります。

⑥ 第《だい》2火星丘《かせいきゅう》

向上心、反抗心、情熱を示します。ここが発達している人は、思慮深さや意志力があります。

⑦ 月丘《げっきゅう》

空想、神秘、芸術センス、旅行を示します。この部分にスジが多い人は、空想を好みます。

⑧ 地丘《ちきゅう》

家族、先祖からの恵み、性格を示します。その人の体力、人間関係なども表します。

⑨ 金星丘《きんせいきゅう》

愛情、性欲、魅力を示します。また、生命力も表し、ここが発達していればスタミナがあります。

⑩ 火星平原《かせいへいげん》

手のひら中央部にあるくぼんだところ。中年期と関係が深く、盛り上がってくると運が上昇します。

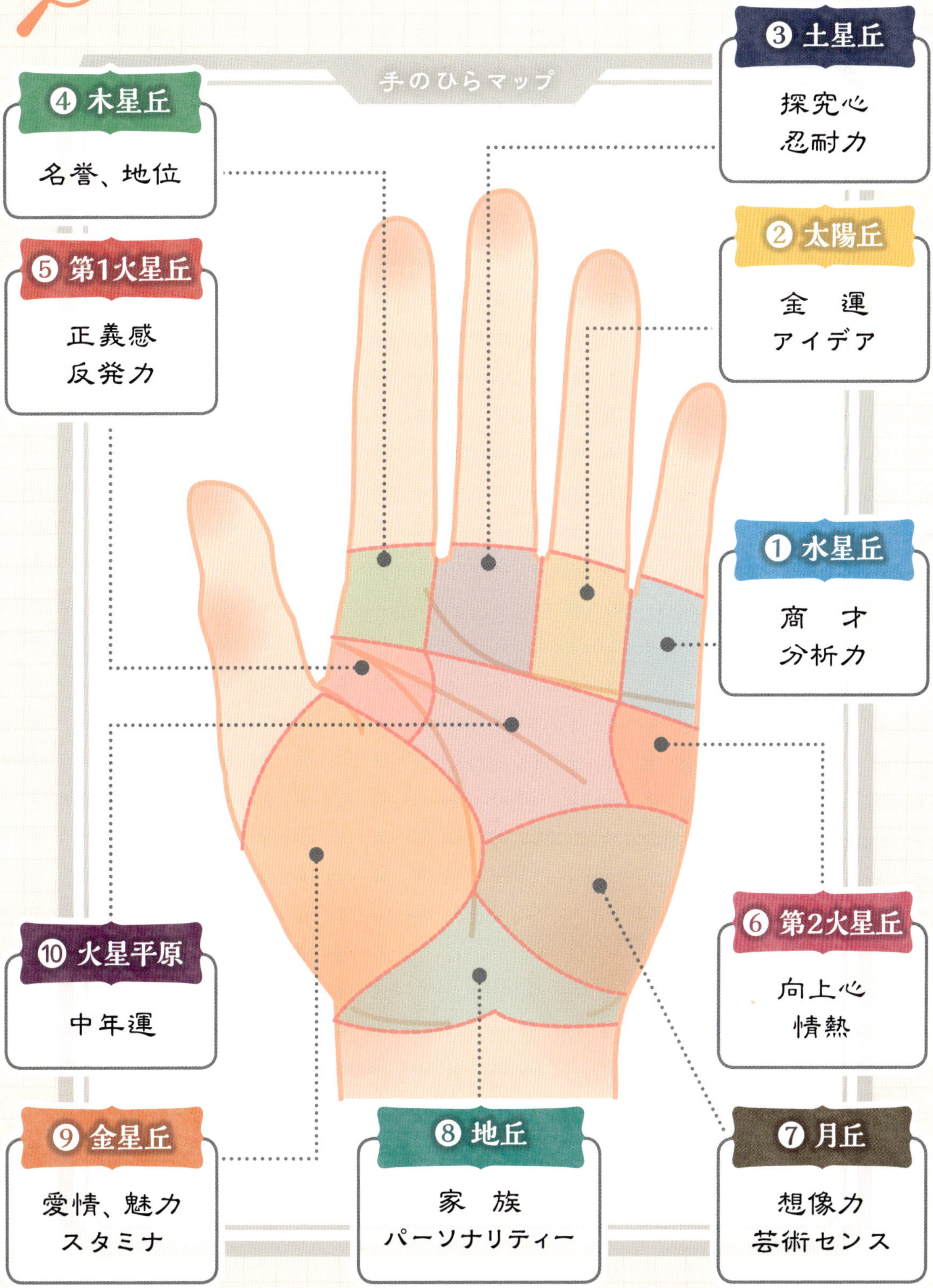
手のひらマップ
③ 土星丘
探究心
忍耐力
④ 木星丘
名誉、地位
② 太陽丘
金運
アイデア
⑤ 第1火星丘
正義感
反発力
① 水星丘
商才
分析力
⑥ 第2火星丘
向上心
情熱
⑩ 火星平原
中年運
⑨ 金星丘
愛情、魅力
スタミナ
⑧ 地丘
家族
パーソナリティー
⑦ 月丘
想像力
芸術センス

年齢がズバリわかる！ 流《りゅう》年《ねん》法《ほう》

人生の流れは？

手首のつけ根を10歳くらいと見なし、運命線が頭脳線と交わるところを30歳、感情線と交わるところを50歳と考えます。

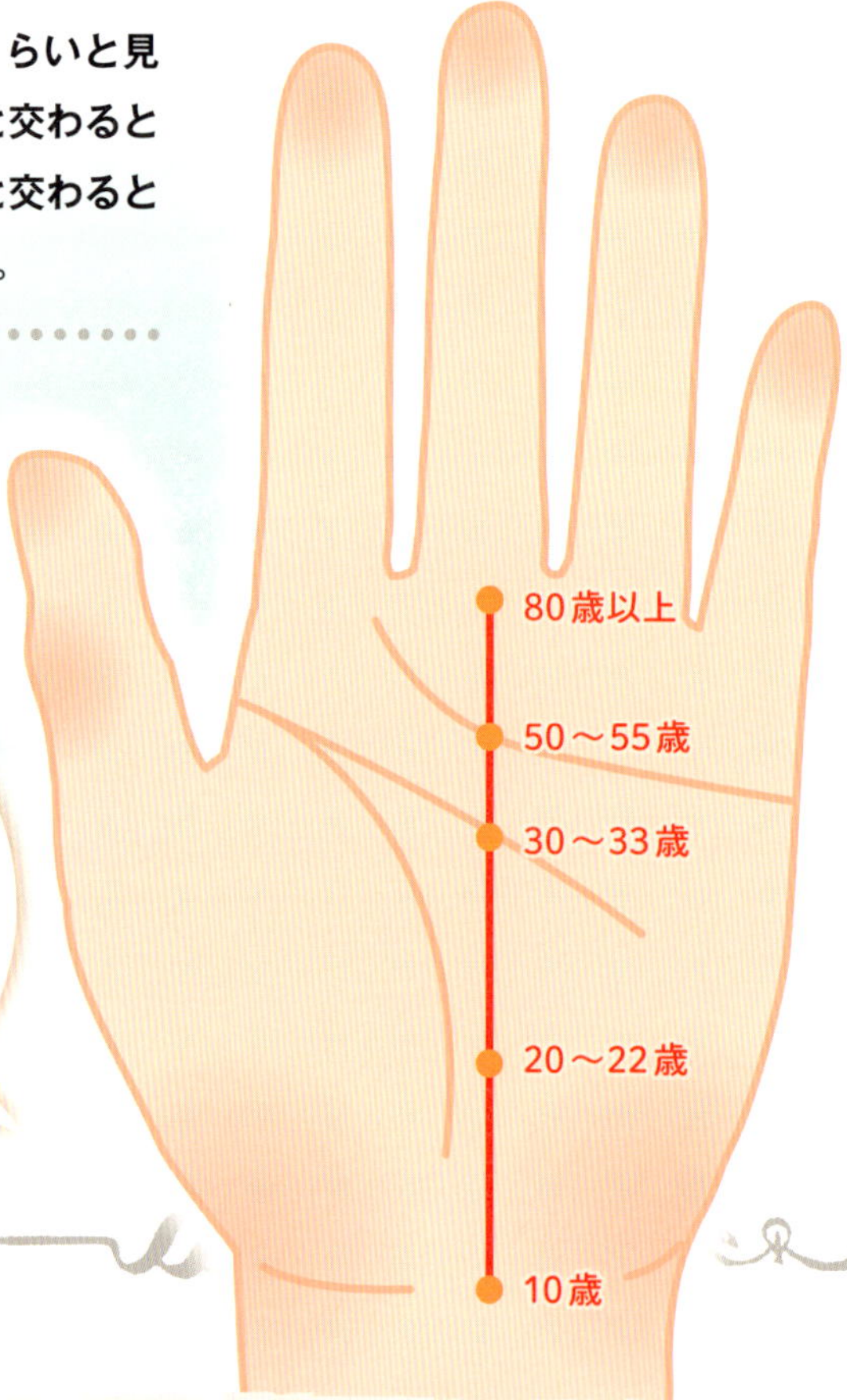

CHECK

運命線上に何らかのサインがあれば、そのサインが示す出来事がその年齢の時期に起こりそう。

運命線上のサインや障害線でチェック！

人生の総体的な流れは、運命線を基準にして見ることができます。運命線のどの部分がくっきりしているか、また、どこに障害線や島などの異常が現れているかをチェックすることで、その人の運や、それがいつ頃起きることなのかがわかります。ただし、この流年法にはかなりの個人差があります。

例

40歳でトラブルの暗示

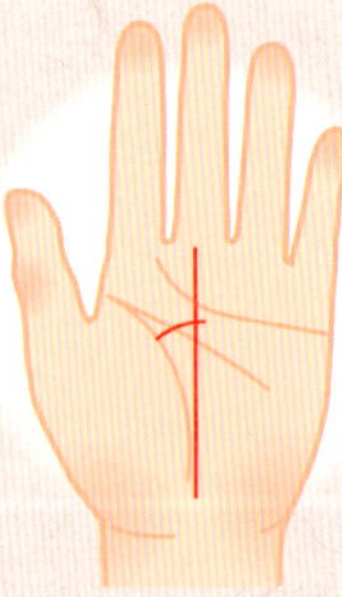

運命線に障害線が横切る40歳あたりで、何らかのトラブルが起こる可能性があります。事前の対策が肝心です。

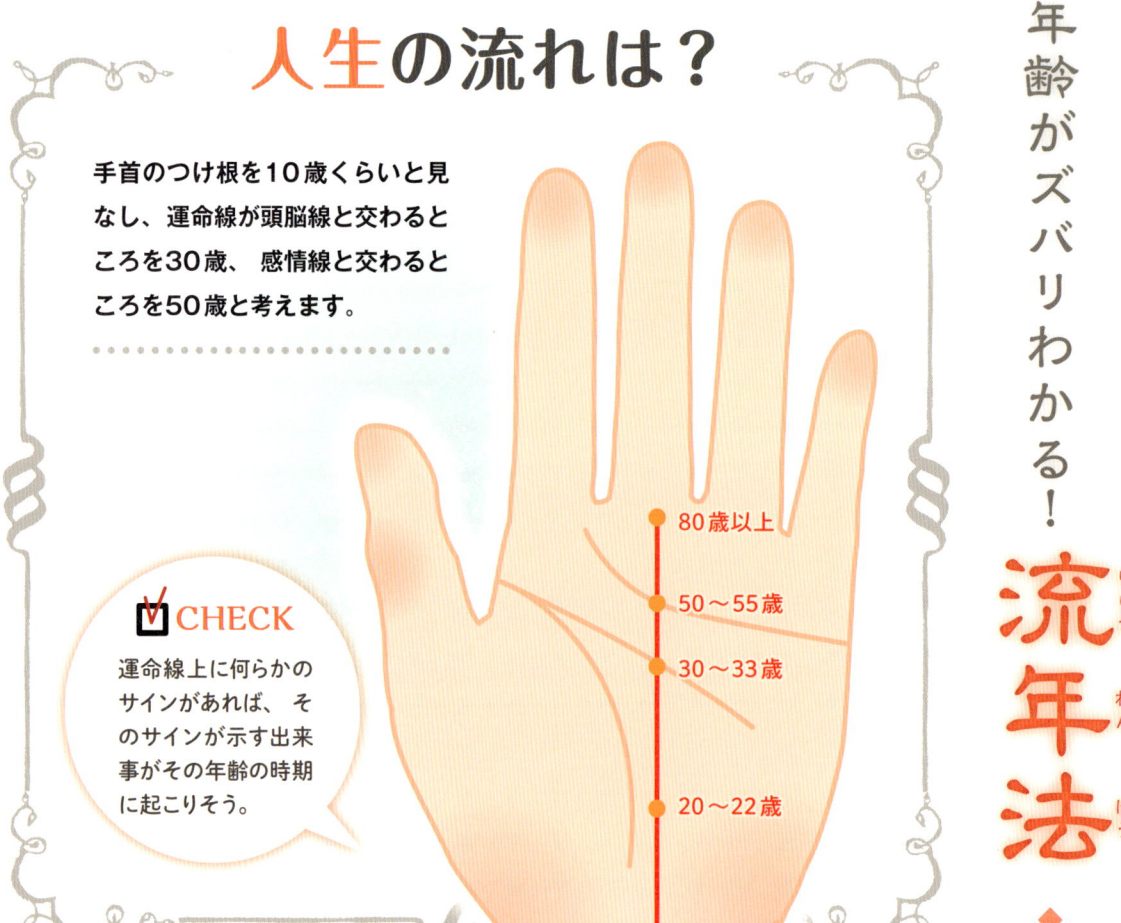

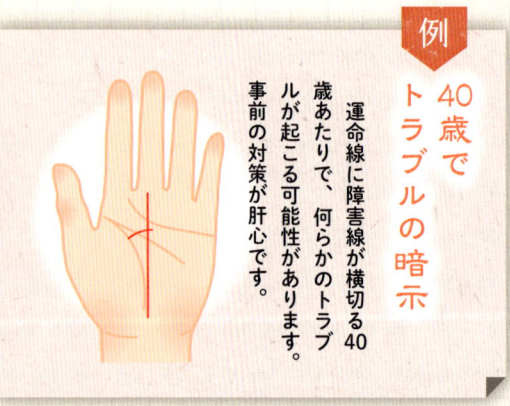

結婚のタイミングは？

月丘から伸びる影響線が運命線のどのあたりを横切っているかで、結婚できる年齢がわかります。複数本の場合は、一番長い線で読みます。

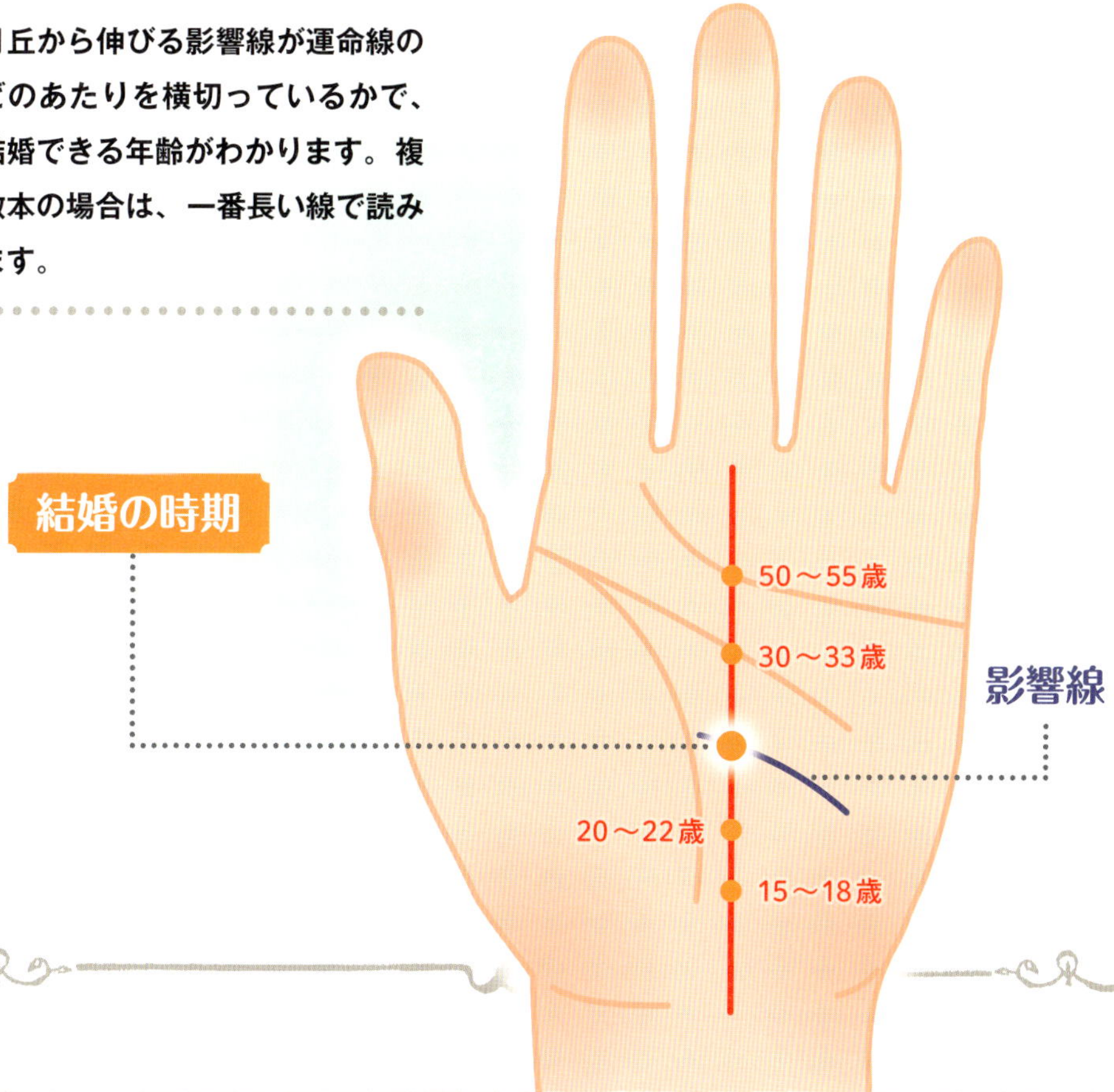

運命線に向かって伸びる影響線でチェック！

その人の結婚年齢は、「結婚線」と同時に、運命線で見ていきます。月丘から斜め上に向かって伸びる影響線が運命線のどの部分を横切っているかで、その人が結婚できる年齢がわかります。もし、運命線に届くような影響線が何本もある場合は、一番長い線で判断してください。

例 モテるけれど晩婚になりそう

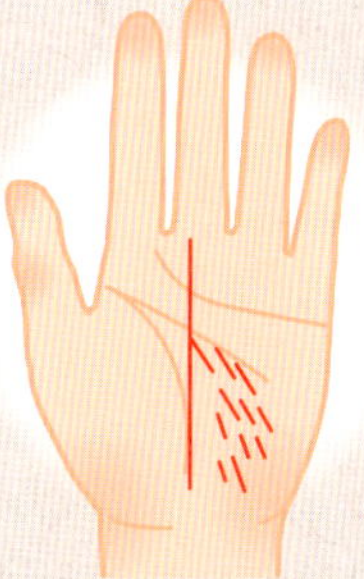

月丘から数本の影響線があるのは、20代に異性にモテるしるし。運命線に届いているのは上部なので晩婚かも。

お金に恵まれる時期は？

金運は太陽線で見ます。薬指のつけ根を0歳と見なし、感情線と交わるポイントを33歳、頭脳線と交わるところを55歳とします。

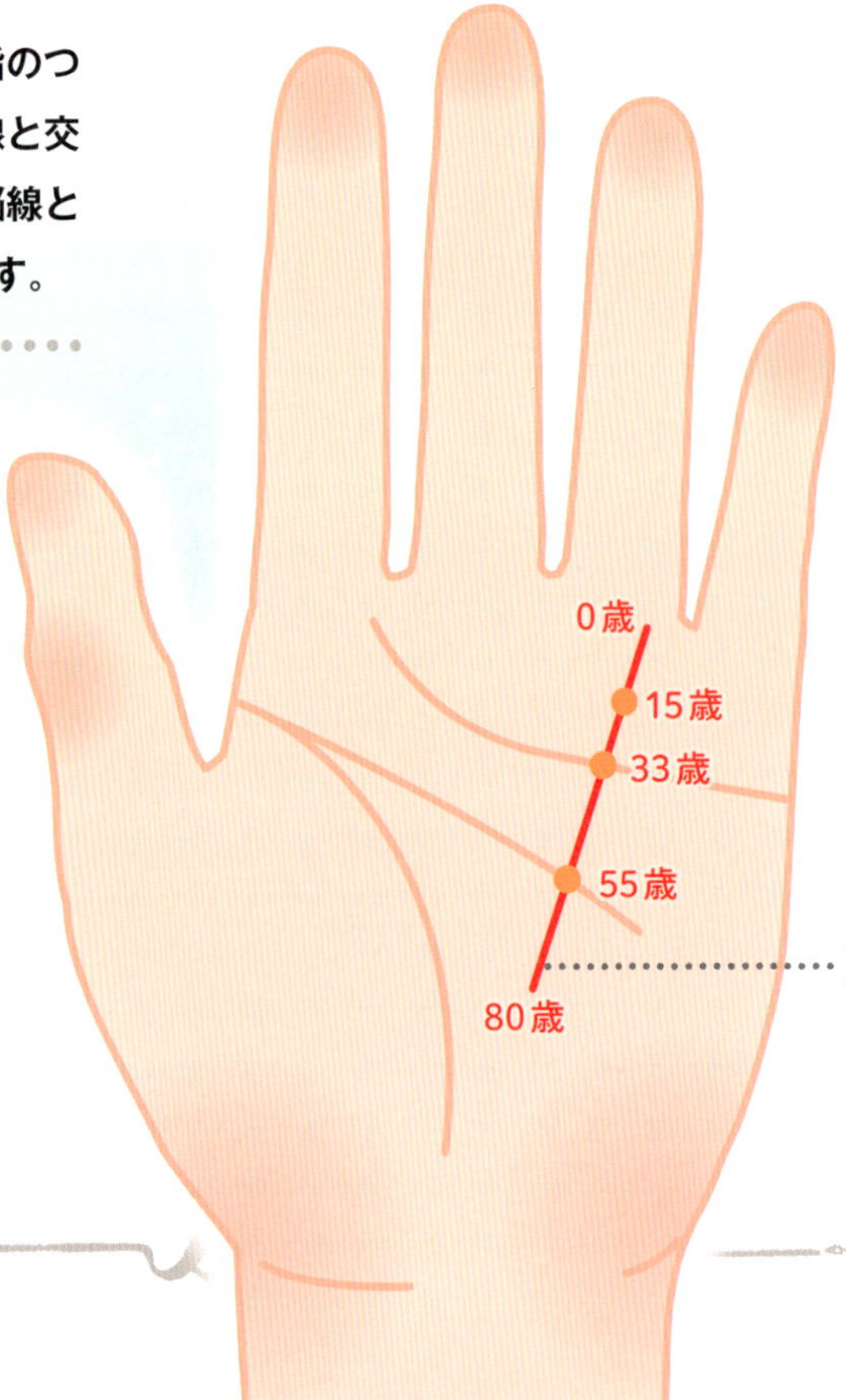

☑CHECK

太陽線上に島や障害線があれば、金銭トラブルに見舞われるかも…。

はっきりした太陽線が金運の鍵

その人の才能や金運と深いつながりがある太陽線。この線の流年法からは、その人の金運と年齢とのかかわりがわかります。太陽線がはっきりしている年代や、障害線や島が現れる位置で運を診断するのは、運命線と同じです。ただし、太陽線は薬指のつけ根が起点で、下向きに伸びるので注意して。

例

30歳頃の金銭の貸し借りは要注意！

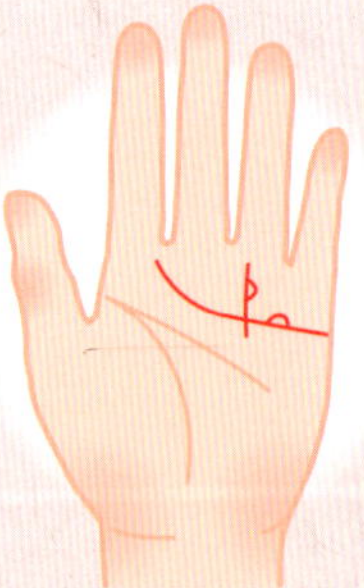

感情線と太陽線に島があって交わる場合、30歳頃に人間関係が原因で大金を失う暗示。お金の貸し借りは慎重に。

健康に注意すべきときは？

健康運は生命線で判断します。生命線の起点を0歳とし、手首のつけ根を90歳として、図のように年齢を分割しましょう。

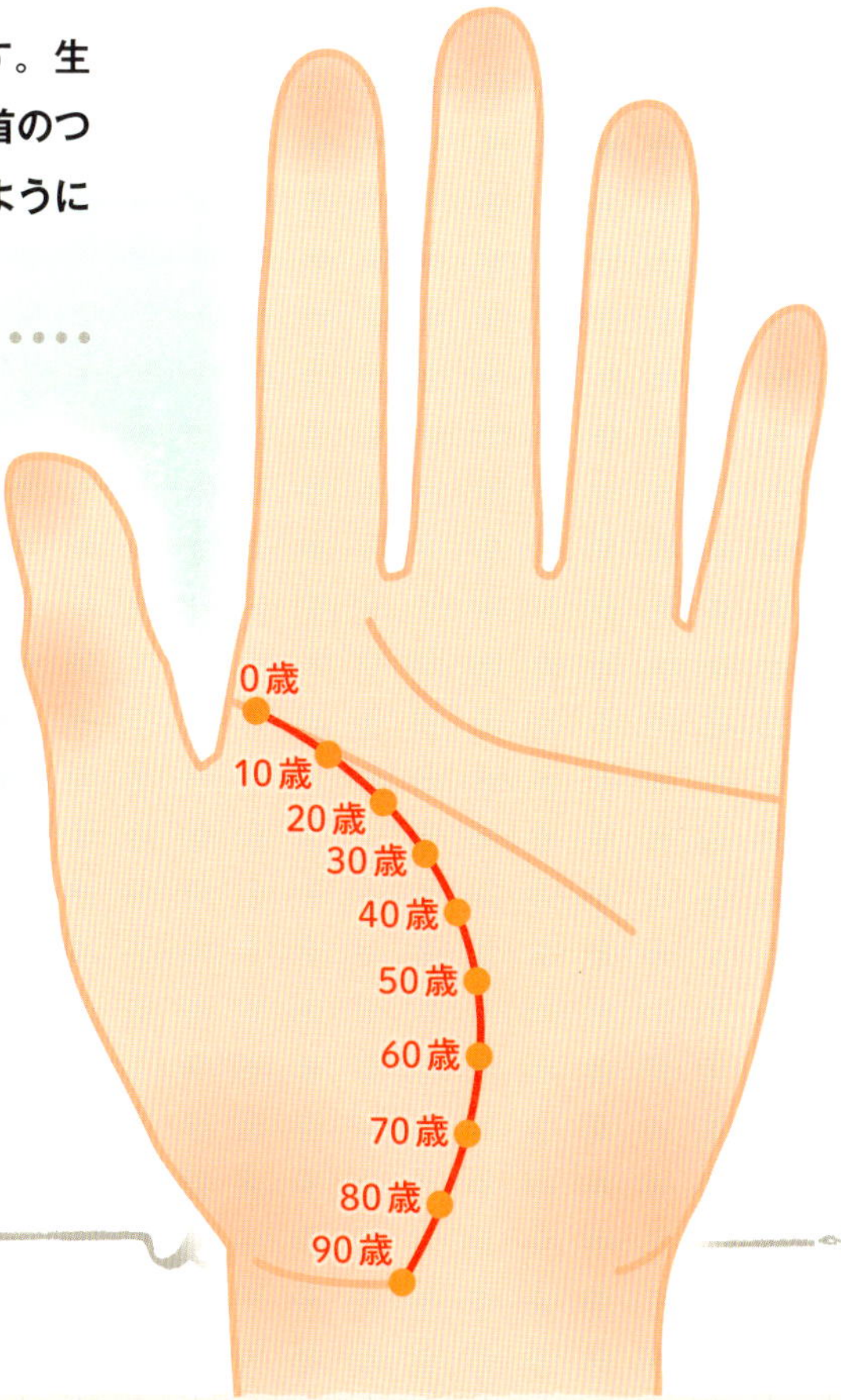

CHECK

生命線上に、島や断線などの異常があれば、病気やケガに要注意！

生命線上の断線や島を見逃さない

島や断線など、変化を表すしるしや異常が生命線上に現れるのは、その人の健康上に何らかの変化が起こるサイン。図を参考に、生命線のどこにそのしるしが現れているかチェックしましょう。もし、30歳のところに断線があったら、その人が30歳前後に健康上の障害があることを示しています。

例

30代付近で胃腸にトラブルの可能性

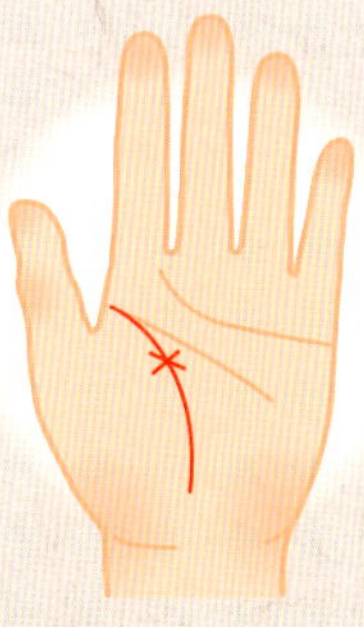

生命線にクロスが出ている場合、胃腸のトラブルを暗示しています。早め早めの検診や診察を受けるようにして。

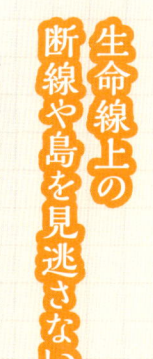

手のひらのサイン

手相は線の意味だけではなく、その線の状態をチェックすることも重要です。多様なマークや模様には意味があり、現れた場所や接する線との関係で幸運、不運がわかります。

フィッシュ

GOOD

きれいな魚の形をしたマークです。現れる場所によって、意味が変わりますが、ラッキーなサインの一つ。珍しいものです。

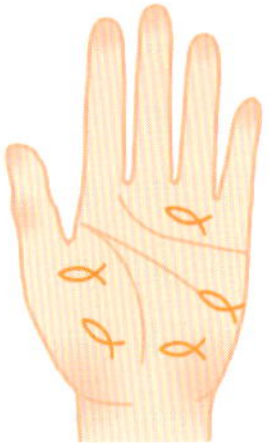

星

GOOD

星の形をしたシワ。中心に点があり、放射線状にスジが出ています。大きさは1cm程度。ラッキーなサインです。

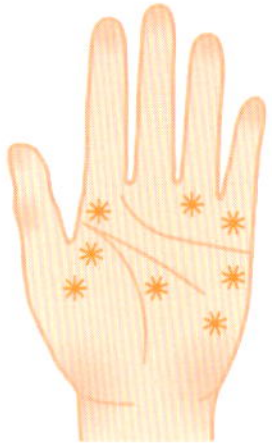

トライアングル

GOOD

三角形のシワ。現れる場所によって意味が微妙に違ってきます。おおむね幸運や変化を表すことが多いサインです。

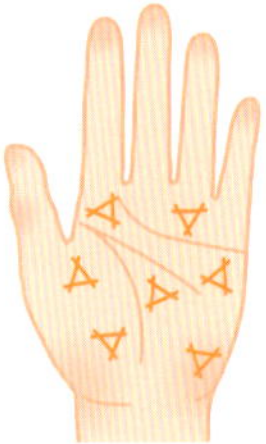

トライデント

GOOD

線の両端が3本に枝分かれしているもの。支えがしっかり安定していることを表し、ラッキーサインです。

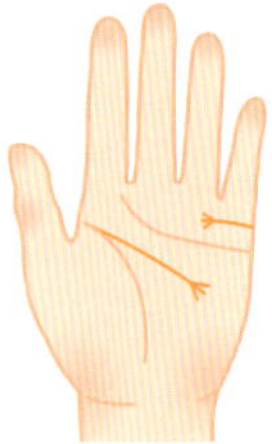

サポートライン

GOOD

運命線などに並んで現れるサインです。援助してくれる人の出現を表し、これが出ると運勢が補足強化されるラッキーな線です。

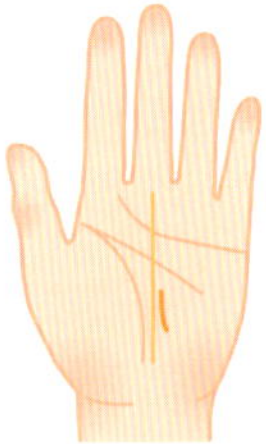

サークルライン

GOOD

丸い形のシワで、大きいものと小さいものがあります。どちらの場合もプラスの意味を持つサインです。

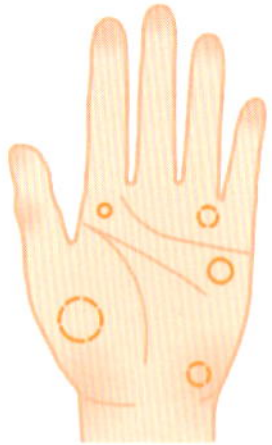

スポット

GOOD

線の上や丘の上に現れるシミのような丸い点をいいます。 赤い点、黒い点共に、新しいこと、うれしいことの前兆といわれます。

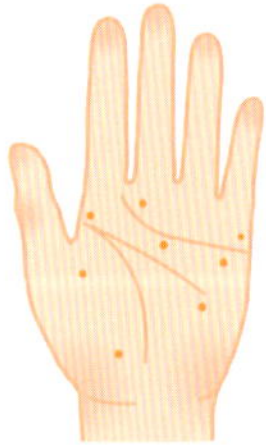

スクエア

GOOD

漢字の「井」の形。木星丘や運命線に多く出現。運命線の上の場合、劇的な変化を、木星丘の上なら指導する立場になることを示します。

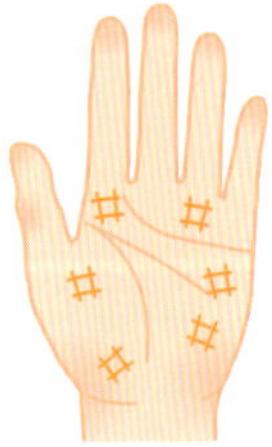

クロス

BAD

×印が運命線や生命線などの主要な線上に出たり、丘の上に単独で現れたりします。 これは障害、トラブルを表します。運命線上に現れると災難が予想され、太陽丘に出たら良くない行動の暗示です。

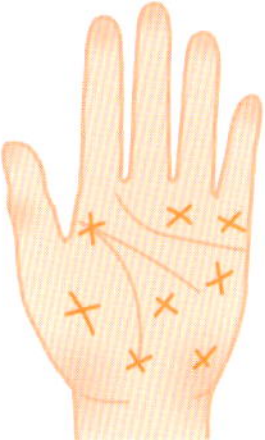

島

BAD

スジが絡まって島の形の空白ができたもの。大きさは5ミリ前後です。島の形が大きいほど、直面する障害も大きく、完全に消えるまでにはかなりの時間を要します。努力でなくすことも可能。

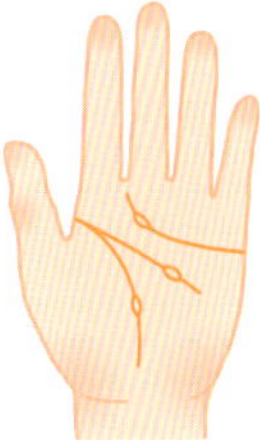

断　線

BAD

生命線などの長い線が1本にならず、途切れることがあります。これを「断線」と呼びます。生命線や運命線、頭脳線の上に出る場合は、運勢の大きな変化や停滞などを表します。

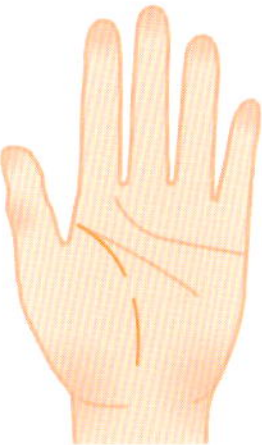

くさり型

BAD

線が1本にならず、細かいシワが絡み合って、くさりのような状態になっているものをいいます。生命線や感情線に多く見られ、一般的に手の柔らかい人、男性よりも女性に多く見られます。

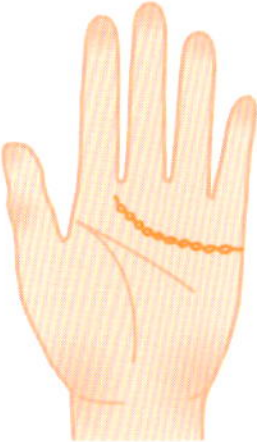

グリル

BAD

数本の線で網の目のようなマーク。出現する丘の意味を強めたり、運の流れを変化させたりするものです。太陽丘に現れたらアイデアマン、月丘だと考え過ぎてしまう傾向を表します。

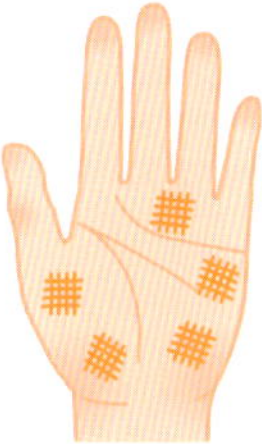

ストップ

BAD

主要な線をさえぎるように現れる短いシワです。重大な変化や障害が起こることを示しています。運命線などに出ると、社会的に行き詰まることなどを表しています。

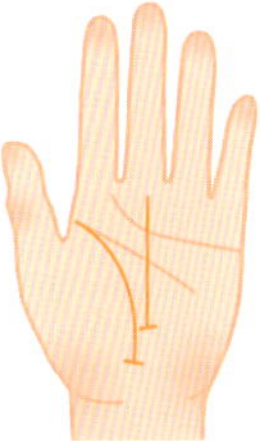

POINT

ホクロにもメッセージがあります！

手のひらにホクロが出現したら、明るいことや新しいことが芽生える前兆といわれています。現れる場所に関係なく、そのホクロにツヤがあって輝いて見えるなら、うれしい変化が訪れる予兆。逆にホクロの色が薄くなってきたり、消えてきたりしたら要注意です。トラブルに見舞われないよう警戒を。

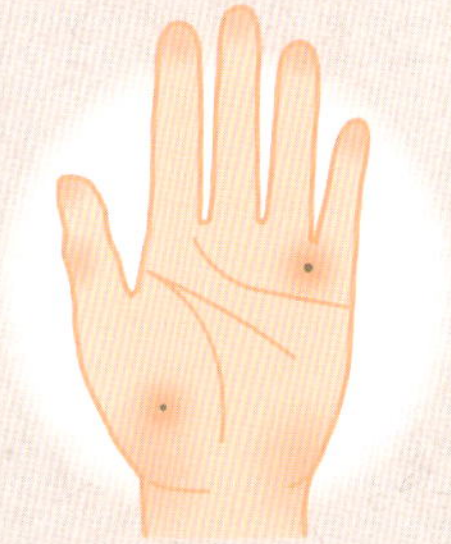

手の形で見る

人の手は、たくさんのことを物語っています。ここでは、手の形で性格や考え方を知ることができます。そのポイントになる手の特徴を見てみましょう。

肉厚で丸みがある

◆頼りがいのある手

体格に比べて手のひらが大きく、全体的に肉づきが良いのが特徴です。指もしっかりと太めで、手の甲、手のひら、指などすべてが丸みを帯びているイメージ。男性に多い手です。着実に成果を上げて信頼されていく人でしょう。

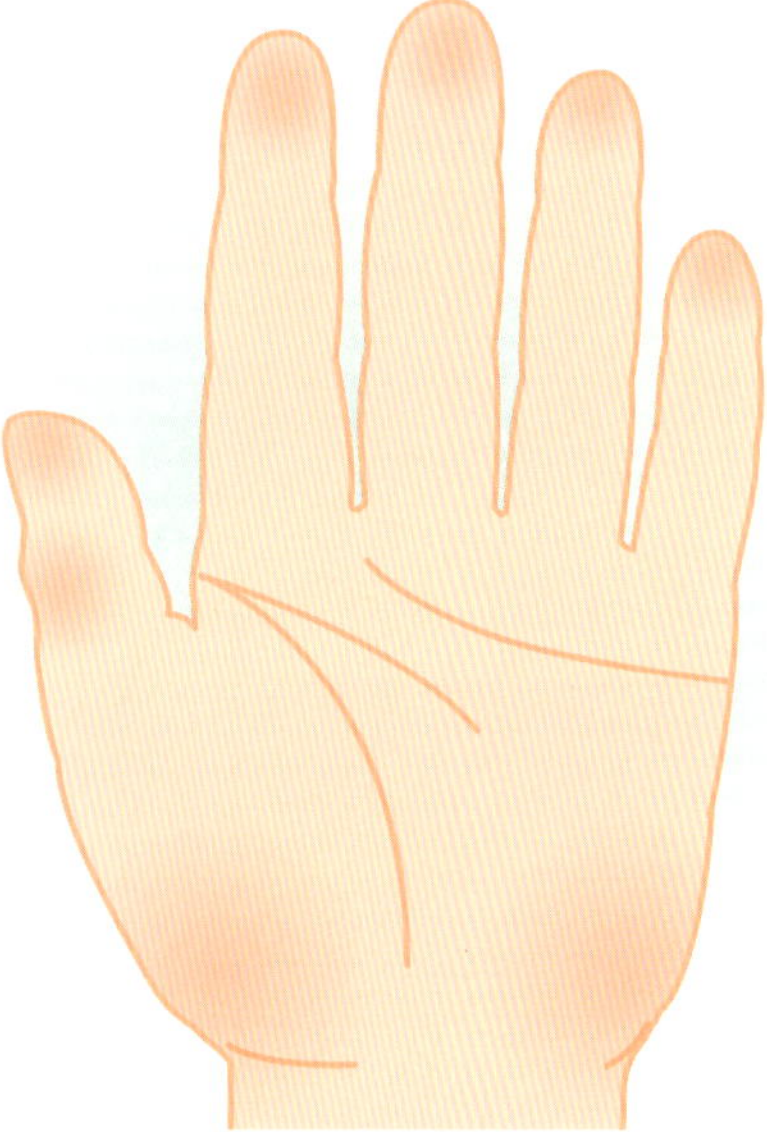

平らで四角張っている

◆大きくたくましい手

手のひらも手の指も、どちらかというと四角張っています。肉厚というより平べったい印象。また、体格に比べて手のひらが大きいところは上の「肉厚で丸みがある」と同じ。困難にも果敢に立ち向かうファイトの持ち主でしょう。

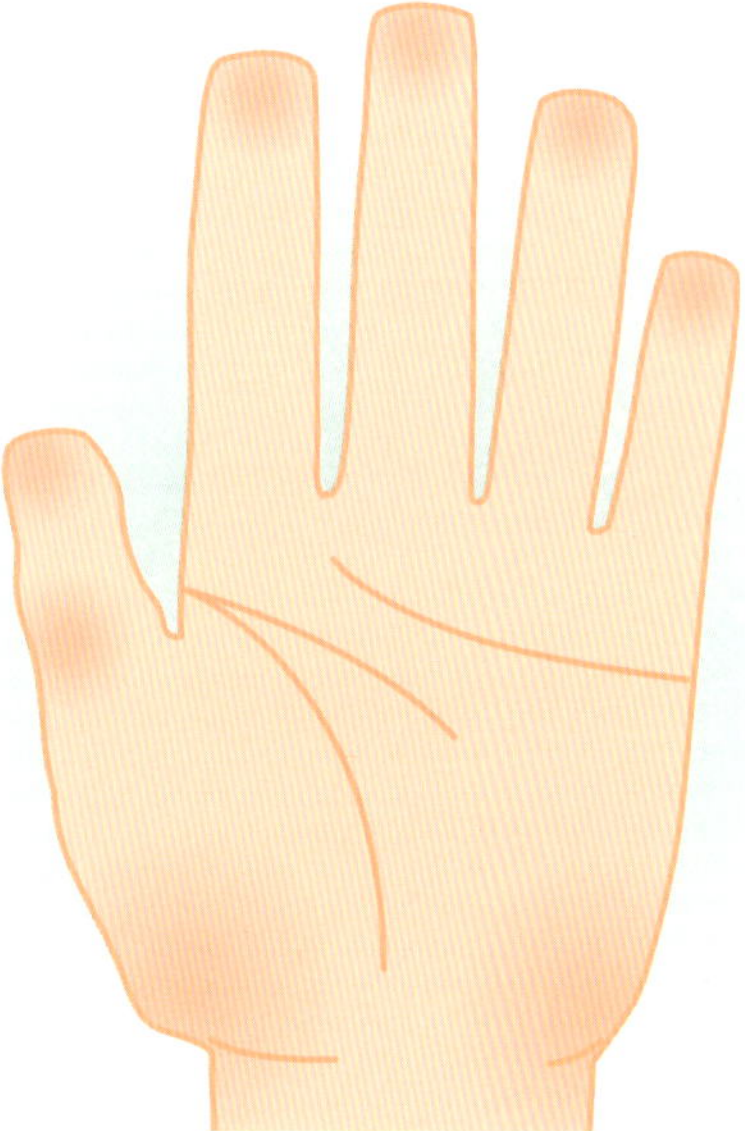

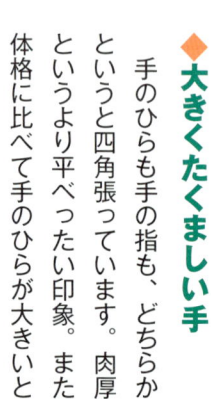

ごつごつと関節が目立つ

◆哲学的な考える手

手のひらが縦に細長く、指もすっきり伸びています。ただし、指にほとんど肉がない印象で、関節がごつごつと目立っています。また、手を開いた状態のときに指と指の間にすきまができます。知識欲が強く、興味のあることはとことん追求するタイプ。

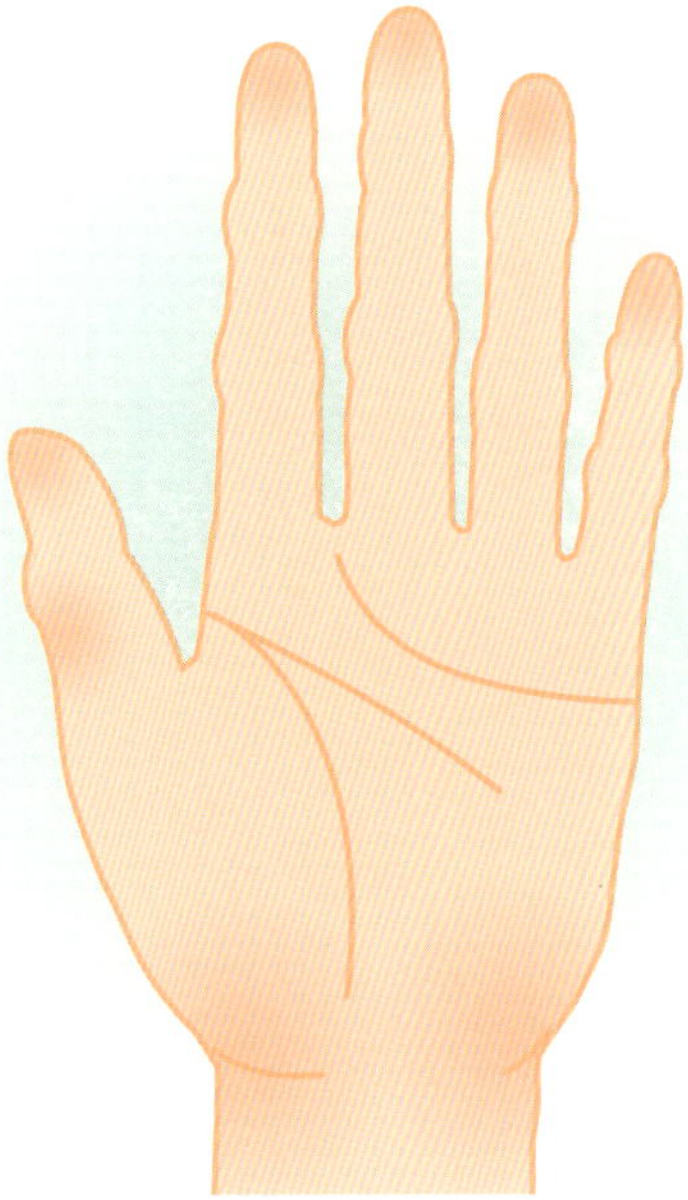

弾力があってふっくら

◆柔らかいもちもちした手

全体的に丸みがあり、ふっくらとした感じの手です。指先に向かって少しずつ細くなっているイメージ。指を伸ばしたときに、よく反り返ります。手を握ると柔らかさと弾力があり、もちもちとした感触。社交性抜群でサービス精神がある人です。

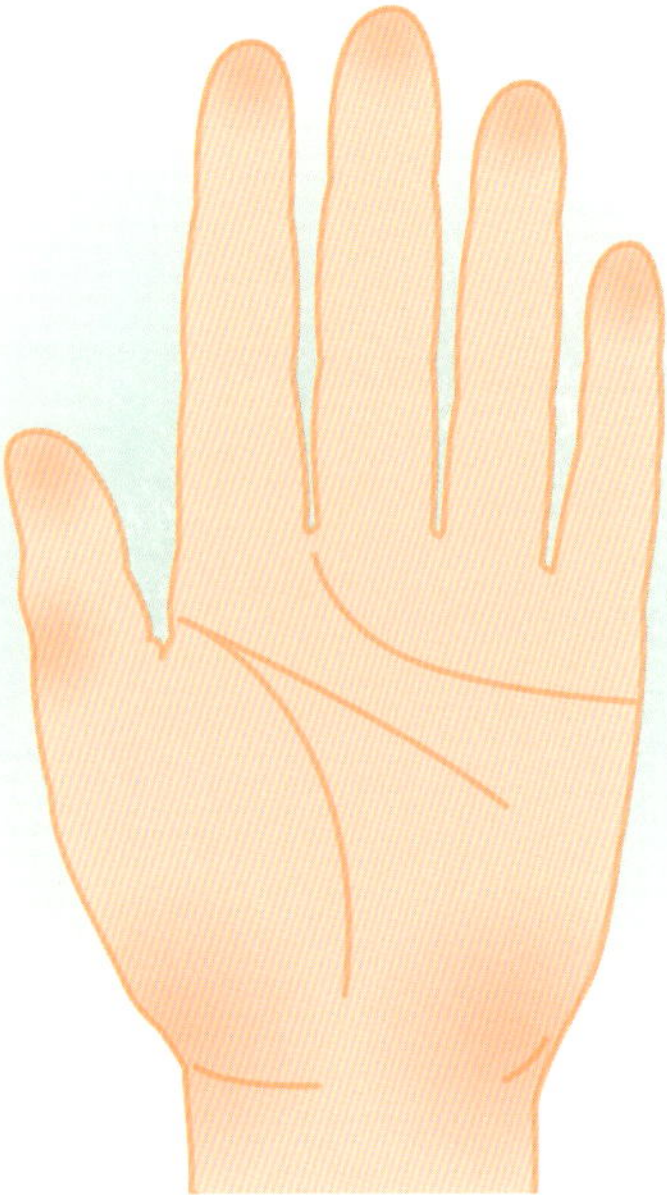

小さくてかわいい

◆薄くて細やかな手

手全体が小さく、手のひらも薄いイメージ。指全体も細く、指先に向かって細く円すい型に伸びています。しなやかで柔らかい皮膚が特徴で、指の関節も目立ちません。繊細な印象を与えるでしょう。直感力に優れた気配り上手なタイプです。

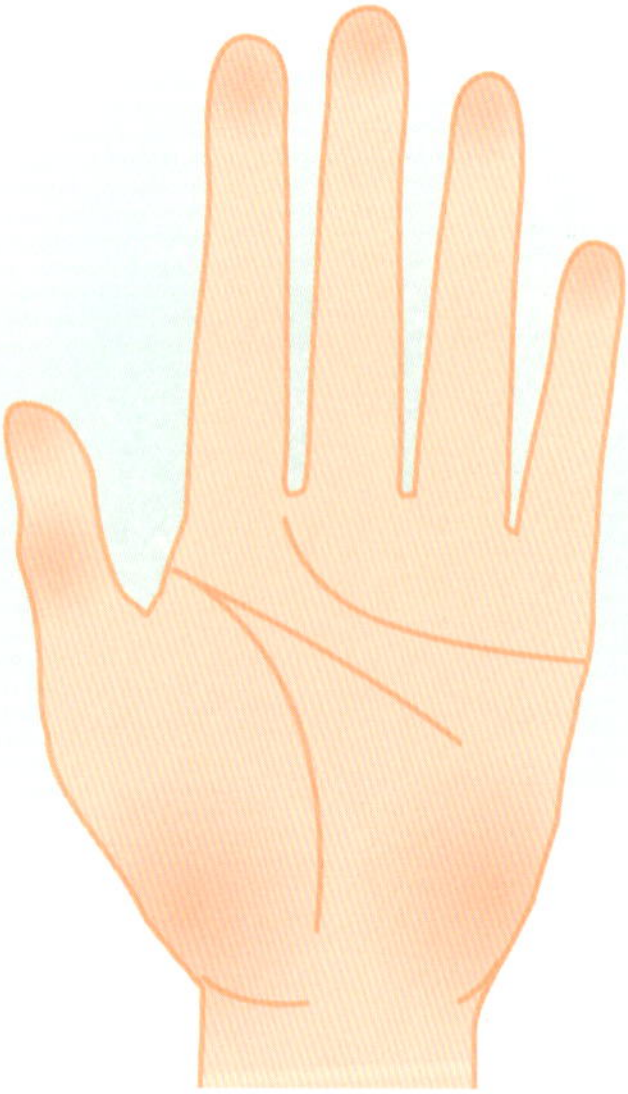

ほっそりとして繊細

◆縦に長く優雅な手

右の「小さくてかわいい」を、さらにほっそりと長くしたのがこの手形です。指がかなり長いのが特徴で、指先に向かって細くなっています。手のひら全体も縦長で、手の厚みもありません。ロマンチストで美への憧れが強いタイプ。

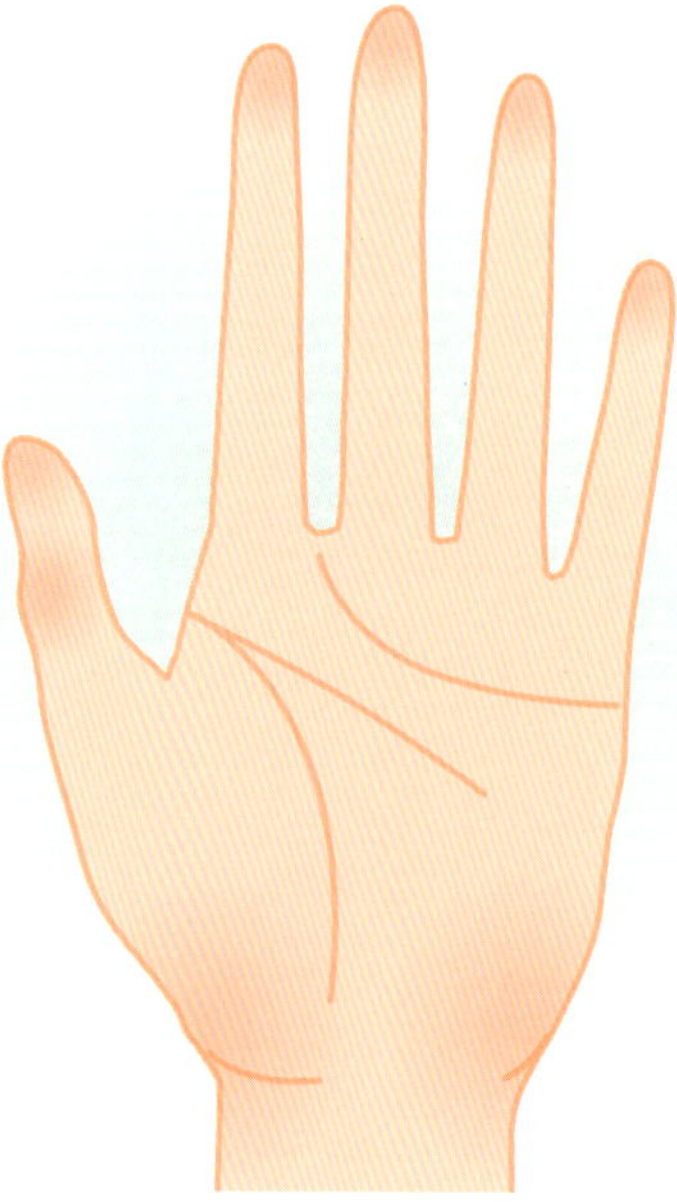

爪の形で見る

爪の形でも、本質的な性格を知ることができます。短く切りそろえたときの爪の状態が、どの形になるかで判断するようにしてください。

アーモンド型の爪

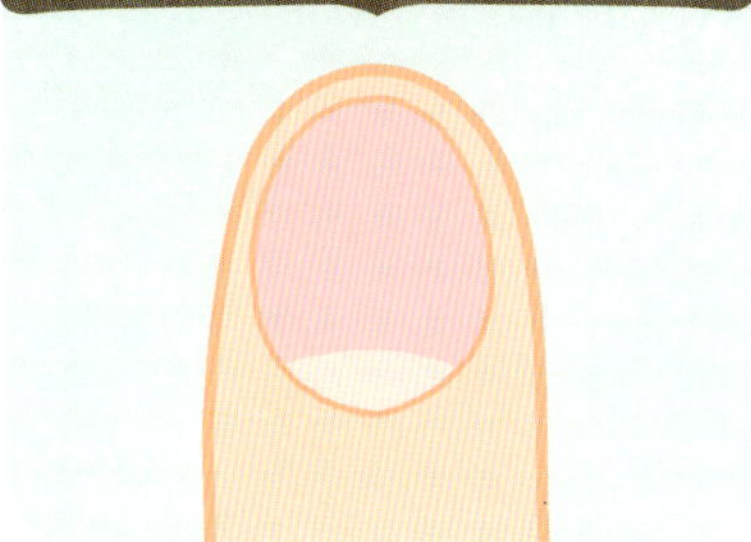

素直で誠実な人です。礼儀正しくきちんとしていますが、カッとなる一面も。

四角い爪

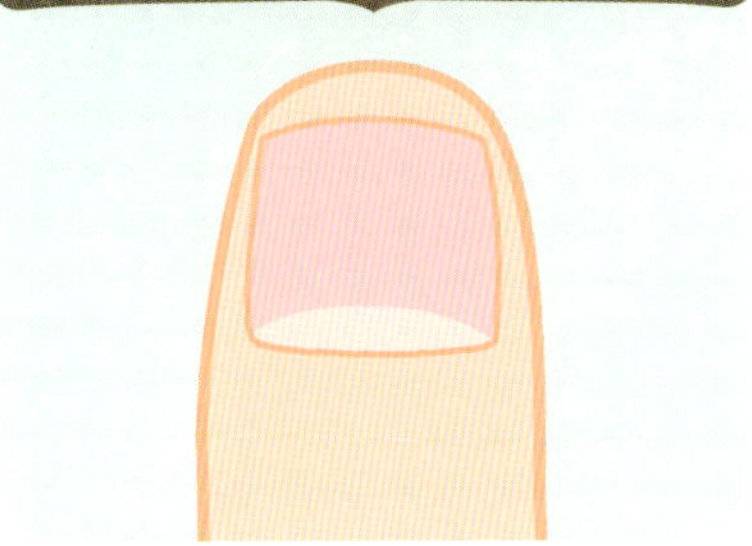

忍耐強い性格です。執念深い一面もありますから、敵に回すと怖い人です。

剣型の爪

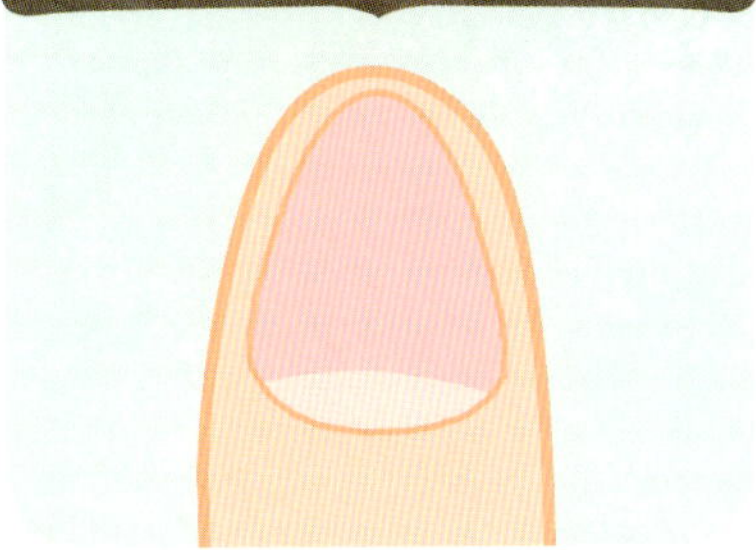

自分が決めたことは何が何でも貫くタイプ。強引な態度に気をつけましょう。

アーチ型の爪

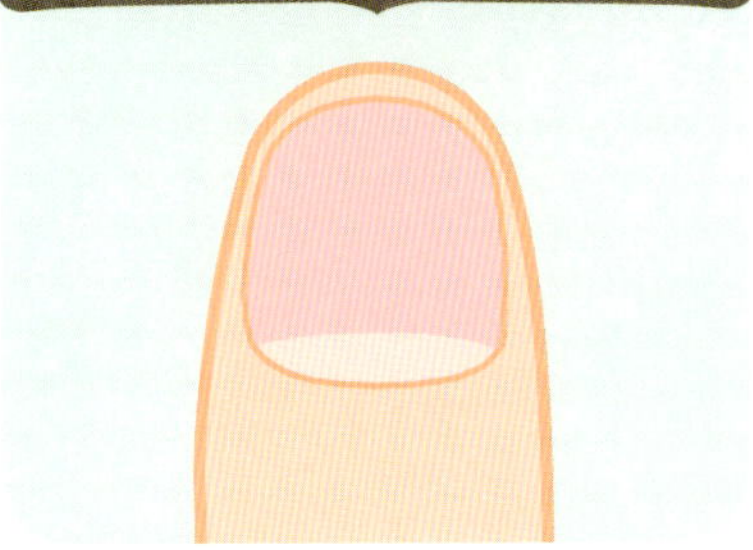

平和で温厚です。決して闘争心を表しませんが、プライドは高いでしょう。

幅の広い爪

あっさりした性格です。ただし、熱しやすく冷めやすいところがあります。

長方形の爪

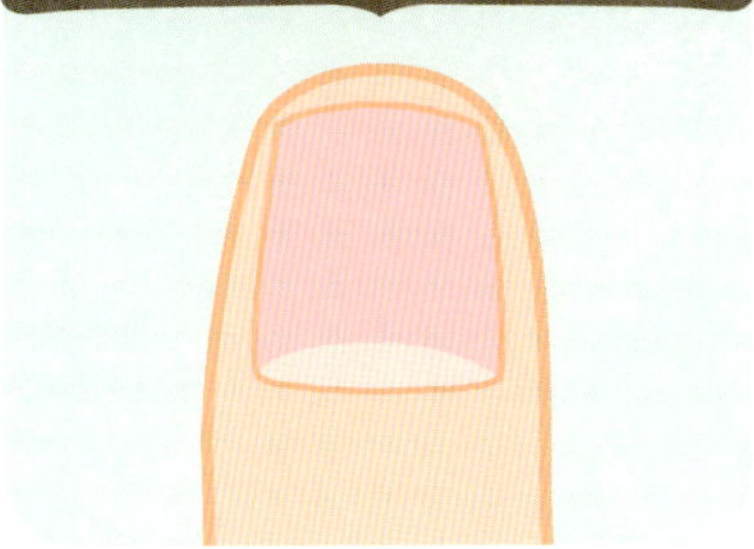

落ち着いた性格。いつもきちんとしていますが、潔癖過ぎる面もあります。

手の指紋で見る

人間の指紋には3つの種類があります。それぞれの指がどういう指紋をしているかによって、その人の個性や性格を判断することができます。特徴的なパターンを挙げてみました。

弓状紋《きゅうじょうもん》 A型

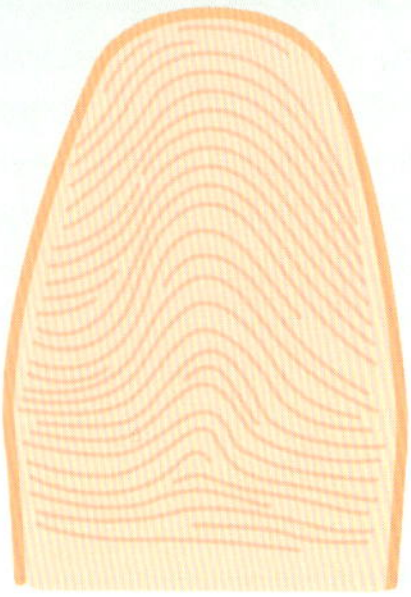

L型と似ていますが、親指、小指、両方向にも流れていません。指先に向かって、中央が山型に盛り上がるように高くなっているタイプ。

蹄状紋《ていじょうもん》 L型

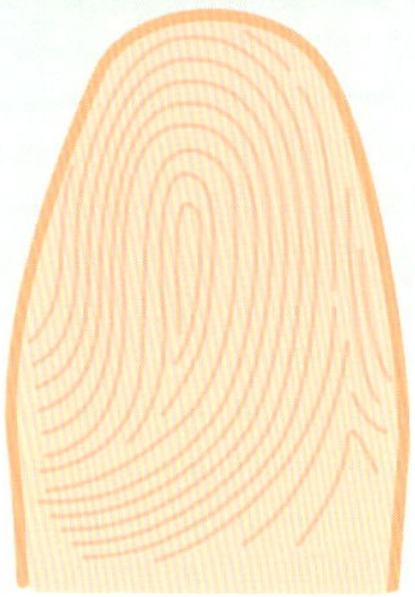

W型のように指紋が渦にならず、親指、または小指の方向に、波のような形に流れているタイプです。日本人にはもっとも多い型。

渦状紋《かじょうもん》 W型

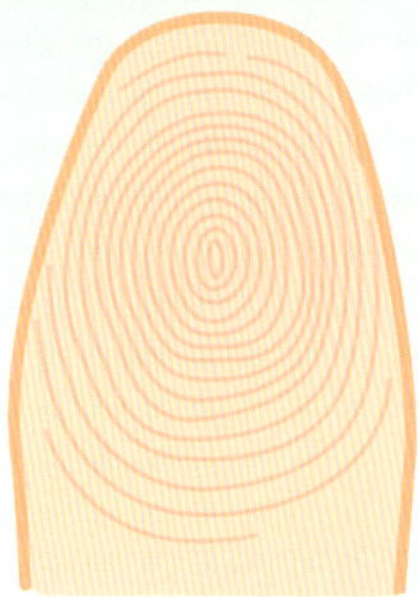

渦状にぐるぐると円形の輪になっているタイプ。個性的な人に多い型です。中心の輪の位置が人によってさまざまなのも特徴です。

薬指と小指の指紋の型で見る

薬指と小指は、感覚や愛情、芸術的才能を表す指です。この指の指紋で、愛情や芸術センスを見ていきます。

薬指か小指のどちらかが W型

特殊な技術や芸を身につけると、実力を発揮できるタイプ。とくに、自分の嫌いなことや人間関係のトラブルが続いた後に、突然ユニークな発想やアイデアが浮かぶことが多いようです。異性に対しては淡泊なので、実はとても優しくひと目で恋に落ちることもあります。

薬指も小指も W型

独創的なアイデアを考え出す能力に恵まれています。愛情面も情熱的で、自分から積極的に異性に接近していきます。表現力もあり、相手の気持ちを惹きつけることに長けています。両手共にこの型の人は直感が鋭く、人の心を読む不思議な力があります。

親指と人さし指の指紋の型で見る

親指と人さし指は、 人間の自我、行動力と深くかかわる指です。その人の性格や人との接し方、仕事の仕方などが表れます。

親指か人さし指のどちらかが A型

どちらかにA型が現れている人は、個性的です。その一方で気分にムラがあります。思いやりや勇気にあふれているかと思えば、急に卑屈になったりすることもあります。天才型が多いのも特徴です。

親指も人さし指も L型

周りのペースに巻き込まれてしまう気弱な面もありますが、慎重でとても用心深いタイプ。常に周囲の人を気にして行動します。ただし、必要以上に用心し過ぎてチャンスを逃すこともありそう。

親指も人さし指も W型

行動力があります。しかもかなりの負けず嫌い。多少の失敗にもくじけず、自分が思った通りに行動する信念と大胆さを持っています。左右共にこの型の場合は、とくに外向的でチャレンジ精神があります。

親指だけ W型

外見的にはおとなしく見え、柔和な人です。しかし、いざというときには、持っている力を存分に発揮します。対人関係でも、はじめのうちは従順な態度で接していますが、親しくなるとわがままになる傾向があります。

人さし指だけ W型

とてもユニークな人です。 アイデアも豊富で、思いついたらすぐに行動。実現させるパワーを持っています。明るく社交的ですが、ときにイライラしたり、無性に不安を感じたりすることもあります。

全部の指の指紋の型が同じ

全部の指が L型

順応力があり、少し嫌なことがあったとしても、何とか耐えていく人です。穏やかな気質で一見ひ弱に見えますが、実は粘り強く、多少のことでは弱音を吐きません。追いつめられるとファイトを燃やす一面もあります。

全部の指が W型

両手共にすべての指がW型という人は、敏感でナイーブ。美的センスに恵まれていて、とくにファッションセンスは群を抜いています。しかし、恋愛面では自分の好みの異性を惹きつけられないことに悩む人もいるかもしれません。

COLUMN

手相学の歴史

手相学のルーツは、3000 ～ 5000年前の古代インドであるといわれています。そして、仏教の普及と共に東洋諸国へと伝えられていきました。日本では江戸時代末期、水野南北《みずのなんぼく》という人が『南北相書《なんぼくそうしょ》』という手相に関する最古の文献を書いています。

一方、ヨーロッパでも独自に手相学が研究されました。18 ～ 19世紀は、とくに全盛期で、かのナポレオンには、専属の手相占い師がついていたといわれています。19世紀初頭、近代手相学の祖と呼ばれるフランスのデバロールとダルパンチーニによって、西洋の手相術は広く世界に普及していきました。

手相研究は、その後、占い師だけではなく、心理学や医学の分野からのアプローチが目立っていきます。手相がひとりの人間の内面を知るための、意外な近道であることが実証されてきているからです。

このように手相の研究は、自分を知り、他人を知り、さらにはより良い人間関係を作るうえでの新しい「人間学」といえるでしょう。

第2章

浅野式
48タイプの
基本性格

もっとも目立つ3大基本線、生命線、頭脳線、感情線を組み合わせて48パターンに分けたのが「浅野式・手相の分類法」です。性格や才能のアウトラインがわかりやすく見えてきます。

浅野式 あなたの手相チェック

手のシワは複雑に入り組んでいます。ここでは、生命線、頭脳線、感情線のスタート位置やゴール位置を分類。それを組み合わせれば、自分の型を見つけることができます。

生命線と頭脳線のスタート位置は？

◆生命線と頭脳線の始点で分類します。

人さし指と中指のつけ根から手首に向かって垂直線㋐を引きます。生命線と頭脳線がどのように接しているか、㋐を基準にして線の起点がどの位置かで、6つに分類します。

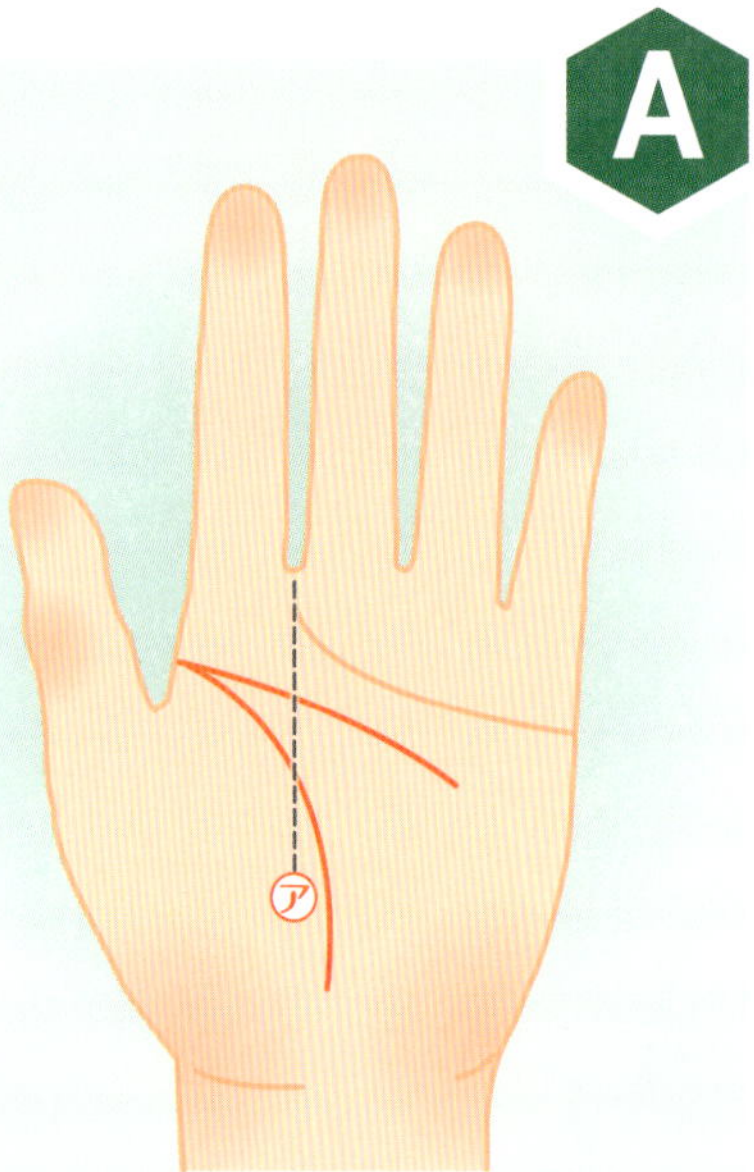

生命線と頭脳線の起点が同じで、㋐の線よりも前に分岐している型。この手相はもっとも多いタイプです。

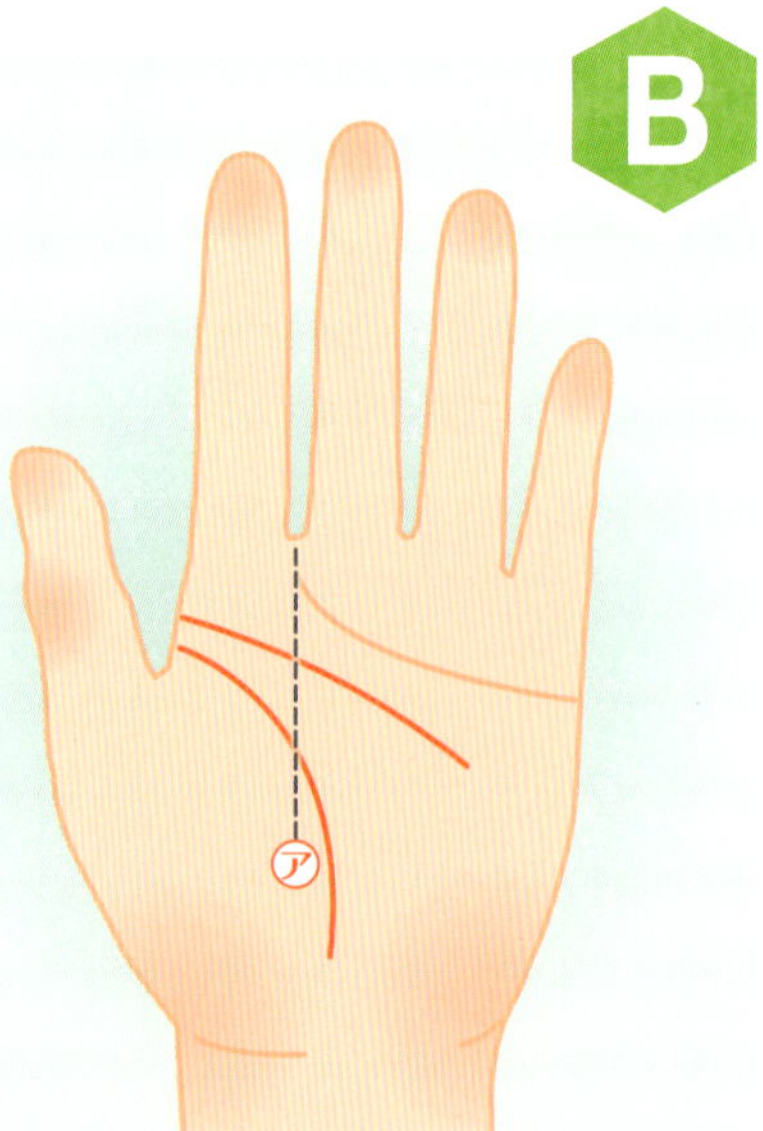

生命線と頭脳線が出発点から離れていて交わらない型。東洋よりも西洋人、男性よりも女性に多いといわれます。

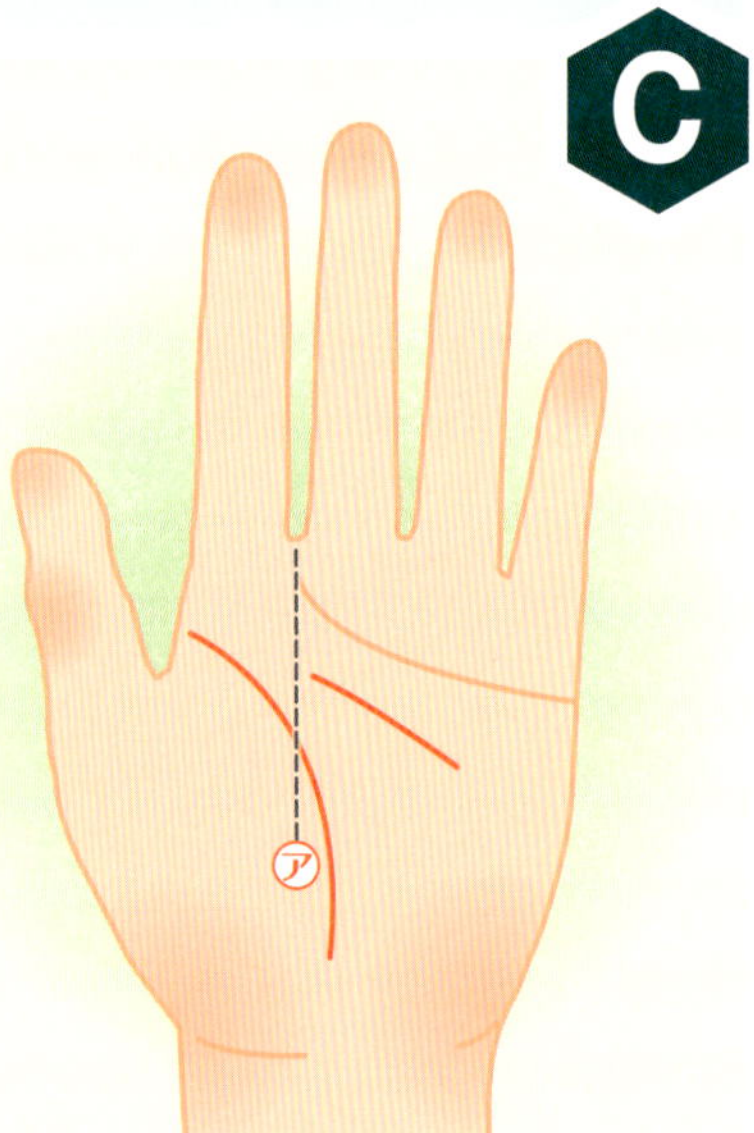

頭脳線が㋐よりも先から始まっていて、生命線と頭脳線が交わらないタイプ。かなり珍しい手相です。

E

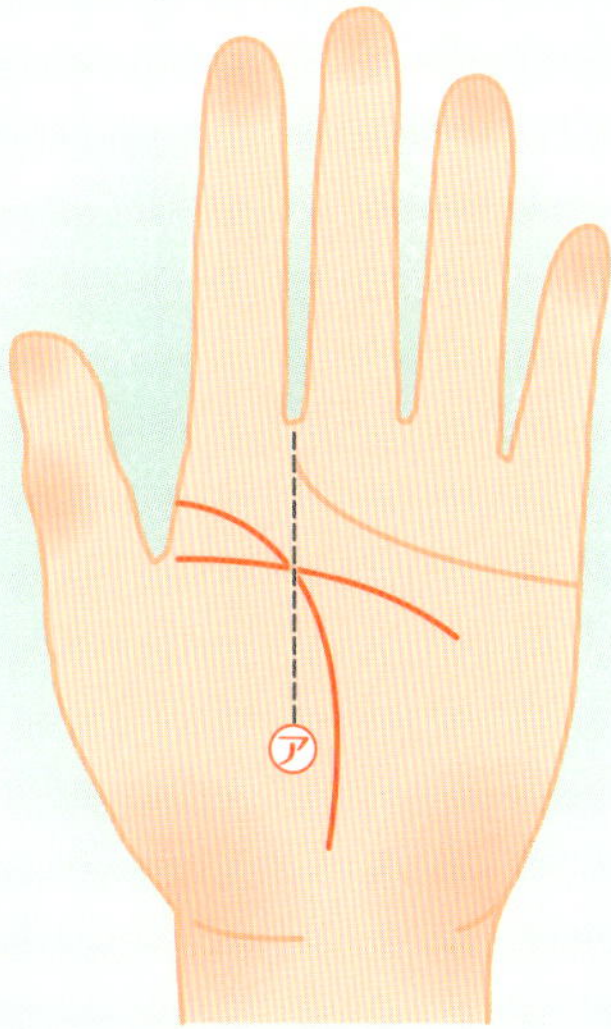

頭脳線の起点が生命線の内側にあり、生命線をまたいで伸びている型。生命線、頭脳線の起点はやや不鮮明。

D

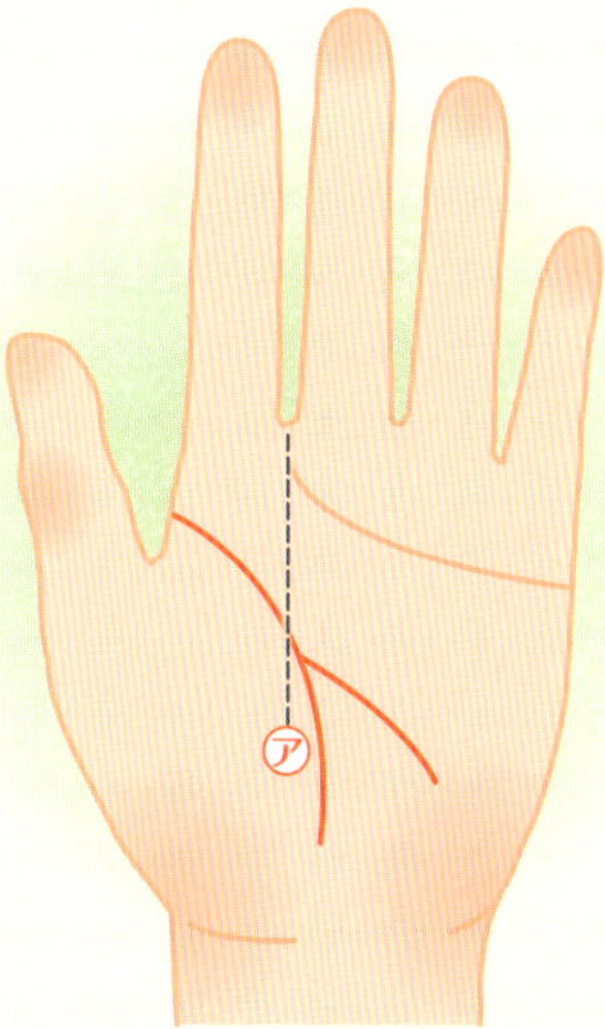

生命線と頭脳線の起点が重なっていて、㋐よりも小指側で分かれている型。日本人の手相によく見られます。

F-3

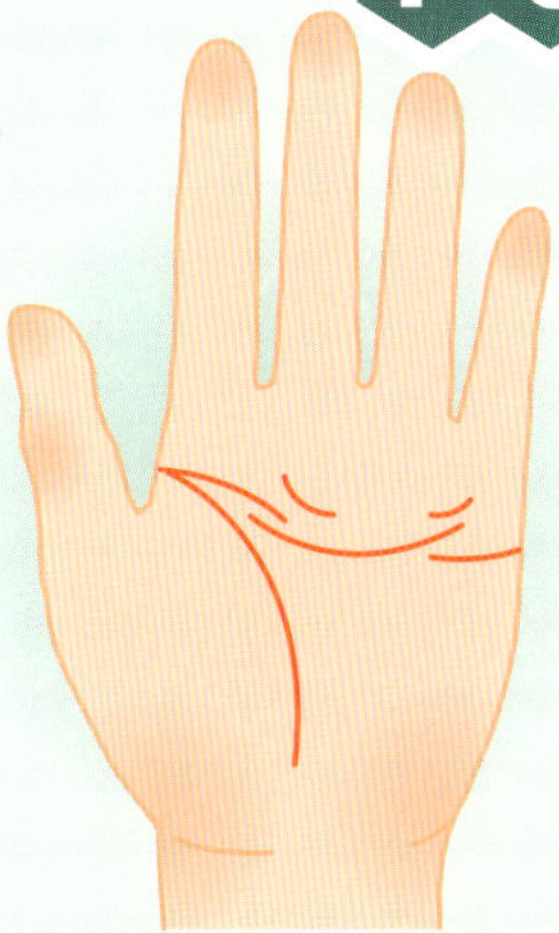

水平の線の他にも、全体に細かいシワが多く、複雑な形になっていたり、途中で線が切れていたりする型。

F-2

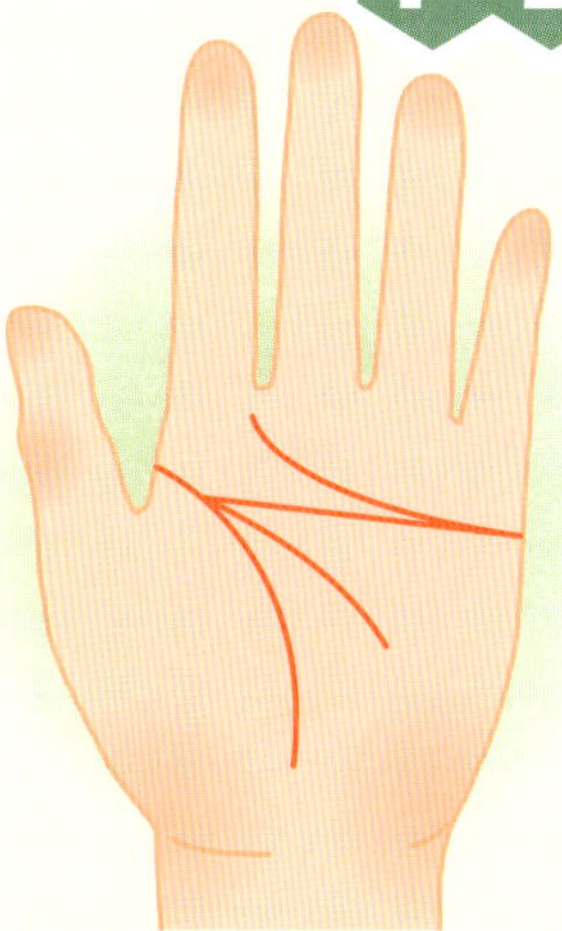

マスカケ型の3タイプのうちの一つ。水平の線の他に、頭脳線、または感情線、またはその両方が現れている型。

F-1

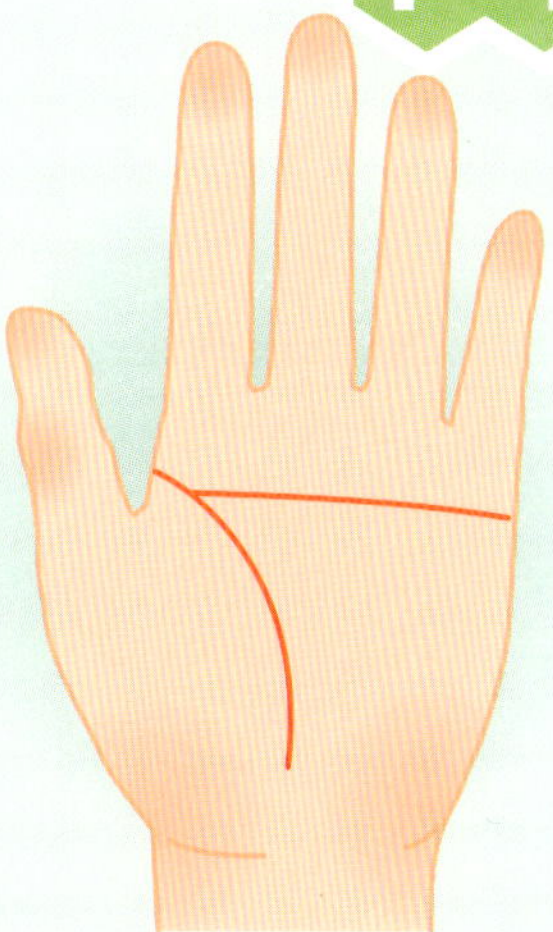

スジが2本で細かなシワが少ないマスカケ型。はっきりした1本の線が水平に横切っています。

※F－1、F－2、F－3にあてはまる場合は、46－47ページのチェックは必要ありません。63ページの性格診断を参考にしてください。

頭脳線のゴール位置は？

◆頭脳線のゴール位置をポイントにしています。

手のひらの外側の感情線の起点から、手首までの距離を均等に分けた位置をⓐとします。頭脳線のゴール位置が、そのⓐより上にくるか下にくるかで3つに分類します。

L

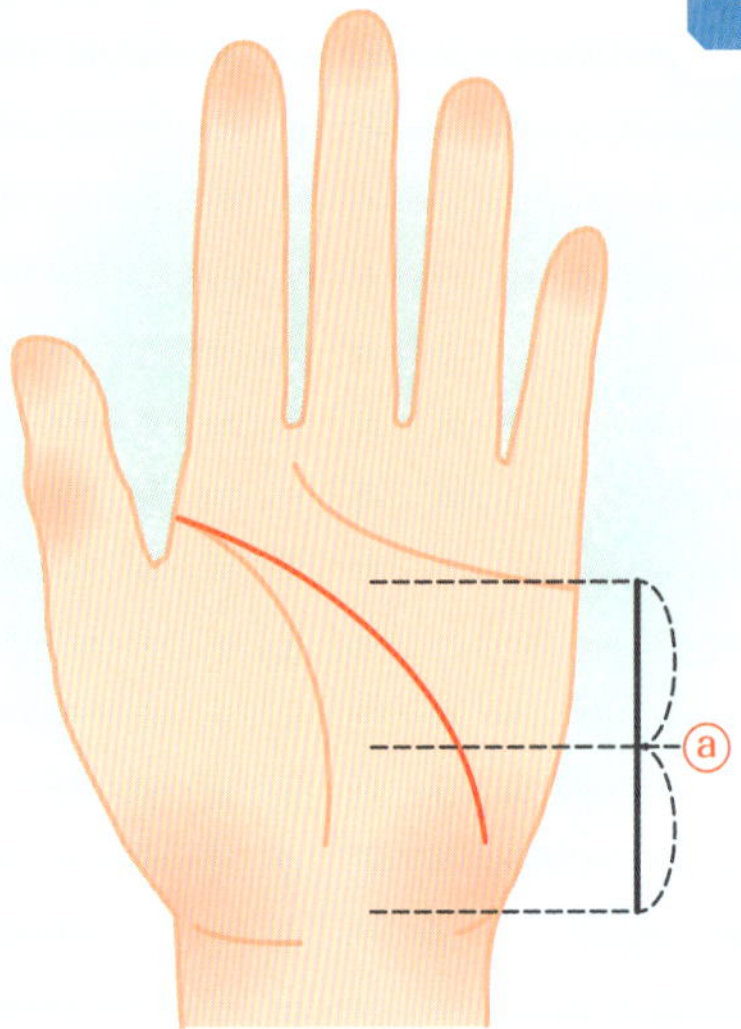

頭脳線のゴール位置がⓐの線よりも下にあるタイプ。月丘に達する勢いで伸びています。ⓐの線上にあるものは含まれません。

H

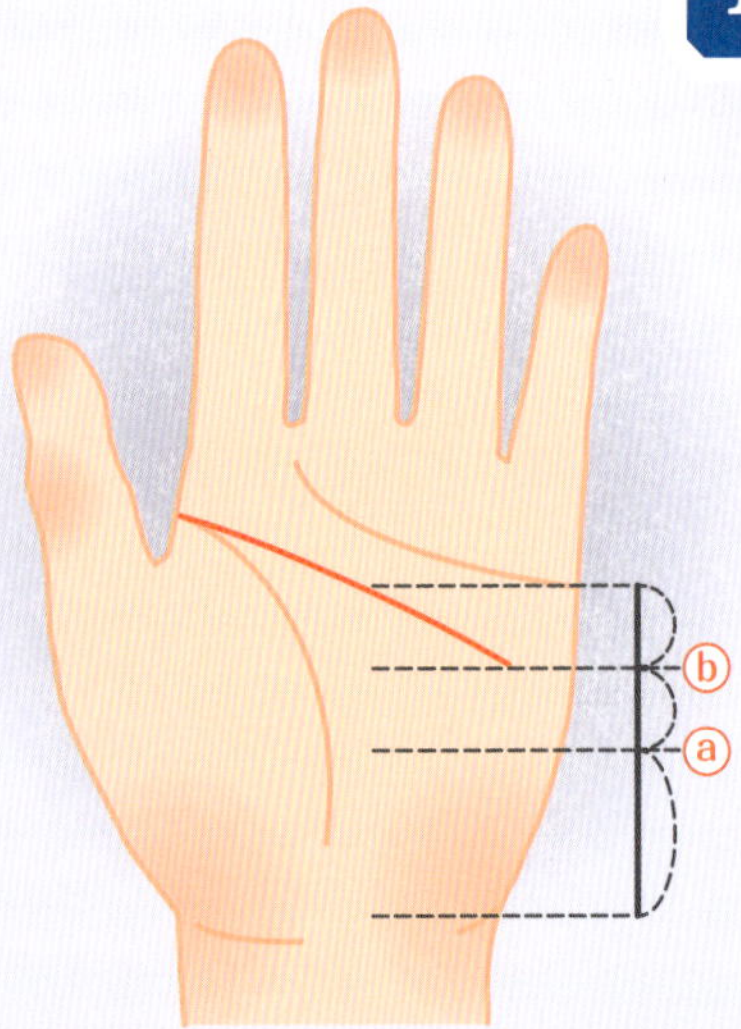

頭脳線のゴール位置が感情線とⓐの線を二等分したⓑの線上、またはⓑよりも上部分に留まっているタイプ。

O

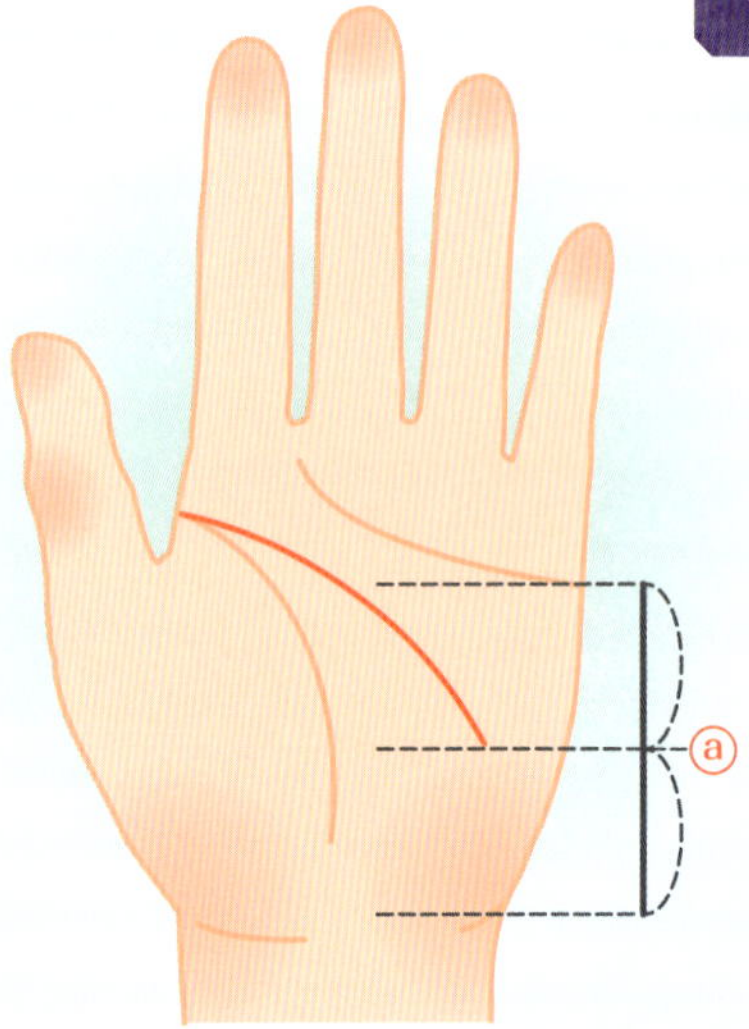

頭脳線のゴール位置がⓐの線上にある、またはⓐよりも上部分に留まっているタイプ。月丘までは届いていません。

感情線のゴール位置は？

◆感情線は生命線と頭脳線とは逆で、小指側が起点で親指側がゴールになります。

人さし指と中指のつけ根から、手首に向かって垂直線㋐を引き、その㋐を越えるか、越えないかで3つに分類します。

Ⅰ

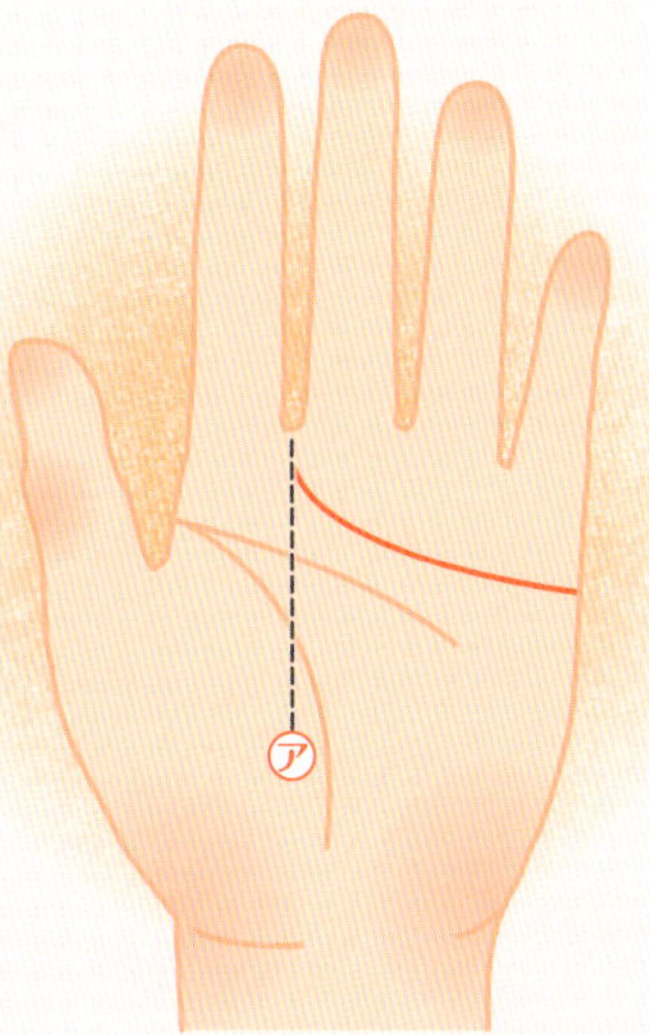

感情線のゴールが㋐の線で終わる、または人さし指と中指の間に入っているタイプ。支線も㋐の線上で終わっています。

Ⅱ

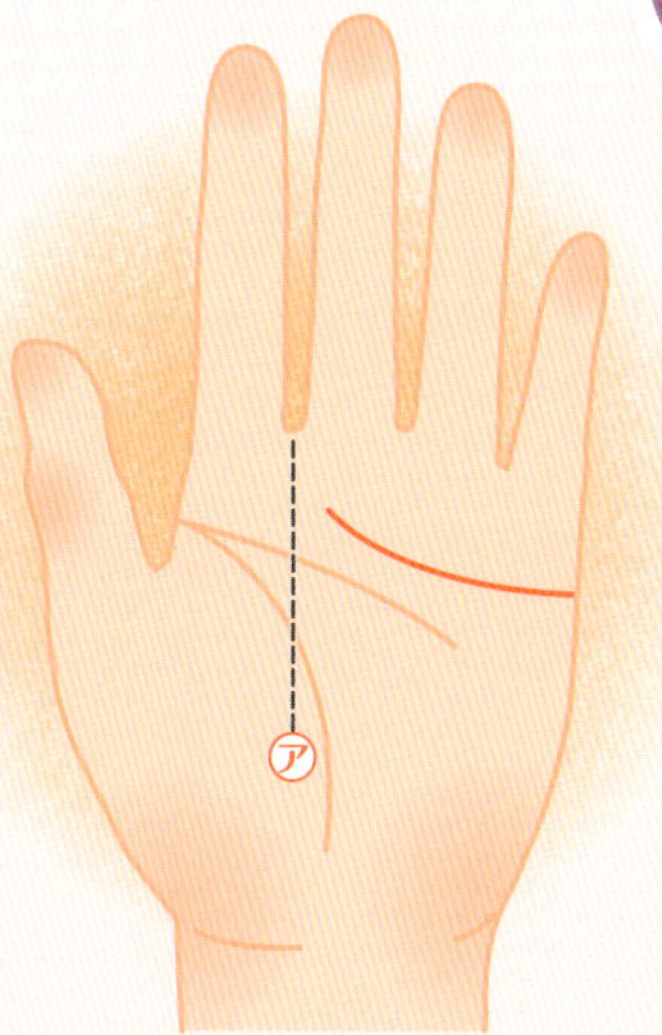

感情線のゴールが㋐の線まで届かないタイプ。また、届いていても途切れていて、1本の線になっていないタイプも含まれます。

Ⅲ

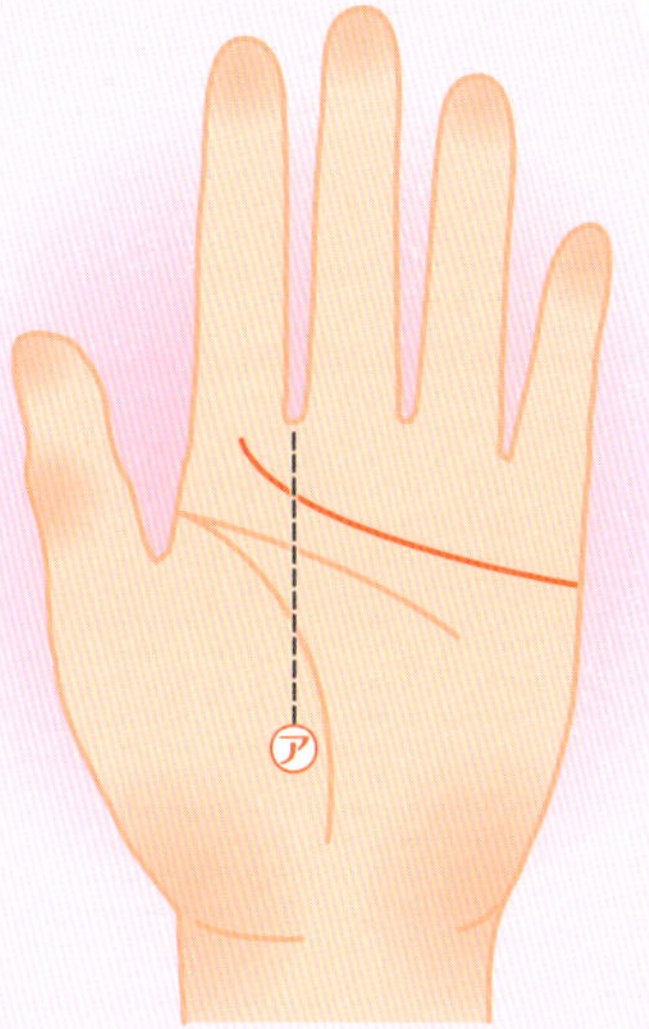

感情線が㋐の線を越えて人さし指のつけ根の丘にまで達しているタイプ。支線も㋐の線を越えています。

ALⅠ型

思いやりと誠実さあふれるタイプ

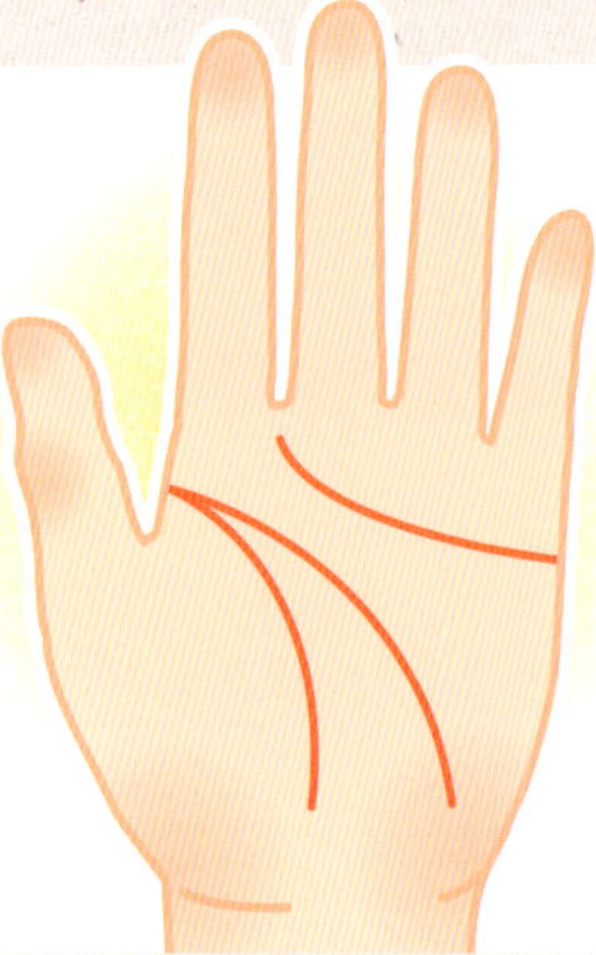

控えめで穏やかなロマンチストです。誠実で人当たりがよく、年長者から好かれます。直感力に優れていますが、内気で傷つきやすくナイーブなところも。恋愛では相手に献身的に尽くすけなげさがあります。

才能 文学的才能、表現力の豊かさ

適職 企画、マスコミ関係、タレント

ALⅡ型

独創的なクリエイター気質

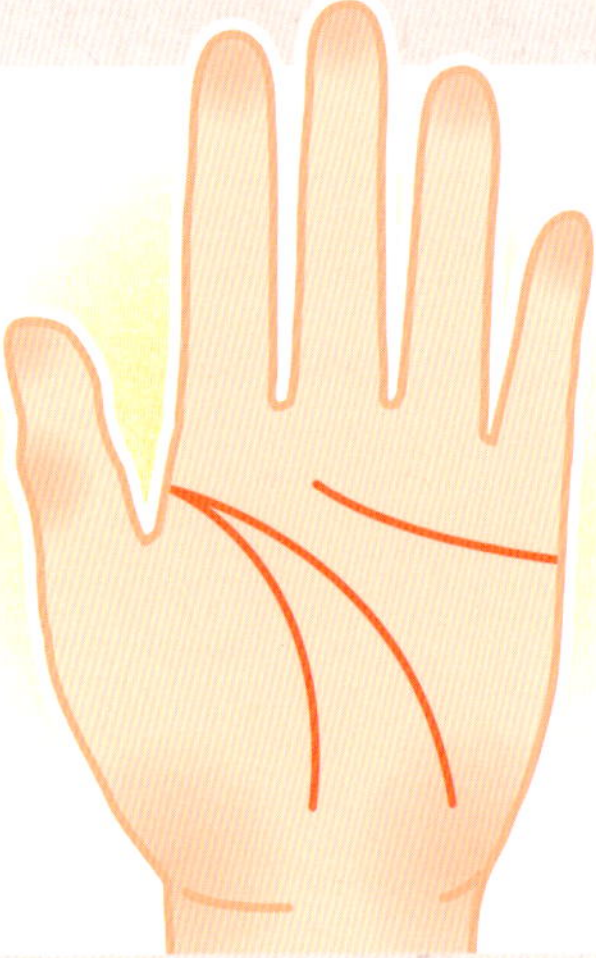

手の形がほっそりして美しい人に多い手相。豊かなアイデアと独創的なセンスがあり、芸術的な才能に恵まれています。熱しやすく冷めやすい傾向があり、恋愛では、早婚か晩婚かのどちらかになりがちです。

才能 美的センス、独創的な思考

適職 デザイナー、クリエイター、声優

ALⅢ型

高い志を持つリーダータイプ

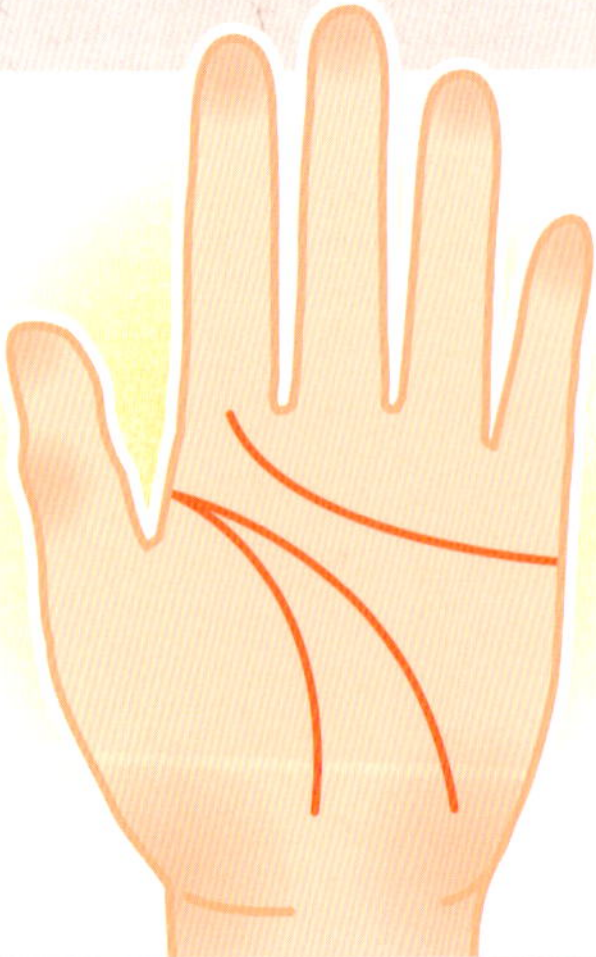

いつも夢と理想を掲げて生きる指導力のあるタイプ。あらゆる場面や組織の中で、リーダーシップを取ることができます。30歳までは変化が多く、仕事は不安定になりがち。独身主義者が多いのも特徴です。

才能 バイタリティ、指導力

適職 政治家、ジャーナリスト、社会運動家

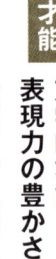

AOⅠ型 明るく真面目な堅実派

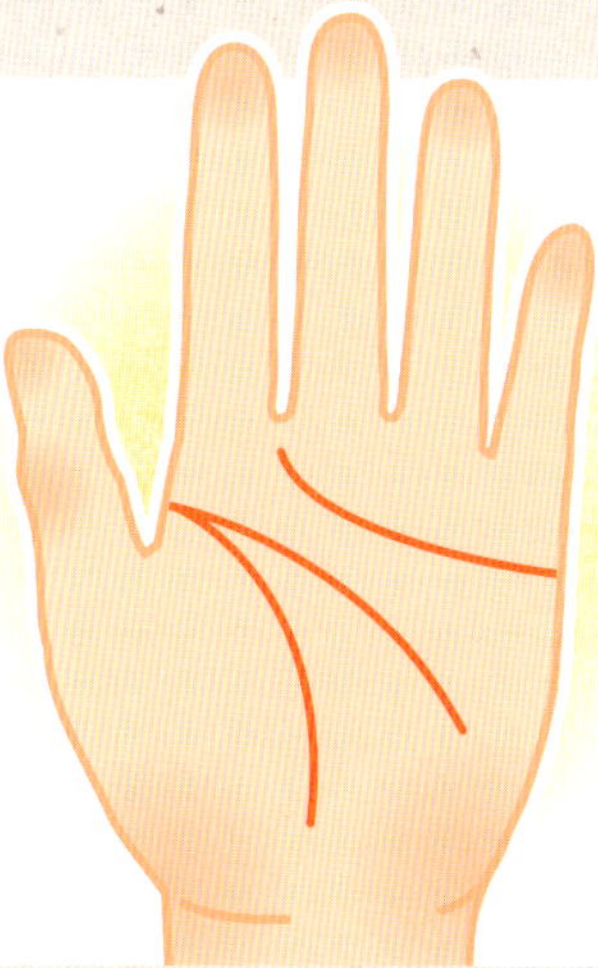

慎重で確実、周囲と歩調を合わせて真面目に生きていくタイプ。明るく世話好きですが、決断力に欠けるところがあり、意志が弱い面も。恋愛に関しては奥手なので、見合いによって良縁がつかめるでしょう。

才能 着実な努力、事務能力、手先が器用

適職 オペレーター、経理、事務管理

AOⅡ型 豊かな感情が表に出るタイプ

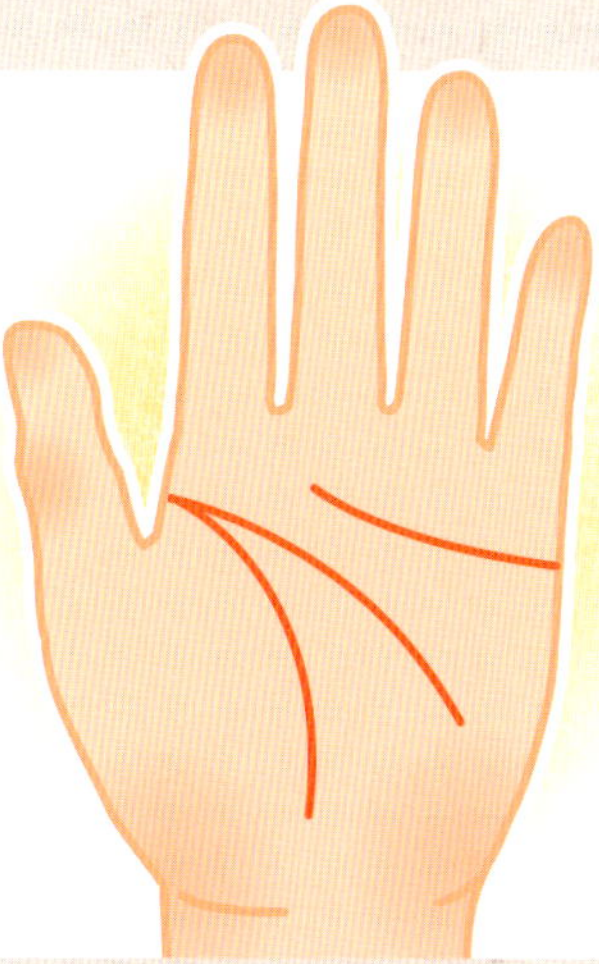

魅力的な人が多く、周囲から注目を集めます。とくに女性はチャーミングでモテモテですが、感情的な行動が目立つ面も。男性は10代と20代で人柄がガラリと変わる場合もあります。アイデア豊富で流行にも敏感。

才能 芸術的センス、創造力、発想力

適職 舞台関係、デザイナー、漫画家

AOⅢ型 意志が強い大器晩成型

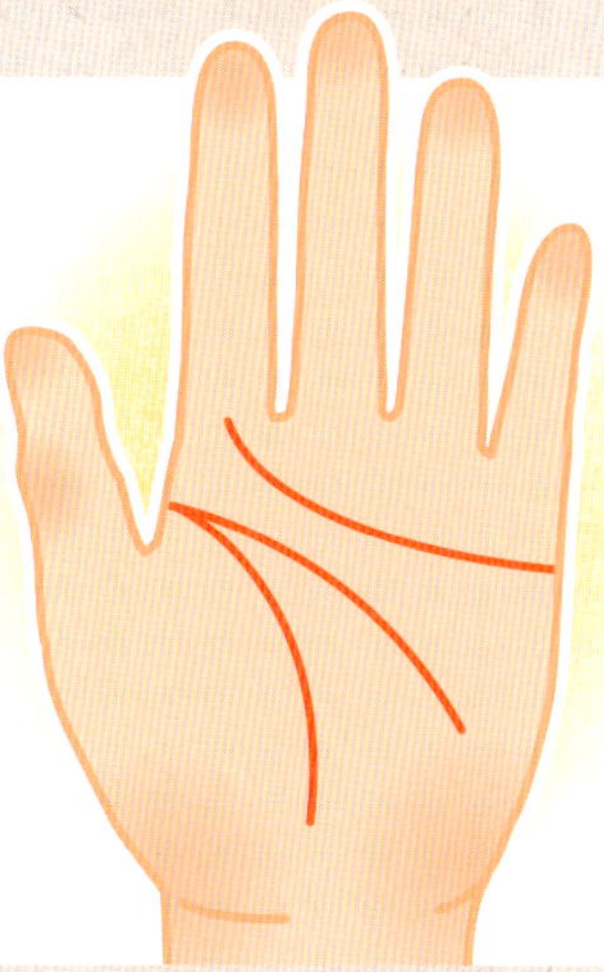

もの静かで冷静な人ですが、場に応じて、大胆な決断をする勇気があります。大器晩成型でさまざまな組織や場面でリーダーシップを発揮。恋愛面ではプライドの高さから本心を隠して誤解されてしまうことも。

才能 指導力、判断力、意志強固

適職 政治家、実業家、ビジネスマン

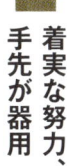

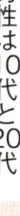

AHI型 明るくのびやかな行動派

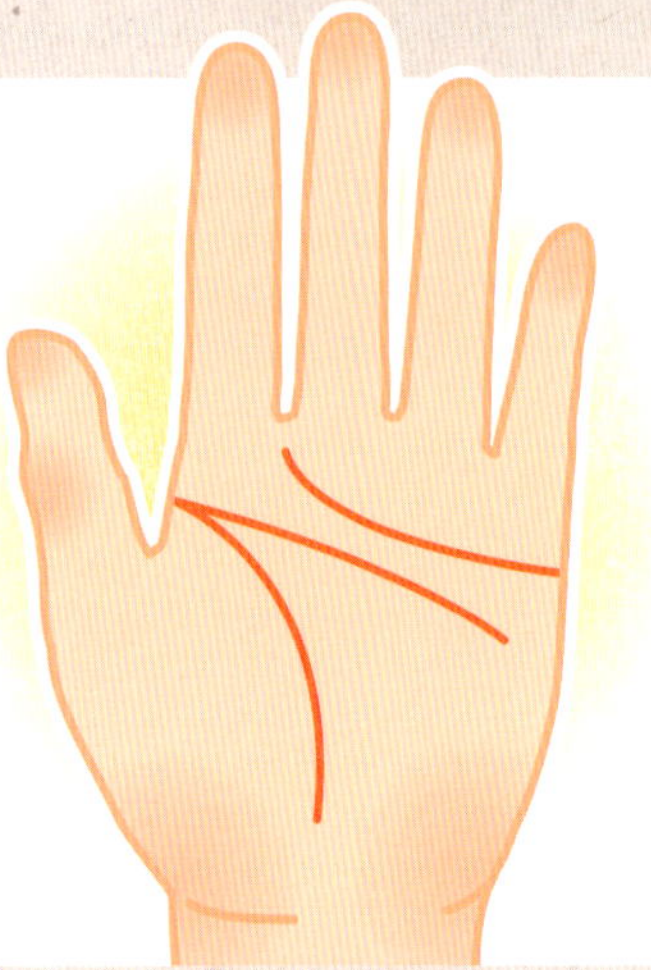

さっぱりしたスポーツマンタイプが多く、細かいことは気にしない楽天的な性格です。口数は多い方ではありませんが、与えられた仕事は忠実にこなします。女性では男勝りで有能な人が多いでしょう。

才能 努力家、堅実家

適職 スポーツ関係、IT関係、体育教師

AHⅡ型 エナジーあふれる勝気なタイプ

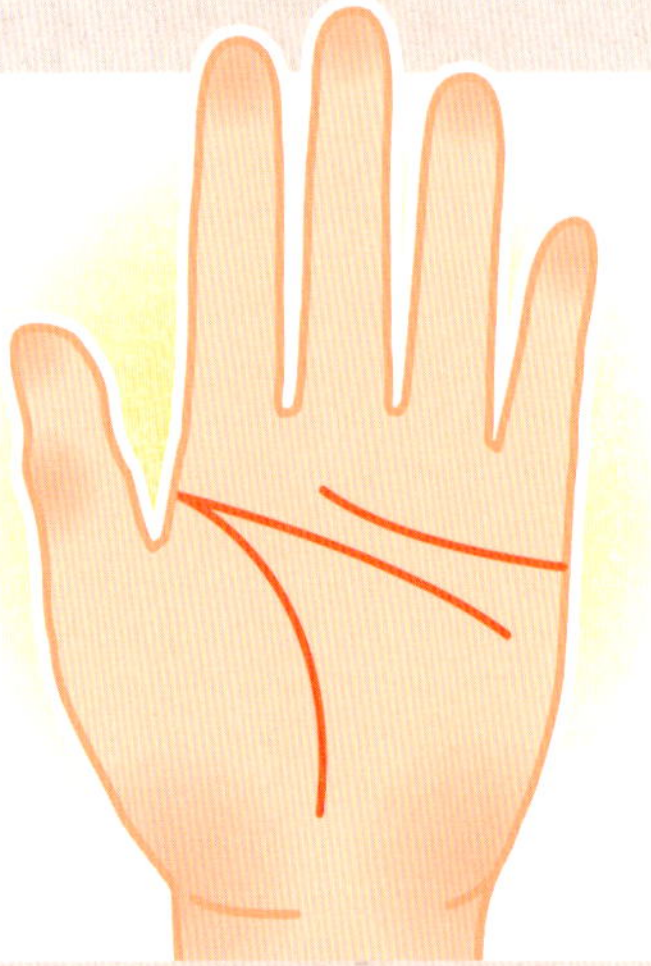

負けず嫌いで勝ち気。常に新しいものを求め、変化を恐れないエネルギッシュな人。仕事でも恋愛でも平凡なことでは満足できず、個性的なものへの憧れを強く持っています。どちらかといえば女性に多い手相。

才能 独特の思考、探究心、実行力

適職 マスコミ関係、映画関係、起業家

AHⅢ型 志を秘めたゴーイングマイウェイ派

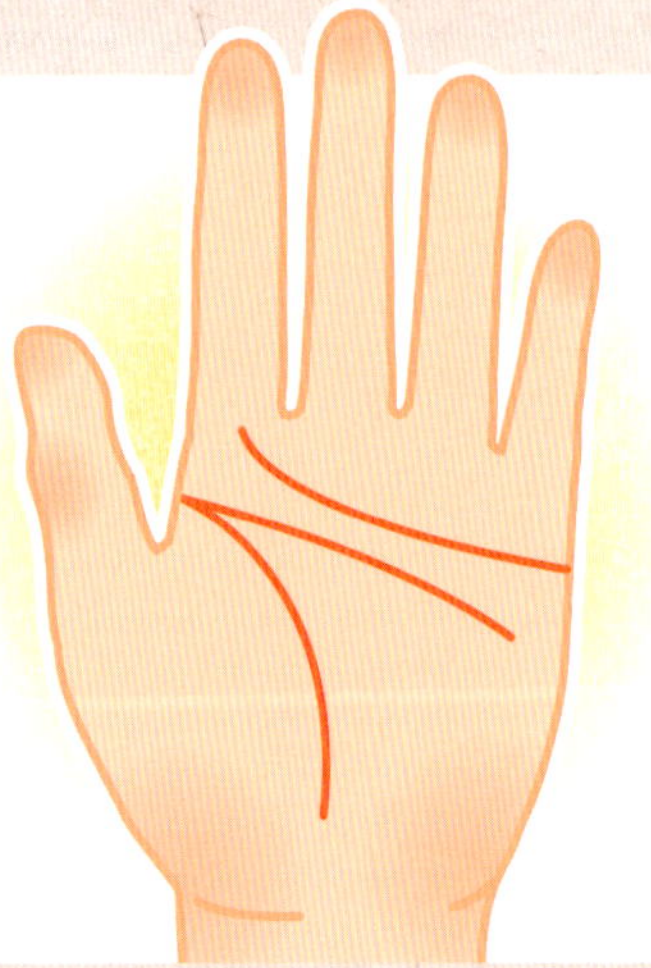

大胆で思い切ったこともやってのける行動力に恵まれています。意志が固く、努力を積み上げる人。どこにいても目立つタイプで、男性なら一代で財を築く立身出世型。女性は異性の好みがはっきりしています。

才能 努力家、意志堅固、リーダータイプ

適職 実業家、商店経営者、税理士

BLⅠ型 ロマンを愛する芸術家気質

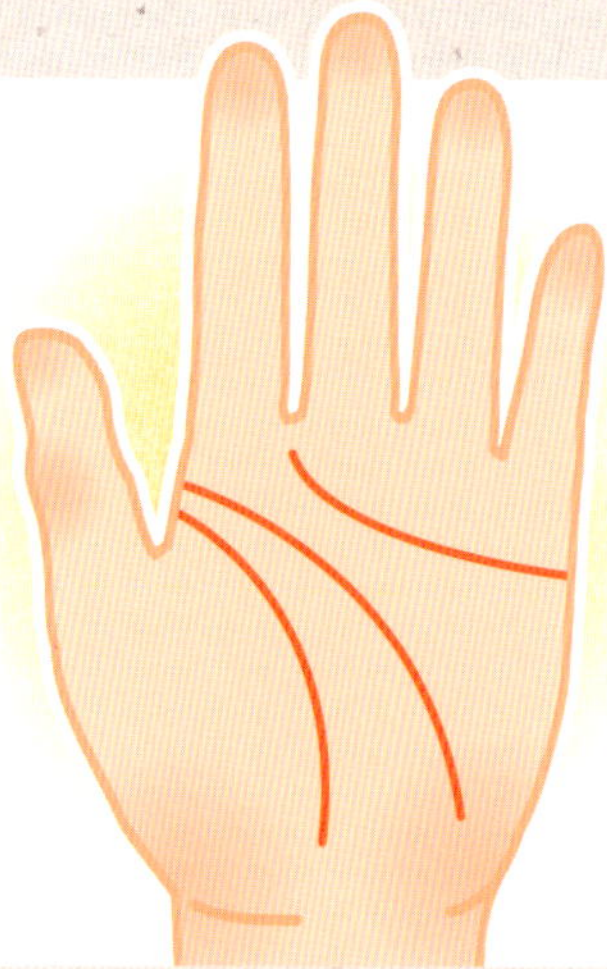

現実社会への関心が薄く、常に夢想しているタイプ。とくに文学や音楽など芸術方面に強い興味を示すロマンチストです。異性の好みは男女共に年上に惹かれる傾向。仕事に面白みを感じて晩婚になりがちです。

才能 美的センス、芸術的才能

適職 モデル、小説家、ミュージシャン

BLⅡ型 負けず嫌いで意志が強いタイプ

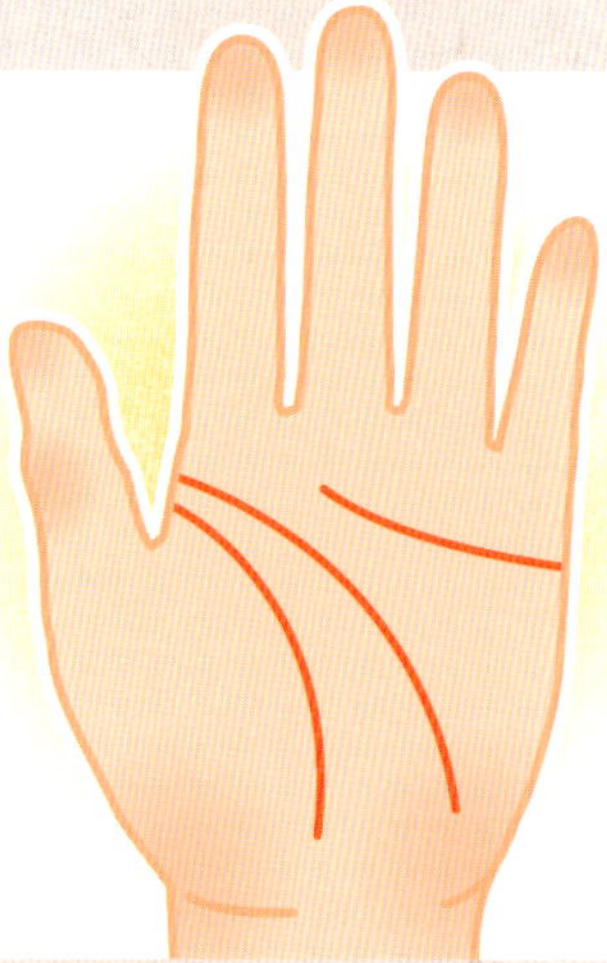

勝ち気で感情表現がストレート。嫌なことはすぐに顔に出ます。とくに女性は、一度会うと忘れられないほどの個性派。少し気まぐれでわがままな面もありますが、年上の異性にはそれが魅力的に映りそうです。

才能 美貌、洗練、個性的

適職 ファッションモデル、タレント、俳優

BLⅢ型 夢と冒険を求める情熱家

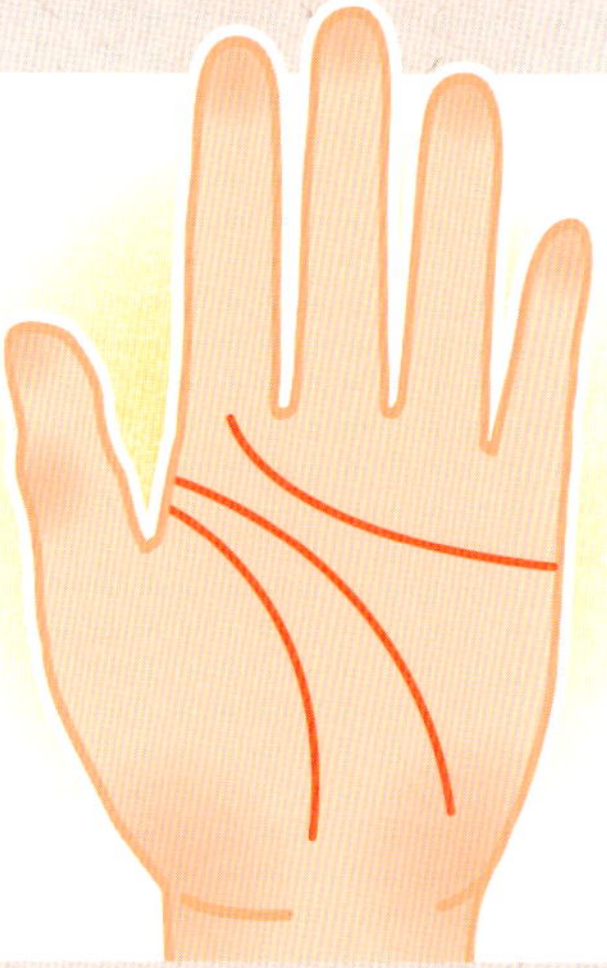

好奇心が強く、冒険やスリルを求めます。行動力もありますが、熱しやすく冷めやすい気分屋の面も。女性は独占欲が強く献身的な愛情を求めがち。早熟の傾向があります。男性は空想を愛する芸術家タイプです。

才能 芸術的才能、クリエイティブ

適職 作曲家、演奏家、音楽プロデューサー

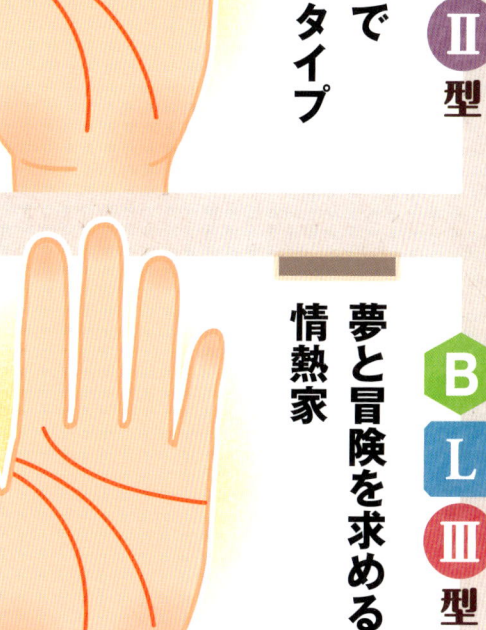

BOⅠ型 アクティブでも心優しいタイプ

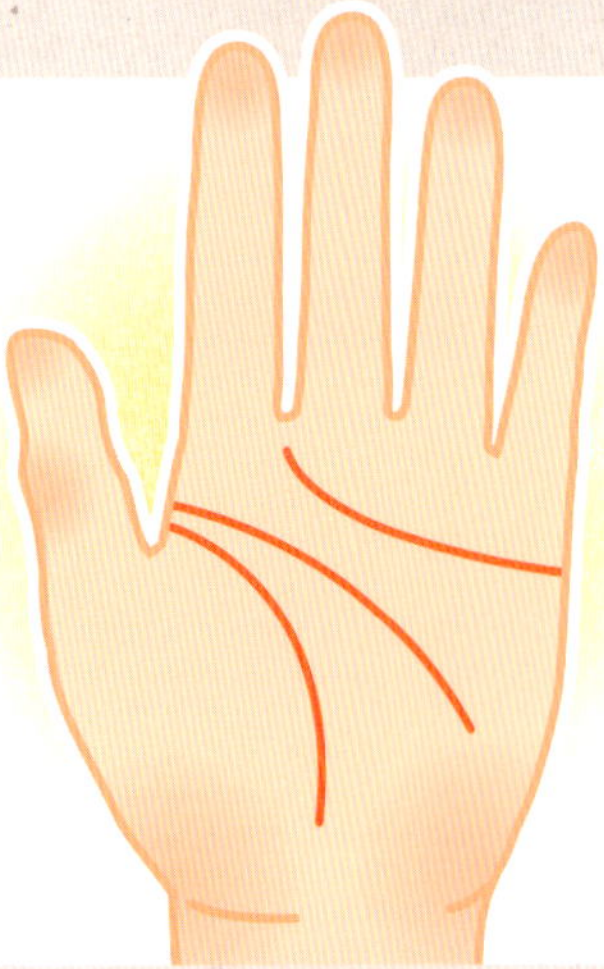

行動的で負けず嫌いですが、相手を思いやる余裕も持ち合わせます。結婚は恋愛が主流。相手を獲得するまで粘って、一度決めたら最後まであきらめません。情熱的なプロポーズをして周囲を驚かせることも。

才能 行動力、粘り強さ、意志が強い

適職 営業職、セールスマン、コーディネーター

BOⅡ型 大胆で激しい恋に生きる

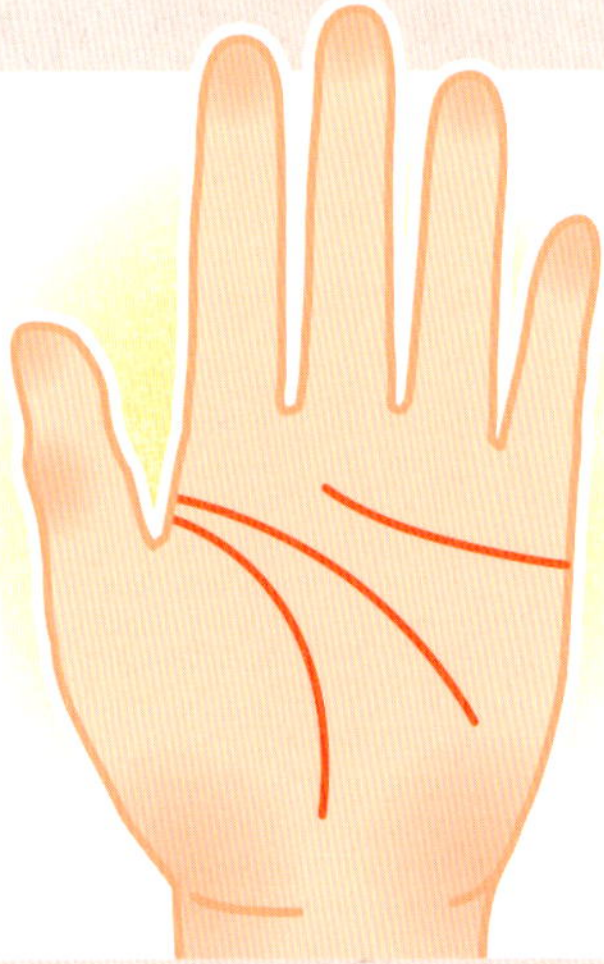

仕事でも恋愛でも平凡ではいられず、情熱的に生きる人。とくに恋愛面では生活のすべてを投げ打ってでも恋に生きる激しさを秘めています。考えるより先に一歩を踏み出すタイプ。大胆な言動が注目を集めます。

才能 行動力、一途な思い、情熱的

適職 政治家、実業家、社会運動家

BOⅢ型 強い気持ちで未来に向かう人

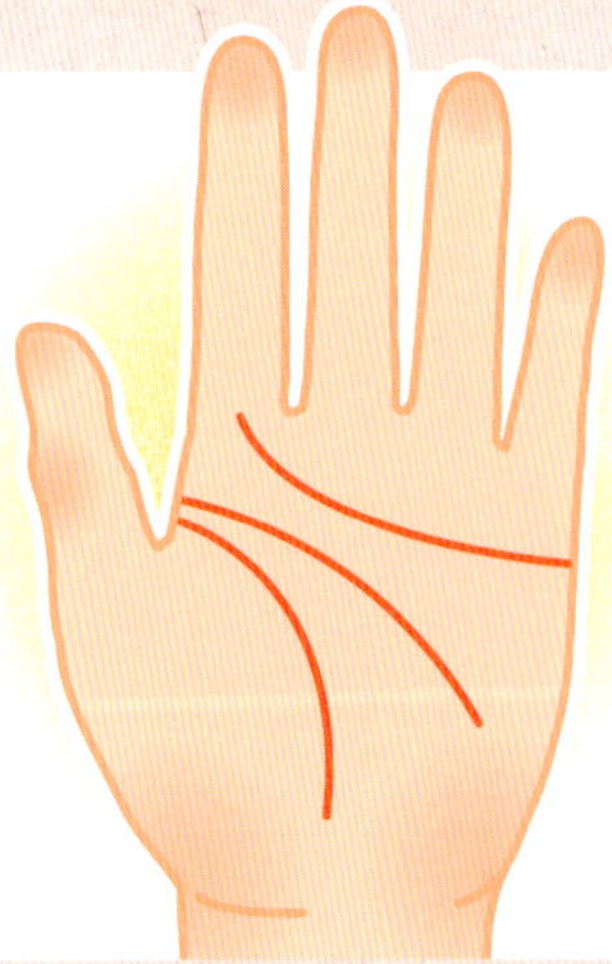

過去を振り返らず、常に未来を見つめるタイプ。冒険心にあふれ、周囲が驚くような大胆なこともやってのける人。頑固なまでに意志が強く、20代は落ち着かない生活ですが、40代以降は経済的に恵まれます。

才能 意志力、行動力、リーダー力

適職 政治家、実業家、起業家

BHI型 利発で社交的な人気者

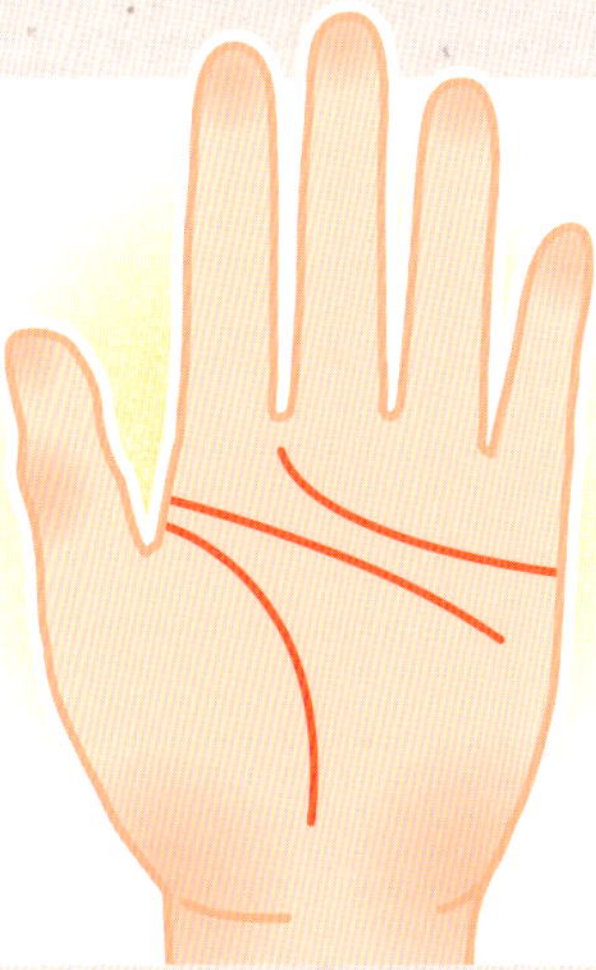

常に行動が機敏で人気者。理解力と判断力に優れ、社交的な面もあります。ただ人の好き嫌いが激しく、好きな人のためにだけ献身的に尽くします。金銭の扱いに長けているので、事業を始めると成功する場合も。

才能 責任感が強い、金銭感覚が鋭い

適職 貿易関係、セールスマン、サービス業

BHⅡ型 プライドと品性ある有能な人

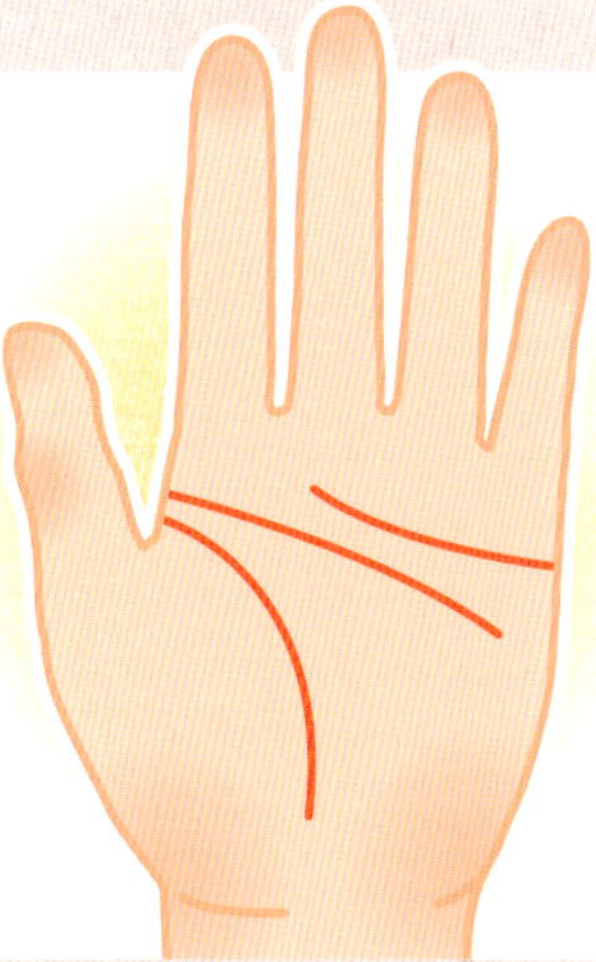

礼儀正しく高い理想を持ち、変化を求めて行動します。勝ち気でカッとなりやすい短所はあるものの、テキパキと効率よく仕事をこなす人。早とちりの言動がトラブルの元になりがち。でも異性からはモテます。

才能 効率的、正確性、目的意識が強い

適職 会計士、弁護士、秘書、コンサルタント

BHⅢ型 たくましく責任感の強いタイプ

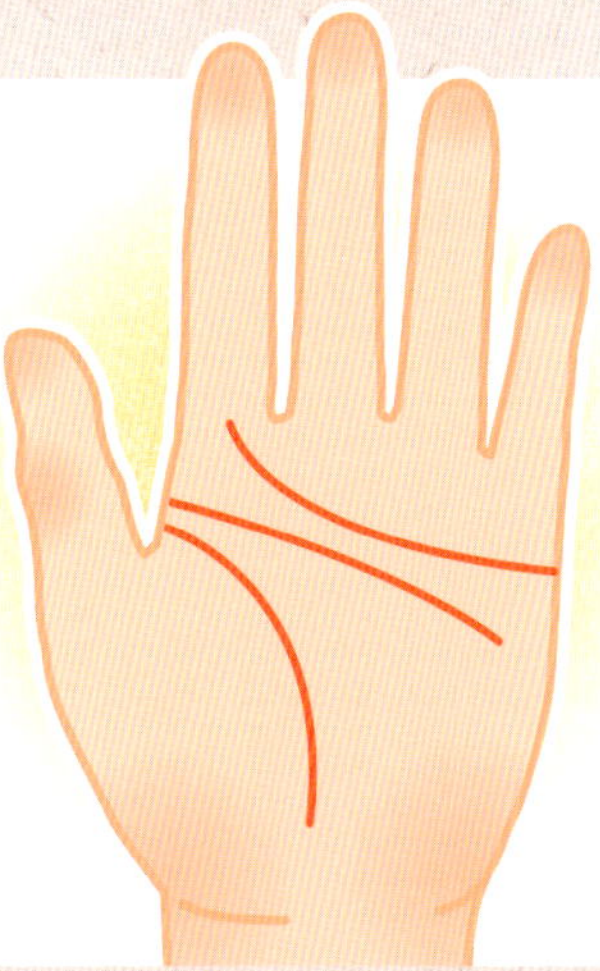

異性にモテる行動派がこの手相。男性なら、たくましい肉体の持ち主で、性格的にも頼もしく責任感の強いタイプ。女性なら行動力が伴っているキャリアウーマン。後輩からも頼られ、慕われるでしょう。

才能 包容力がある、責任感が強い

適職 スポーツマン、パイロット、代議士

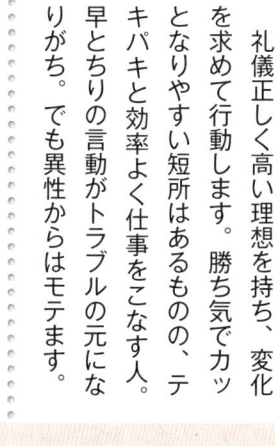

CLⅠ型 常に変化を求める夢想家

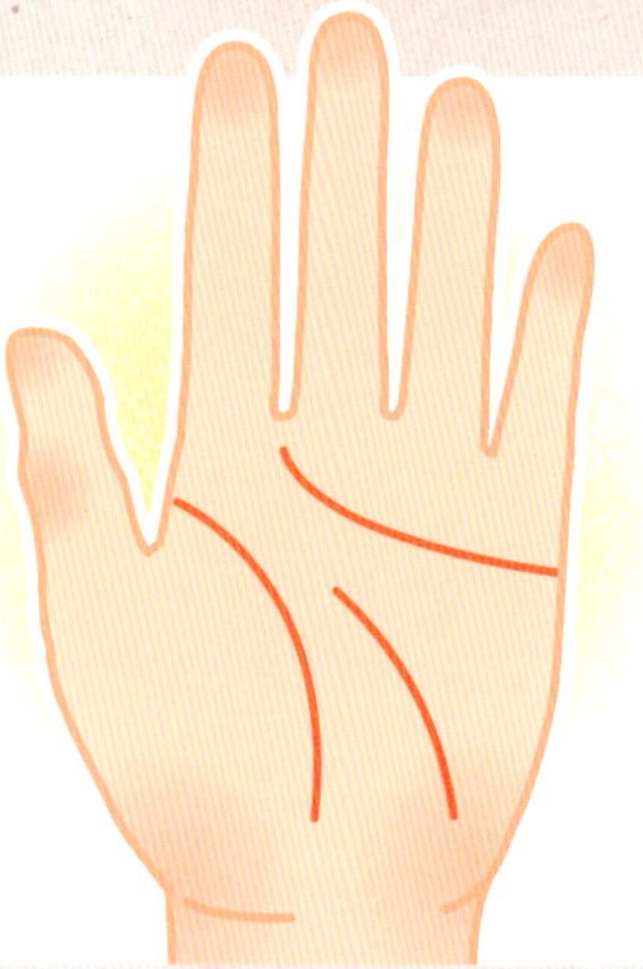

いつも変化を求めて空想しているタイプ。現実に不満を抱きがちで、日常的に夢を見ている人です。手相にしては珍しい型です。恋愛より見合いで結婚を決めるのがおすすめ。相手は堅実な人を選びましょう。

才能 空想すること、夢を描くこと

適職 フリーライター、詩人、作家

CLⅡ型 アイデア豊富な凝り性タイプ

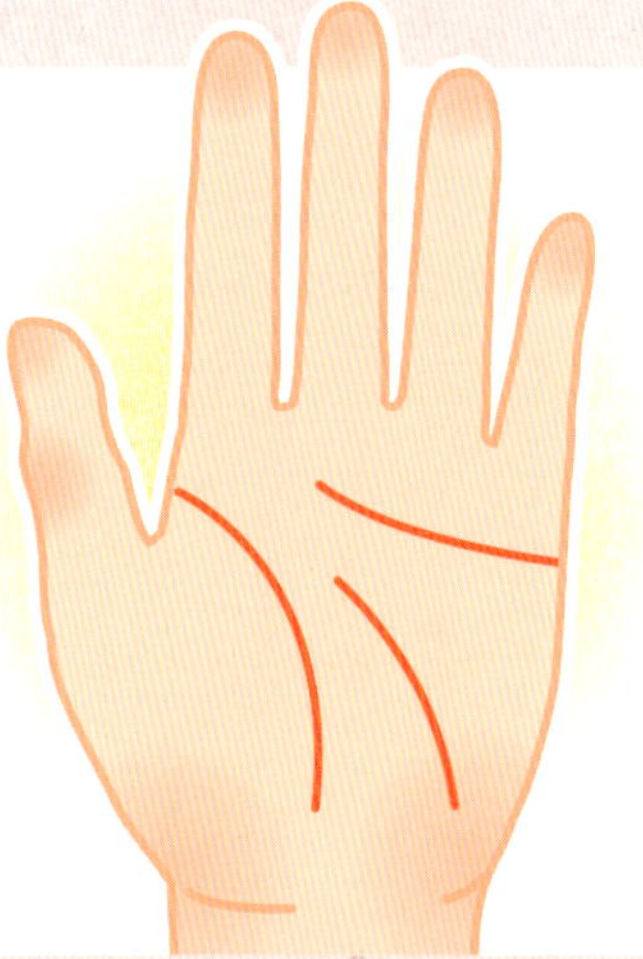

柔軟な思考の持ち主ですが、物事を粘り強く探求する能力もあります。手先が器用な人が多いタイプ。大恋愛する手相。異性に対して思いやりがあり、尽くします。外見的には自分と正反対の人に惹かれるようです。

才能 器用、探究心、粘り強い

適職 医師、薬剤師

CLⅢ型 万に一人の若き天才肌

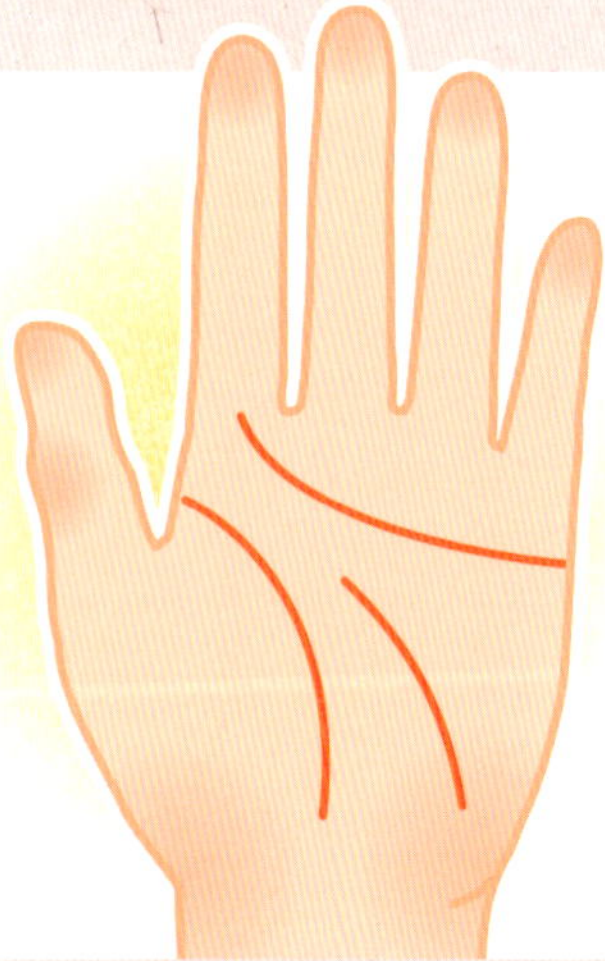

珍しい手相で万に一人くらいの割合で出現。理数系で若くして才能を発揮し、認められる人もいます。恋愛は奥手。極めて精神的な愛情を示すか、異性に興味が薄いかのどちらかなので、見合い結婚が無難です。

才能 没頭する、探究する

適職 理系の研究職、理数系の学者

COⅠ型
意表を突く発想のアイデアマン

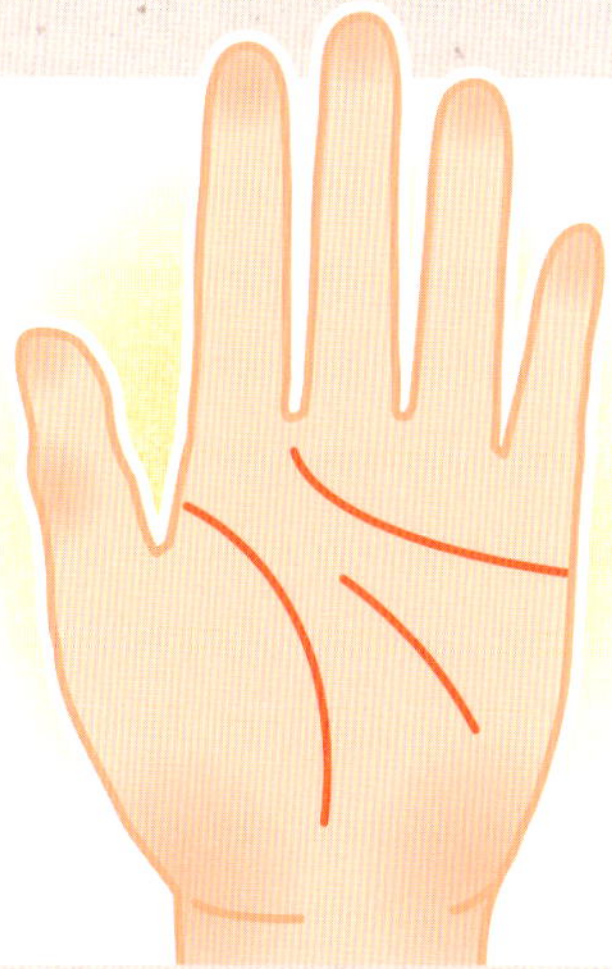

豊かな発想力の持ち主で、人が考えつかないようなアイデアを出して周囲を驚かせるのが好きです。ただし、思いつきで軽率に行動してしまうところも。恋に落ちると盲目的になって尽くすタイプです。

才能 奇抜な発想、新しい企画

適職 発明家、研究職

COⅡ型
粘りに欠けるも未知なる可能性が

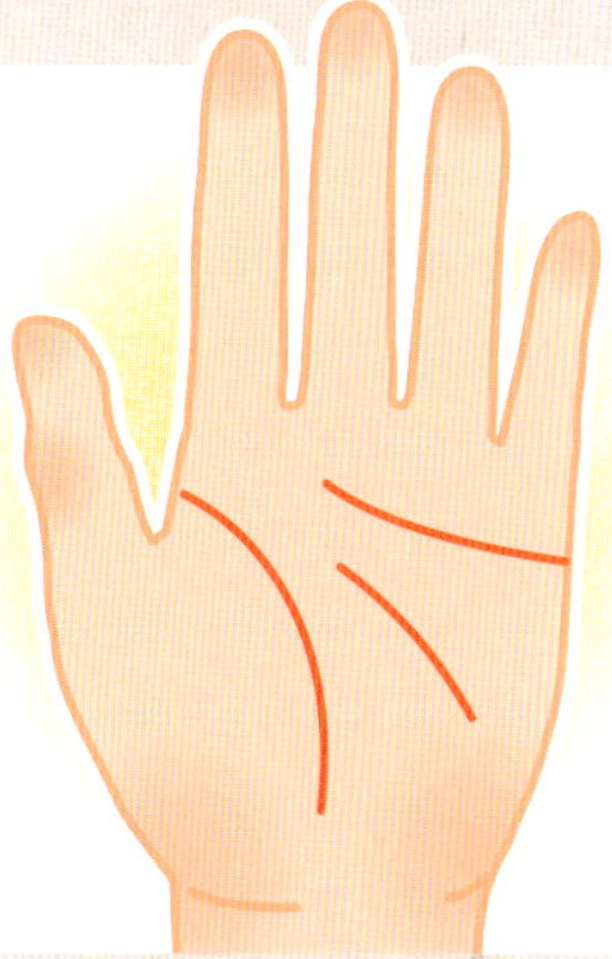

めったに見られない珍しい手相です。積極的なときと弱気なときの差が大きく、物事への執着もあまりありません。恋愛は苦手で依存心も強めですが、個性を伸ばす教育によって道が開ける可能性があります。

才能 内面を見つめる、芸術センス

適職 芸術関係の仕事、音楽家

COⅢ型
根気よく追求する研究肌

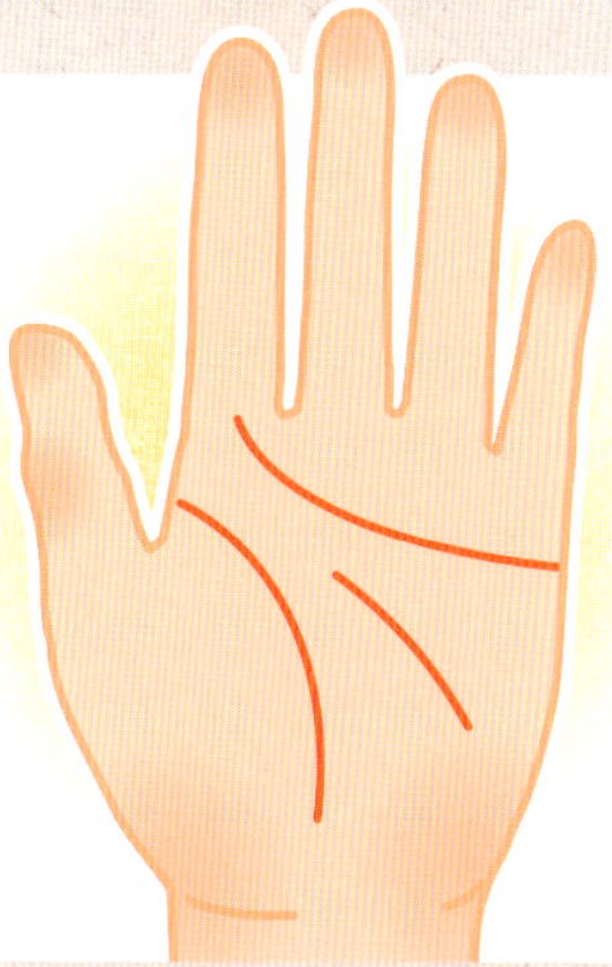

一つのことを粘り強く追及する性格。わからないことは解明するまであきらめない根性があります。しかし恋愛では、自分の意志をはっきりさせずに悲恋に終わることも。男女共に年の離れた人を好みます。

才能 探究心、粘り強い

適職 研究職、医師、大学教授

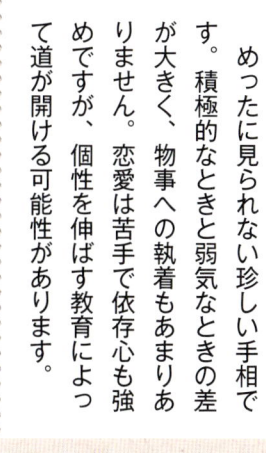

CHⅠ型
多様な知識を持つ行動派

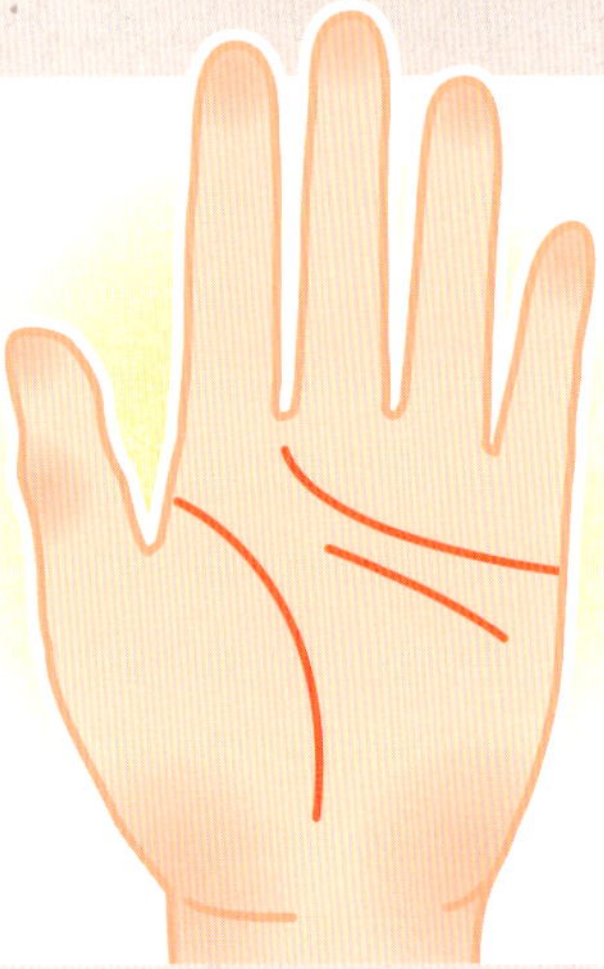

一点集中型ではなく、多くのことに関心を持って積極的に行動するタイプ。多趣味ですが、移り気な点もあります。恋愛は多くの異性と交流を持つうちに、大恋愛に発展しそう。30代以降の結婚に期待が持てます。

才能 博愛精神、多才、知識欲旺盛

適職 副業を持つサラリーマン、フリーランス

CHⅡ型
細やかな資質のアーティストタイプ

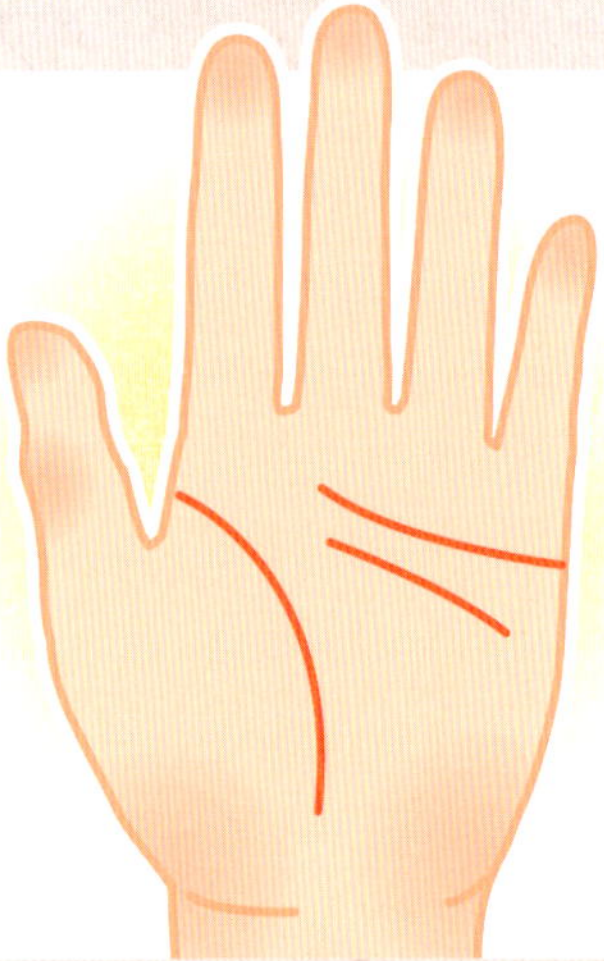

繊細な心を持っていますが、物事を悲観的に捉えがちなところがあります。マイナスに物事を考え過ぎて落ち込まないように、明るい性格の友だちと交流を。恋愛は片思いで終わる場合が多いので、見合い向き。

才能 繊細、芸術的な才能

適職 芸術家、アーティスト

CHⅢ型
統率力に優れた偉大なリーダー

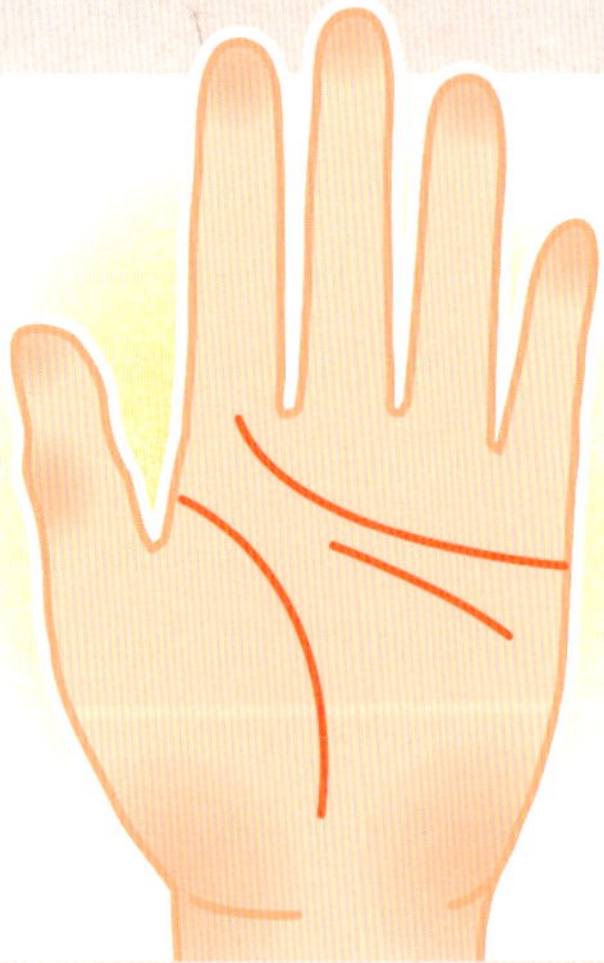

これは男性の手相で女性にはあまり見られません。いつの時代にも偉大なリーダーの素質を持っています。若いときは苦労しますが、裸一貫でのし上がる強さを秘めています。女性の場合は、気丈で個性的なタイプ。

才能 粘り強い、頼りがいがある

適職 会社経営者、店舗経営者

DLⅠ型

鋭い直感があるロマンチスト

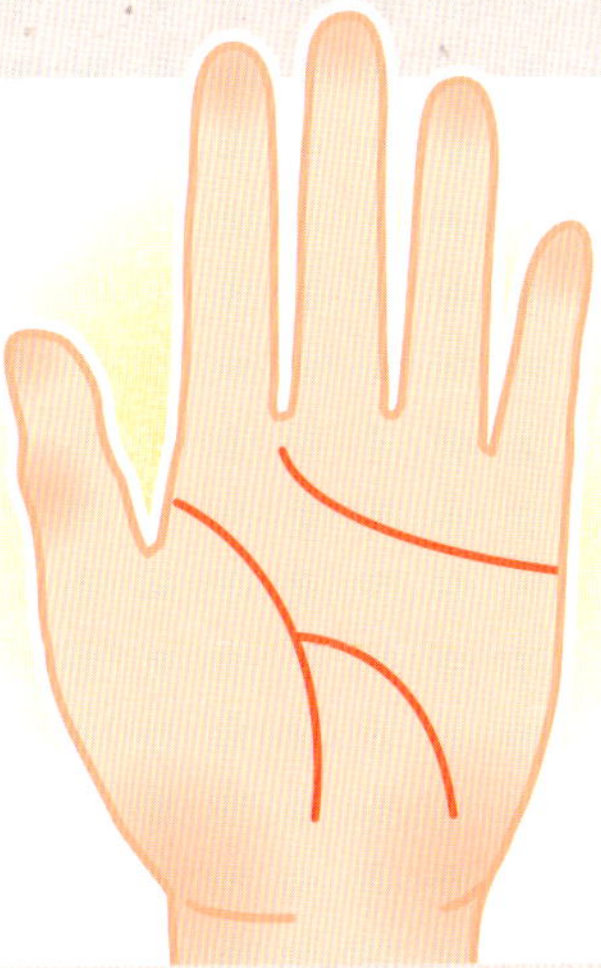

空想と夢想が何よりも大好き。内向的なところもありますが、インスピレーションの冴えは抜群です。恋愛は片思いかプラトニックになりがち。結婚相手は年齢の近い人ほど良く、中年期に近づくと安定します。

才能 アイデアマン、文才、強い霊感

適職 文筆業、カウンセラー

DLⅡ型

類まれな想像力を持つ人

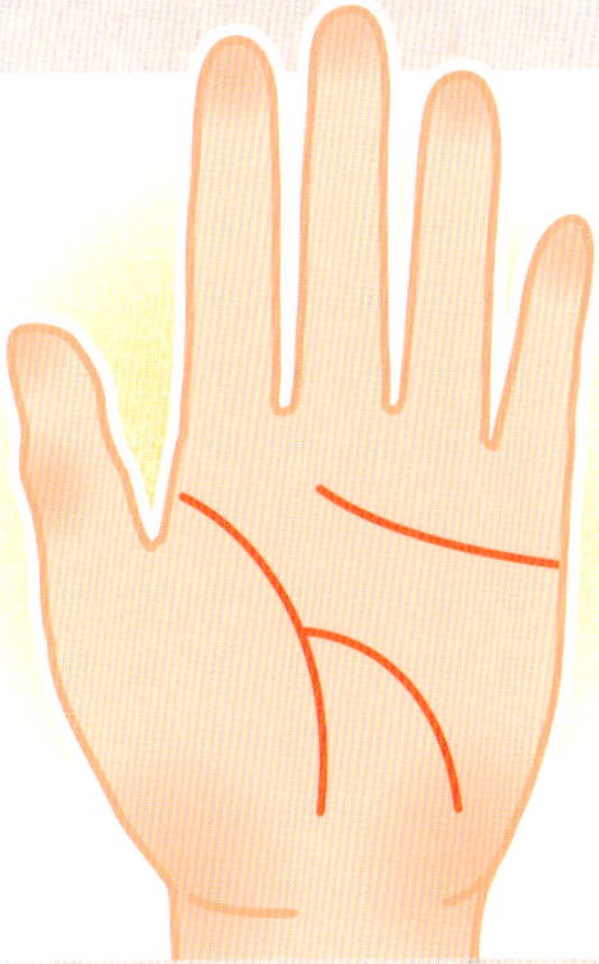

美的な世界を愛する想像力豊かな人です。ただし、物事を深刻に考え過ぎてナーバスになるところもあり、そのためにチャンスを逃すことも。女性の場合、一度相手を好きになると誠心誠意尽くします。

才能 美的センス、繊細さ

適職 クリエイティブ関係、デザイナー

DLⅢ型

文学や芸術を愛する知性派

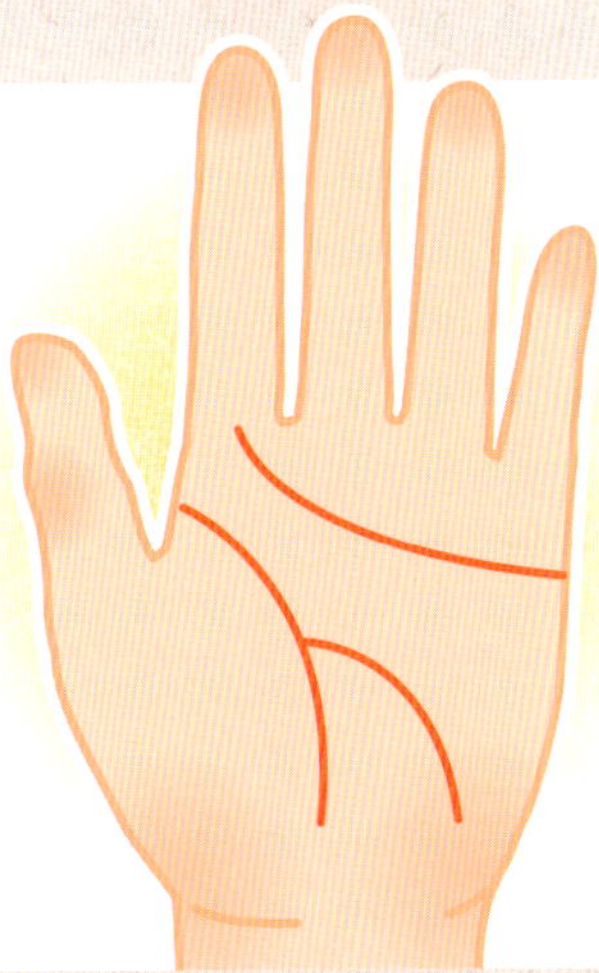

慎重で確実、周囲と歩調を合わせて真面目に生きていくタイプ。明るく世話好きですが、決断力に欠けるところがあり、意志が弱い面も。恋愛に関しては奥手なので、見合いによって良縁がつかめるでしょう。

才能 シャープな頭脳、芸術センス

適職 金融関係、芸術家

DOⅠ型 慎重で真面目な堅実タイプ

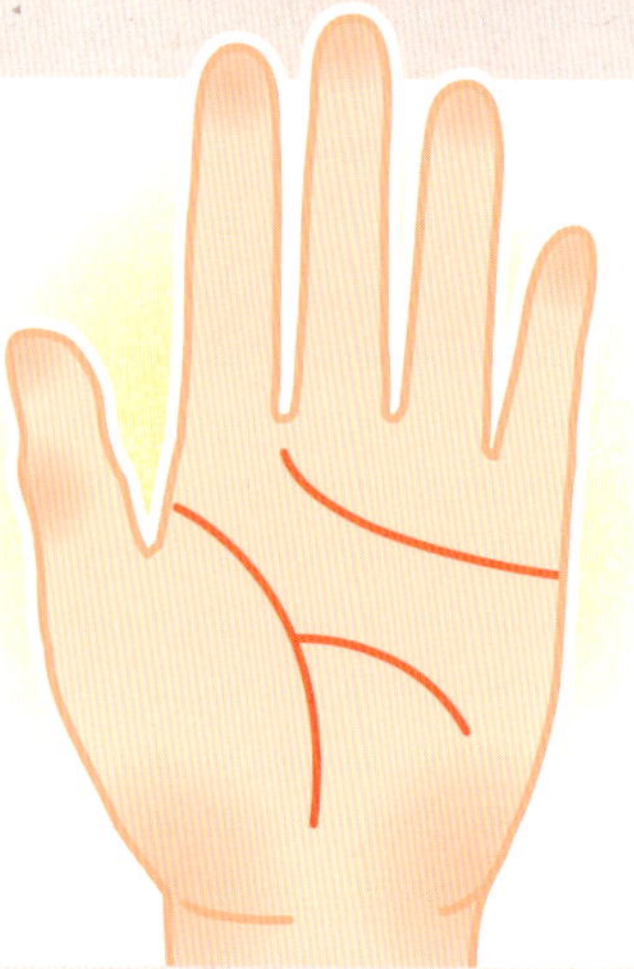

行動や表現は内気で地味でも、着実に努力を重ねる人。冒険を避ける用心深いところもあります。恋愛面でも誠実。人当たりが良く、敵を作りません。30歳以降、活躍のチャンスが広がります。日本人に多い手相。

才能 誠実、慎重、マイペース

適職 公務員、職人

DOⅡ型 流行りに敏感 臨機応変な人

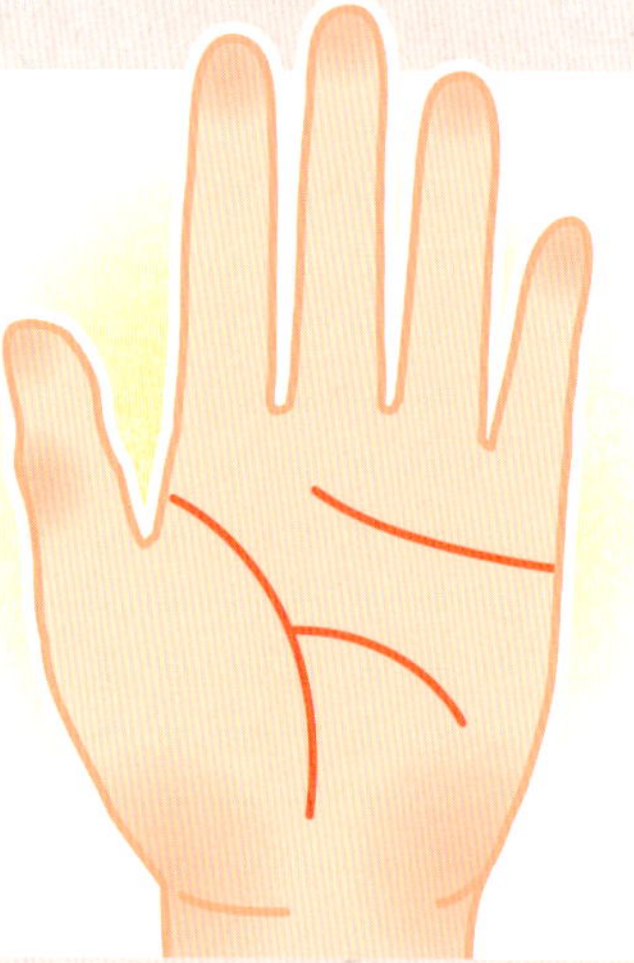

最先端の流行や美しいものをキャッチする能力に優れています。気持ちの切り替えが早過ぎるところは、長所でもあり短所にも。鋭敏な感覚のせいでイライラしたり、悩んだりしそう。恋愛結婚で結ばれるタイプ。

才能 アートセンス、行動力

適職 伝統芸能、アートディレクター

DOⅢ型 入念な人生設計の管理職タイプ

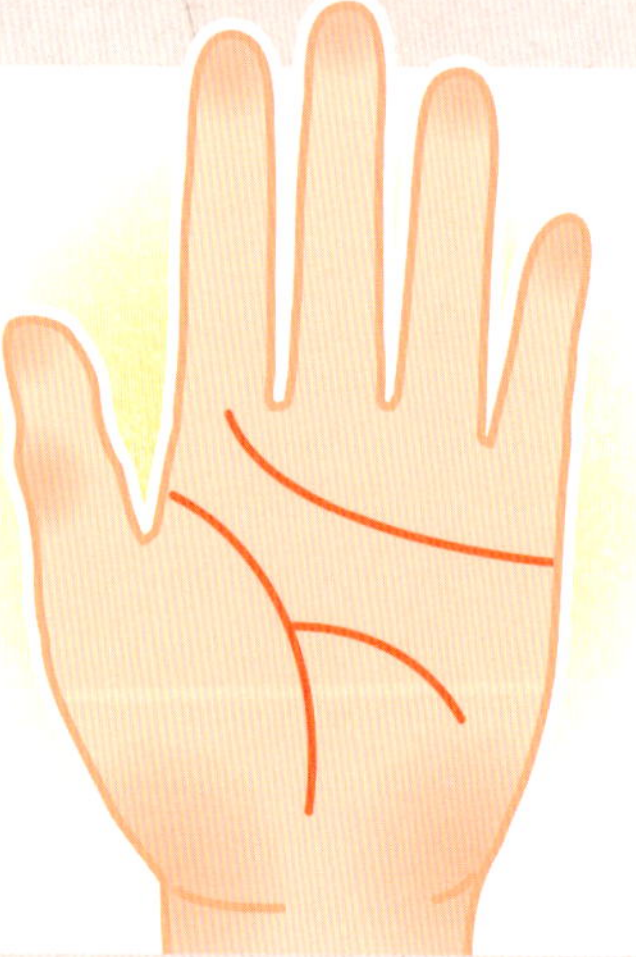

将来のビジョンをしっかり持って行動する頼りがいのある人。あらゆる年代の人から一目置かれる存在です。女性の場合、勝ち気なタイプが多く、恋愛結婚より見合い結婚の方がうまくいきます。

才能 計画性、慎重、責任感

適職 経営者、支配人、店舗経営

DHⅠ型
明るく朗らか　好かれる理論派

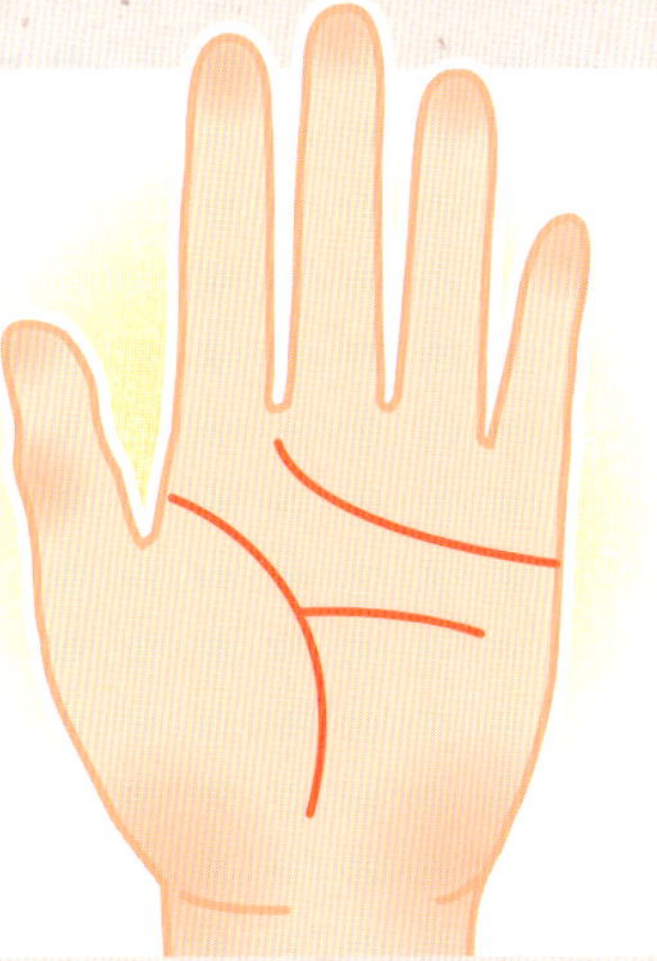

明朗快活な性格です。辛いことがあっても顔に出さず、落ち込みません。論理的で頭脳明晰。仕事や研究に打ち込んでいると、女性でも晩婚になりがち。見合いで自分と似たタイプを選ぶと、うまくいきます。

才能　理論的、勤勉

適職　医師、教師、法律家

DHⅡ型
実行力のある　エリートタイプ

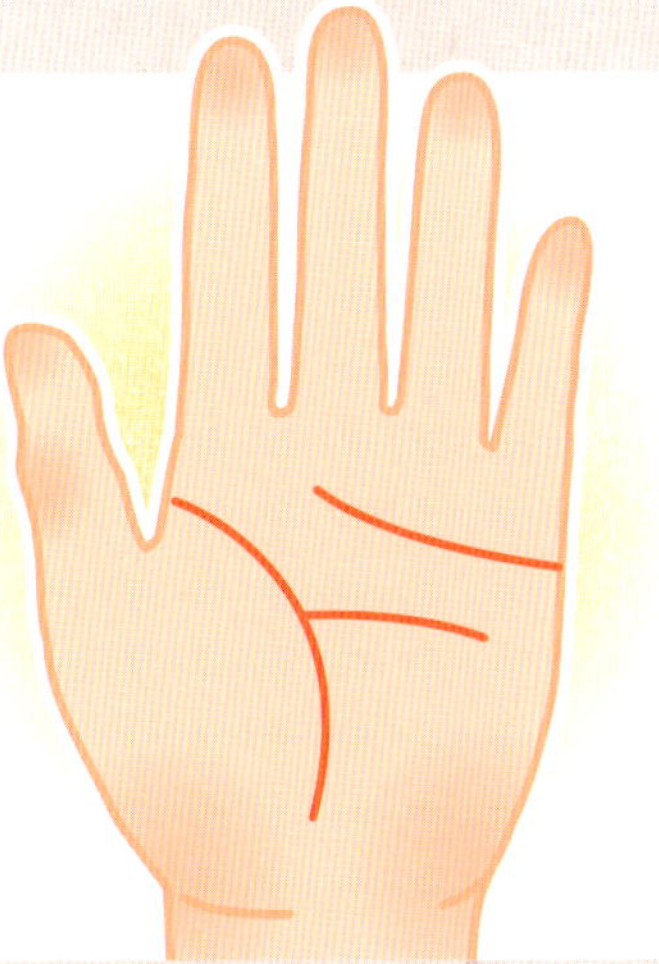

どちらかというと男性に多い手相です。発想が柔軟で決めたことは最後までやり遂げる人。優秀なエリートタイプです。恋愛面では情熱的。好きになったら猛烈にアタックします。しかし、結婚後は浮気の心配も。

才能　企画力、実行力

適職　サラリーマン、キャリア官僚

DHⅢ型
勇気と行動力を　備えた大器晩成型

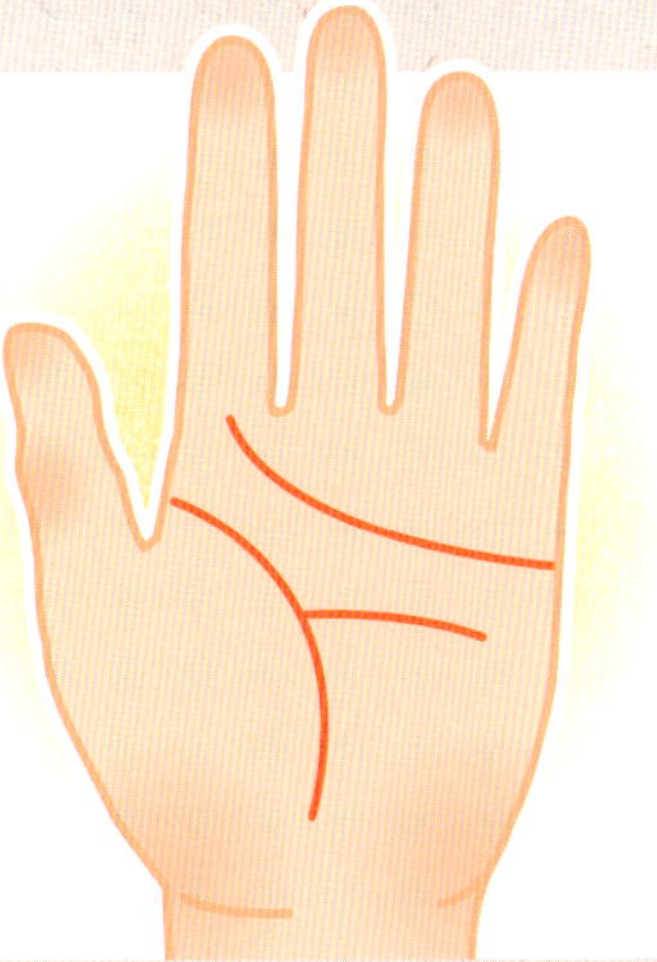

一見おとなしそうでも、行動は大胆なファイトマンです。失敗にめげることなく目的に向かって進みます。青年時代は不遇でも40歳以降に頭角を現すタイプ。恋愛は奥手。気持ちを伝えるのが少し苦手です。

才能　粘り強い、あきらめない

適職　実業家、技術者、芸能人

ELⅠ型 人望を集める芸術家タイプ

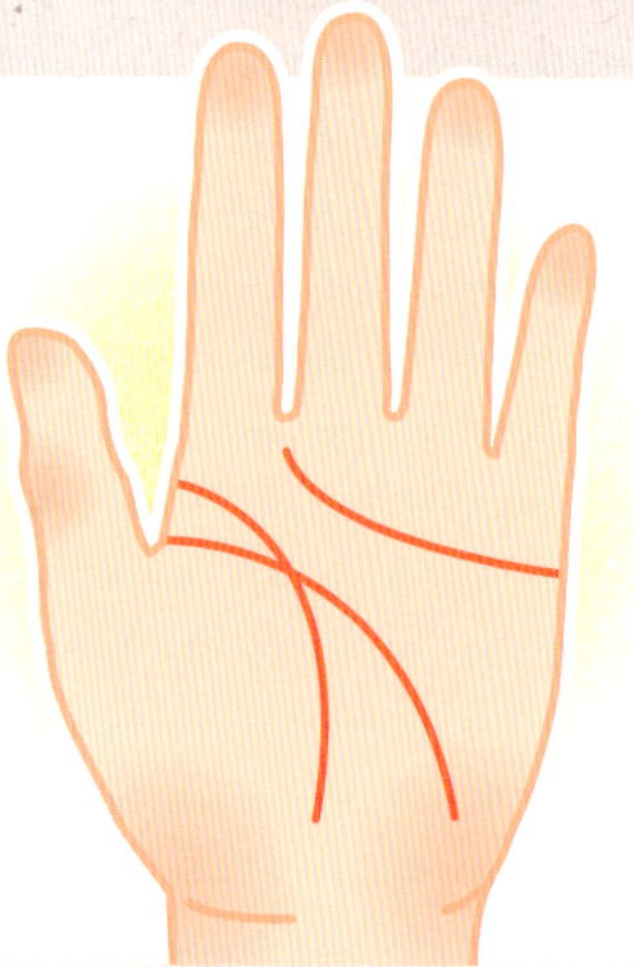

優しさと芸術センスにあふれた性格です。誰からも好かれますが、本人は控えめで内気、もの静かなタイプ。騒がしい環境を極度に嫌う神経の細かいところも。恋愛では思いやりを発揮して、相手から愛されます。

才能 芸術センス、想像力、直感力

適職 デザイナー、音楽家、編集者

ELⅡ型 高い感性と表現力を備えた空想家

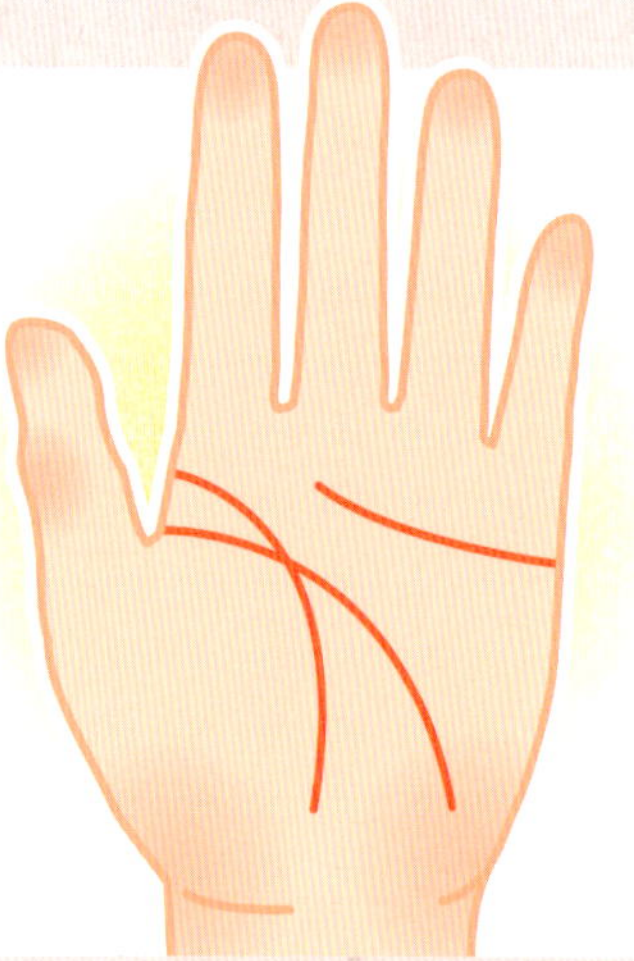

美しいものを愛するデリケートな感受性の持ち主。イマジネーションが豊かで、現実世界より夢の世界に生きるタイプ。神経が過敏で些細なことで興奮する場面も。恋愛面では慎重過ぎて決断が遅れがちです。

才能 豊かな表現力、芸術センス、語学力

適職 美容師、翻訳家、通訳、華道家

ELⅢ型 感情任せの猪突猛進タイプ

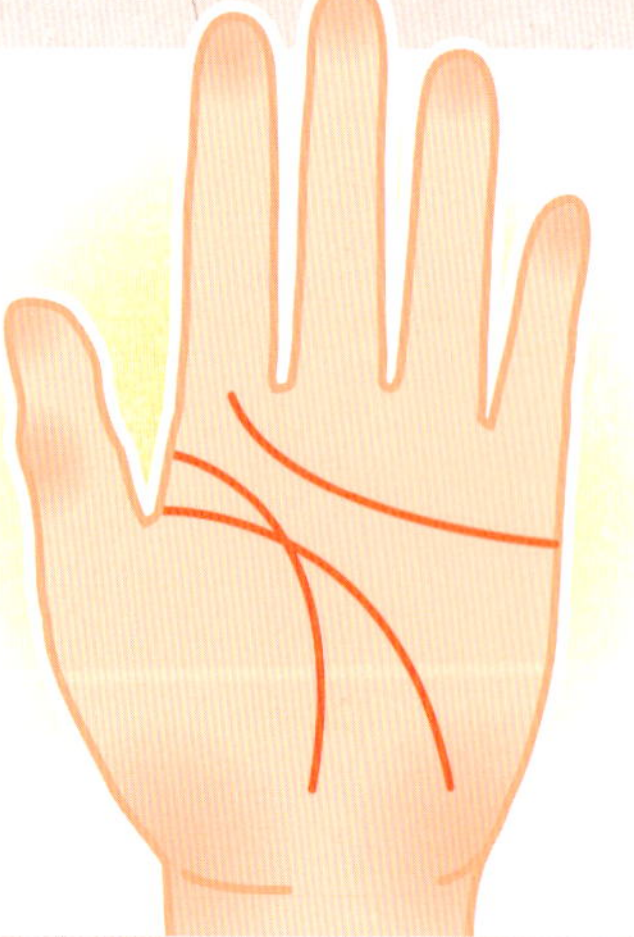

気持ちが安定しているときと、高揚するときの落差が激しいタイプです。恋愛面でも、熱しやすく冷めやすいところがあり、好きになると夢中になります。いい結婚相手に恵まれると落ち着くでしょう。

才能 独創的、アイデアマン

適職 クリエイター、芸術家

EOI型

人心掌握力に優れた知性派

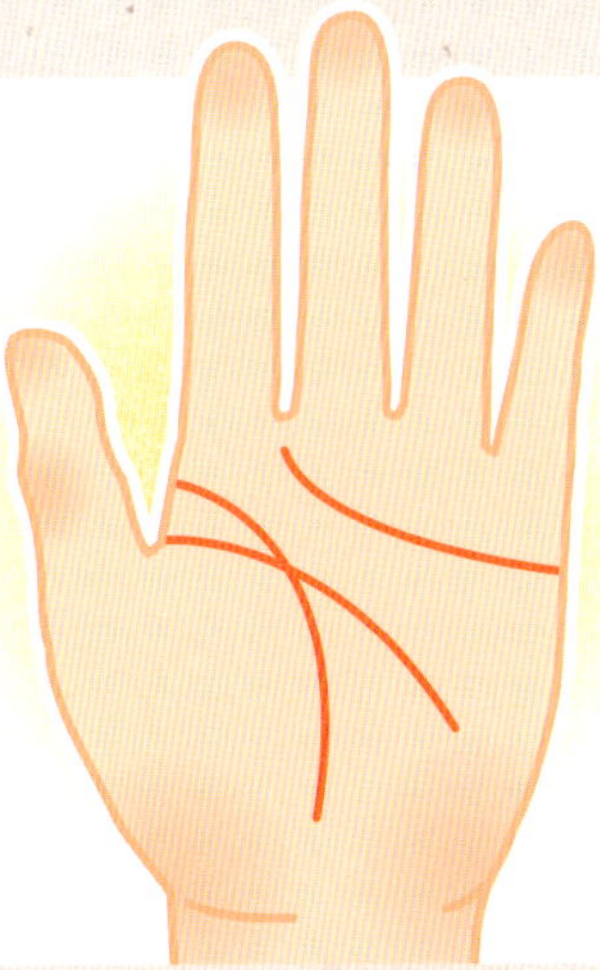

感受性が鋭く、相手がどんなことを考えているのか即座にキャッチします。どちらかというと内向的で静かに物事を考えるタイプで、男性なら養子に望まれる場合も。思いやりを忘れない理想的な家庭を築けます。

才能 洞察力、文才

適職 マスコミ関係、文筆業

EOII型

自分の世界を持つ神秘的な人

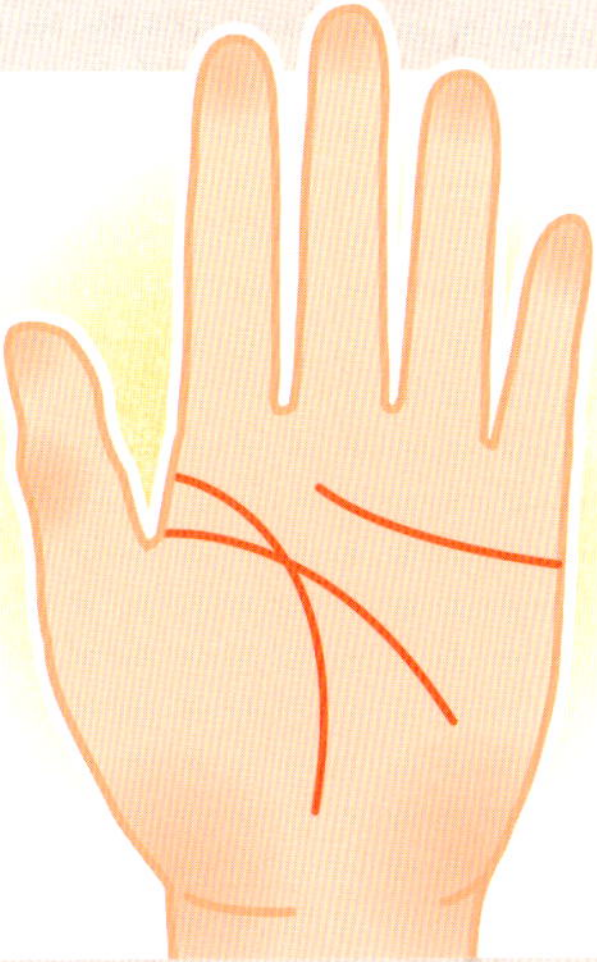

好きなことに熱中する凝り性タイプ。ただし気分にムラがあり、チャンスを逃してしまうことも。恋愛面ではつまらない取り越し苦労をする場面もありますが、クラシカルな魅力があり、異性にはモテます。

才能 発想力、熱中型

適職 美容師、装飾デザイナー

EOIII型

野心あふれるオールラウンダー

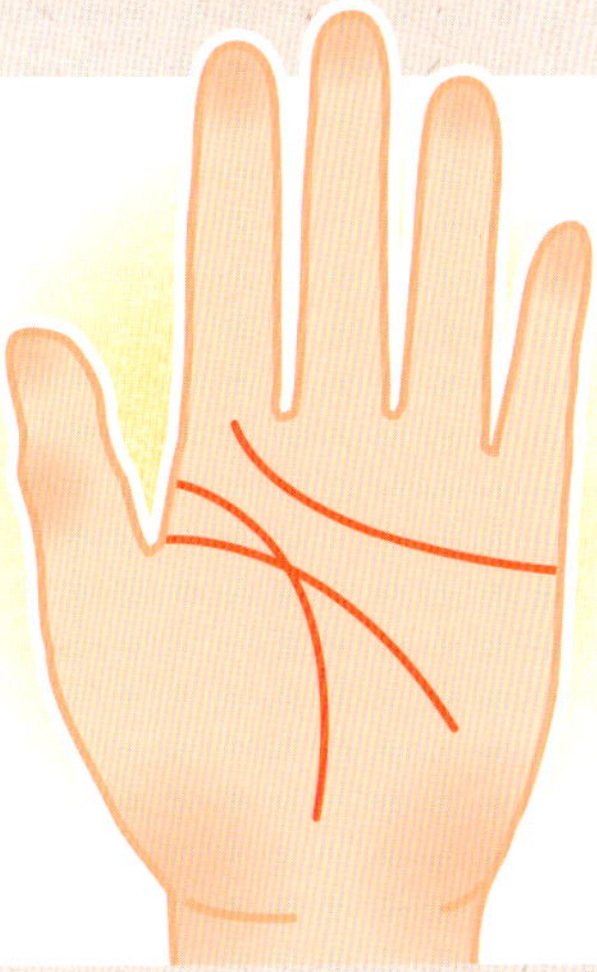

平凡なことでは満足できない自己顕示欲の強さが特徴。頭脳明晰で理解力に優れています。文学、音楽、絵画などに関心が高く、趣味も豊富。人見知りの傾向があるので晩婚率が高いものの、配偶者を大切にします。

才能 理解力、多芸多才

適職 オールマイティー、サイドビジネス

EHI型

堅実かつ器用な社交家

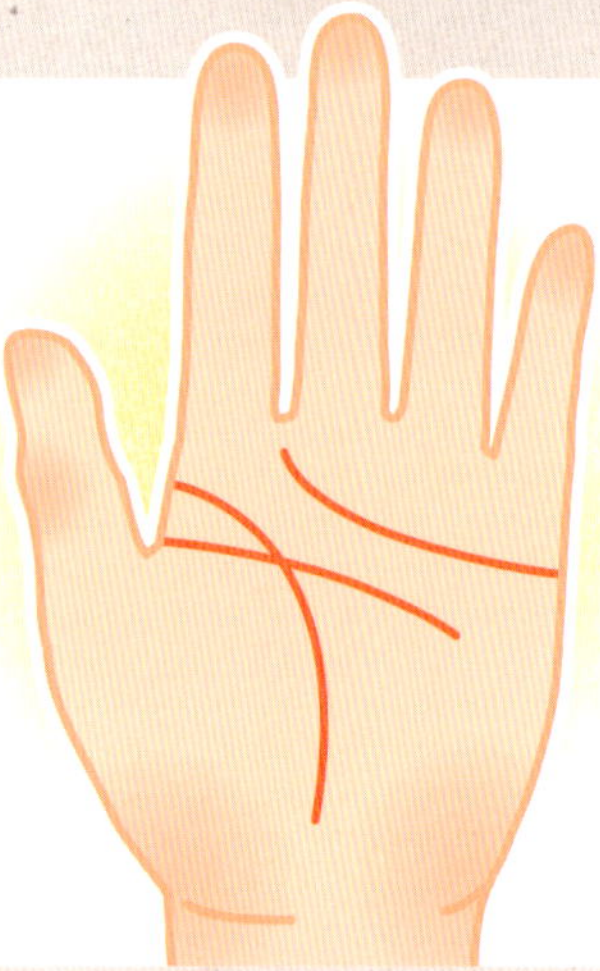

明るく真面目な性格で責任感も強い人。気さくで物腰も柔らかく、誰からも好かれます。社交性がありますが、控えめで危ない橋を渡るようなことはしません。恋愛面も慎重。平凡でも温かい家庭を築きます。

才能 スポーツ万能、器用、努力家

適職 理系文系問わず オールマイティー

EHII型

美的感覚に秀でたクリエイター

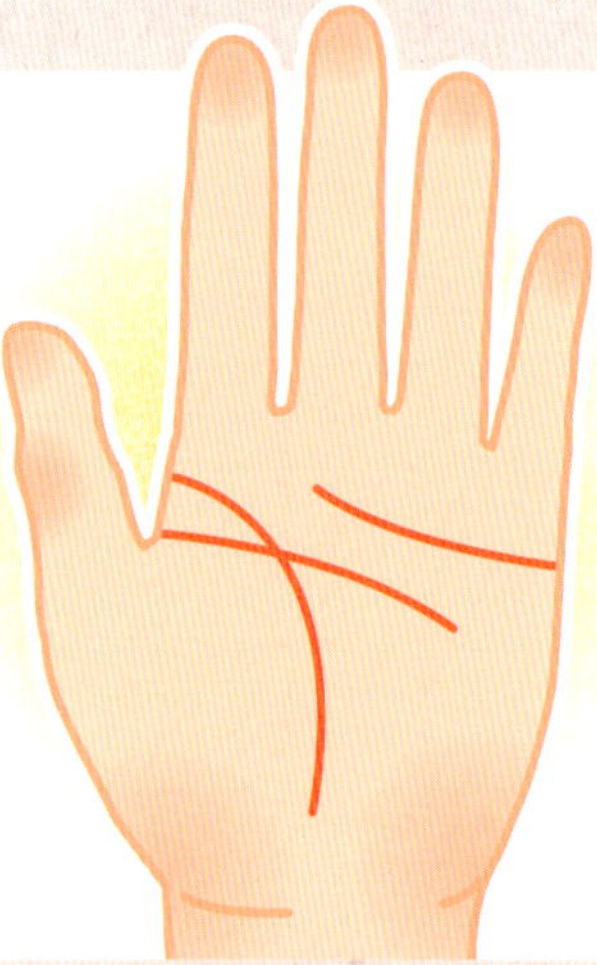

最新の流行や美しいものをキャッチする能力に優れています。また奇抜なファッションを自分のセンスで着こなしてしまう大胆さも。恋愛面では異性の好みがはっきりしています。ただし、外見で選びがちかも。

才能 美的センス、鋭い感性

適職 美容師、インテリア関係、アニメ関係

EHIII型

心に情熱を秘めた優しい人

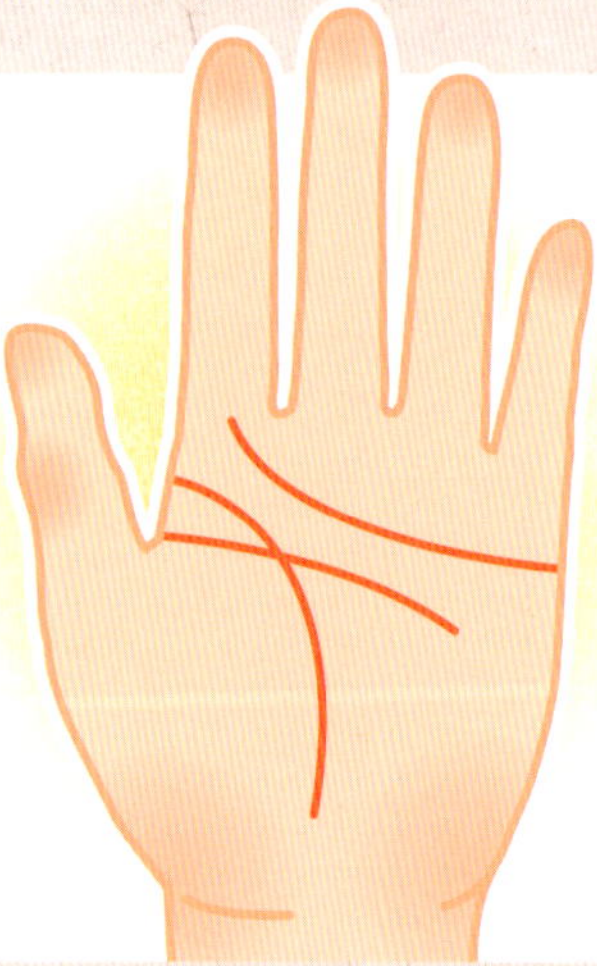

いつもは落ち着いてもの静か。思いやりがある人です。一方で勇気と行動力も兼ね備えており、大きな夢を持っています。恋愛面では思いやりのある関係を大切にし、安定した家庭を目標にしています。

才能 指導力、判断力、意志が強い

適職 栄養士、検事、専門職全般

F-1 魅力あふれる天性のリーダー

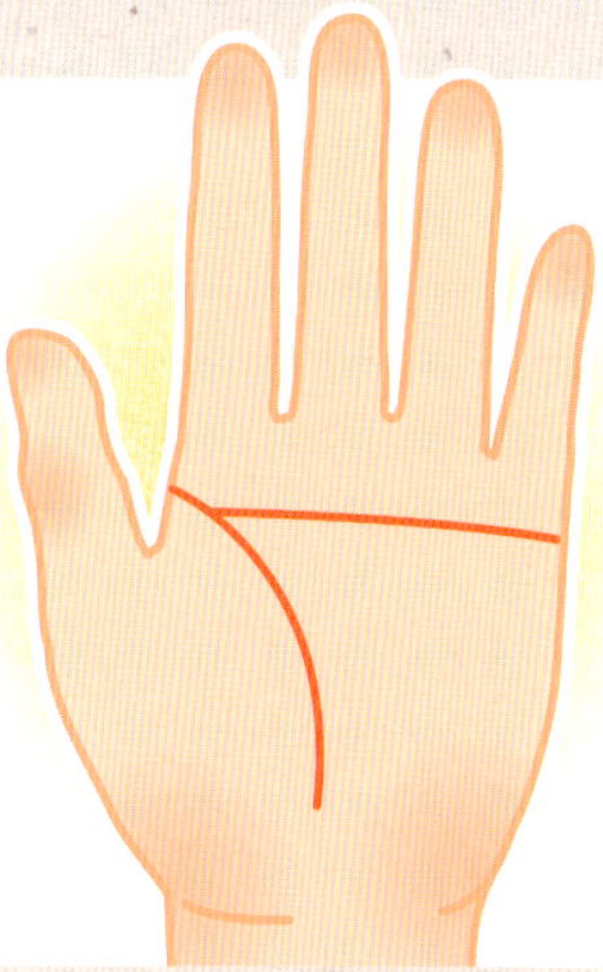

この手相は遺伝しやすく、天才的な素養がある家系に多く見られます。人を惹きつける魅力にあふれ、度胸も満点。指導力もあります。ただし、頑固で自分勝手な面も。恋愛に関心はあるものの晩婚になりがち。

才能 理数系、指導力

適職 医師、学者、エンジニア、技術者

F-2 童心を忘れないアイデアマン

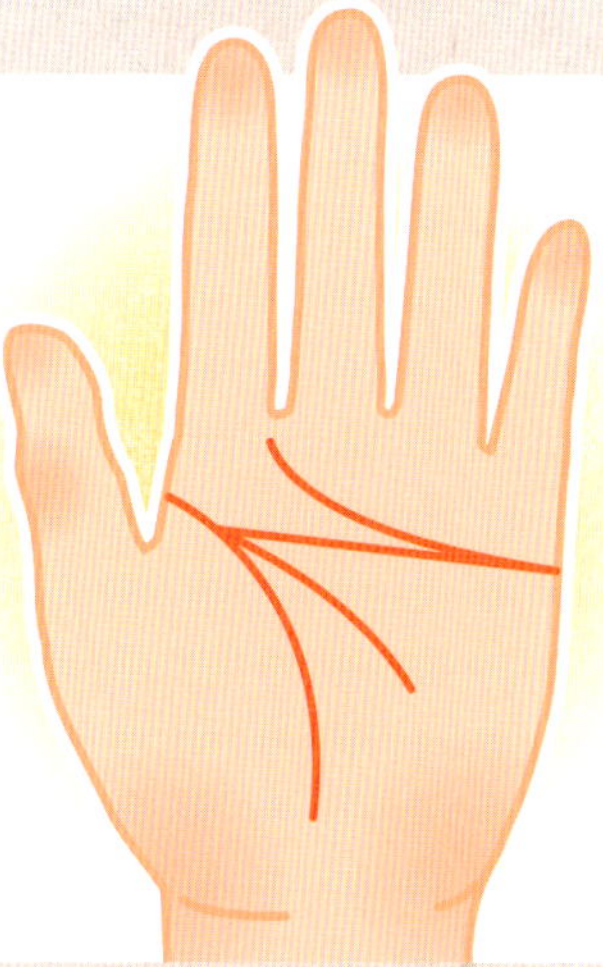

F型の中ではもっとも少ない手相です。大人になっても子どもの心を忘れないタイプ。普通の人には考えつかないようなアイデアがひらめくなど、創造力に秀でています。恋愛では献身的に異性に尽くします。

才能 創作力、アイデアマン

適職 作曲家、映画監督、作家

F-3 美的センスと直感力に優れた人

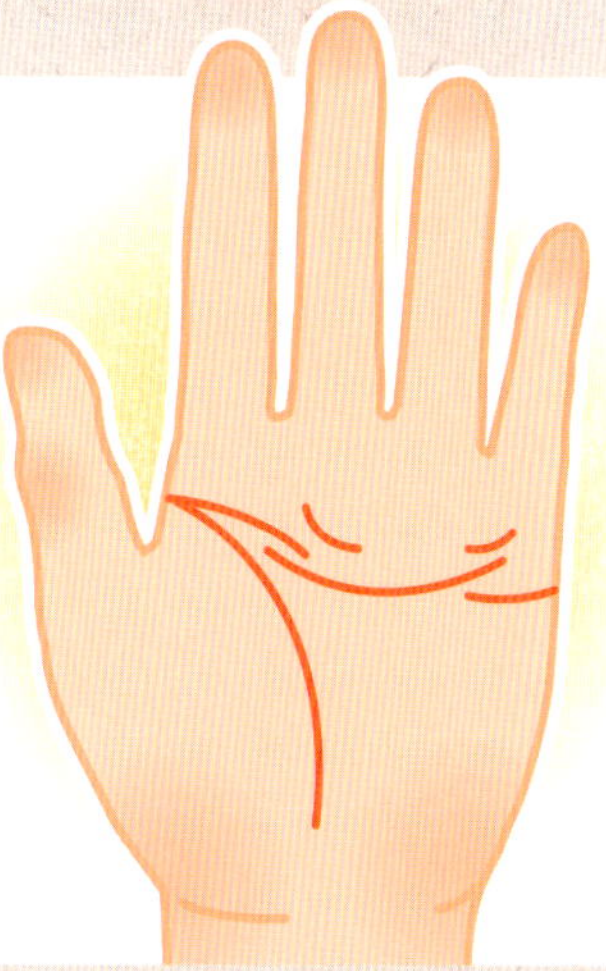

F1型と同じように遺伝しやすい手相です。美しいものを敏感に察知するセンスがあり、直感力にも優れています。気分にムラがあるので対人関係に苦労しそう。惚れっぽいわりに結婚に踏み切れません。

才能 美的センス、資金運用

適職 クリエイター、投資家

COLUMN

手相は変わる!!

これは、ある実業家男性の手相の話です。

彼は若いときに一度事業に失敗し、悩み苦しんだ末に、自力で苦境を脱しました。

仕事で行き詰まり、精神的にも経済的にも辛かったときの彼の手相は、まだ20代という若さにもかかわらず、手のひらいっぱいに細かいシワがありました。まさに、心身の状態の悪さが、手相にそのまま表れていたのです。

しかし、その後、男性に大きなチャンスが訪れます。

仕事は少しずつ軌道に乗り始めました。彼は順調な仕事と共に健康を取り戻し、精神的にも前向きで明るい生活を送るようになりました。

すると、加齢と逆行するように、男性の手のひらからは細かいシワが消え、3大線がみるみる太くはっきりとしてきました。以前の弱々しい手相の印象がなくなってきたのです。

歳をとれば自然とシワが多くなることが普通です。そのシワが、消えたり少なくなったりするのは信じられないことかもしれません。

でも、このような変化は、手相を長年にわたって追跡調査していると、それほど珍しいケースではないのです。

手相のシワの増減は、本人の身体と精神、心のコンディションにそれほど深くかかわっているものなのです。

第3章

恋愛のタイプ

運命的な出会いの時期も、 恋愛成就の鍵も、 大切な答えは手相に示されています。自分や相手の恋愛傾向を知れば、ここ一番の愛の勝負どころで自信を持つことができるはずです。

恋愛運の傾向はココで見る！

恋愛は人と人の感情が交差する熱いドラマです。この感情に関係しているのは、主に次の3本の線です。また、頭脳線、金星丘エリアにも注目してください。

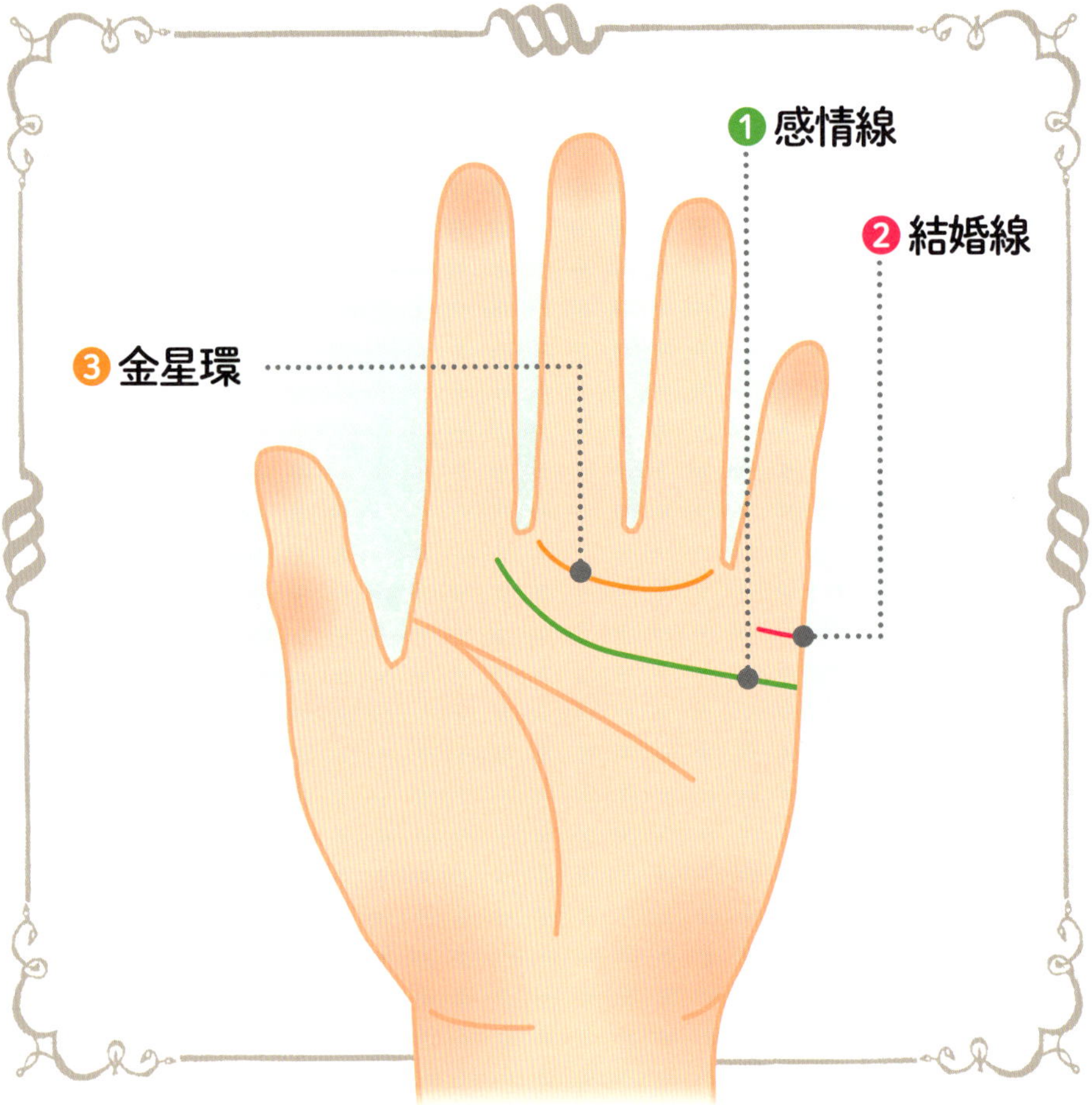

1 感情線

無意識の深層心理、対人関係、感情表現の方法がわかる線

2 結婚線

異性や性への関心の度合いと深いかかわりがある線

3 金星環

美しいものへの関心とセンス、感性の豊かさを示す線

❶ 感情線

無意識な動きが線を左右する

小指の下からスタートして、中指あるいは人さし指の下に向かう線が感情線です。この線は恋愛・結婚・異性へのかかわりを知るには不可欠。細かい支線もできやすく、その形や方向も人によってさまざまです。

感情線は、薬指と小指を曲げることによって深く刻まれます。しかし、薬指と小指は5本の指の中でも比較的使われることが少ない指。つまり、意識しない動き（無意識の動き）が関係してできる線ということになります。

小指はその人の性への関心度を表し、薬指は美的感覚やフィーリングを表します。この2本の指の使い方と密接な関係にある感情線は、その人の感情や異性関係を示しているといえるのです。

❷ 結婚線

線の本数より、色や向きに注目

小指の下に向かって手のひらの側面から伸びているのが結婚線です。この線は、異性や性へのかかわりを示し、小指の動きによって刻まれます。

前述のように、小指は、その人自身の性や異性への関心と深く結びついていますから、恋愛傾向や結婚生活の在り方が読み取れるのです。

ただし、「結婚線がないから、自分は結婚できない」とか、「3本あるから、3回結婚する」などというようなことはありません。

結婚線を見るときに大切なのは、手のひらに向かって伸びているシワの数、形、結婚線の先が上向きに伸びているか、それとも下向きかなどです。また、色や支線などもポイントになります。

❸ 金星環

限られた人が持つ美的センスの証

中指と薬指の下にできる半月形の金星環は、一般に美的センスがあり、感受性が鋭い人に現れるといわれています。人間の感性にかかわる部分なので、異性や性への関心度も自ずと高くなるようです。

しかし、この線がまったくない人もいます。男性より、女性の手に多く見られるというのも特徴。また、小指と薬指の間から人さし指と中指の間まで、切れることなくつながっているような金星環を持つ人はごく少数で、大半は途中で切れているようです。

半月の線が手のひらにあるかどうか、どういう形で何本の線があるか、また、他の線とつながっているか、というところにも注目して見てください。

恋愛運

どんな恋愛パターンにハマりそう？

なかなか恋がうまくいかないと思っているあなた。
陥りがちなワンパターンの恋愛傾向を手相から読み取りましょう。
そこから、恋の必勝法がきっと見えてきます。

好きになったら まっしぐら！

❶ 金星環がはっきりしている

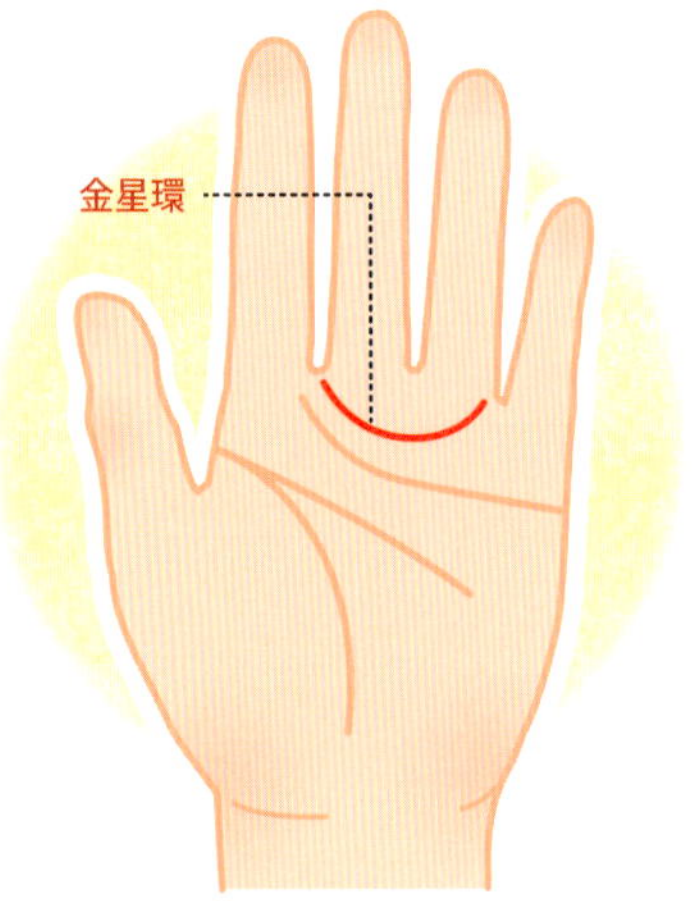

人さし指と中指の間から薬指にかけて、半円を描く金星環がはっきりある人は、運命的な恋に落ちやすいタイプ。脇目もふらずに一直線に突き進んでいきますが、周りが見えなくなるところがあるので注意を。また「あの人を誰にも取られたくない」という独占欲が強いところもあります。

障害をものともしないエネルギー

❶ 金星環が土星環にかかっている

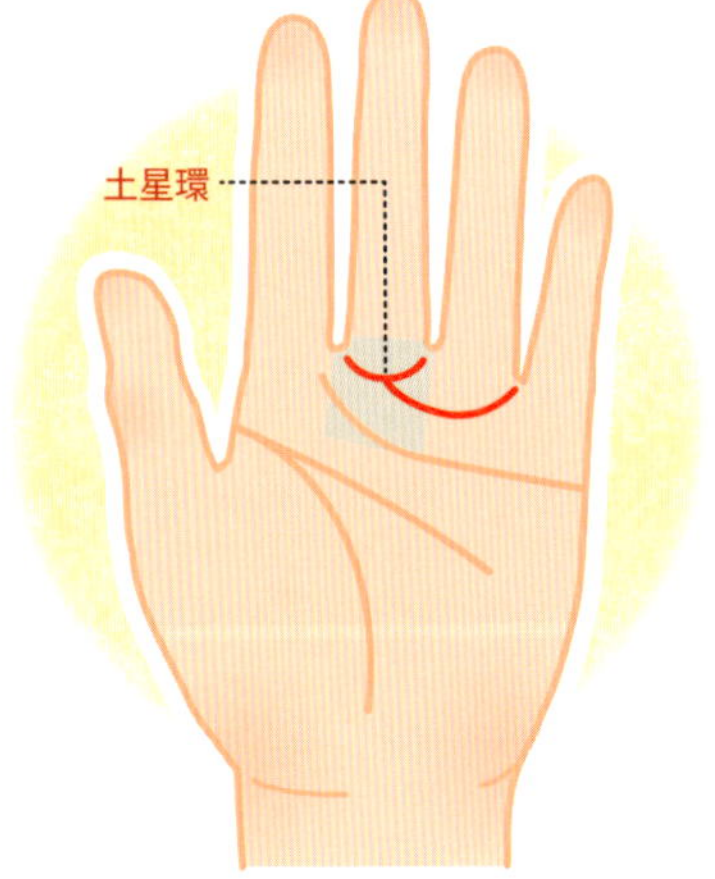

中指の下にある土星環と呼ばれるシワが、金星環と絡み合っています。この手相を持つ人の心には、恋の炎が燃えています。どんな障害が起こっても関係ありません。強い心で愛を貫けるでしょう。ただし、相手との温度差には注意が必要。あなたの情熱的な愛情が、相手の重荷になる場合も。

「好き！」「嫌い！」好みがはっきり

❶ **感情線**が重なり合って切れている

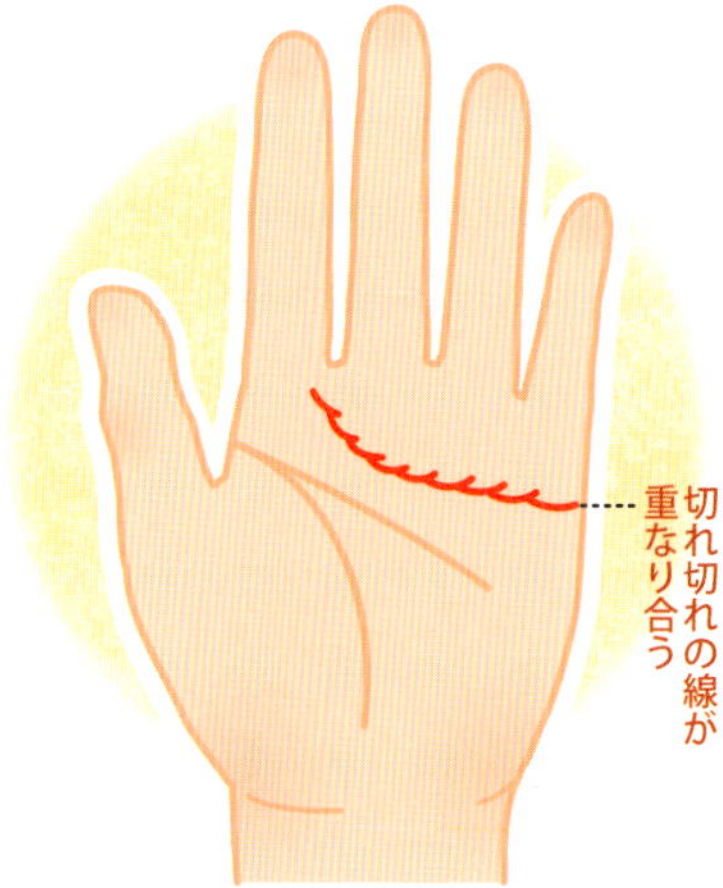

小指の下から中指、人さし指にかけて伸びる感情線。この線が細かく重なって切れ切れになっている人は、**自分の好みがはっきりしています**。会ってすぐに好き嫌いを判断するので、必然的に一目惚れも多くなります。「愛されたい」願望も強く、**相手の言動に一喜一憂しやすい**ところも。

恋の対象の範囲が狭過ぎる

❶ **感情線**がかなり短い

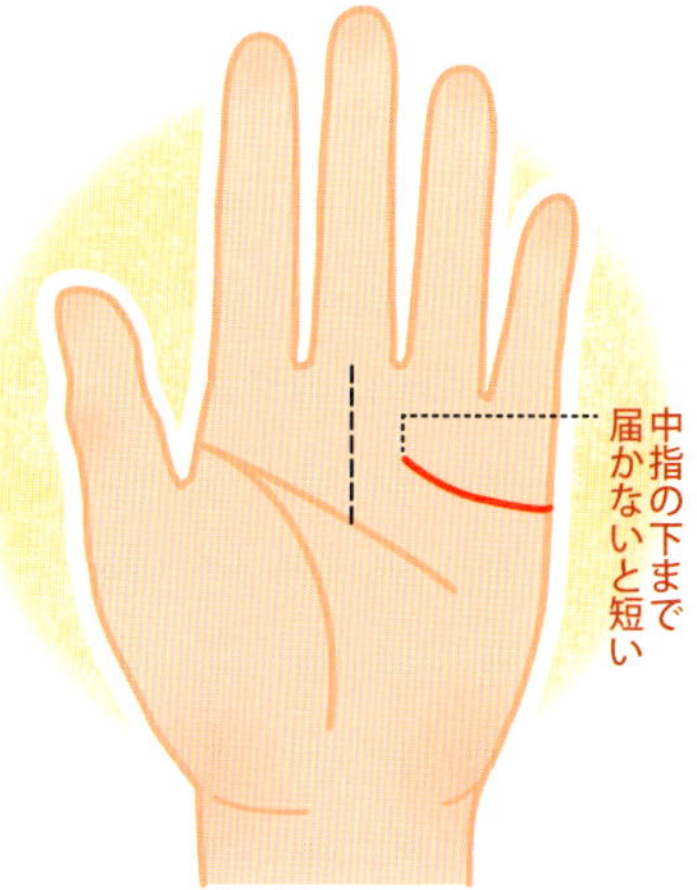

P.80／P.153／P.163も参照

感情線が短い場合、**好きな人は好き、嫌いな人は嫌いと食わず嫌いをしがち**。またウソをつくのが苦手なので、表情や態度で相手にもそれが伝わってしまうようです。「苦手だ」と思い込んで避けている人こそ、実はあなたの運命の人かも。もう少し**視野を広げれば、チャンスも多くありそう**です。

早熟だけど現実性に乏しい

❶ **頭脳線**と**生命線**の起点が離れている

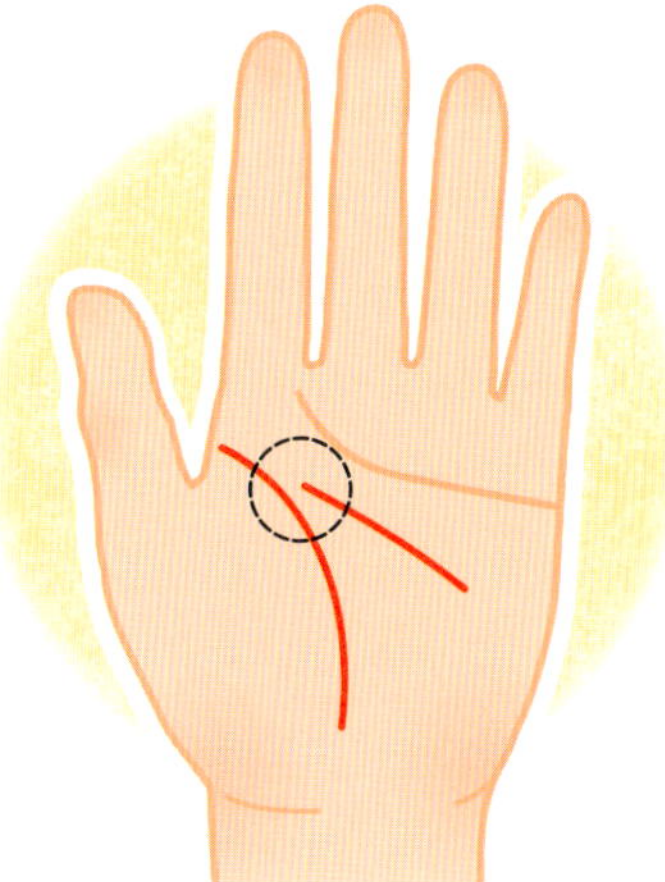

P.73／P.104／P.133も参照

人さし指の下から、中指、薬指にかけて伸びる頭脳線。また、親指と人さし指の間から、手首に向かって伸びている生命線。この2本の線の起点が離れている人は、**早熟で、恋愛への興味も人一倍**強かったはず。ドラマや映画の恋愛シーンを見て「こんな恋がしたい」と**夢想してしまうタイプ**です。

忍耐力に欠ける恋

❶ **感情線**が途中で切れている

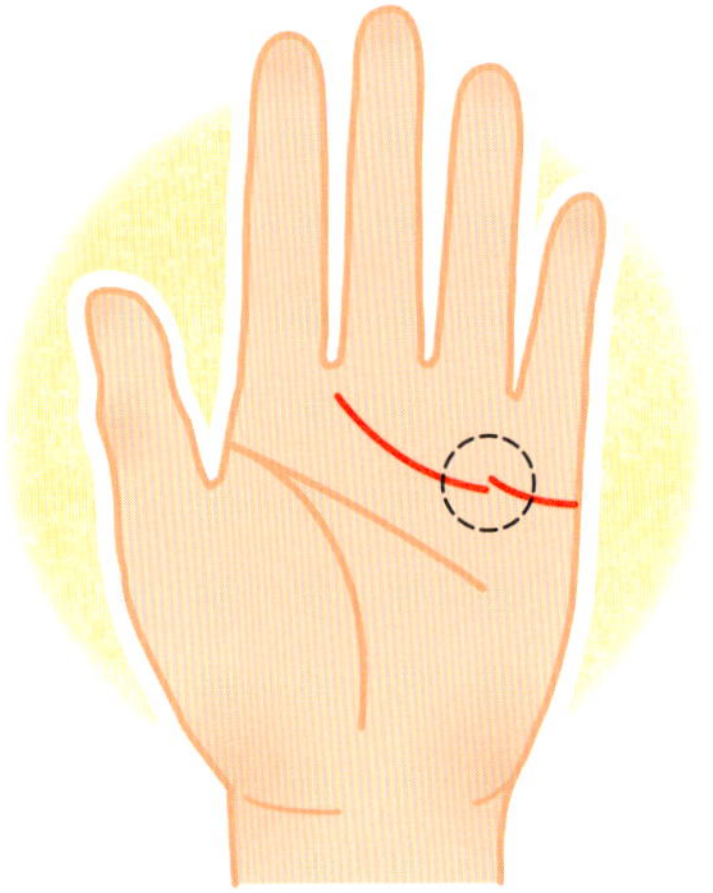

この手相は、**気持ちの移り変わりが早いことを表すサイン**。一目惚れなどで恋に落ちるのは一瞬ですが、相手の嫌な部分を見つけたり、**脈がないと感じたりすると、すぐにあきらめモード**に。一途に一人を愛するよりも、**多くの人とライトな恋愛を楽しみたい**と思っているところがあるようです。

何よりデータ重視のクールな恋

❶ **感情線**と**頭脳線**が平行に伸びる

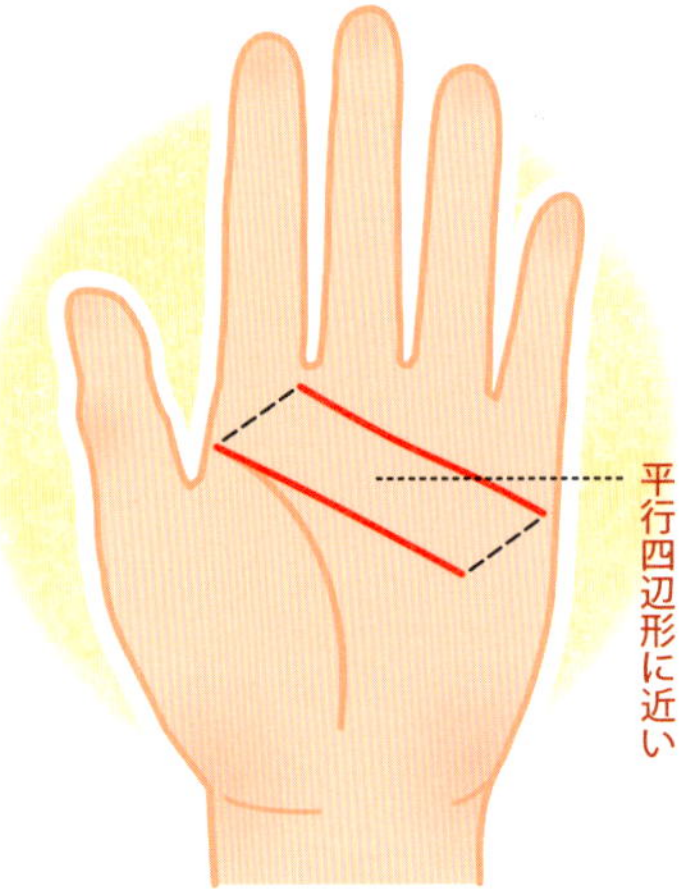

P.128も参照

感情線の始まりと頭脳線の終わり、頭脳線の始まりと感情線の終わりを線でつないでみましょう。ここが平行四辺形になったあなたは、**超現実主義者**です。感情や感覚といった不確かなものより、**過去のデータを重視する**タイプ。恋愛の場面でも、現実的な判断を重視して**恋に溺れることはありません**。

自由奔放危険過ぎる恋

❶ 水平に伸びる**ヴィア・ラシビア**がある

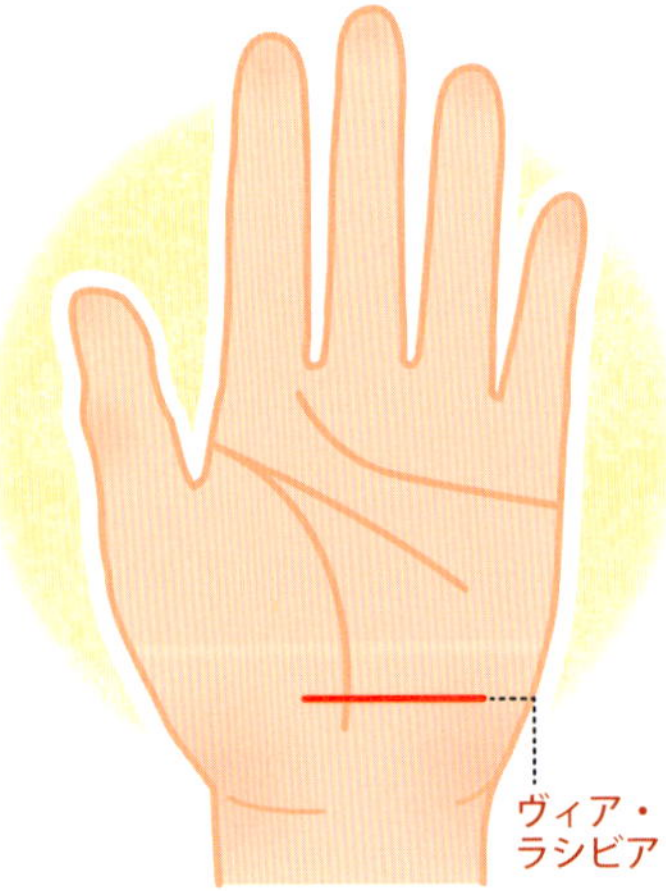

P.79／P.113も参照

手のひらの下部に水平に伸びるヴィア・ラシビアがある人は、何事にも自由を求めるタイプ。**平凡な生き方を嫌い、刺激的な恋を夢見ています**。普通の恋愛や結婚に興味がないので、**既婚者など危険な相手にハマりがち**。また一人の恋人や配偶者では満足できず、**浮気や不倫を繰り返す**人も。

ドラマチックな恋愛への憧れ

❶結婚線が入り乱れて複雑に

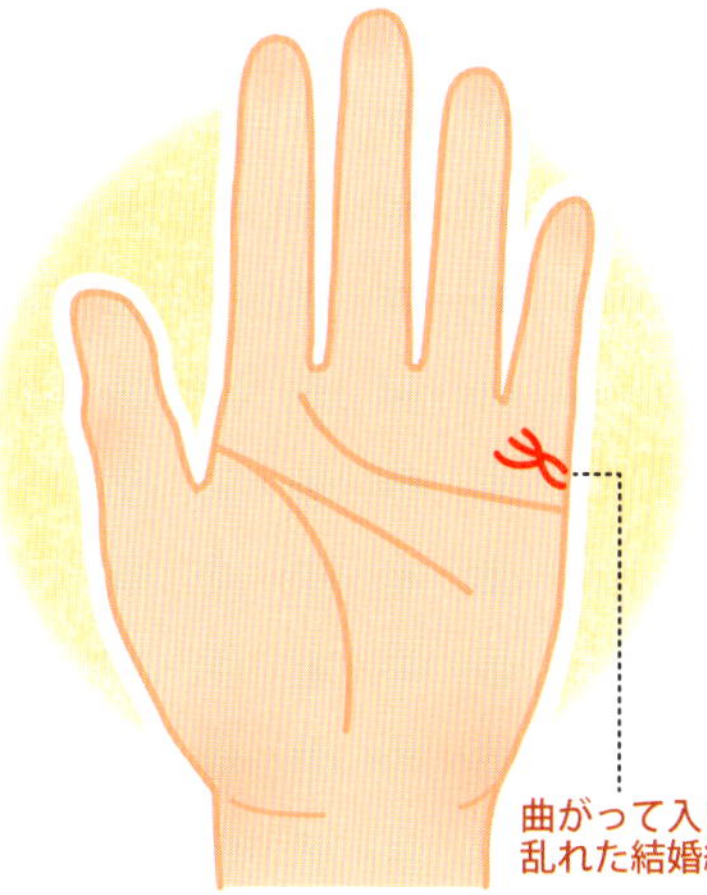

結婚線が入り乱れていると、恋愛や性関係も乱れやすいといえそう。数本の線が絡み合っていたり、グチャグチャと曲がっていたりするのは、その人の愛情の複雑さを示しています。普通に恋愛して結婚、という一般的なものでは飽き足らず、略奪愛のような劇的な展開を求めているようです。

自らは動かないのんびり型

❶感情線から下向きの線が伸びている
❷感情線のカーブがゆるやか
❸結婚線が短い
❹金星環がない

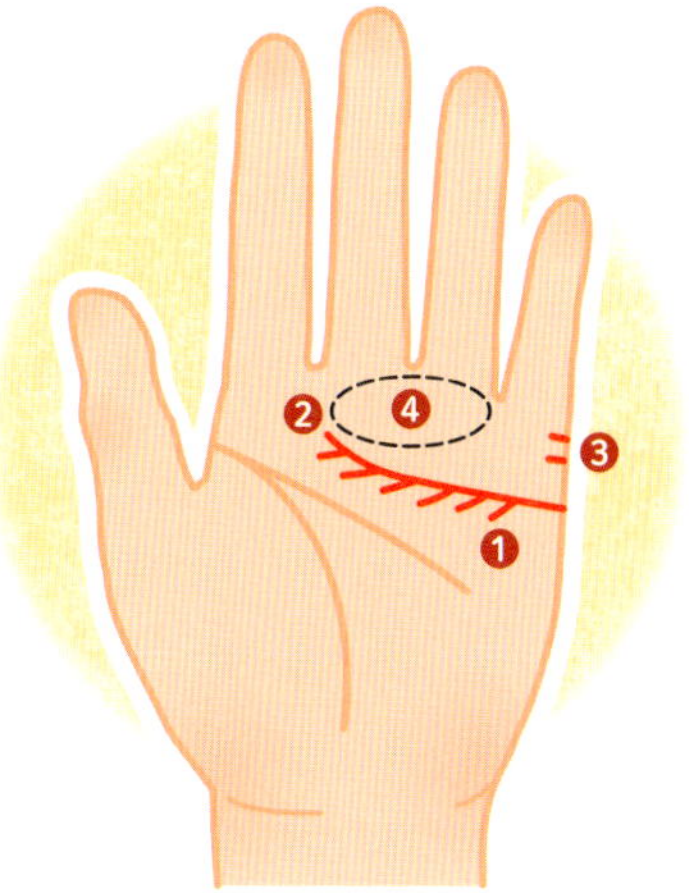

この条件にあてはまる人は、恋愛に関して相当のんびりしているようです。相手とゆっくり愛情を育んでいこうとするため「そのうち好きになれば……」で始まる関係も多いでしょう。自分から積極的に行動を起こさないタイプなので、すべてが相手任せになりやすいところがネックかも。

自分完結の妄想恋愛ごっこ

❶頭脳線が極端に下がっている

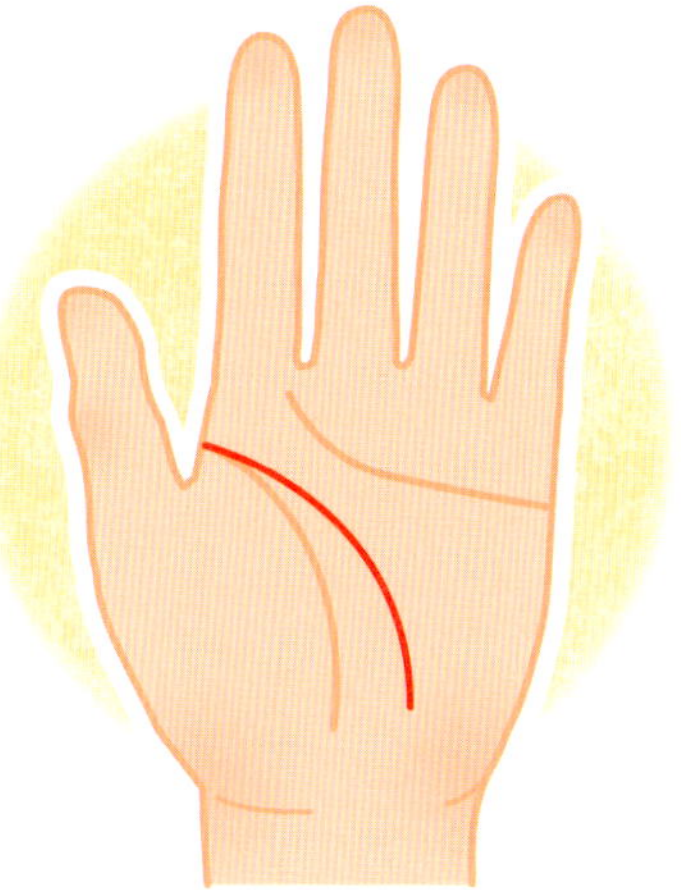

頭脳線の終点が手首の方までグッと下がっている人は、かなり夢見がち。相手を過剰に美化して、自分の想像で恋愛を進めてしまうところがあります。そんな状況に相手がついていけず戸惑う場面も。また、現実を避けて妄想の中で満足してしまい、心を打ち明けずに終わる恋の暗示もあります。

P.77／P.194も参照

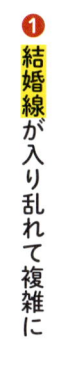

恋の試練が山ほどありそう

❶**結婚線**が入り乱れている
❷**影響線**や**運命線**に**クロス**がある

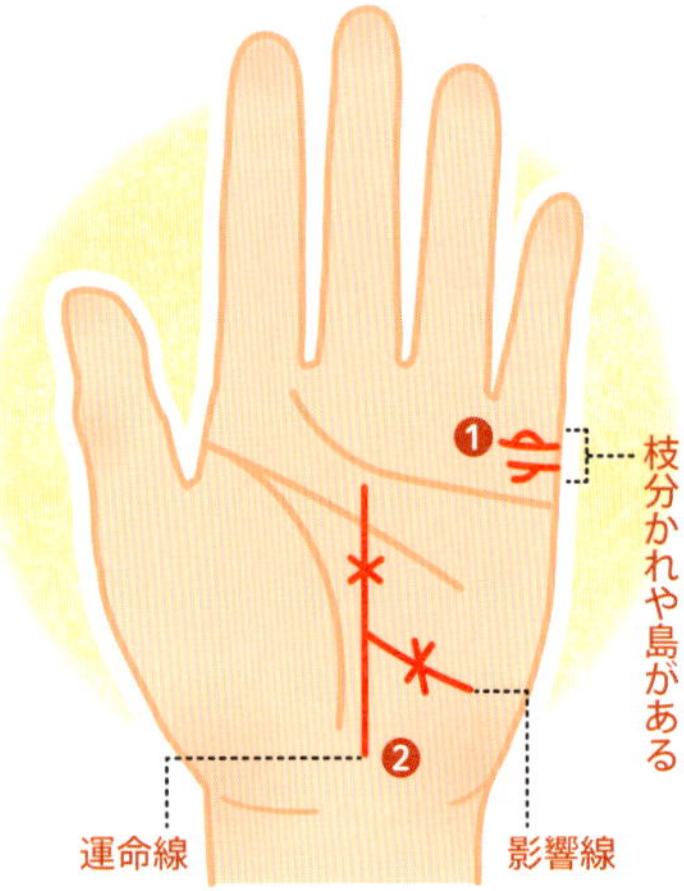

結婚線が2本以上に枝分かれして複雑だったり、島があったりするのは、あなたの恋愛が一筋縄ではいかない証拠。加えて、影響線や運命線にクロスが見られたら、さらに厳しい状態になりそうです。相手の問題点が見えたり、ライバルが登場したりと、さまざまな苦労が絶えない恋愛になるかも。

相手任せの態度でケンカばかり

❶**感情線**から下向きの細かい線

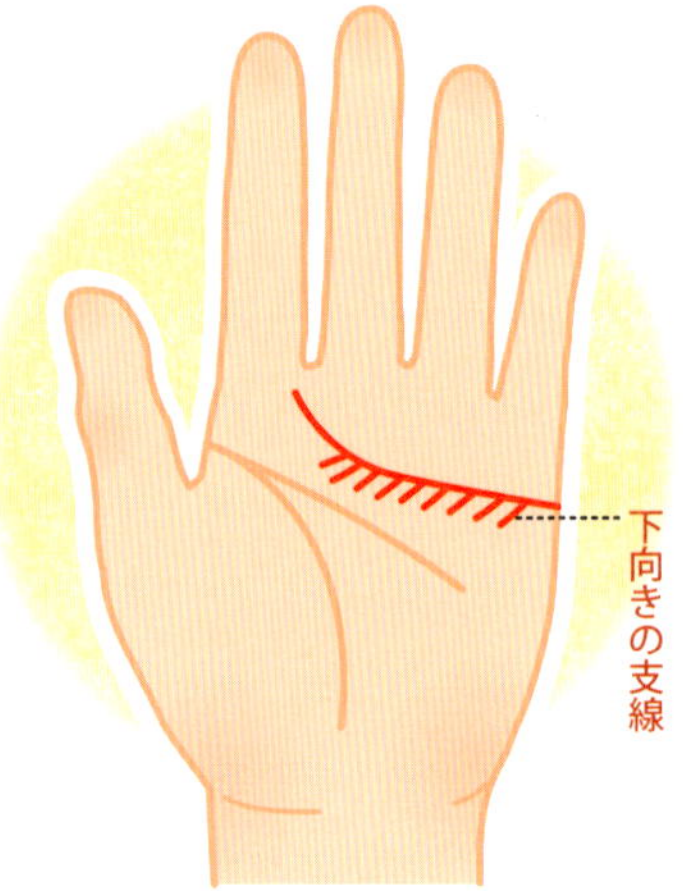

P.105／P.152／P.195も参照

感情線から細かい線が出ている人は、相手に任せた恋愛をするタイプ。食事もデートプランも、相手に頼りきってしまうでしょう。ただし、いつもそんな状態が続くと相手も苛立ってしまい、口論になる可能性も。意志を示すことに加え、感情的にならないように注意しましょう。

理想を語るも行動が伴わない

❶**頭脳線**が**月丘**と**地丘**の間まで伸びている

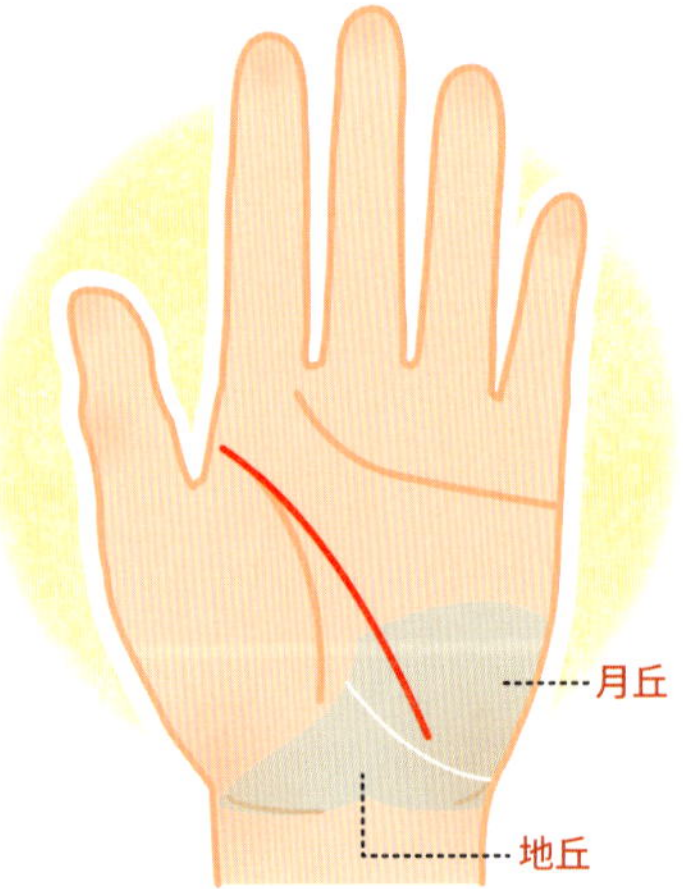

P.131も参照

頭脳線の終わりが月丘や地丘の方まで伸びているなら、恋をすること自体に夢を抱いているロマンチストな人といえます。「こんな恋がしたい」「いつかこういう相手が現れるはず」と理想論を語るばかりで、行動が伴いません。ときには自分からアクションを起こしてみましょう。

人目を気にして被害妄想

❶ **感情線**が切れ切れ

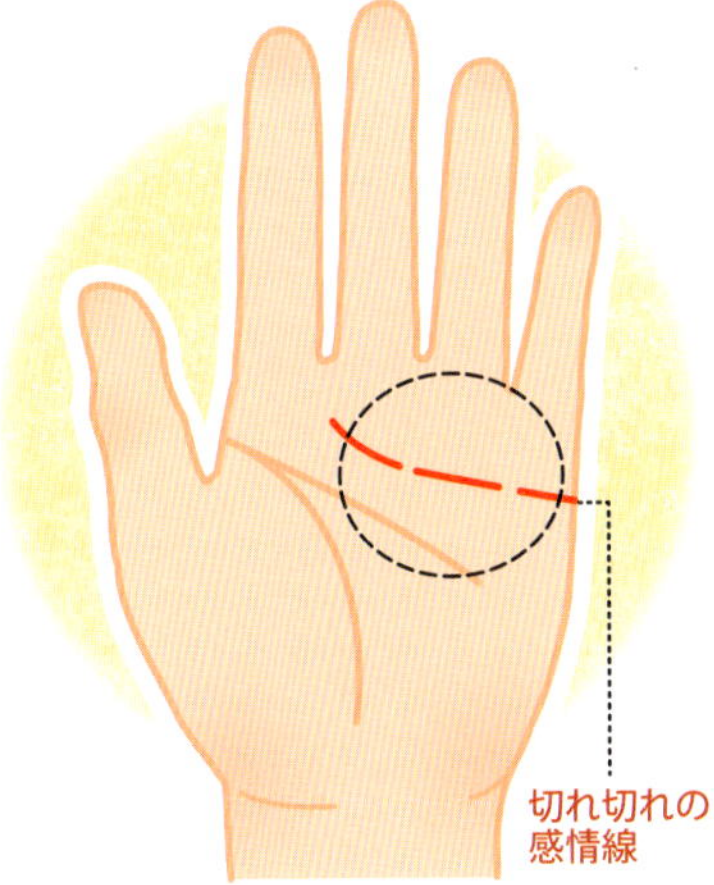

P.140も参照

感情線がところどころ切れている、または完全に切れている場合、感受性が鋭く、情熱的な性格を表します。周囲が自分のことをどう思っているかに関心が高く、愛されたい願望も人一倍。そのために、相手の気持ちを深追いし過ぎて、被害妄想に陥ることもありそうです。自分に自信を持って。

マイペースで堂々とした恋

❶ **生命線**と**頭脳線**の起点が離れている

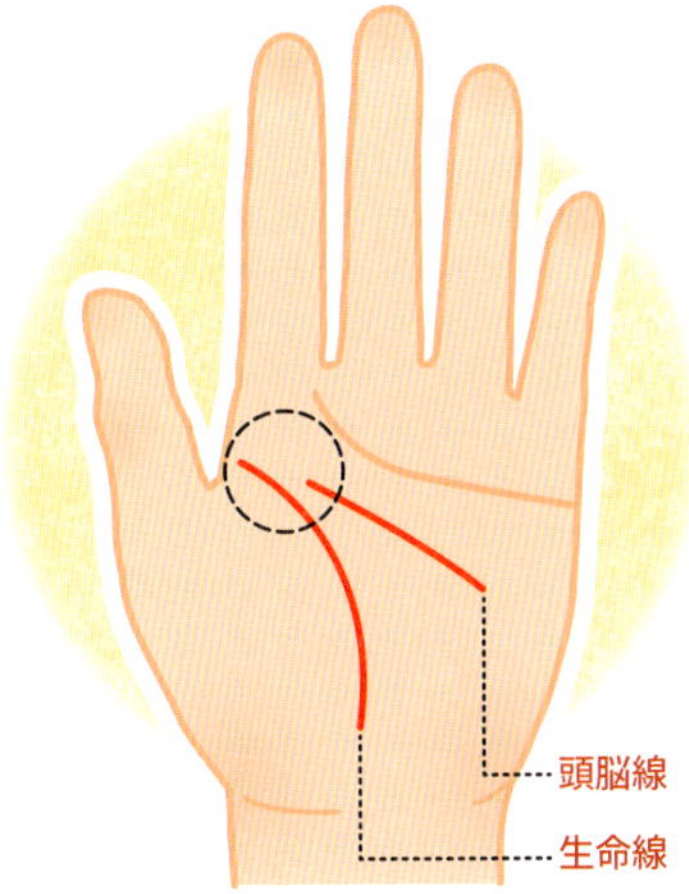

P.69／P.104／P.133も参照

生命線と頭脳線の起点が重ならない手相を持つ人は、恋愛面で、周囲の目を気にしたり、恥ずかしいと思ったりすることはありません。自分が好きになった相手にはとことん一途で、健全なつき合い方をします。周囲には、あなたの恋愛事情は常にオープンになっていることでしょう。

相手のペースに巻き込まれがち

❶ **感情線**のカーブがゆるやか
❷ **結婚線**が短い

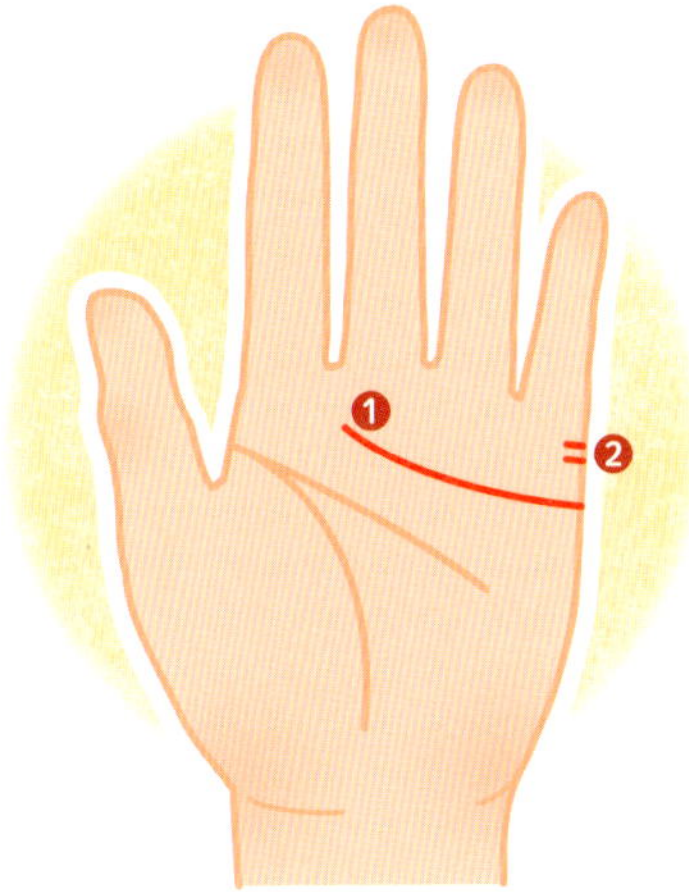

感情線のカーブが直線に近いか、ゆるやかに伸びている人は、おっとりしていて恋に鈍感なところがあるようです。また、結婚線が手のひらの正面から見えないほど短い場合は、さらにこの傾向が強まります。積極的に恋愛をしようという気持ちは薄く、常に相手任せになってしまうようです。

複数の異性が気になる浮気性かも？

つき合っている相手がいるのに、ときめく人が現れると、どうしても気になってしまう……そんな浮気癖はありませんか？恋人にこの手相が出ていないかを、要チェック。

激情型浮気タイプ

❶切れ切れの**金星環**がたくさんある

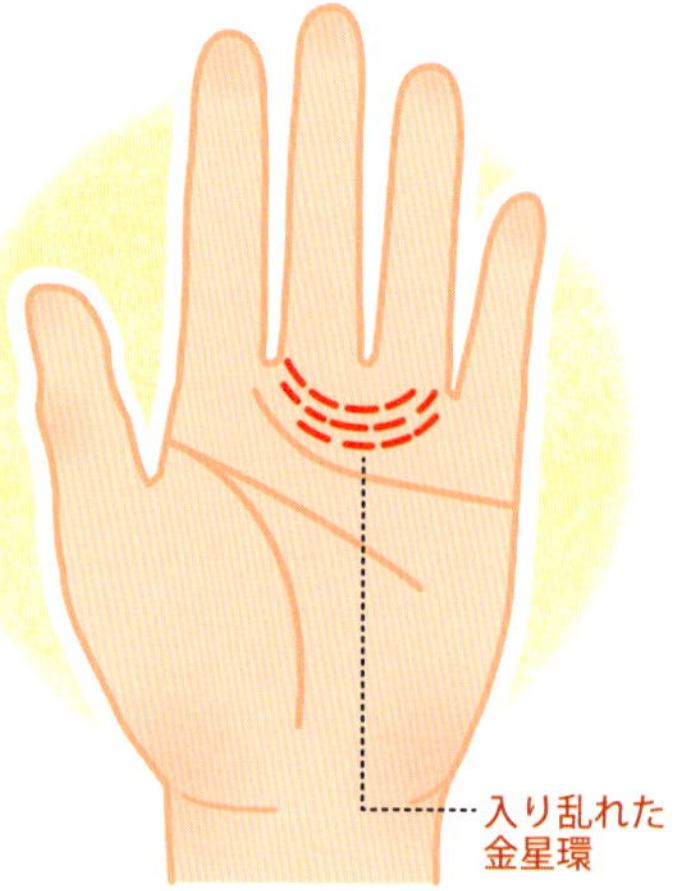

金星環が複数本あり、それぞれが切れていてきれいな半円になっていない人は、**熱しやすく冷めやすい**でしょう。好きになると即アタックしますが、気分屋ですぐに冷めてしまうので、**恋は長続きしないタイプ**。両手共にこの手相なら、**同時進行で何人もの異性とつき合える器用な人**といえます。

八方美人型浮気性

❶短い**結婚線**がたくさんある
❷**影響線**が上に伸びている

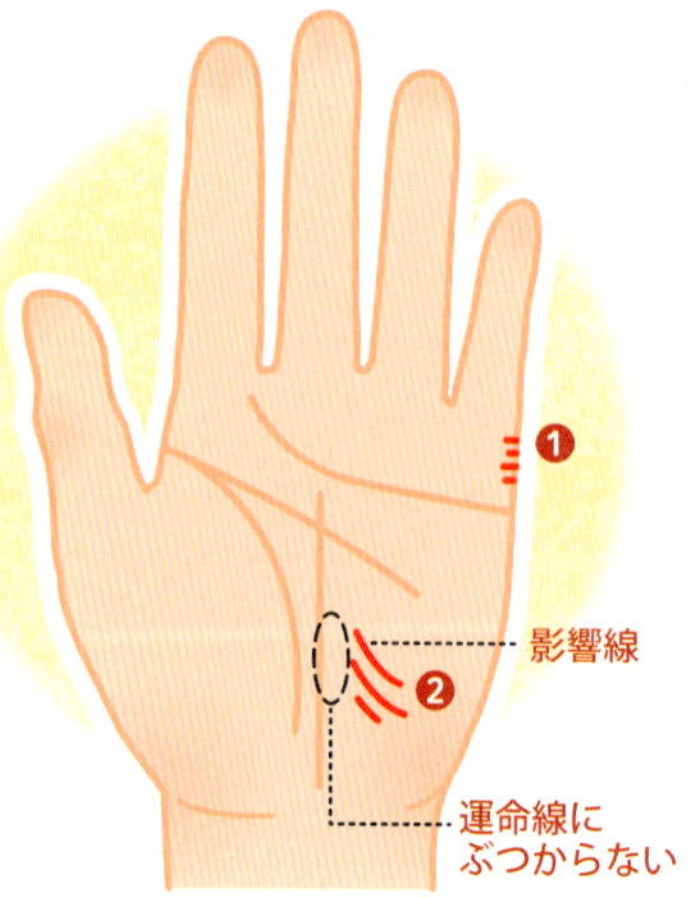

結婚線が何本もあり、しかもすべて短い場合は、**一人の人に決められずに目移りしている状態**を表しています。また、影響線が運命線にぶつからず、そのまま上に伸びている状態は、**気の弱いところがある**証拠。みんなから好かれたいという気持ちを捨てて、**一人に狙いを定めてアタック**を。

不倫にドハマりタイプ！

❶ 金星丘に情愛線がある

P.87も参照

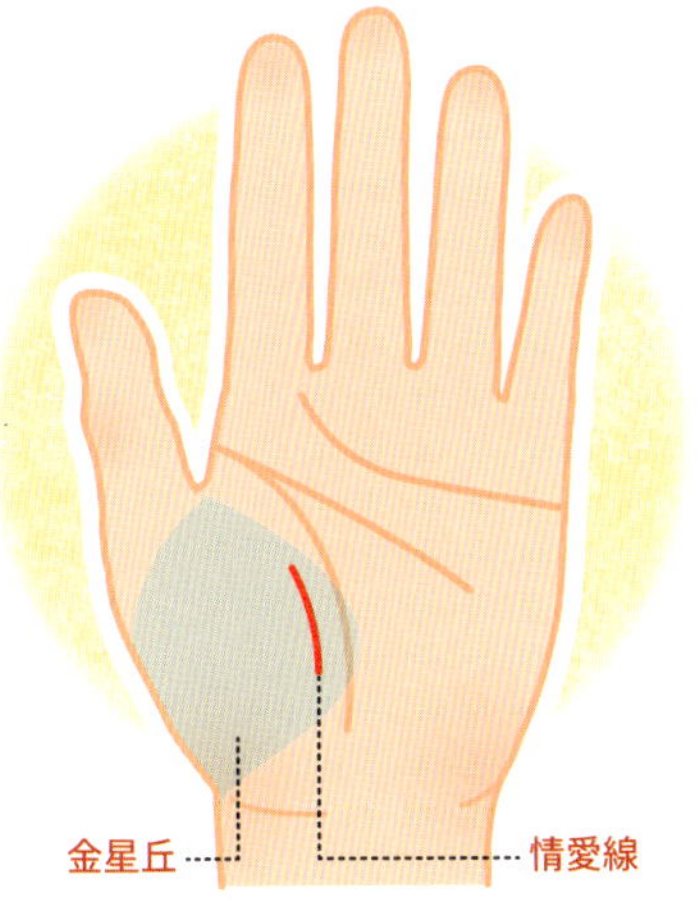

親指のつけ根にある金星丘の上に、生命線に沿って伸びる情愛線があるなら、感情が高まっていて、異性に関心が強くなっているサイン。一目惚れや、ちょっとした関係から大恋愛に発展する予感も。相手に交際中の人がいようが、既婚者であろうが、あなたの恋は止まらないかもしれません。

複数の人と熱い感情をぶつけ合う

❶ 生命線に平行する情愛線がある
❷ 中指と薬指の下に金星環がある

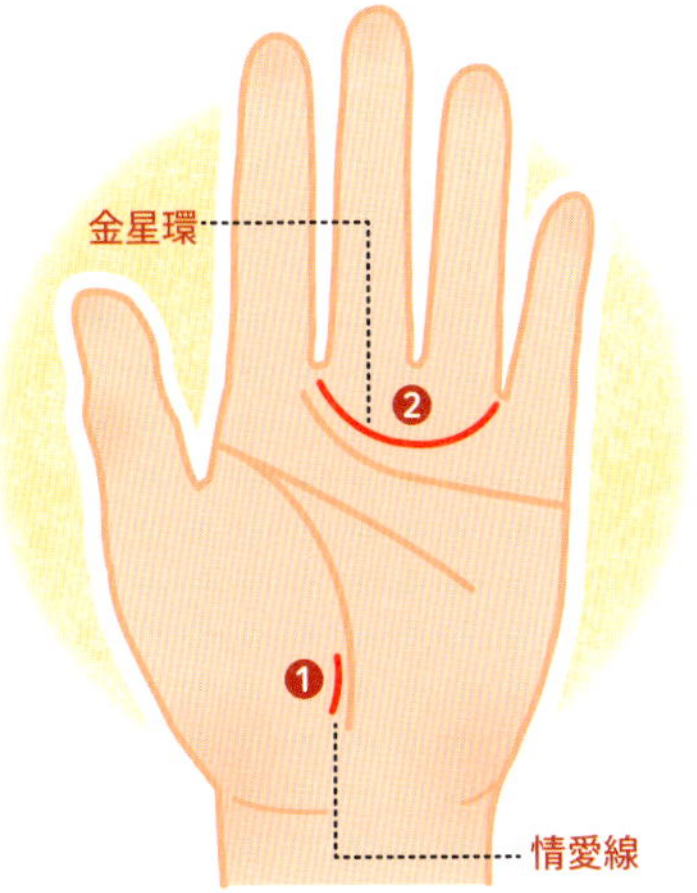

金星丘の上を、生命線に沿って伸びている情愛線。これがある場合は、情熱が高まっている証拠。恋愛エネルギーが強くなっているでしょう。さらに中指と薬指の下に金星環があれば、複数の人と大胆な関係を持つ可能性も。感情のままに一気に恋に突き進みそうです。

惚れっぽくて一人に決められない

❶ 極端に短い結婚線がたくさんある

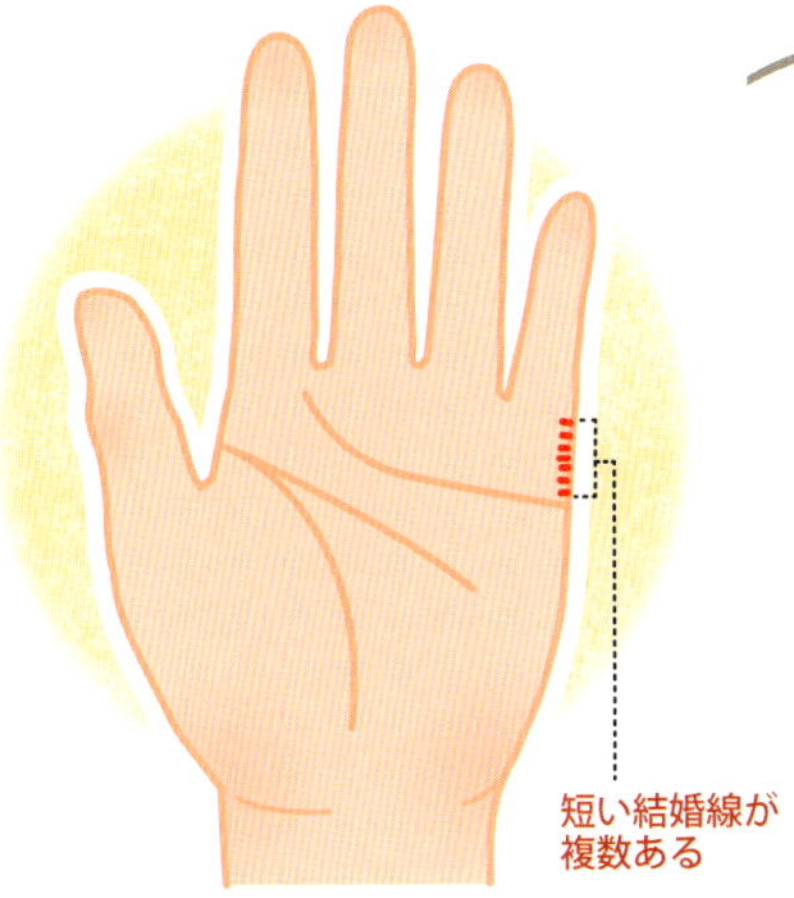

手のひらの正面から、見えるか見えないかくらいの短い結婚線が何本もある場合は、あなたの多情さを表しています。どんな異性でも受け入れてしまうところがあり、一目惚れしやすいタイプでしょう。しかも、恋に落ちた後もその人以外に気になる相手が出てくる、というパターンが多そう。

オープンにする？
秘密にしておく？

他人の目を気にすることなく、大胆に恋愛を楽しむ人。
誰にも悟られることなく、秘密裏に恋をする人。
どちらのタイプも、手相にはその特徴が示されています。

ストレートで激しい大胆な恋愛

❶**結婚線**の先が枝分かれ、または波打っている

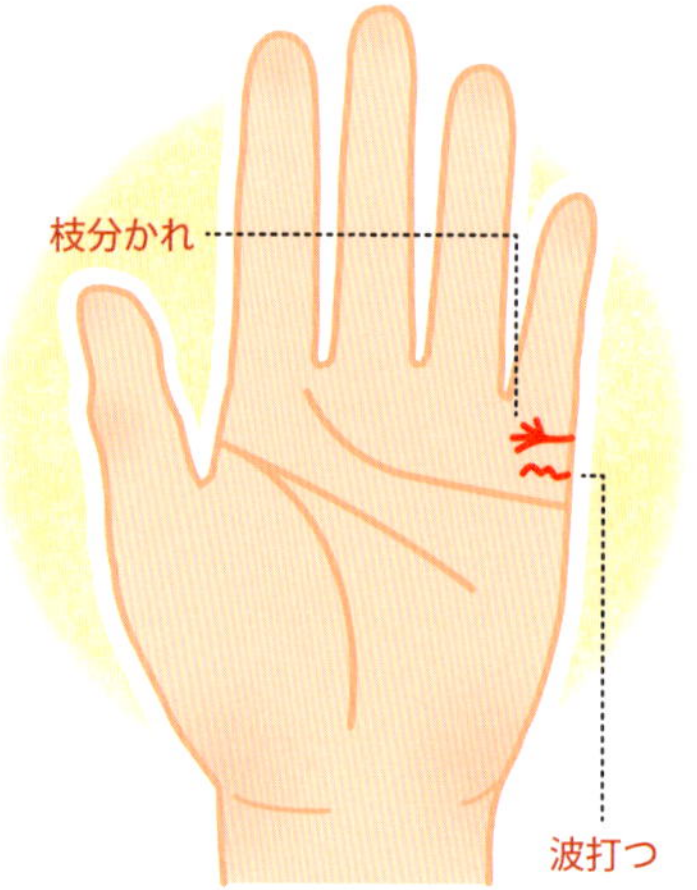

結婚線の先端が枝分かれしている人は、白黒はっきりした性格の持ち主。そのため、嫌いな人とは口もきかないけれど、好きな人には激しい恋の炎を燃やすというように、人間関係も両極端になりやすいでしょう。また、結婚線が波打っている人は、周囲が驚くほど大らかに恋愛を楽しみます。

恋愛もセックスも積極的に楽しむ

❶**生命線**と**頭脳線**の起点が離れている
❷**結婚線**の末端の形が特殊
❸**金星環**がある

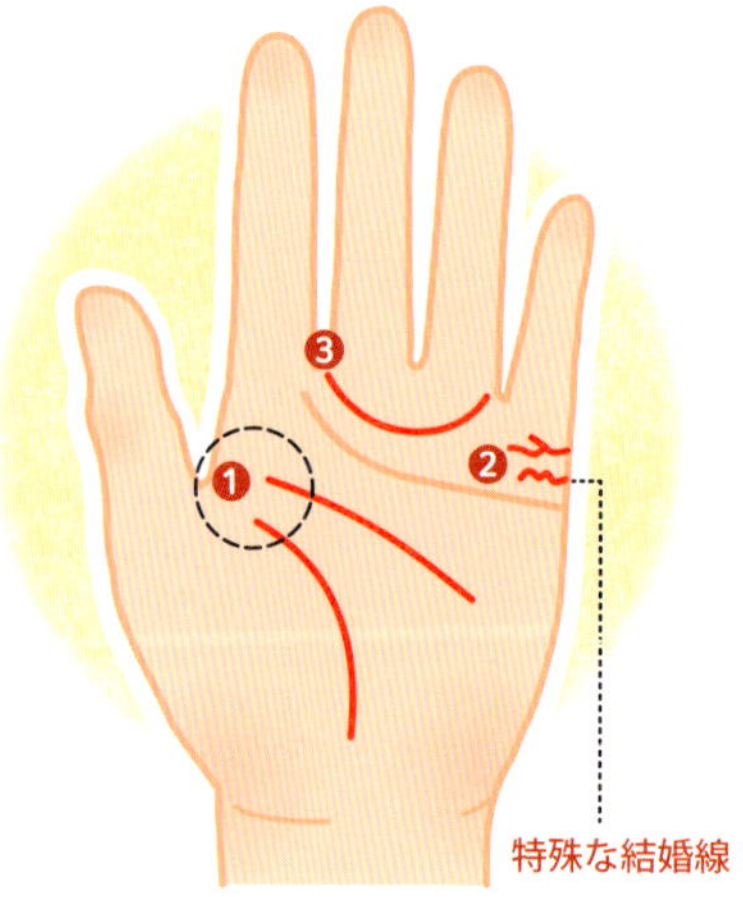

生命線と頭脳線の起点が離れていて、結婚線が枝分かれしたり、波打っていたり、さらに金星環もあるという人は、完全にオープンな恋愛体質です。性については開放的で、恥ずかしがることはありません。好きになった相手と身も心も開放して恋愛を楽しむので、セックスも大胆でしょう。

多くを語らない秘密主義者

❶ 頭脳線と感情線がマスカケ型

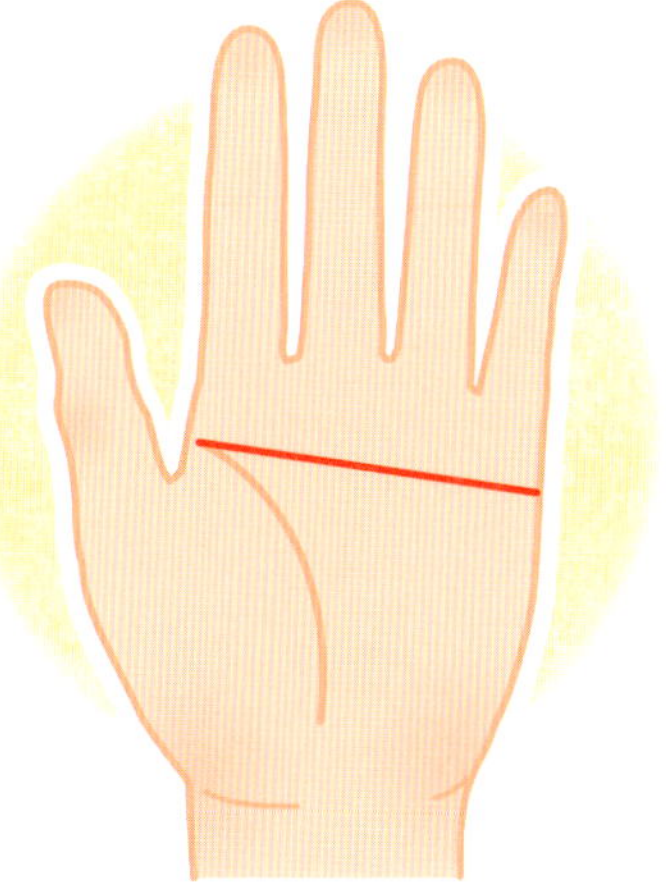

P.128も参照

頭脳線と感情線が一本の線となって手のひらを横切る「マスカケ」と呼ばれる手相。これを持つ人は、プライベートを他人に話さないタイプ。周囲からは「つかみどころがない」「何を考えているかわからない」と思われているかも。恋愛においても、秘密裏に行動しようとするでしょう。

口下手な内向派

❶ 頭脳線が下の方にカーブしている

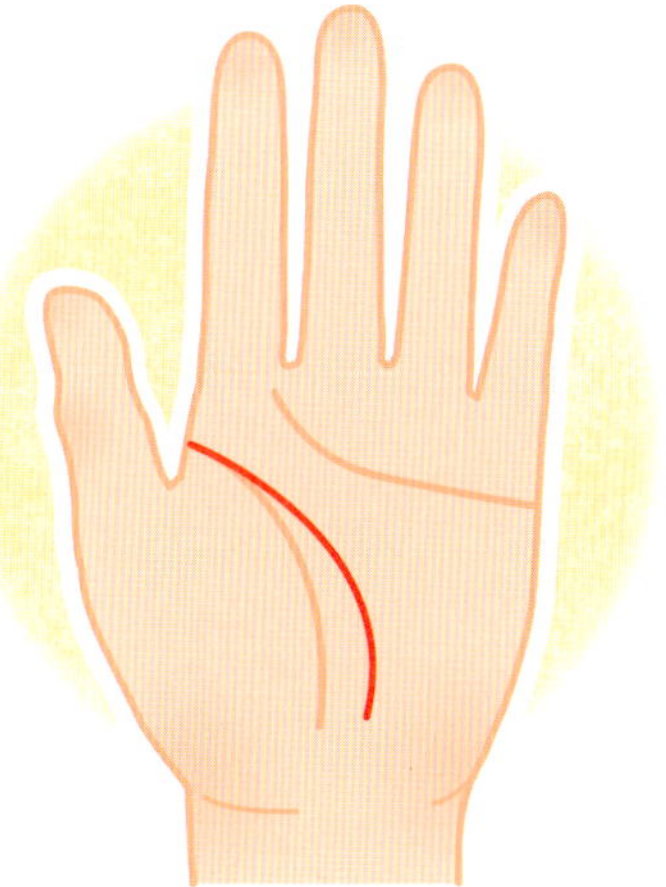

P.71／P.194も参照

感情を表に出すのが苦手な人は、頭脳線が極端に下にカーブしています。しかも、下向きになればなるほど内気な性格を表します。そのため、交際している相手は「考えていることがわからない」と悩んでしまい、すれ違いが多くなるでしょう。自分の気持ちをしっかり言葉にすることを心がけて。

自己完結になりがちな恋愛

❶ 頭脳線と感情線がマスカケ型
❷ 金星環がある

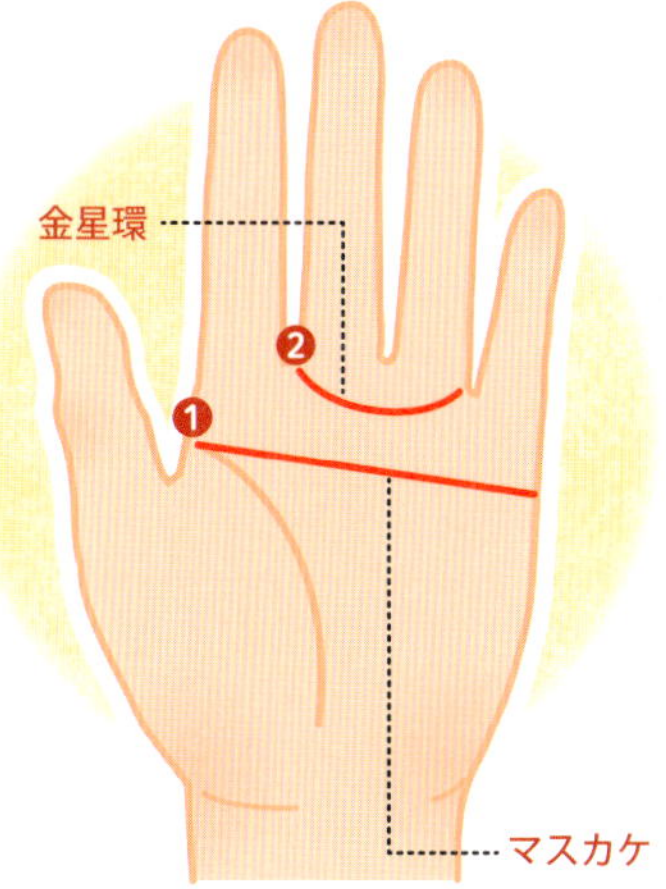

頭脳線と感情線が一直線につながって手のひらを横切る「マスカケ」があり、情熱を表す金星環もしっかりと出ているタイプ。内面に激しい恋愛感情が渦巻いていることを表しています。それほどの熱い気持ちを持っているのに、それを表現することがうまくできずに、秘めた恋愛になりがち。

もちろんノーマル？
冒険のアブノーマル？

あなたが恋愛に求めるものは、安定感？　それとも刺激？
恋人選びに失敗しないためにも、
事前に自分の恋愛傾向や性的趣向を知っておくと良いでしょう。

ドキドキハラハラのリスクを好む

❶ 頭脳線が不規則に波打って伸びる

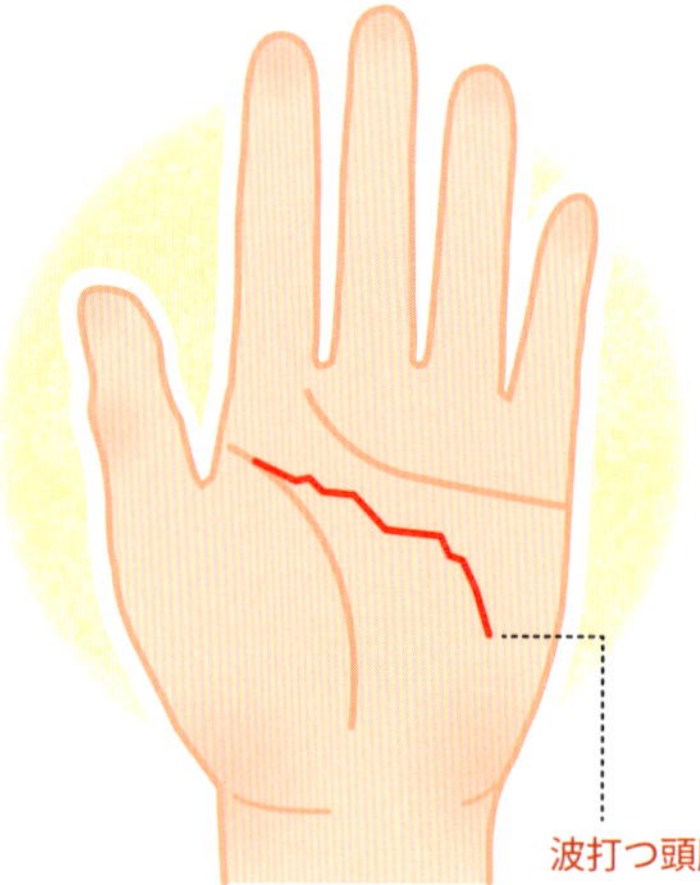

本来ならゆるやかな直線やカーブを描いている頭脳線が、不規則に波打っていたり、ギザギザになっている場合は、少し変わった感情を抱いているサイン。平凡な恋愛では満足できず、リスクのある相手にハマりやすいでしょう。性の好みも特殊な場合が多く、ノーマルプレイでは満足できない人も。

歪んだ愛情表現に注意を！

❶ 中指の下に土星環がある

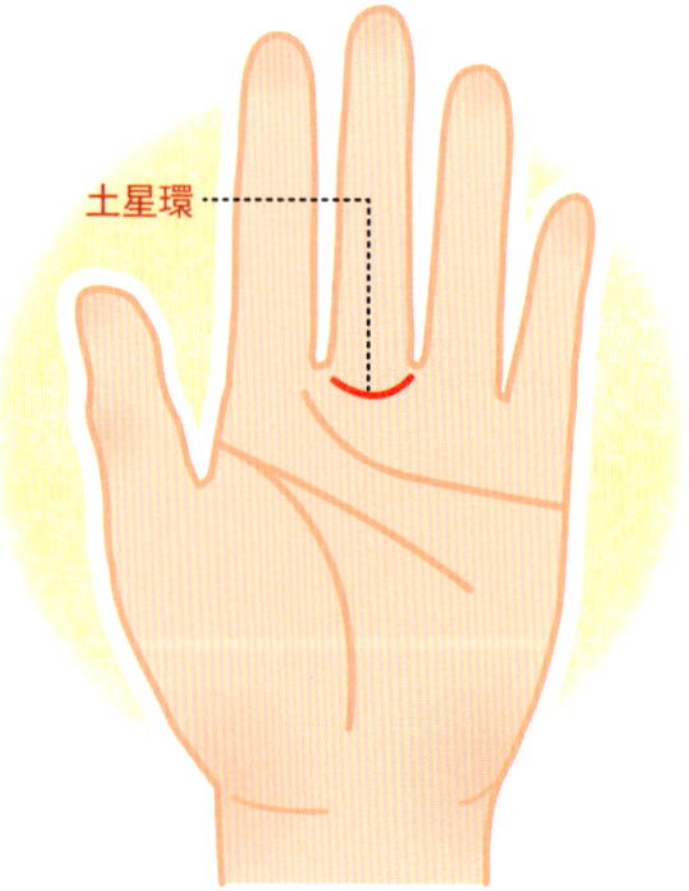

P.163も参照

中指の下に土星環と呼ばれるシワがある人は、根気強く、人とは異なるものを好む傾向があります。そういう面が突出すると、恋愛においても変わった愛情表現になりがち。「あの人のすべてを知りたい」と決めたら、持ち前の粘り強さと特殊な愛情表現で、執拗に追いかけてしまいそう。

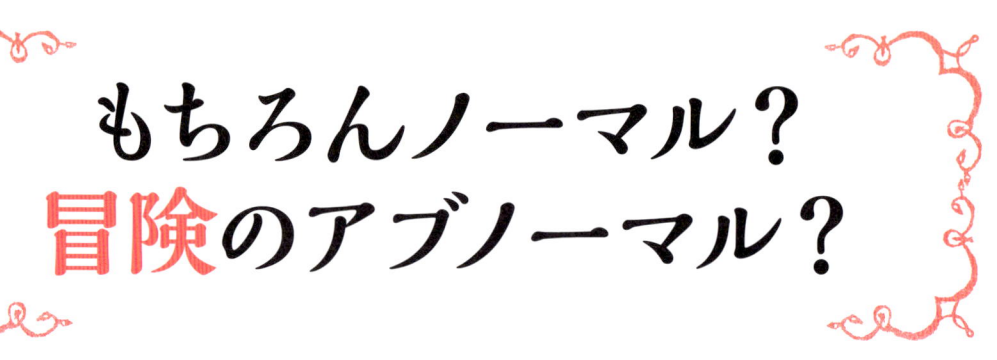

充実したセックスライフを満喫

❶金星環がある
❷生命線の内側に情愛線がある
❸ヴィア・ラシビアがある

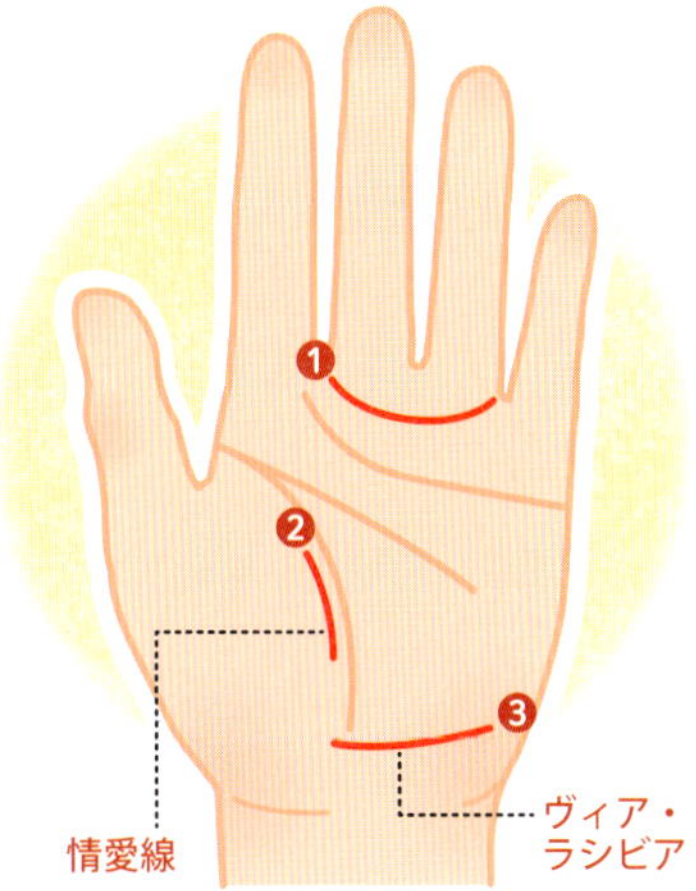

金星環があり、さらに手のひらの下部にヴィア・ラシビアがある人は、感情のまま正直にセックスを楽しみたいと考えています。アブノーマルなプレイにも興味津々。生命線の内側に情愛線が出ている場合は、とくに恋の情熱が高まっているサイン。積極的に性を謳歌するでしょう。

「普通じゃない」に燃えるタイプ

❶結婚線が特殊に入り乱れる
❷金星環が特殊に入り乱れる

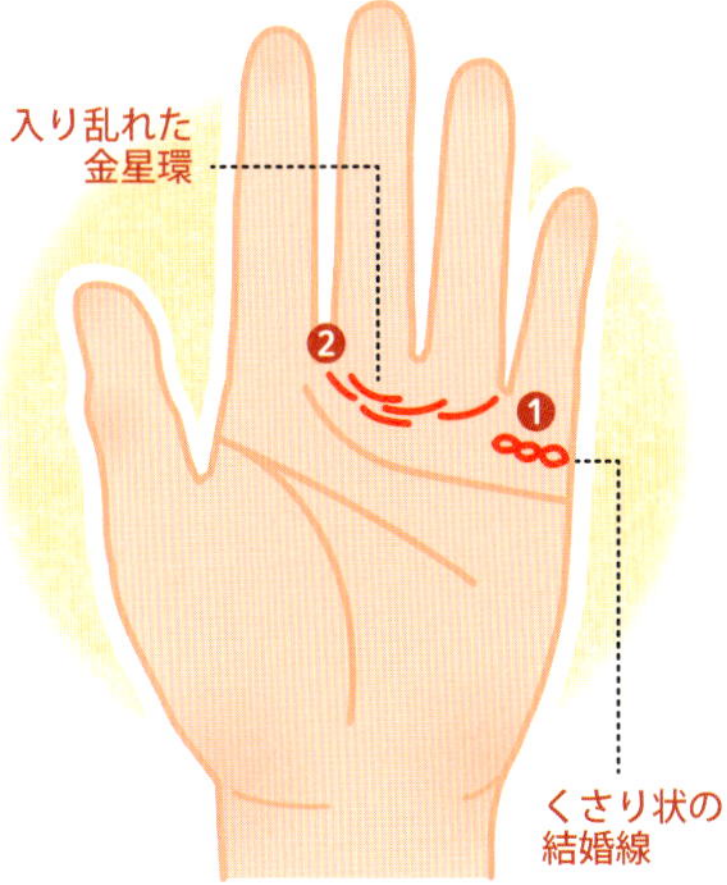

結婚線がくさり状で入り乱れているなら、世間一般の恋愛では満足せず、波瀾万丈な恋愛を望んでいる証拠。恋愛ドラマのような劇的な展開に憧れているでしょう。さらに金星環が入り乱れていると変わった性癖も。アブノーマルなプレイなども抵抗なく、知識やテクニック習得にも積極的です。

セックスを味わい尽くしたい！

❶ヴィア・ラシビアが特殊

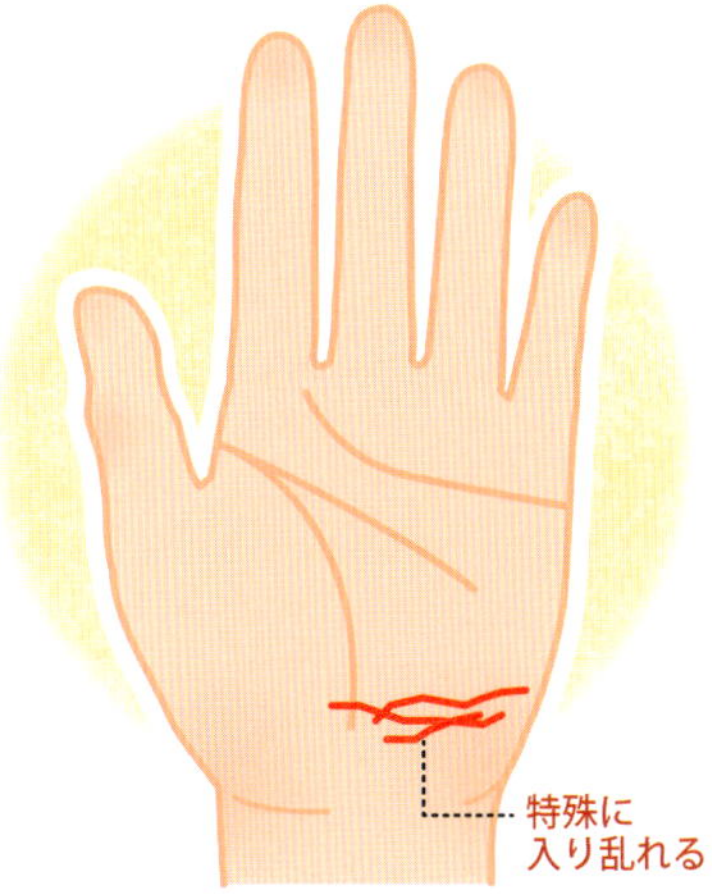

P.70／P.113も参照

手の下部にあるヴィア・ラシビアが、一本の線ではなく、入り乱れていたり複数あったりする場合は、自由にセックスライフを楽しみたいと考えているでしょう。常識に縛られることを嫌うので、たとえば「複数の異性と関係を持ちたい」と真剣に思っているかも。リスキーな恋愛にもハマりがちです。

だからモテる！だからモテない

「出会いはあるのに、恋人ができない……」

「容姿には自信がないけれど、モテ期かも!?」

そんなモテる、モテないの理由も、手相を見ればわかってしまいます。

異性が途切れない魔性の女

❶ 金星環がある
❷ ヴィア・ラシビアがある

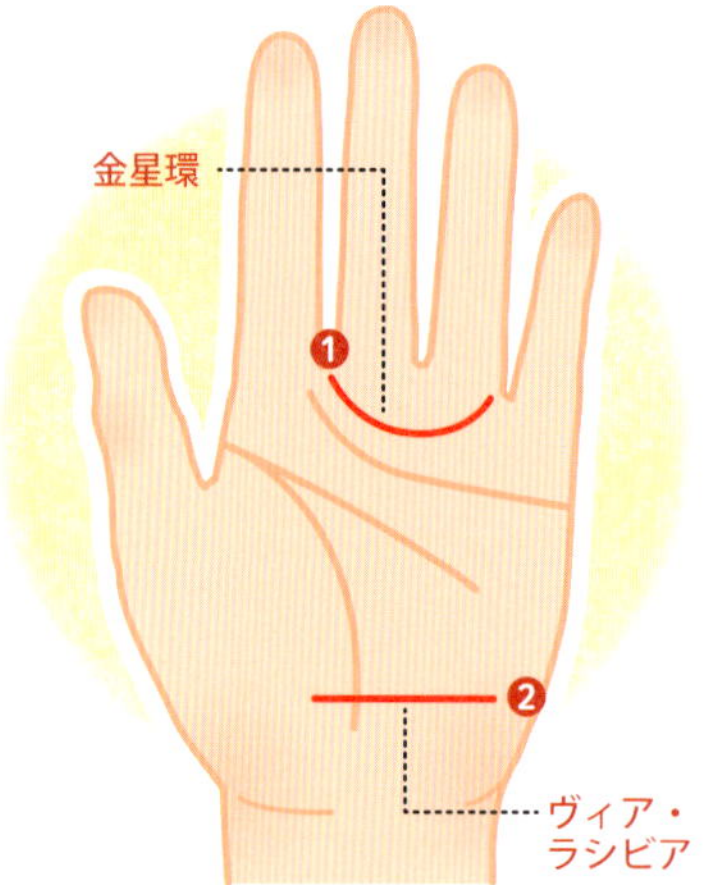

中指と薬指の間に金星環があり、手のひら下部にヴィア・ラシビアがある手相の人は、恋愛にはとことん自由なタイプ。大胆にセックスを楽しみ、複数の人と性関係を持つことを躊躇《ちゅうちょ》しない、いわゆる「魔性の女」です。金星環が複数ある場合には、さらにこの傾向が強まるでしょう。

自分の感情が表面にはっきり出る

❶ 感情線が短く、直線的

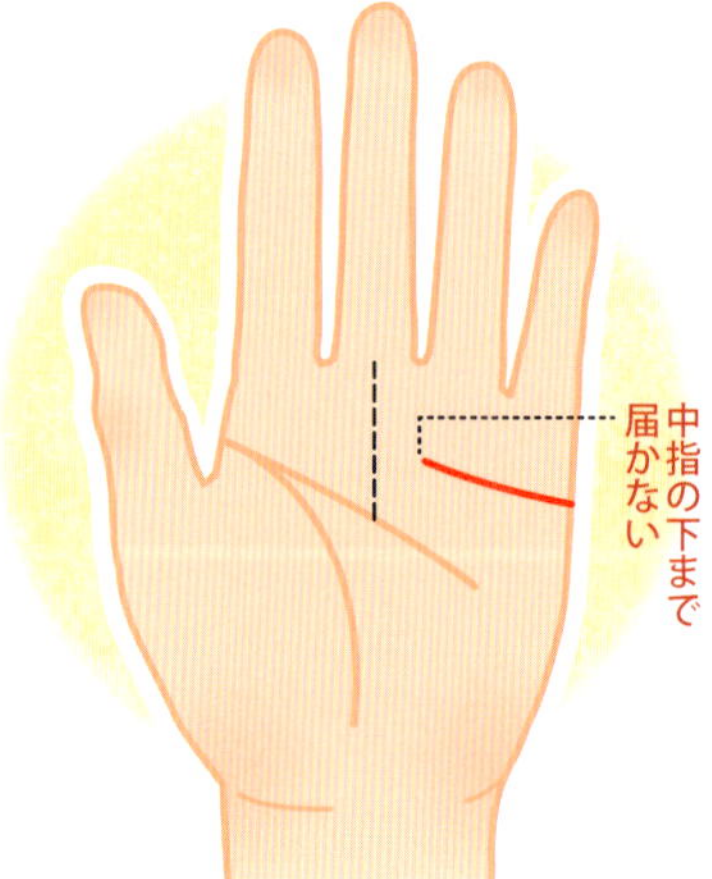

P.69／P.153／P.163も参照

人づき合いを表す感情線が短い人は、自分の気持ちに素直なので、好き嫌いの感情が顔や態度にはっきりと出てしまいます。そういう場面を見た異性はあなたのことを「デリカシーがない」と誤解して、恋愛対象から外してしまうことも。異性からモテないと考えているなら、そこが改善点です。

自信がなくて受け身に回る

❶ 影響線が見当たらない

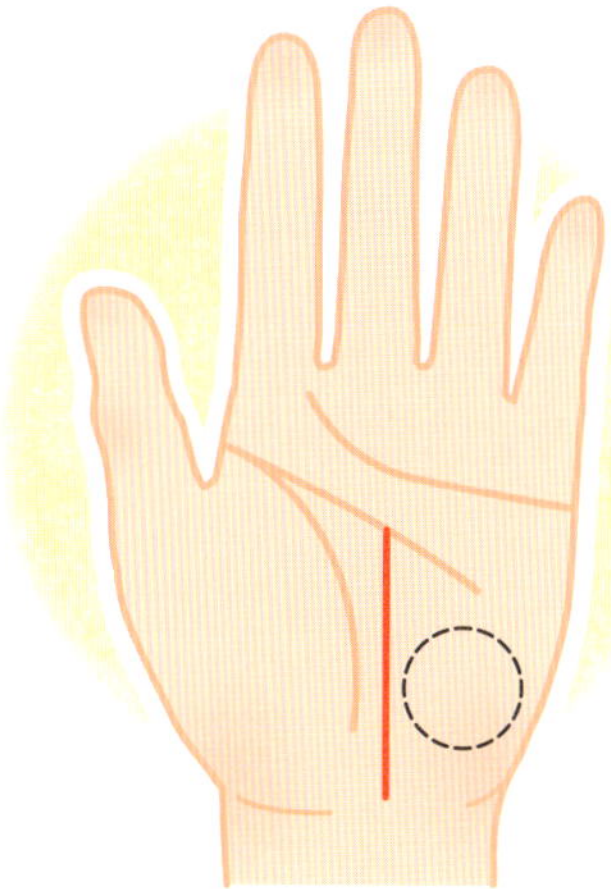

月丘から運命線に向かって伸びる影響線が見当たらない人は、恋愛に消極的。恋をしたい気持ちはあるものの、自分に自信がないなど、あれこれ理由をつけて恋愛を避けている状況です。待っているだけでは出会いはありません。勇気を出して積極的に行動し、異性との交流を深めて。

曖《あい》昧《まい》な態度で損をするタイプ

❶ 感情線と頭脳線の先が下がっている

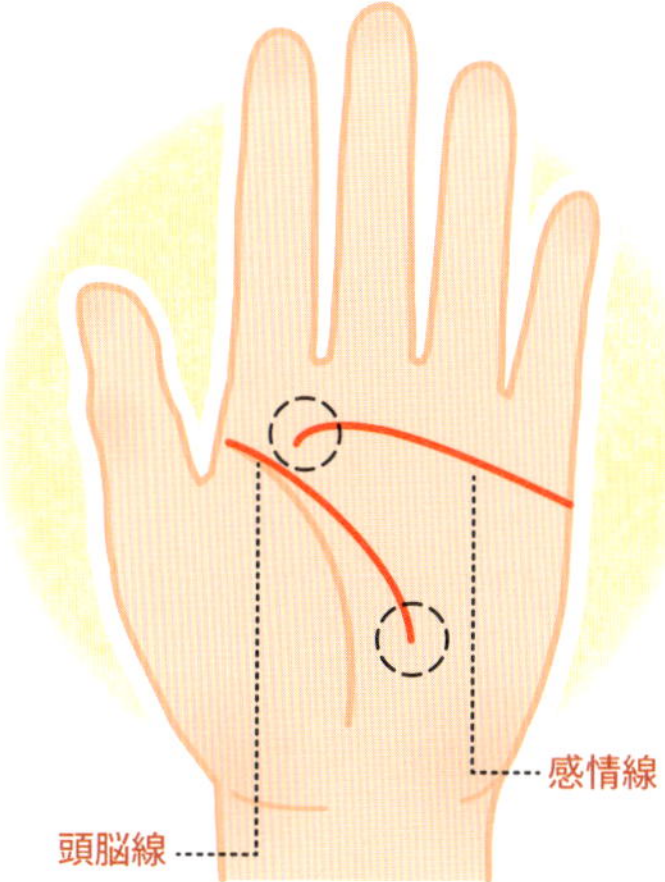

両方の線が下がっている人は、もともと愛情表現が苦手なタイプ。「好き」という感情とは裏腹に、曖昧な態度を取ってしまうため、相手に勘違いや誤解を与えてしまいそう。トラブルを未然に防ぐためには、共通の友人を頼るなどして、誰かに仲を取り持ってもらう方が良さそうです。

危険な人に狙われるかも

❶ 感情線か情愛線に島がある
❷ 結婚線が下向きに伸びる

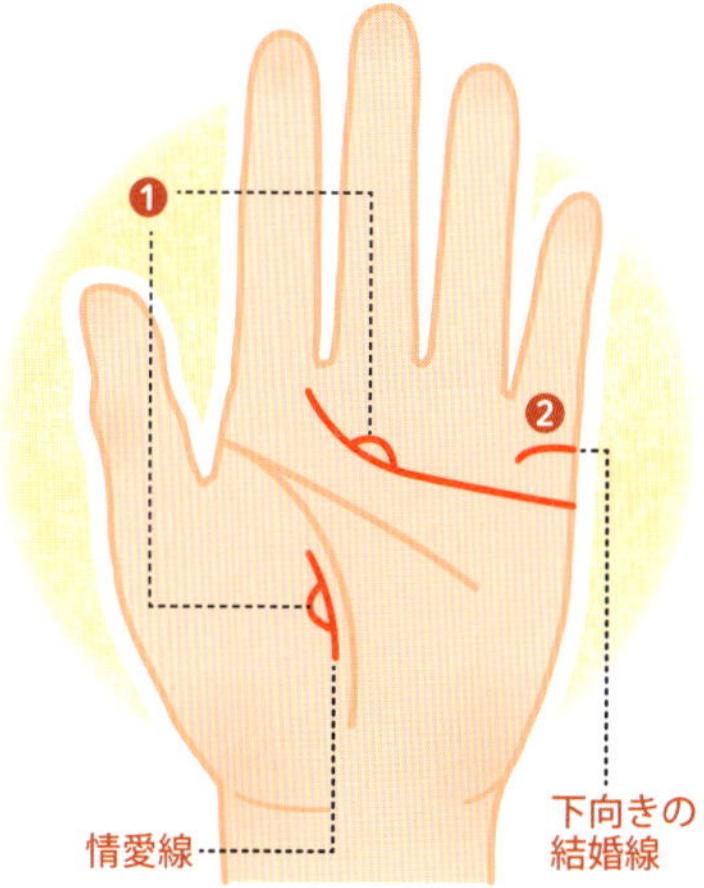

感情線、または情愛線の上に島が現れたら「この恋に注意!」というサイン。身体目的の異性が近づいてきたり、ストーカーに狙われたりなど、危険な相手が接近しているかもしれません。結婚線が下向きになっているときは、恋愛エネルギーも低下中です。危うい相手につけ込まれないよう注意を。

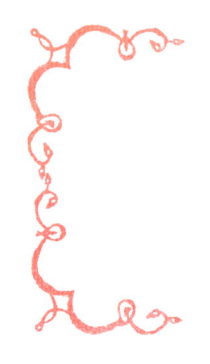

魅力満開の
モテ期はいつ？

月丘から運命線に向かって伸びる影響線。
別名「魅力線」とも呼ばれるこの線を見れば、自分や相手のモテ期がわかります。
チャンスが巡ってきたら、しっかりものにして。

10〜20代まで幅広くチャンスが

❶ 月丘から影響線が多数出ている

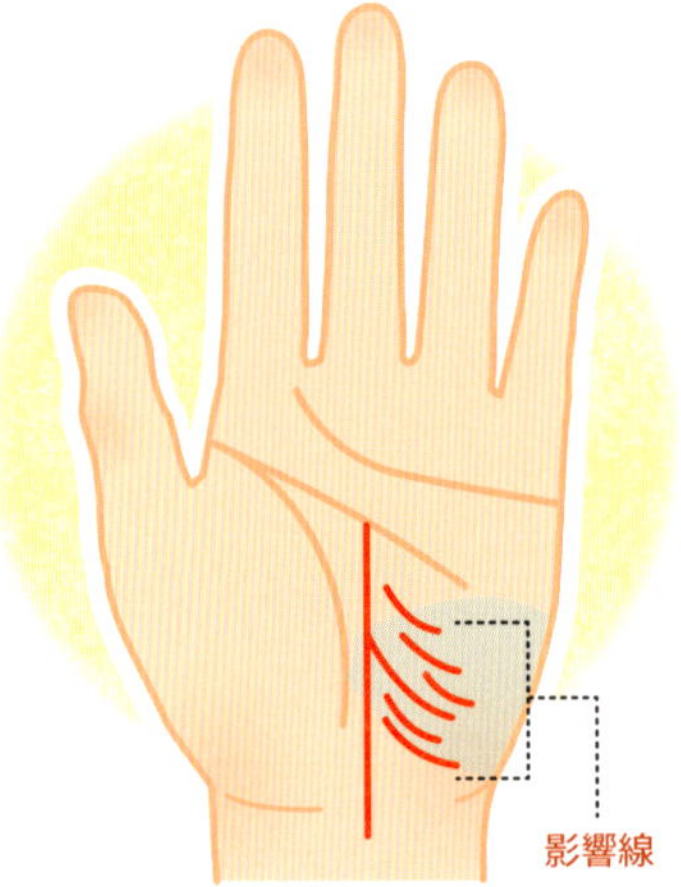

月丘から運命線に向かって多くの影響線が出ている人は、10〜20代までにたくさんの異性と恋愛のチャンスがあるはず。また、影響線が運命線まで達している場合、若いときの恋が大人になっても続く予感です。初恋の人との恋が実ってめでたくゴールイン、ということもあるかもしれません。

30歳以降の成熟期に期待大！

❶ 現時点で影響線が見当たらない

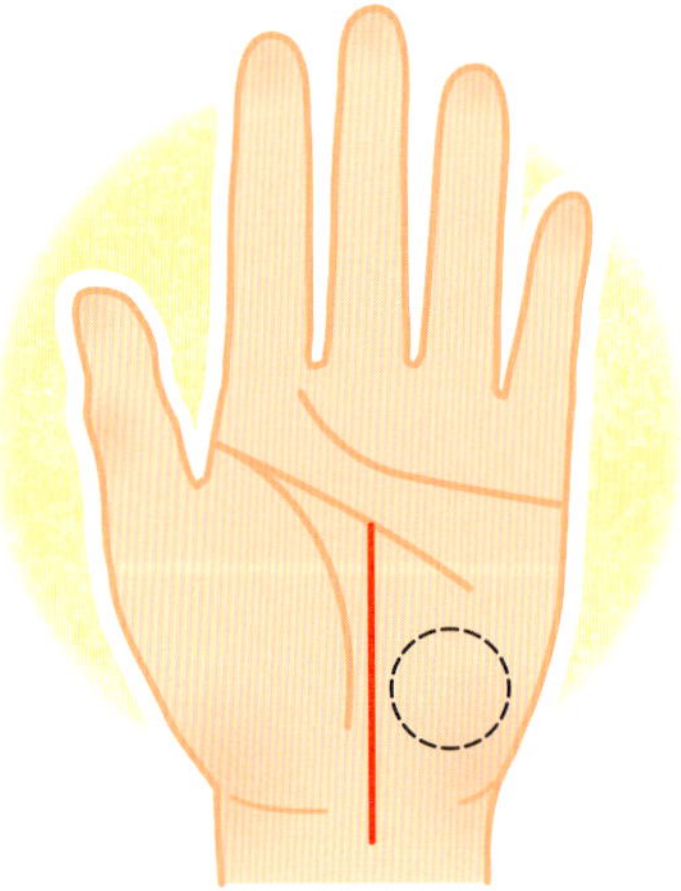

月丘から運命線に向かって伸びる影響線がなく、月丘がすっきりとしている人は、恋愛面では遅咲きかも。若い頃は出会いに恵まれず、チャンスも少ないかもしれませんが、そのうち月丘の上部から影響線が出てくる可能性大です。その場合は30歳以降に、いい出会いを引き寄せることができそう。

学生時代が一番のモテ期

❶月丘の下部から影響線が出ている

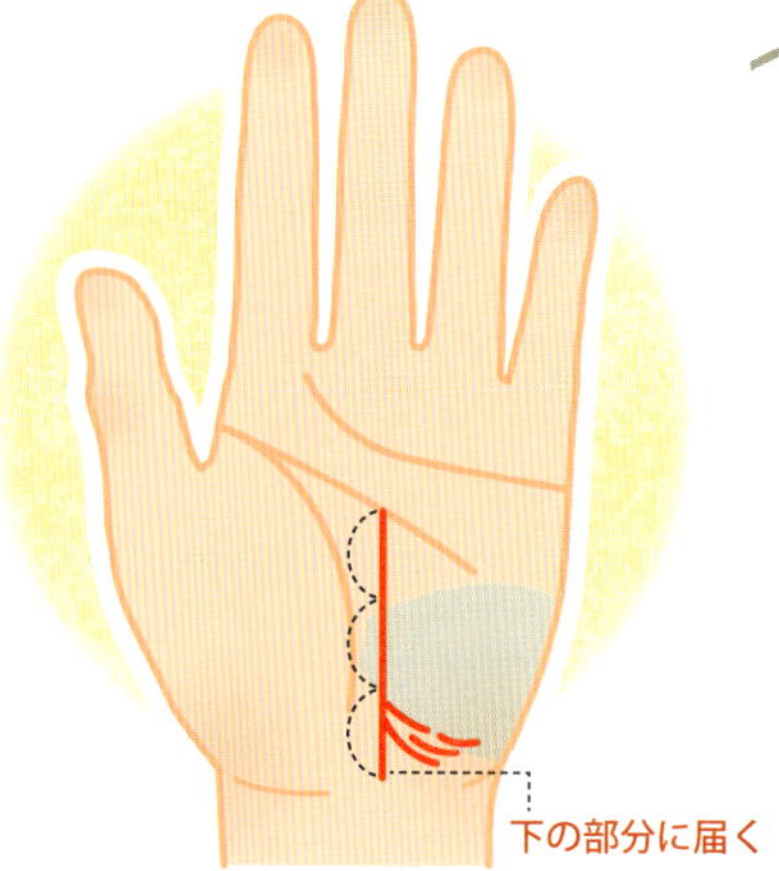

手首から、運命線と頭脳線が交差しているところまでを、三等分してみましょう。この一番下の部分に影響線が届いている人は、学生時代までにたくさんの恋のチャンスに恵まれるタイプです。周囲から絶大な人気を集めて、相当ちやほやされるでしょう。複数の人から交際を求められることも。

20歳過ぎから魅力がアップ！

❶月丘の真ん中から影響線が出ている

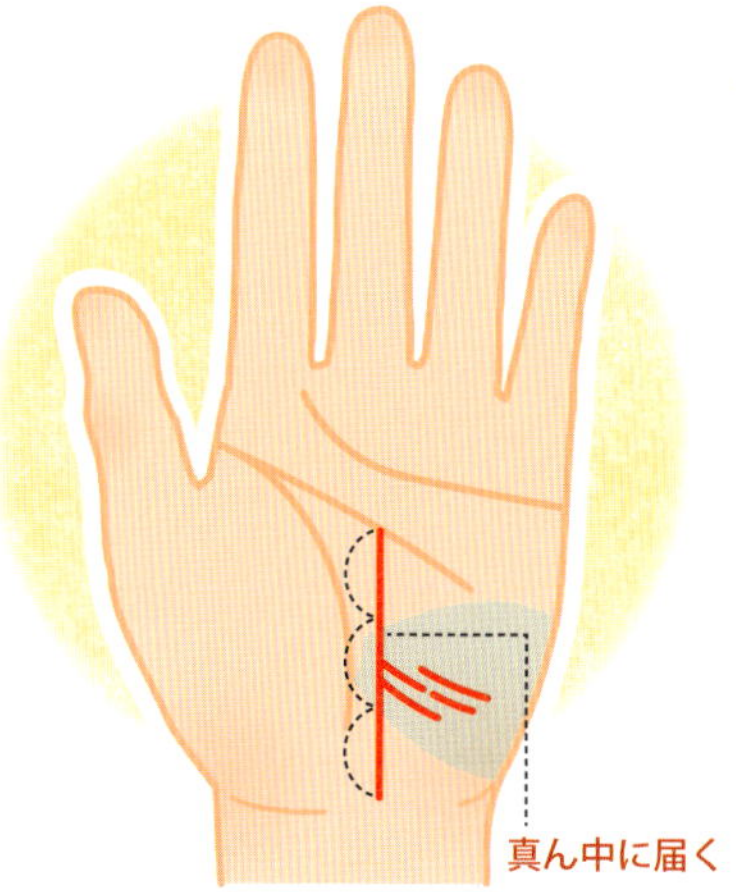

月丘の真ん中あたりから影響線が出ている場合、20代で恋愛のターニングポイントが。学生時代に、何のチャンスもなかったのが不思議なほど、20歳を過ぎると魅力が開花。多くの異性があなたの虜《とりこ》になりそうです。影響線が運命線まで伸びていれば、理想の相手との恋愛が成就する兆しです。

20代後半から一気に恋愛開眼

❶月丘の上部から影響線が出ている

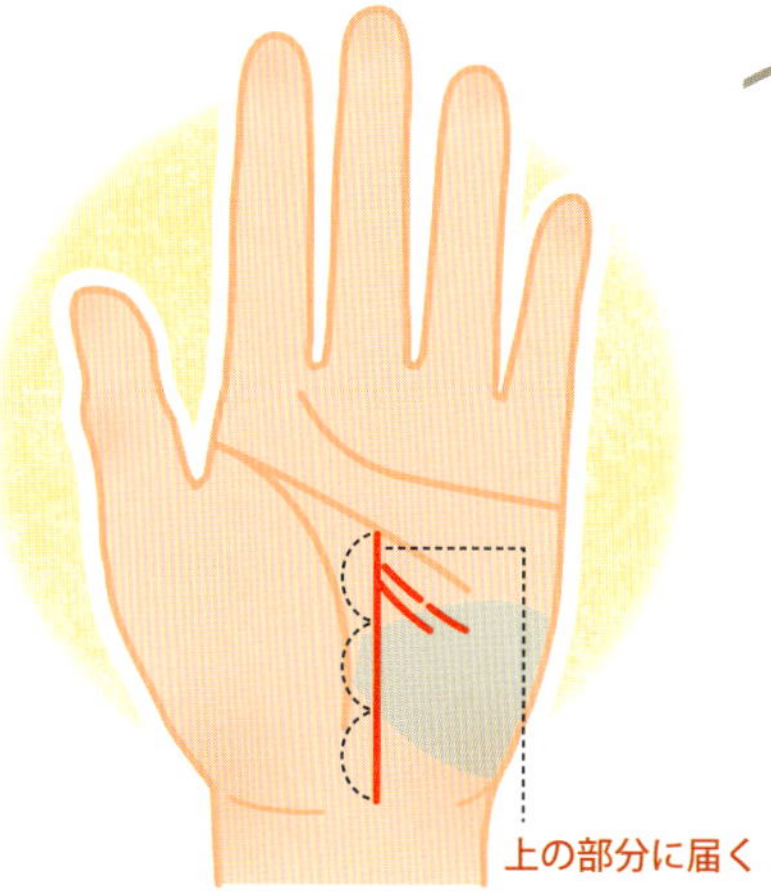

この手相の人は20代後半から恋のチャンスが到来します。年を重ねるにつれて魅力が増していくタイプです。ただし、影響線が短くて運命線に届かない場合は、モテるけれど、その先になかなか進みません。また、いろいろな障害があって、結婚までたどり着くのに時間がかかるかも。

運命の出会い、チャンスはいつ？

出会いがなくて、恋ができないと思っているあなたに朗報。
チャンスが近づいている合図を手相が示してくれています。
好機を逃さないように、こまめにチェックして！

積極的なアピールが鍵！

❶結婚線の周辺に星やトライアングルが出現

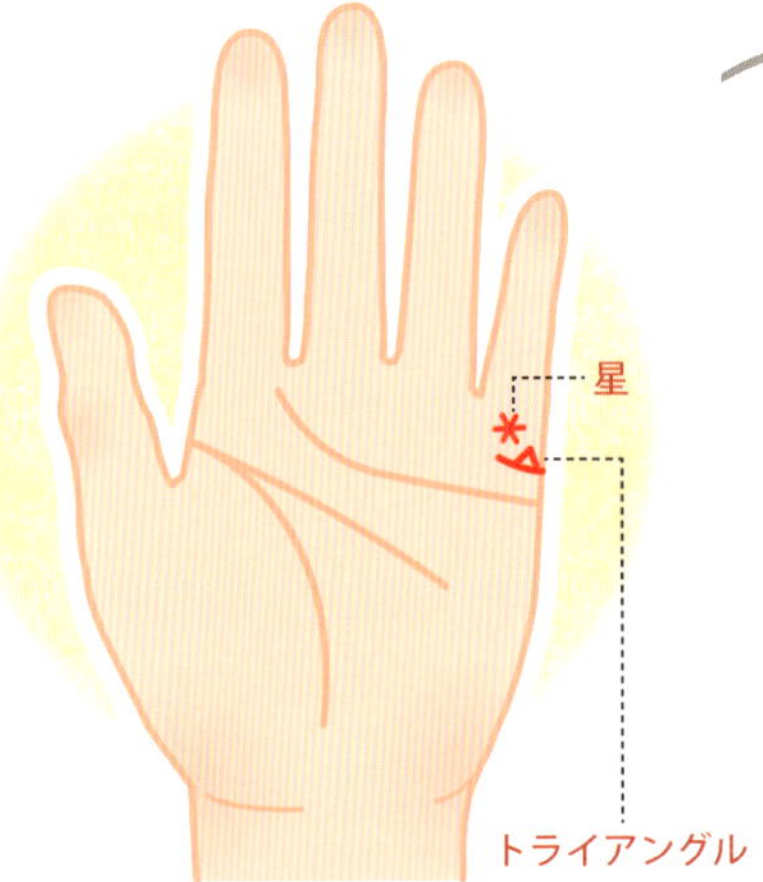

小指の下のふくらみや結婚線のすぐ近くに、三角形のシワや星形のシワが現れているなら、あなたの気持ちが積極的に恋愛に向いているサイン。ふとしたところに、思わぬ出会いが転がっているかもしれません。自信を持って異性と接しましょう。近々恋人ができる可能性大です。

モテオーラ放出中！

❶影響線の上に星やトライアングルが出現

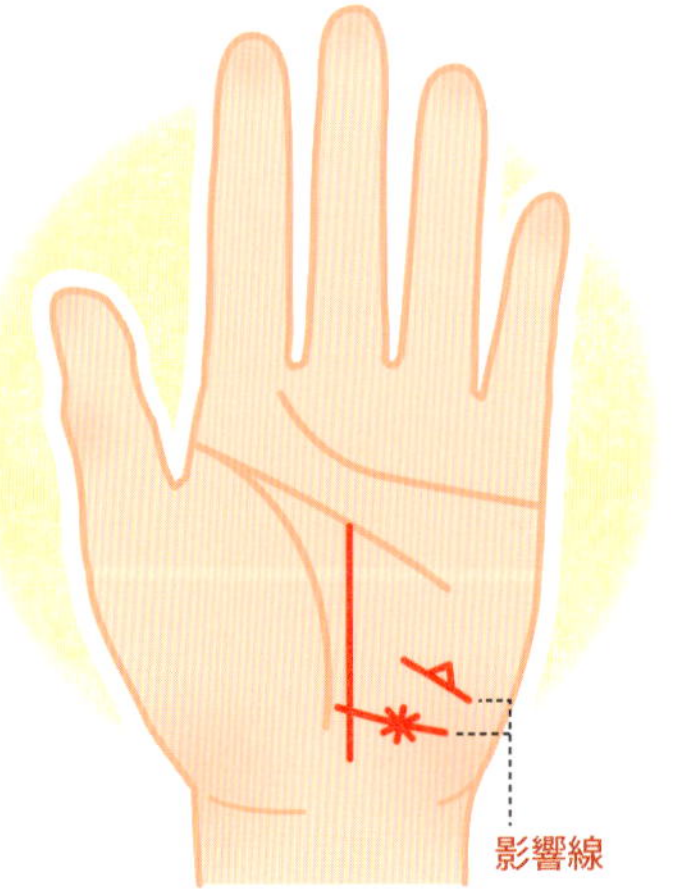

影響線の上や周辺に、星形のシワや三角形のシワが出ていたら、あなたの魅力が高まっている状態。多くの人に告白されて、自分でもモテ期の到来を感じるでしょう。もし気になる相手がいるなら、思い切ってあなたからアタックを。新しい環境に飛び込んでいけるパワーもあるときです。

うれしいハプニングが接近中

❶**木星丘**に**星**が出現

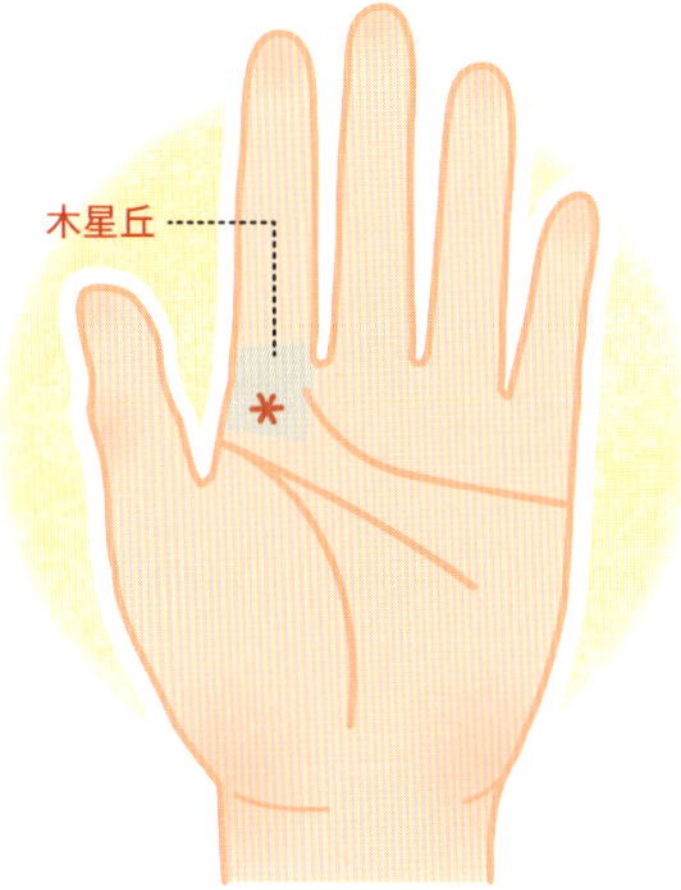

人さし指の下にある木星丘に星が出ていると、気になっている人からお誘いを受けるなど、**近々ラッキーなことが起こる、うれしいサイン**です。いつも行くカフェや仕事場など、**身近なところに思いがけない出会いがある可能性**も。スピーディーに恋が進展しそうです。

チャンスをものにする準備をして

❶**影響線**の近くに**フィッシュ**

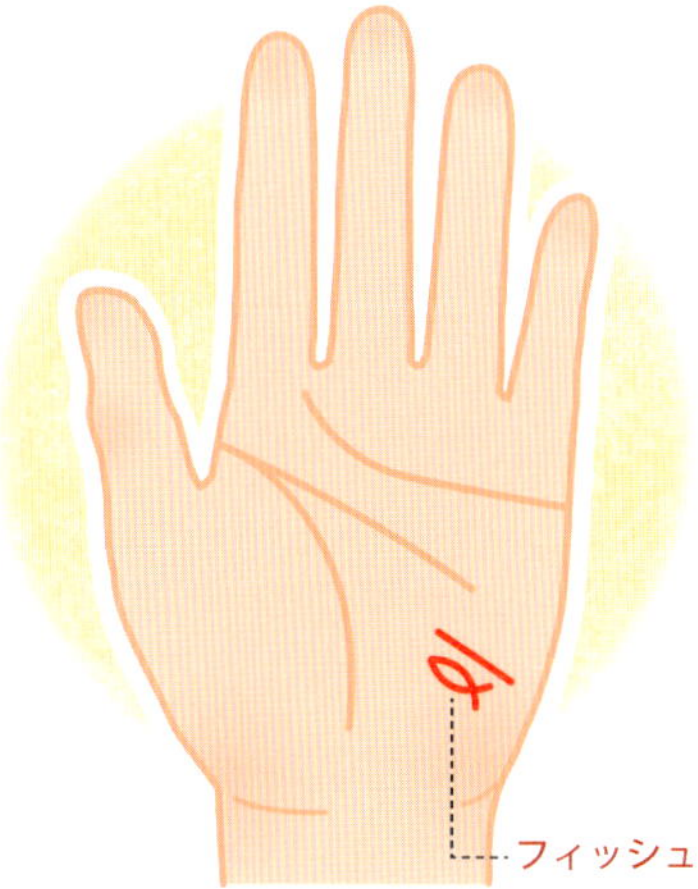

もし影響線の周辺にフィッシュが出ていたら、これから**ワクワクするような出来事が起こる予感**です。憧れの人とお近づきになれたり、気になる人と接近できたり、うれしい展開が次々と起こりそう。チャンスをしっかりつかめるように、**常に身だしなみに気を配って**ください。

攻めの姿勢でOK！

❶**影響線**上や周辺に**星**が出現

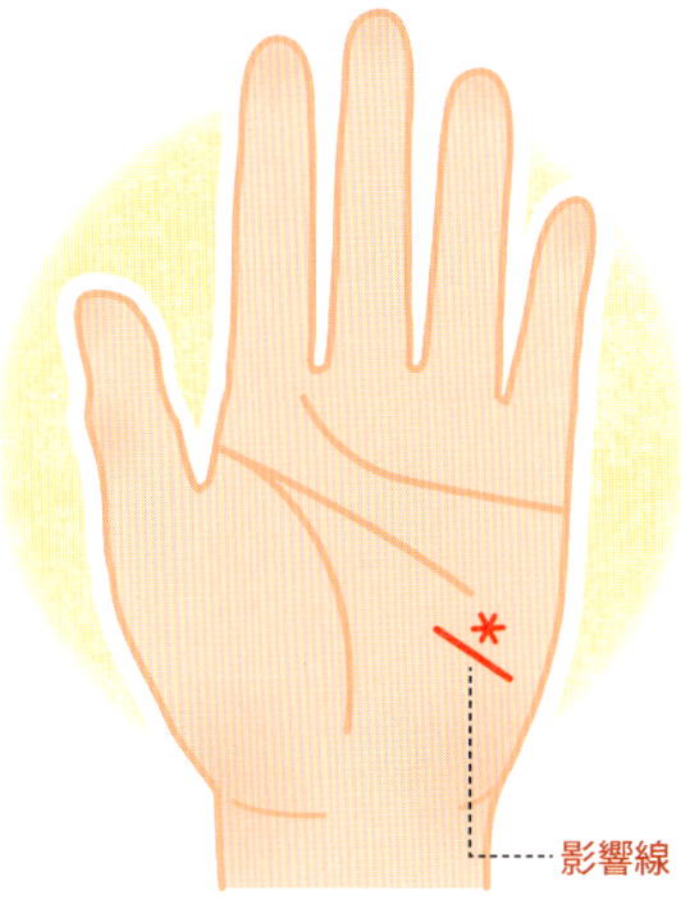

影響線やその周りに星が現れたら、**幸せな瞬間があなたを待ち受けている予感**。理想の異性に出会えたり、気になっている人から連絡がきたり、夢のようなことが起こるかも。**あなたの方から思い切ってアクションを起こしても、いい結果に**つながりそうです。積極的にアピールしてみて。

恋が成就する幸せの予感

「この恋、このまま進んで大丈夫?」と気になっていませんか?
手相をしっかりチェックして、恋の展開を事前に予測。
心の準備とその対策を練っておきましょう。

ステキな恋人に巡り会うチャンス!

❶結婚線に星が出現
❷旅行線に星が出現

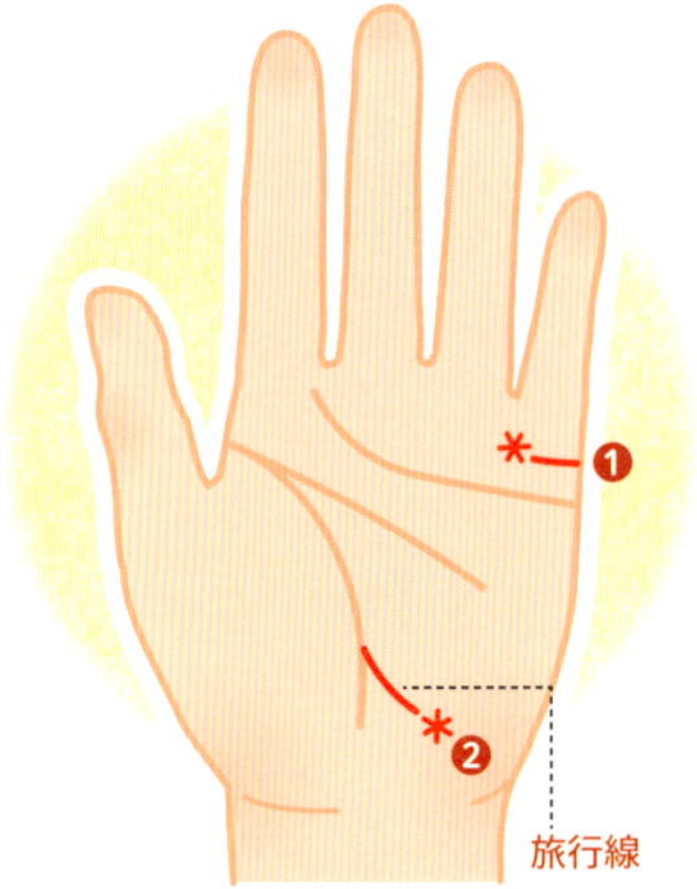

結婚線の近くに星が現れたら、近いうちに恋愛面が充実する予感。今、好きな人がいなくても、思わぬ展開で突然恋人ができるかもしれません。理想の相手と意外な場所で出会う可能性も。旅行線の先にある星は、旅先でいい出会いがあることのサインです。積極的に行動してチャンスをつかんで。

恋のキューピッドが現れそう

❶結婚線に平行の線がある
❷運命線に平行の線がある

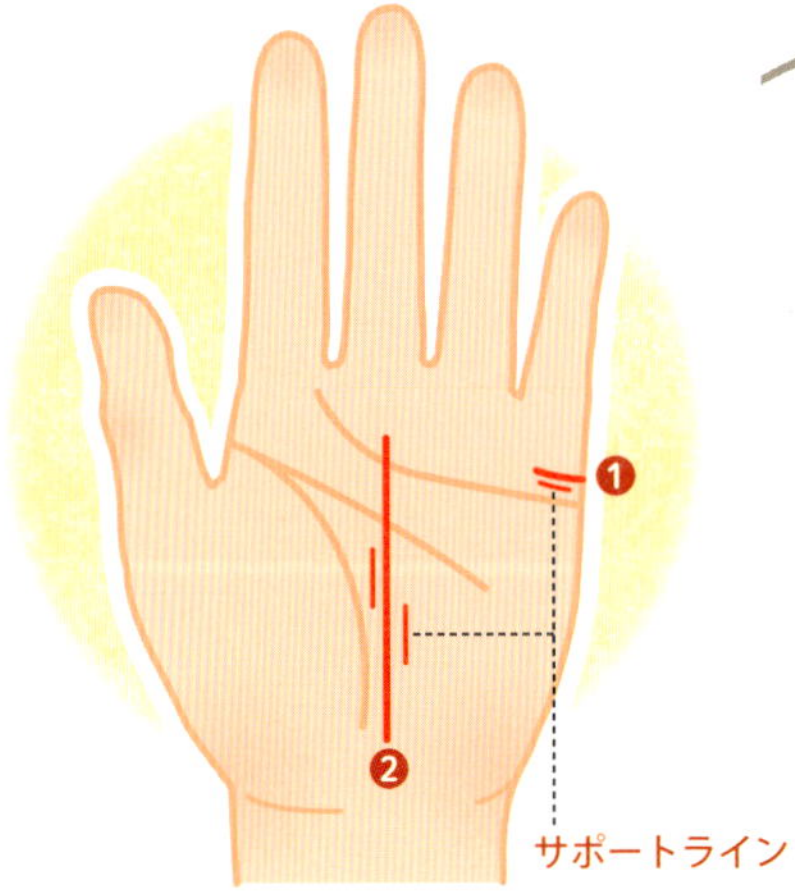

結婚線や運命線に寄り添うようなサポートラインが現れると、誰かの助けで恋が成就するサイン。もしその線が、結婚線の上か運命線の内側にあるなら身内が、結婚線の下側や運命線の小指側にあるなら友人が、それぞれ助けになってくれそうです。周囲を見回して、サポートしてくれそうな人を探して。

予想外の人から愛の告白!

❶結婚線の先が金星環に届いている

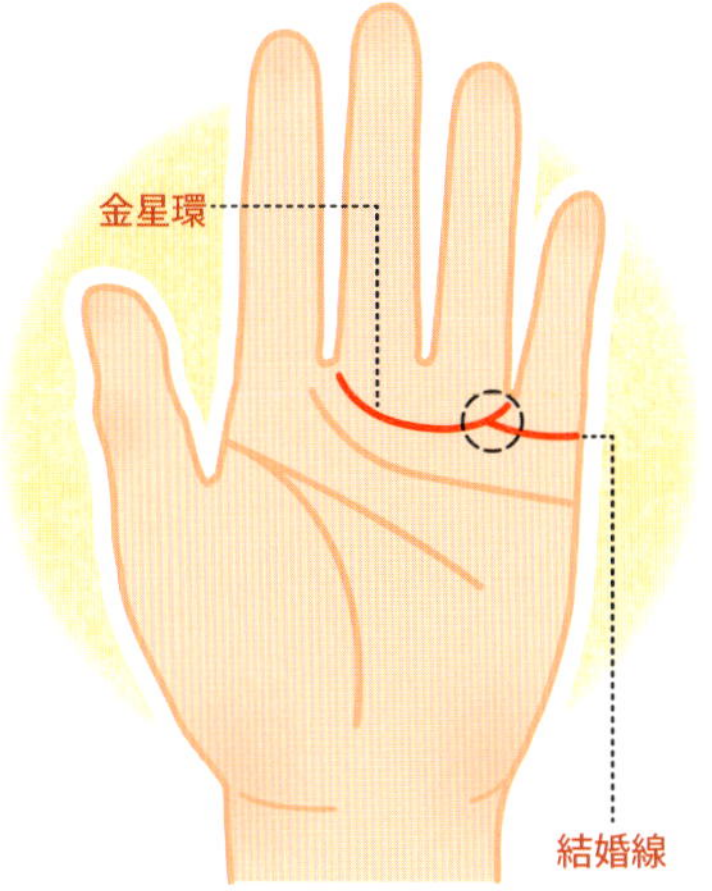

結婚線がグッと伸びて、金星環までつながっているなら、恋のエネルギーが高まっているサイン。近いうちに思わぬ相手から好意を打ち明けられたり、誰もがうらやむようなシンデレラストーリーが展開したりする可能性も。日頃から、どんな誘いにも応えられる準備をしておきましょう。

いよいよ恋愛成就のとき

❶生命線に沿った情愛線がある

P.75も参照

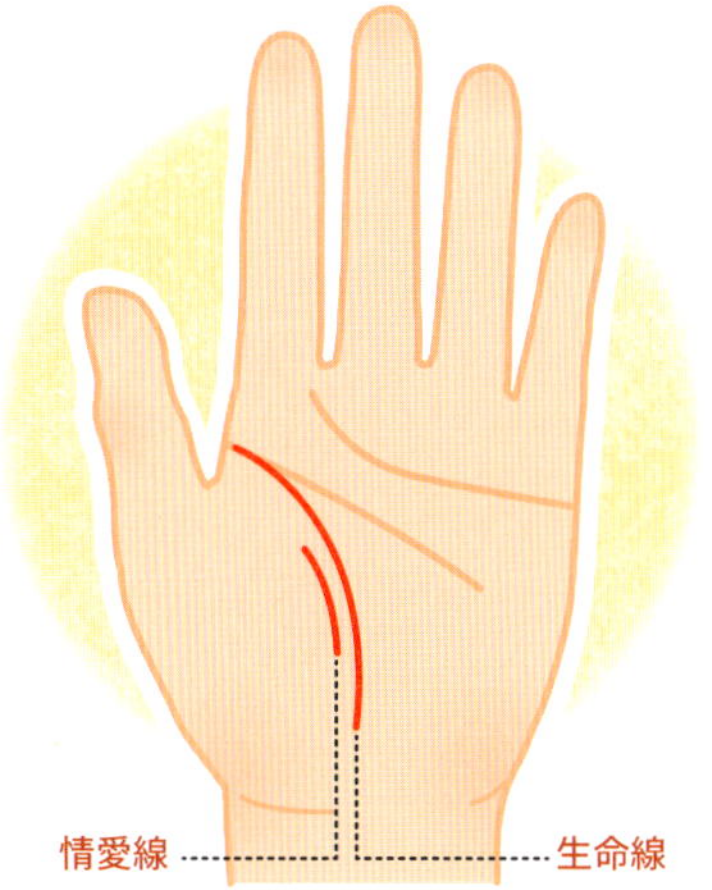

生命線に沿うようなシワを情愛線と呼びます。この情愛線が金星丘に現れたら恋のラッキーサイン。あなたの恋愛バイタリティは相当高まっています。こういうときに、待っているだけではもったいないことです。気になる人には自信を持って積極的にアピールを。近いうちにきっと恋が成就します。

奇跡的な復活愛の兆し

❶分かれている結婚線が再び一本になっている

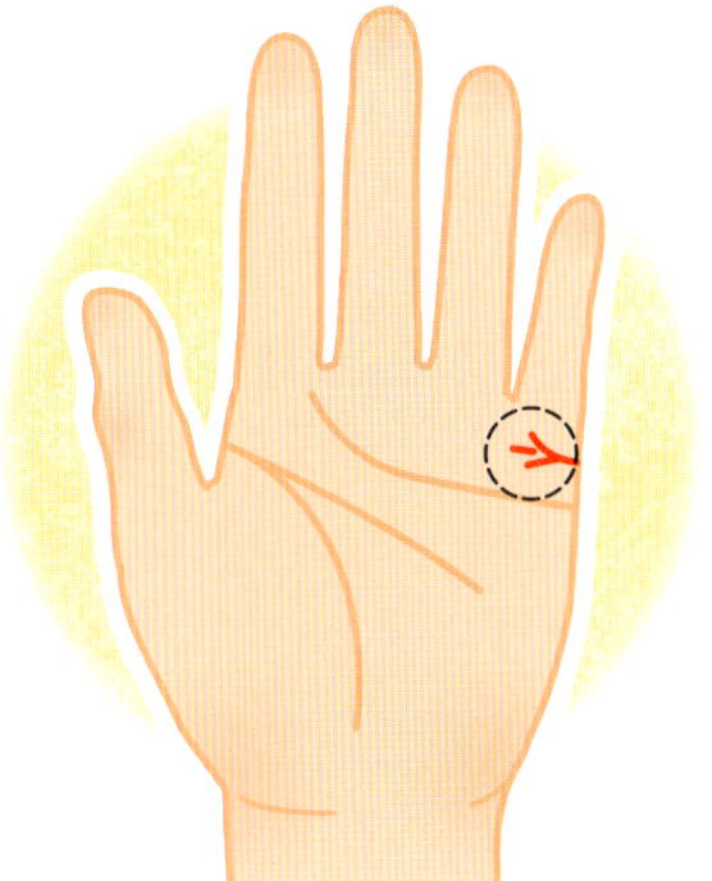

結婚線が複雑で、先が二股に分かれていたら恋愛のバッドサイン。ただし、分かれている線が先の方で再び一つになっている場合はラッキーサインです。一度関係が壊れたとしても、再び愛情がよみがえって、復活することができるでしょう。あきらめずにアピールを続けることが成功の秘訣です。

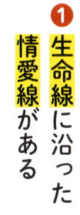

恋する気持ちが失せている？

恋愛に夢中になれなかったり、恋をしばらくお休みしたりしていませんか？
それは環境のせいではなく、あなた自身に原因がありそう。
手相からしっかり読み解きましょう。

恋心を思い出して！

❶ 上を向き過ぎている**結婚線**がある

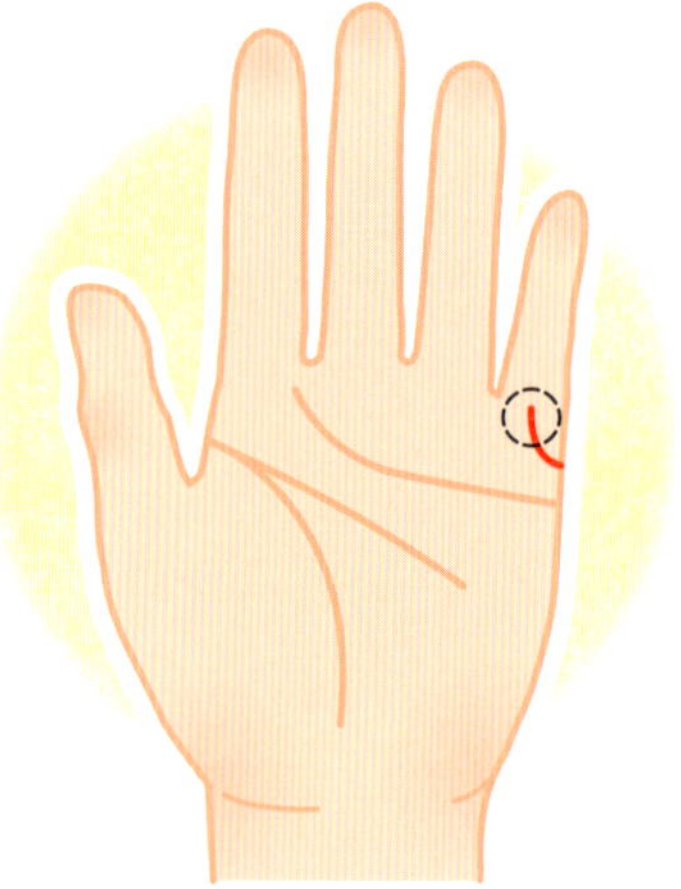

P.99も参照

上に向かう結婚線を持つ人は、パワーが満ちています。ただし、上を向き過ぎて小指に向かっているなら、恋愛以外のことに強く興味を持っているよう。仕事に追われたり、趣味に没頭したりして、異性に関心がなくなっている可能性も。親しい友人と恋愛観を語って、気持ちを奮い立たせて。

恋愛への関心が希薄なタイプ

❶ **3大線**がすっきりしてシワがない

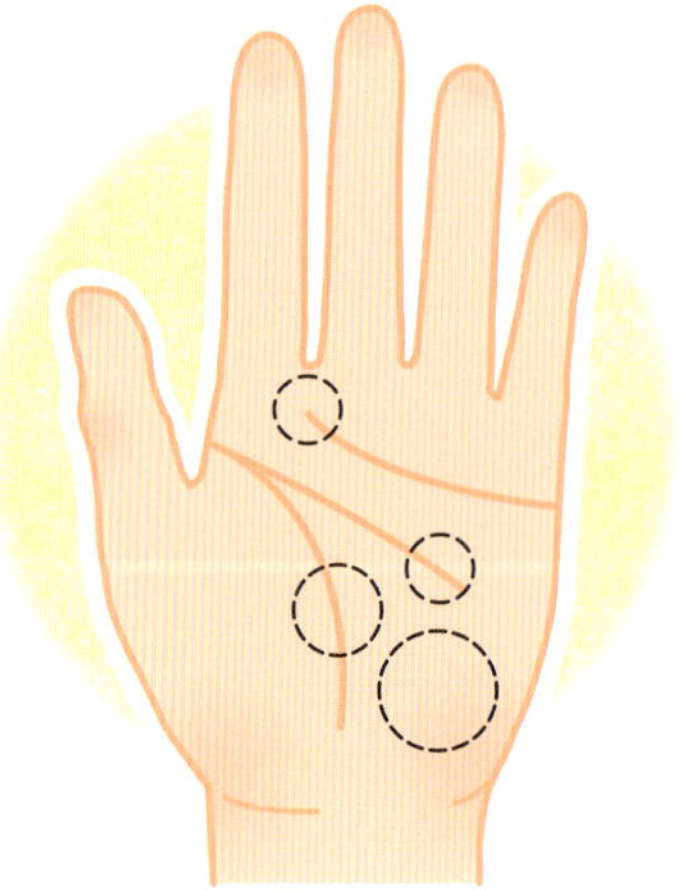

生命線、頭脳線、感情線の周りにあまりシワがない状態。金星丘もツルツルで、感情線、頭脳線のカーブもゆるく、先も枝分かれしていません。あまり思い悩むことがなく、サッパリした性格を表します。恋愛面への関心も薄い方なので、恋をするにも時間がかかるタイプでしょう。

異性に興味がない!?

❶ 感情線の上にシワがない

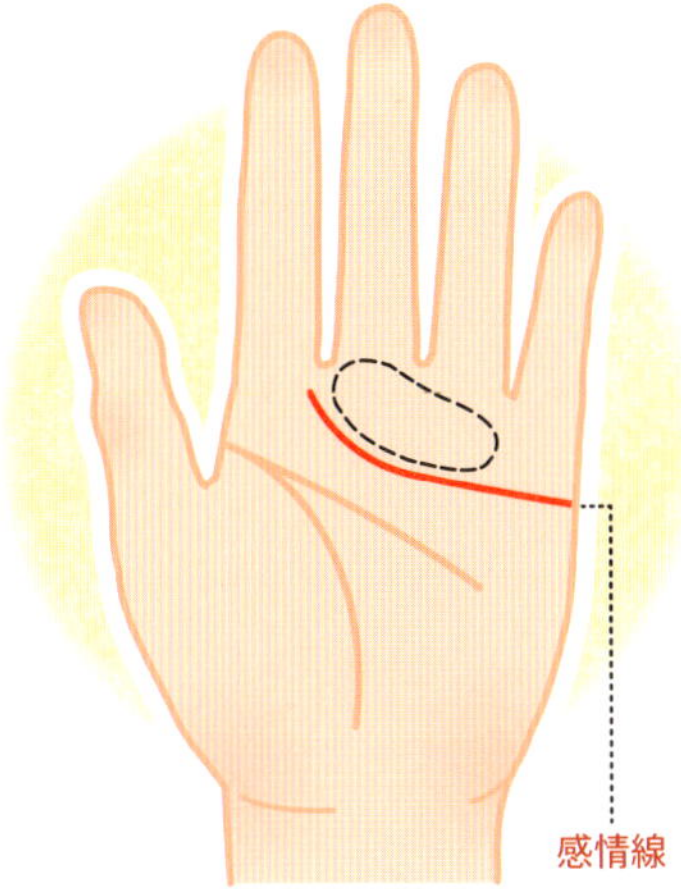

感情線の上、指のつけ根あたりにシワがあまりない場合、異性へ関心が向いていない状態を示します。とくに中指の下と薬指の下に金星環がないという人は、異性への関心も薄く、恋愛表現も上手なタイプではありません。自分から行動を起こすことも、ほとんどないでしょう。

恋愛には疎い奥手タイプ

❶ 結婚線が見当たらない

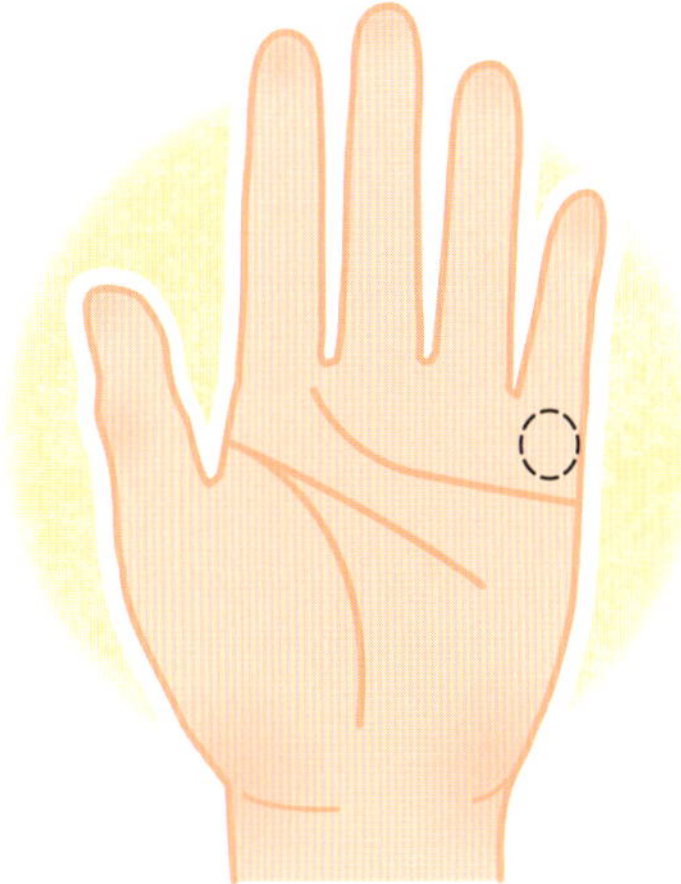

結婚線の有無で異性への関心度がわかります。線が短いと、恋愛や性にそれほど関心がないということ。また、線が見当たらない人は、さらにこの傾向が強まります。異性への関心がほとんどなく、恋愛に疎いといえそうです。好意を寄せられていることにさえ気づかないかも。

恋愛に怖じ気づいてない?

❶ 頭脳線が切れて下がっている

P.136も参照

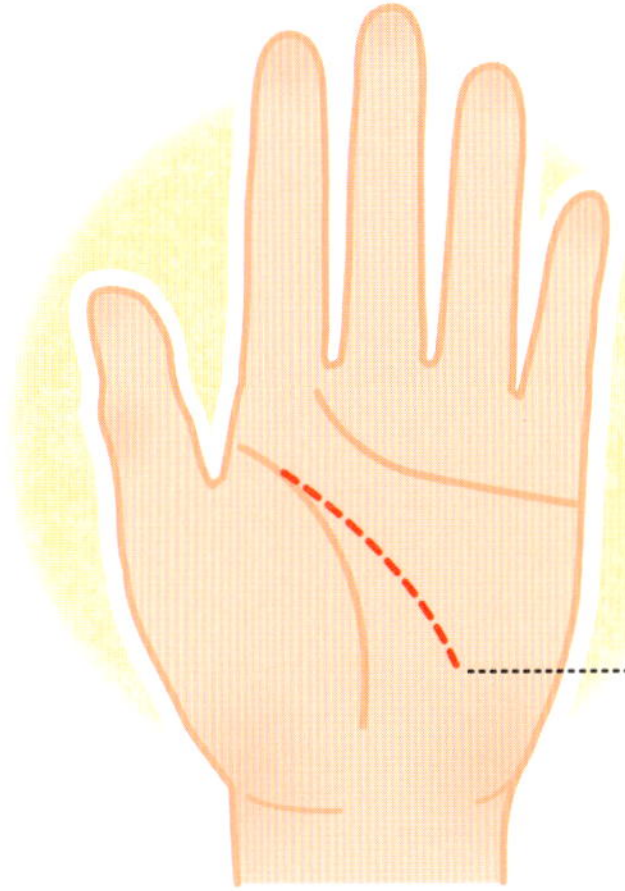

頭脳線が途中で切れていたり、ブツブツと短い線でつながっていたりしたら、感情が先走るタイプ。さらにこの線が下がれば下がるほど、シャイな性格といえます。恋愛面では小さなことをクヨクヨと考え込み、悪い方向へと考えを巡らせてしまいそう。恋をすることに臆病にならず、前を向いて。

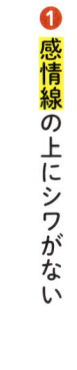

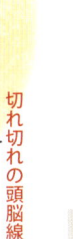

抱えている恋の悩みと理由は？

あなたが陥りやすい恋の悩みは何でしょう？
過去の恋愛を引きずっている？　もしくは自分自身の問題？
悩みの原因がわかれば、具体的な解決策も見えてくるはずです。

自分に自信がない！

❶結婚線が下向きに伸びている

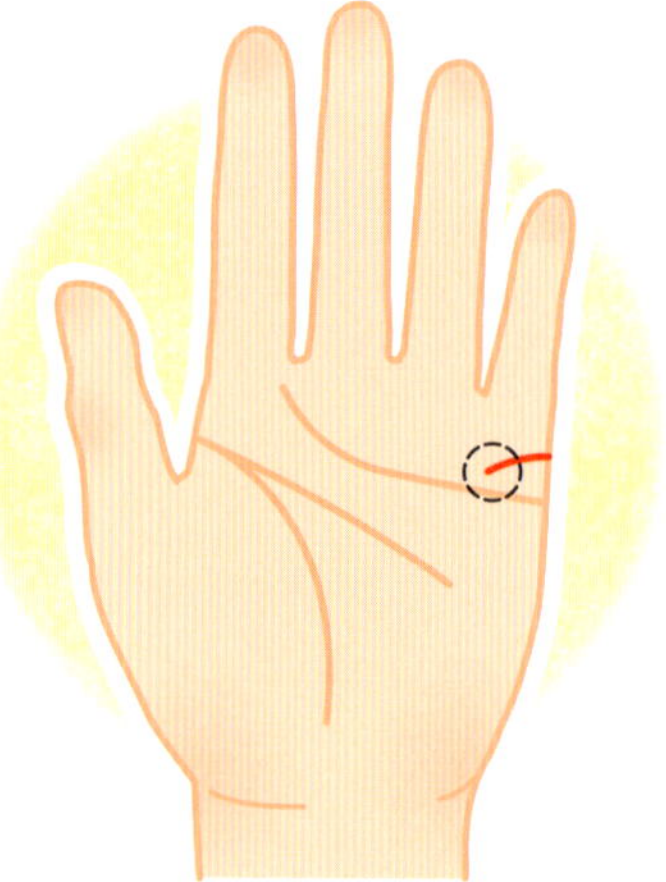

P.99も参照

結婚線が下向きに伸びているなら、自信がなく、感情を素直に表に出すことができなくなっている状態です。恋人に気持ちをうまく伝えられずに悩んでいるかもしれません。結婚線が感情線の近くまで下がっていると、愛情に歪みが生じているサイン。嫉妬の感情に翻弄されて、辛い思いをすることも。

小さなことでクヨクヨ

❶感情線が切れ切れ
❷頭脳線が切れ切れで下がっている
❸結婚線が下向きに伸びる
❹金星環がある

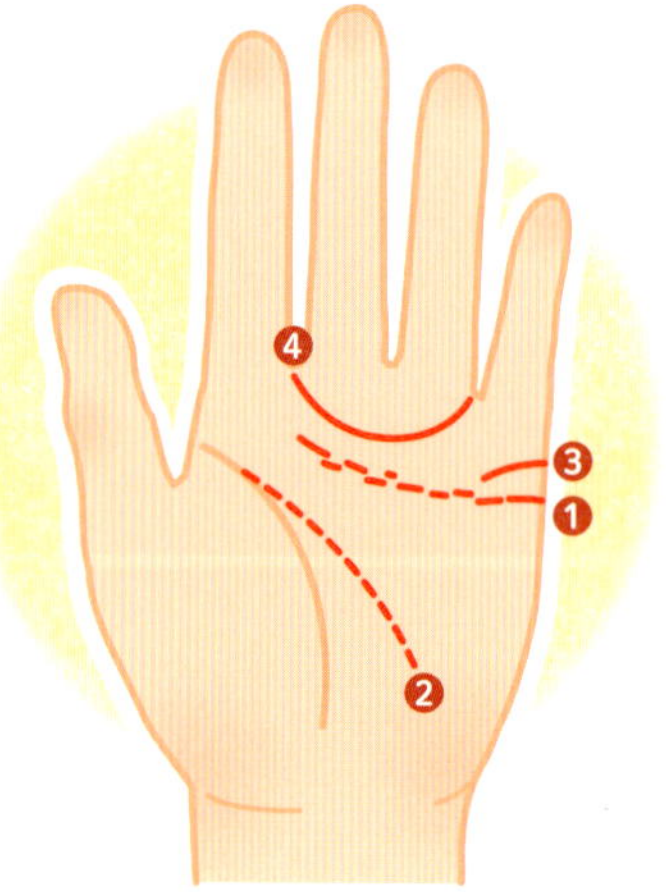

このすべての条件に当てはまるなら、相当な心配性です。ジェラシーに苛まれているのかもしれません。持ち前の想像力の豊かさで、あらぬ方向に考えを巡らせたり、相手の浮気が心配で、しつこく電話やメールをしたりすることも。いつも最悪の状態を想像しては、一人で思い悩んでしまうタイプです。

過去の人が忘れられない

❶運命線にクロスがある
❷情愛線から伸びた障害線が運命線にかかっている
❸結婚線に島がある
❹結婚線に届く障害線

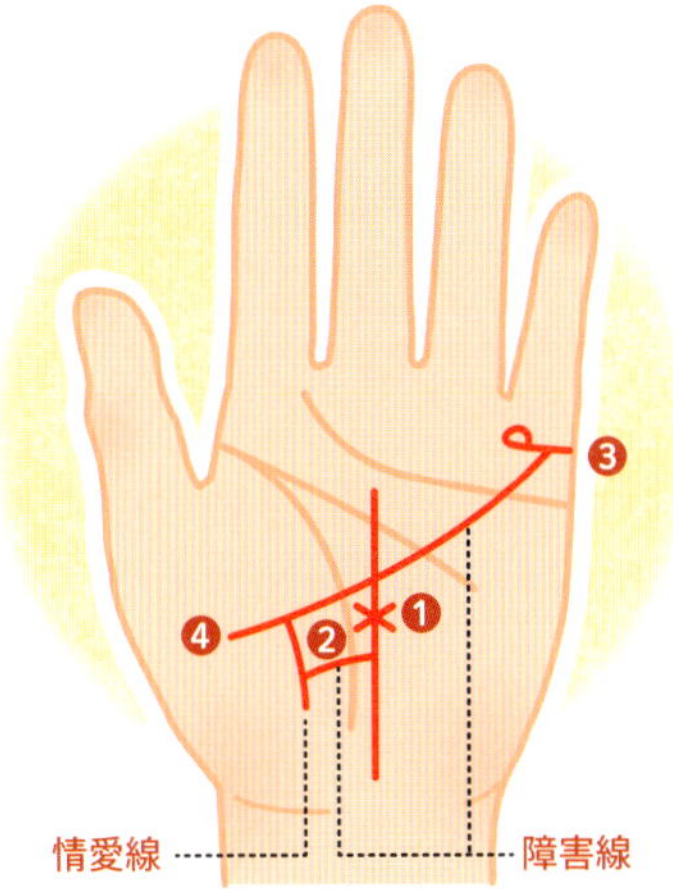

運命線の上にあるクロスは、物事が行き詰まっている状態を示しています。そこに情愛線から伸びた障害線がかかっているなら、過去の恋が足を引っ張っているという証拠。また結婚線に島があるか、結婚線に届く障害線が出ている場合も、恋愛にネガティブになっている状態を表しています。

相手を疑って束縛しそう

❶くさり状の感情線
❷極端にカーブした頭脳線
❸感情線と頭脳線にかかる障害線

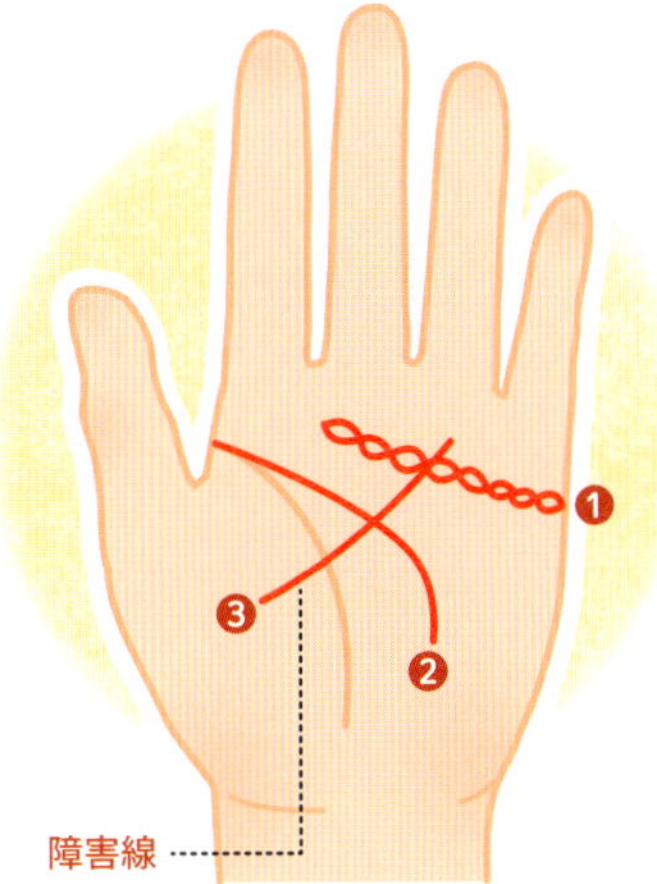

相手を疑う心ばかりが強くなると、気持ちが安定せずに、感情線がくさり状になってしまいます。この感情線と、極端にカーブした頭脳線に長い障害線がかかっている場合は、さらに要注意！ 疑心暗鬼に陥り、恋人を束縛してしまうかもしれません。相手を信じる気持ちが大切です。

過去の些細なことも悔やむ

❶手のひらに細かいシワがある

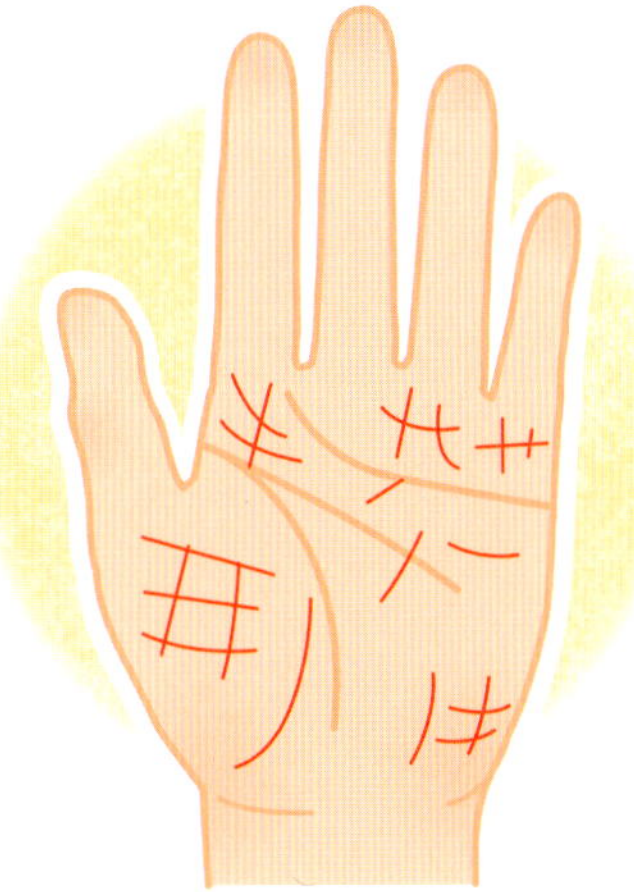

たくさんのシワは、悩みの多さを表しています。昔の失敗や楽しかった思い出に捕われて「あのときにこうしていれば……」と後悔したり、現状を悲観したりしていませんか？ そんな気持ちばかりでは、せっかくのあなたの良さも台無し。過去は過去と割り切って、今のあなたに自信を持って。

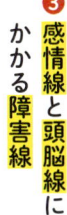

恋愛のパターン

ひと目で判断！ひと言で診断！

あなたや気になる人の手相の特徴はどれにあてはまりますか？
ワンフレーズで答えます！

感情線

人間の微妙な心理や対人関係を表します。恋愛観や結婚観を知るうえで重要。

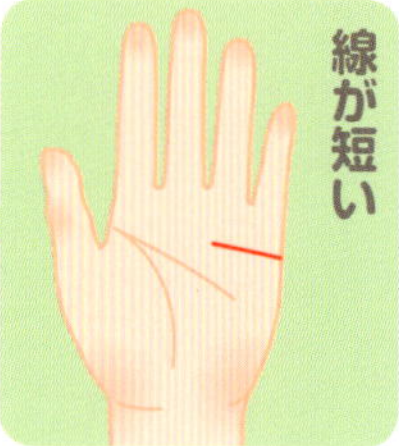

大胆な恋

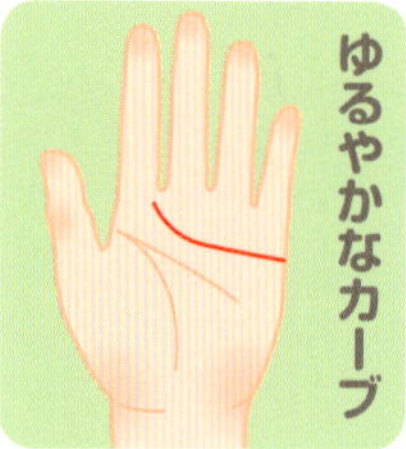

献身的

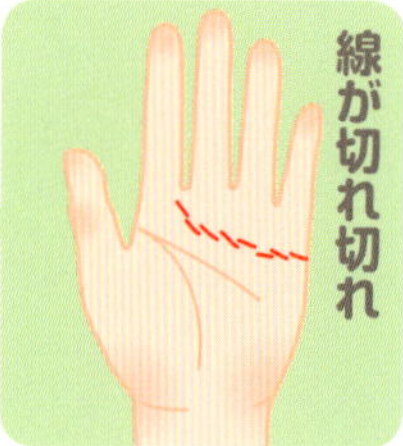

一目惚れ

結婚線

異性や性へのかかわりを表し、恋愛傾向、結婚生活の在り方も読み取れます。

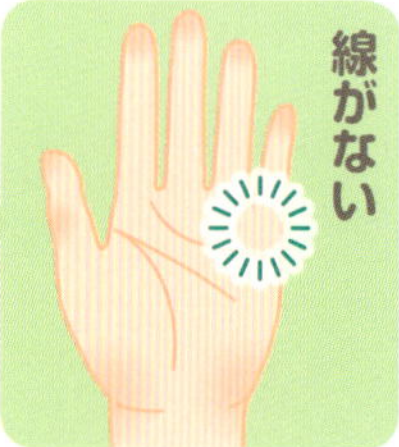

奥手

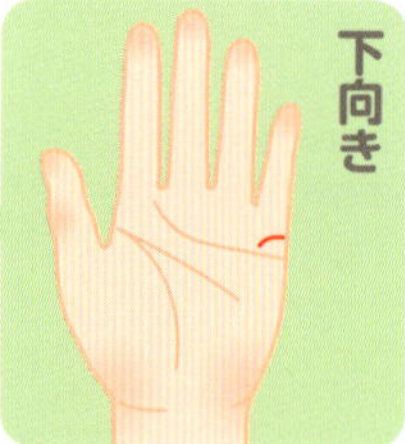

嫉妬深い

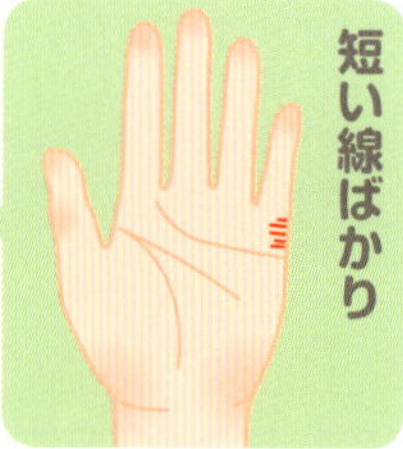

惚れっぽい

金星環

この線の持ち主は繊細で感受性が鋭いタイプ。人によってはない場合も。

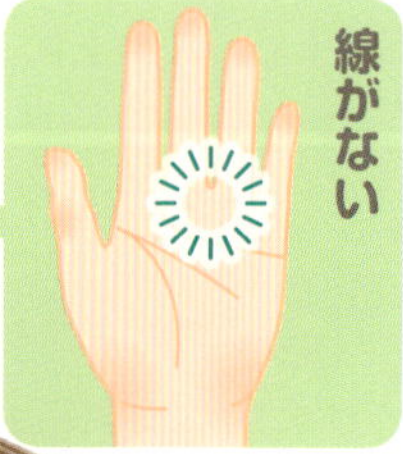

受け身の恋

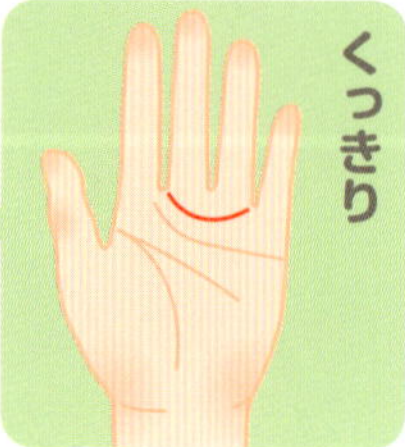

情熱的な恋

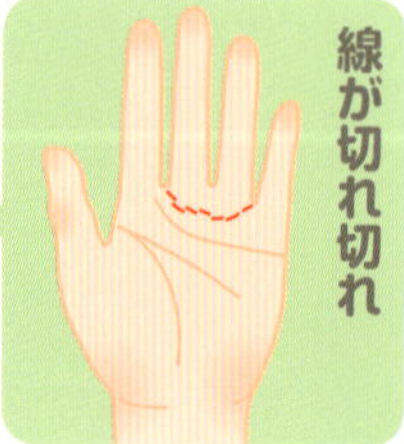

短い恋

第4章

結婚・家庭のタイプ

ときめきや高揚感で突き進むのが「恋愛」なら、生活や現実に向き合うのが「結婚」です。どういう結婚をしたら幸せになれるのか、「理想のゴールイン」への道しるべを探しましょう。

結婚・家庭運の傾向はココで見る！

結婚・家庭は、パートナーと生活を共にするという意味から、より現実的な視点が必要です。主に次の3本の線と、その人の土台を表す地丘が関係しています。

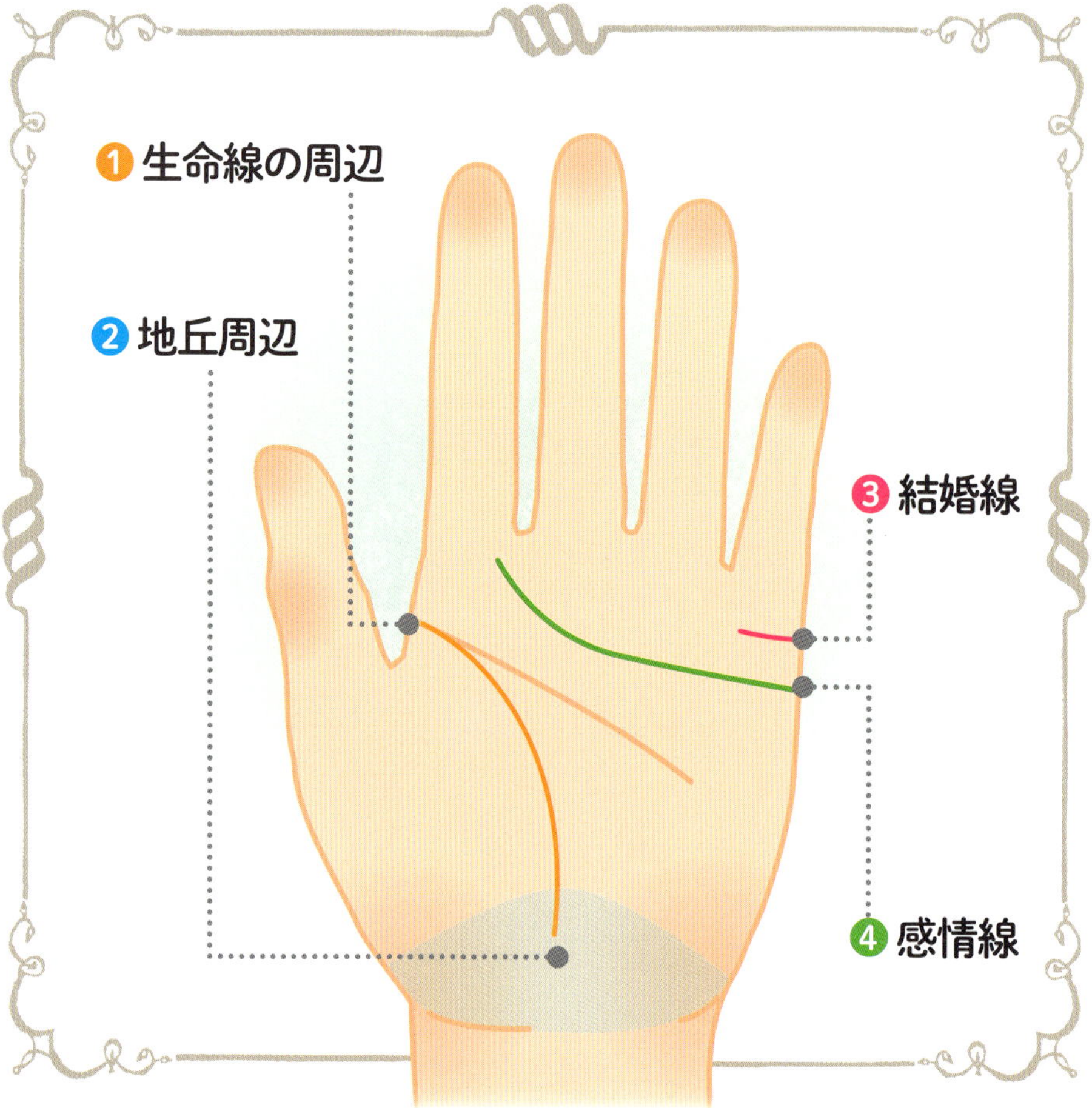

3 結婚線	異性や性への関心の度合いと深いかかわりがある線	1 生命線の周辺	その人の生きる力、生命力、バイタリティを示す線
4 感情線	無意識の深層心理、対人関係、感情表現法がわかる線	2 地丘周辺	体力、性格、親や祖先から受け継いだものを表す線

① 生命線の周辺

生命力と環境の変化には密接なつながり

生命線は親指と金星丘の動きによって刻まれる線。

住居や仕事が変わると心身に影響が出ることでもわかるように、人間の生活環境というのは生命力の強弱を左右する面があります。

ですから、その人の生きる力を示す生命線周辺の金星丘、火星平原の状態からも、家庭や結婚生活などの判断が可能なのです。

② 地丘周辺

親や祖先から受け継いだ恵みで判断

手首のすぐ上の部分、金星丘と月丘に、はさまれたところが地丘です。

この周辺は、体力や性格といったその人の基本的な面と、親や祖先から受け継いだもの、この2つを示すといわれます。幼年期の環境がその人の性格にあらゆる影響を与えることが常識となっているように、その人の基盤と家庭環境は切っても切り離せません。

この地丘の状態で、家族への考え方や、どのような家庭を築きたいと願っているかなどが読み解けます。

③ 結婚線

実質的な「結婚の状態」を示す

結婚線は、その人の性や愛情と密接なかかわりがあります。ですから、愛情や性と切り離せない結婚・家庭生活には、この線が深く関係するのです。

ただし、手相に表れる結婚生活とは、実質的な結婚を意味します。入籍の有無という法律的な婚姻関係を示しているものではありませんから、注意を。

この線からわかるのは、ベストな結婚時期と結婚生活についてです。

④ 感情線

親とのかかわり、子どもの資質を読む

小指の下からスタートして、中指あるいは人さし指の下に向かう線が感情線です。

家庭は、最小の社会構成の単位といえます。親子、夫婦といえども、人と人の関係で成立しています。ですから、対人関係についてもっともよく表している感情線は、家庭の在り方を示す重要な線でもあるのです。

この線から読むのは、主に、親とのかかわりや子どもの持つ資質です。

幸せも金運も！
玉《たま》の輿《こし》に乗れる？

充実した人生にするためには、ある程度のお金も必要。
幸せな結婚と金運のヒントが手相にはあります。
あなたが玉の輿に乗れるかどうか、チェックしてみましょう。

最強の結婚が待っている！

① **結婚線**がまっすぐ伸びて、**太陽線**にぶつかっている

P.107も参照

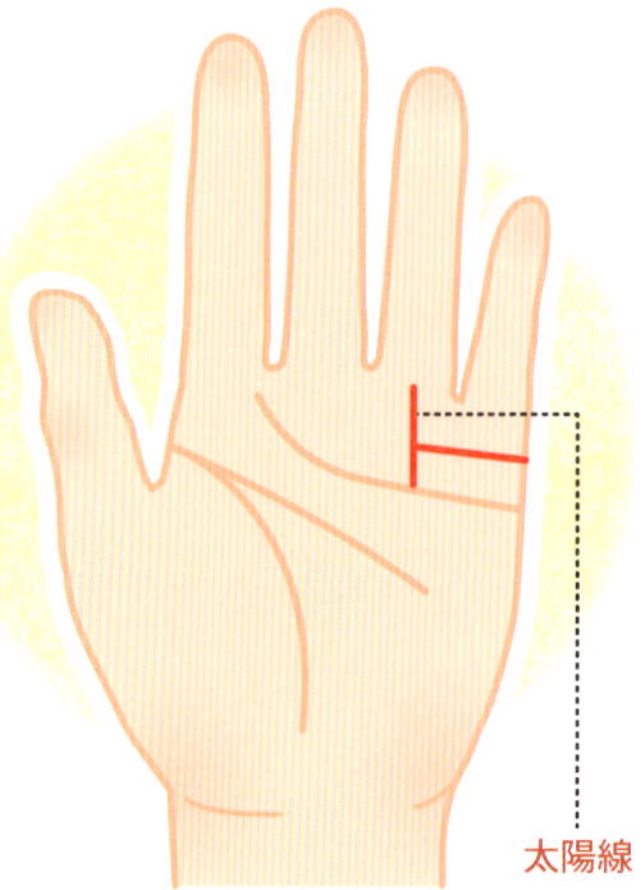

結婚線がまっすぐ伸びていて、太陽線にぶつかっている人は、**玉の輿に乗る**ことも夢ではありません。また、結婚したことで金銭面に余裕ができるだけでなく、**仕事面にもプラスの影響**が期待できるでしょう。さらに、**相手の運気をアップさせることも可能**という、最強の手相の持ち主です。

玉の輿で夢の暮らしが実現

① **太陽線**に届く、長い**結婚線**近くに出現する**星**

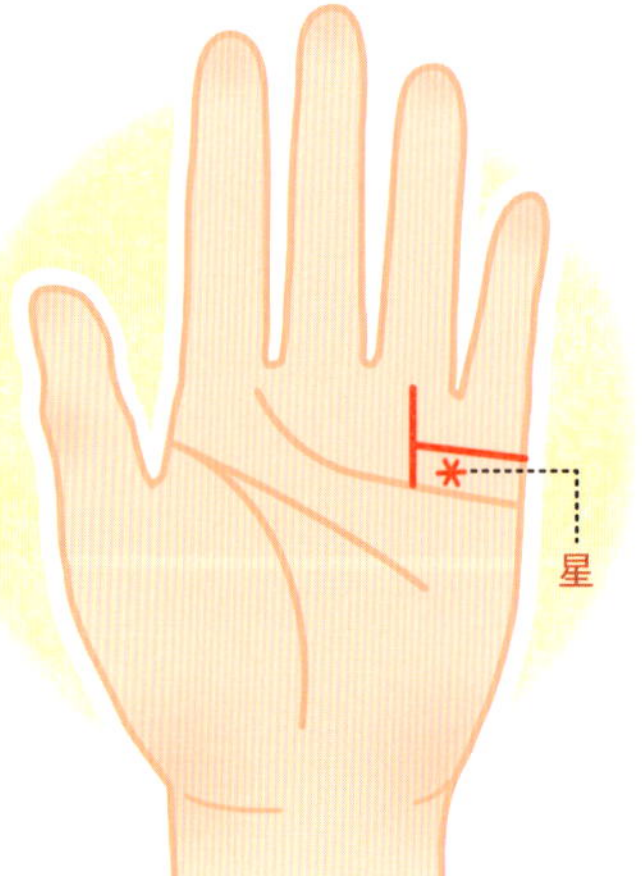

太陽線にぶつかる勢いで結婚線が伸びているだけでなく、その近くに星が現れている場合は、**玉の輿にもっとも近い**ことを意味しています。つまり、この手相を持つ人は、理想の恋人や結婚相手に恵まれて、誰もがうらやむような**裕福で実りある結婚生活を送ることができる人**といえるでしょう。

大恋愛が実って理想の結婚へ

❶運命線につながる影響線近くに星

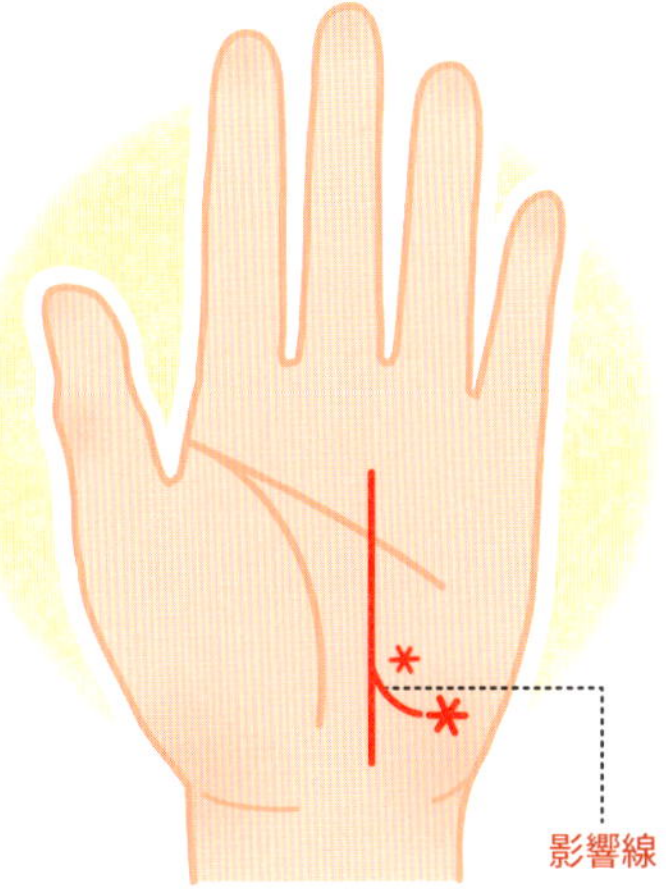

運命線に届くような影響線は、恋愛が成就して幸せな結婚ができるサイン。自分にとって理想の結婚を叶えることができるでしょう。さらに、この影響線の上や周辺に星マークが出ていたらチャンス到来です。結婚がきっかけとなって仕事の幅が広がるなど、あなたに思わぬ幸せが訪れそうです。

パートナーの大きな支えで幸せに

❶長くはっきりした結婚線
❷太陽線の周りに星やトライアングル、フィッシュなど

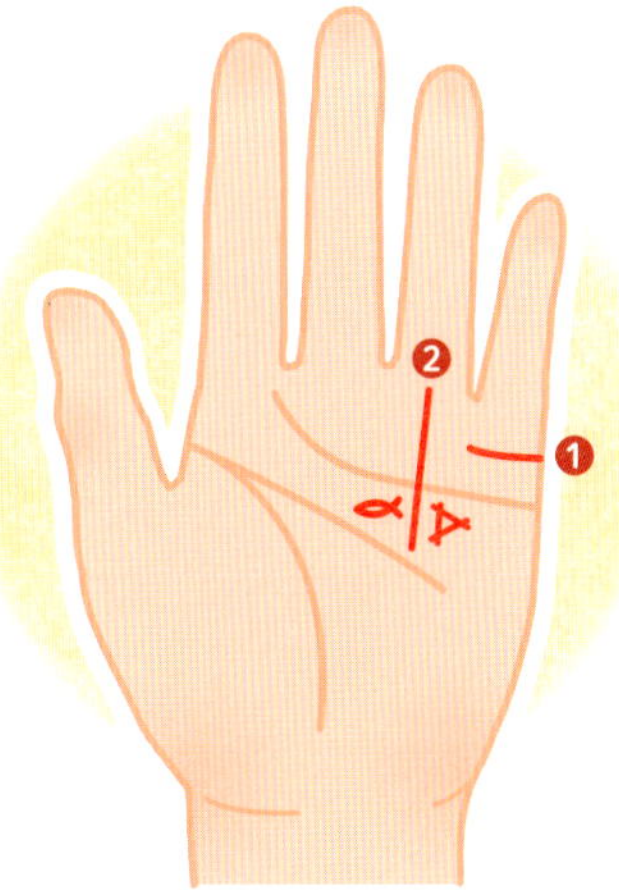

長くはっきりとした結婚線を持つ人は、結婚しても生活に困らず、幸せな毎日を送ることができます。さらに、太陽線の周りに星やトライアングル、フィッシュなどのラッキーサインが出ている場合は、玉の輿に乗れる可能性も大。配偶者が、精神面や金銭面であなたの強力な支えとなるでしょう。

結婚で得られる人生の喜び

❶きれいな運命線、太陽線、結婚線

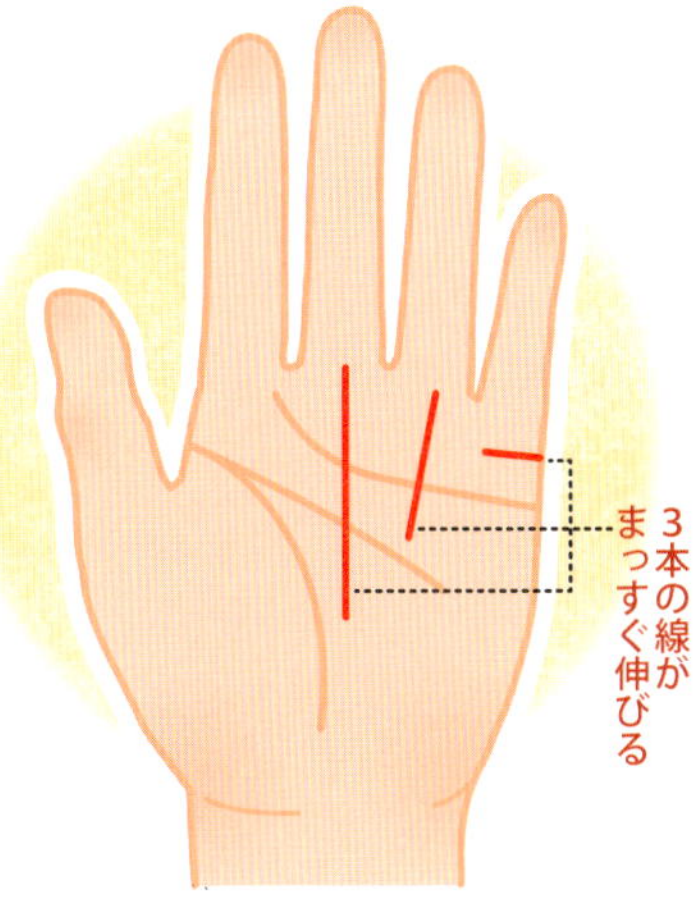

もし結婚線が太陽線に届くほど長く伸びていなかったとしても、運命線や太陽線、そして結婚線がまっすぐきれいに出ていれば、幸せな結婚ができるでしょう。玉の輿といえるようなものではないかもしれませんが、それでも結婚することで、人生に大きなプラスの影響があることは確かです。

結婚のチャンスとその過程を知ろう

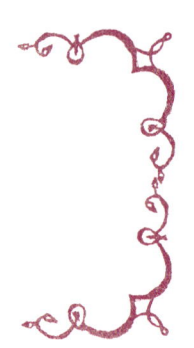

理想の相手と出会えても、結婚する時期がいつなのか、
というのは大きな問題です。また、その結婚に障害があったとしても、
徐々に運が上昇するかもしれないのです。

理想の相手が近いうちに出現

❶ 木星丘に星、赤い斑点、皮膚の色が変化

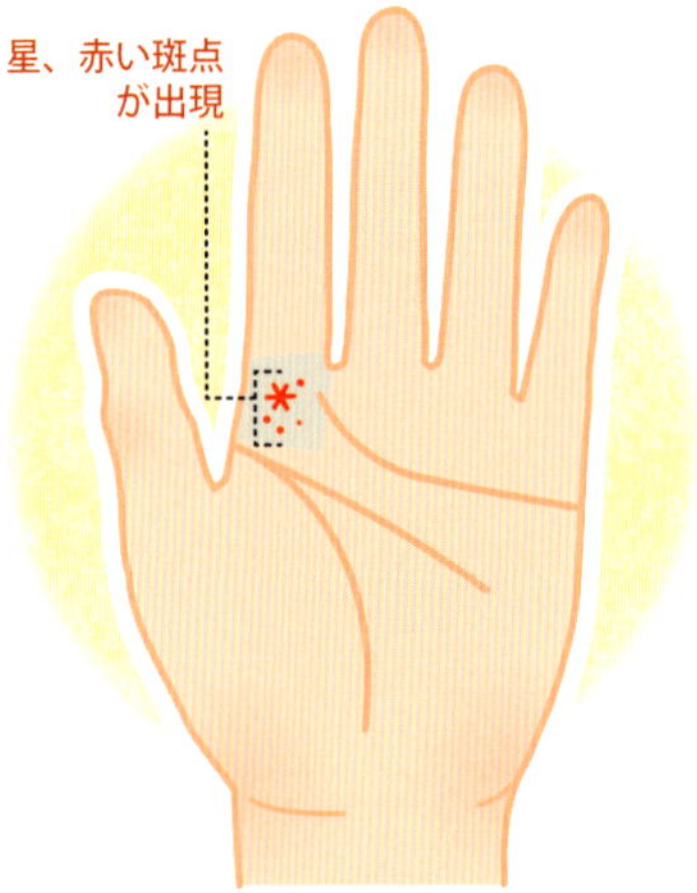

もし木星丘に星や赤い斑点が現れているなら、近いうちに結婚相手が出現するかもしれません。また、木星丘周辺の皮膚が薄ピンク色に変化したら、周りのことを気にせず、大胆に恋を楽しみましょうというサイン。理想のパートナーと出会えるチャンス到来です。積極的に行動して。

運命の人を見逃さないで！

❶ 結婚線の周辺がピンク色、星が出現

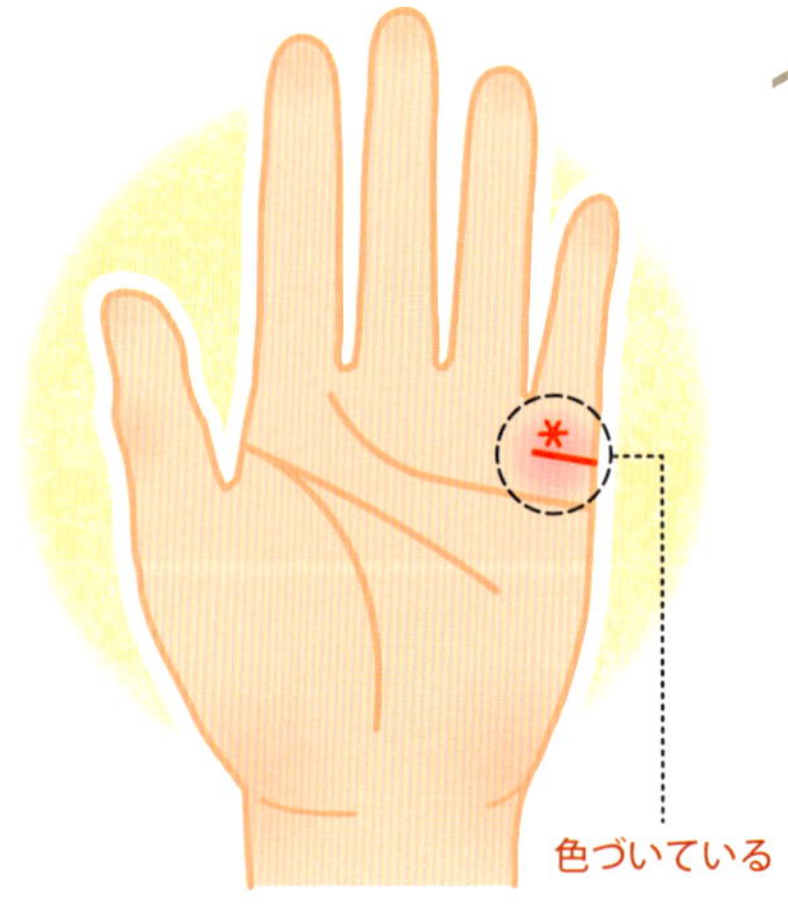

結婚線が短いからといって、残念に思うことはありません。結婚線の周りだけがピンク色になっていたり、周辺に星が現れたりしている場合は、近いうちに理想の相手が出現するという予感。この時期に出会った人は運命の相手です。自信を持っておつき合いしてみましょう。

障害があってもあきらめない

❶障害線の先端が運命線上のスクエアに届く

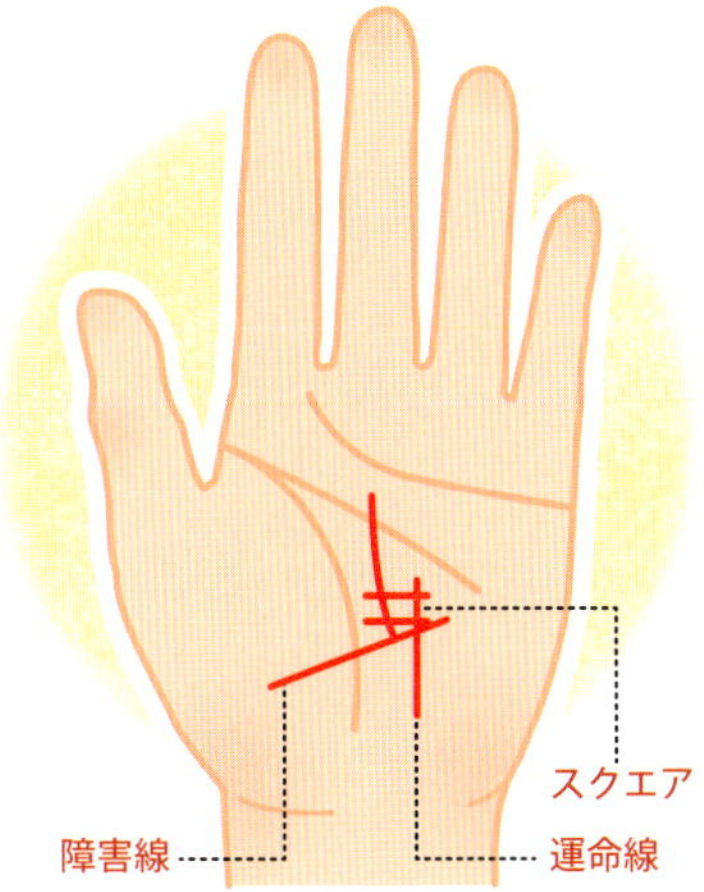

両親の反対や金銭面の不安など、結婚に関しての障害を抱えていても、この線が出ていれば大丈夫。障害線の先のスクエアは、これから状況が良くなるという兆しです。悩みが多くても、必ずハッピーエンドが待っています。困難を乗り越えることができたら、安定した生活が送れるでしょう。

仕事や趣味への比重を抑えて

❶結婚線が上向きで、浮き出るように目立つ

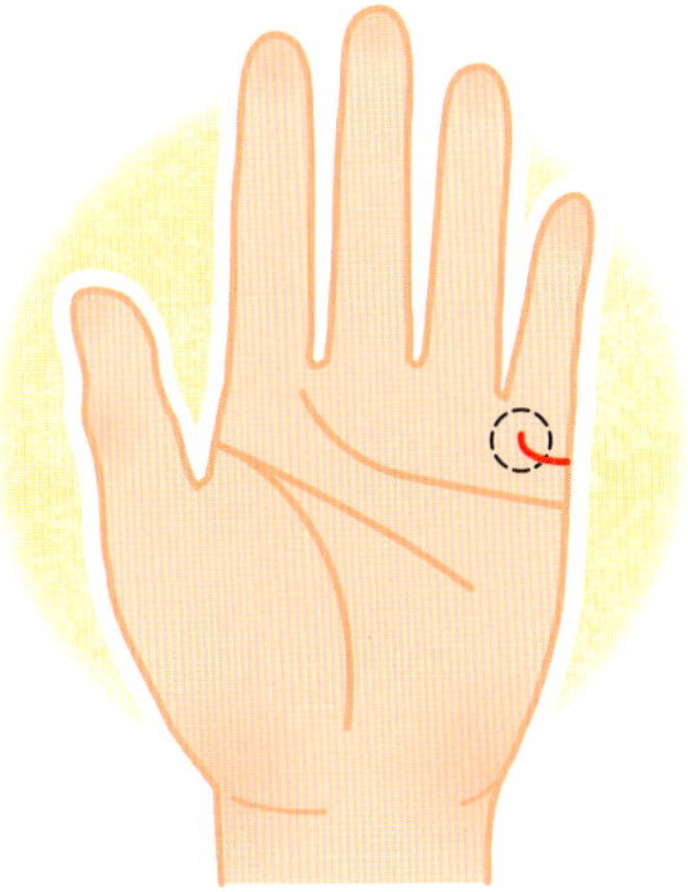

P.88も参照

結婚線が深く刻まれて浮き出たように見えたり、終点が上向きになっていたりしたら、結婚に最適な時期が迫っているしるし。この線は結婚に興味があると出現し、興味がない場合はすぐに消えてしまいます。上向きの結婚線が出ているときは、仕事や趣味などに力を入れ過ぎないように注意して。

焦って結婚するのはNGかも

❶結婚線が下向きになっている

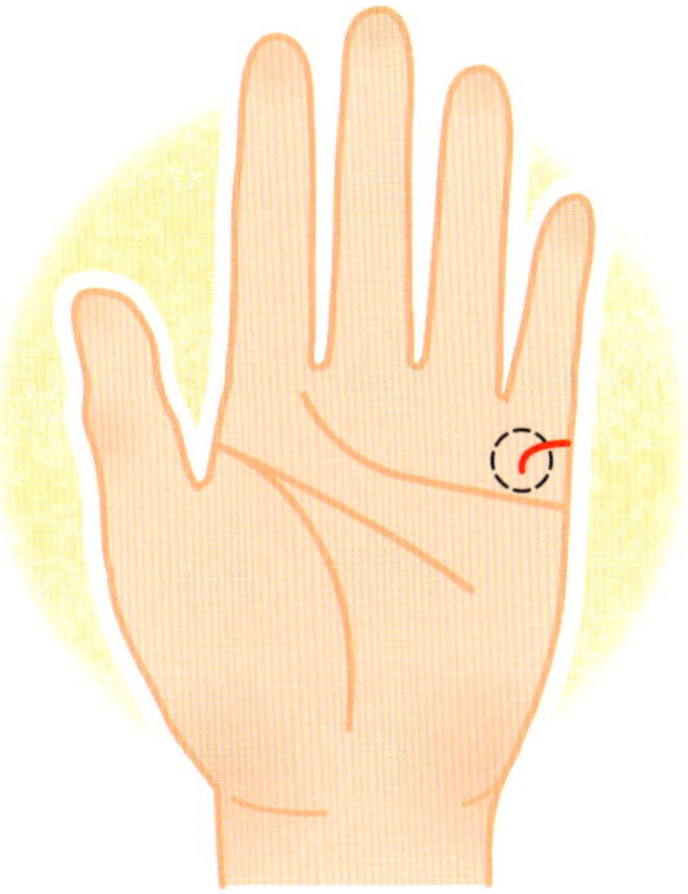

P.90も参照

結婚線が下向きになっているときは愛情のエネルギーが乱れ、異性を見る目が曇っている暗示。面倒な相手につけ入る隙を与えたり、ややこしい異性関係に巻き込まれたりする可能性もあります。こういうときは、独身ということに焦りを持たないようにしたいもの。チャンスを待ちましょう。

結婚相手とは恋愛？お見合い？

お見合いで結婚相手と出会うのが良いのか、
それとも長年つき合った人とそのままゴールインするのか。
あなたの結婚のシナリオを手相から読み解いてみましょう。

周囲からの心強いサポートが鍵

❶ 月丘から伸びている運命線

P.158も参照

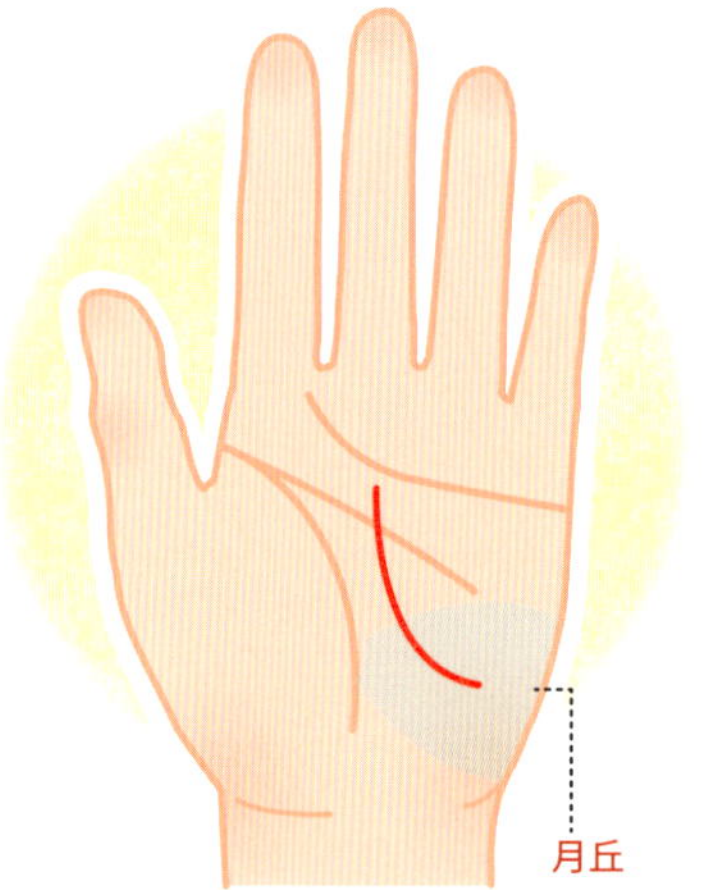

運命線が月丘から伸びている人は、常に周囲の人々から助けを得られるでしょう。結婚相手も、友人の紹介などでいい人と巡り会うことができます。あなたの場合、自力で相手を探すより、素直に周囲の意見に耳を傾けた方が良さそう。日頃から、周りの人たちへ「恋人募集中」のアピールを忘れずに。

目上からのバックアップに期待を

❶ 結婚線付近に星、サポートライン

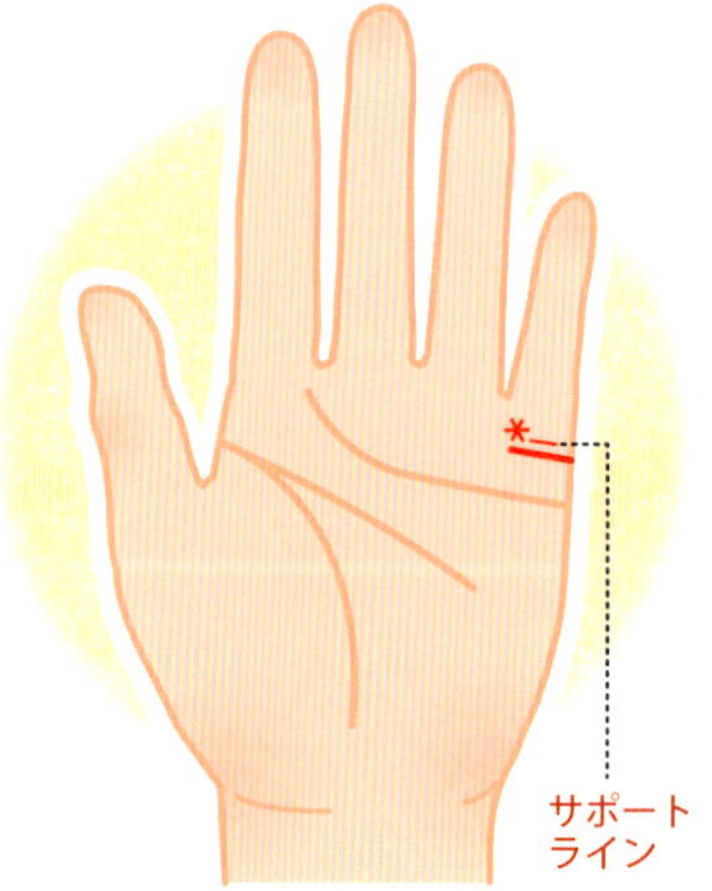

長い結婚線があり、その近くに星も出ているなら、目上の人からの強力なバックアップでいい人を紹介してもらえそう。また、サポートラインと呼ばれる、結婚線の上の短い線が出ている場合は、周囲の助けで幸せな結婚を実現できます。普段から交友関係を密にしておくことが大切です。

慎重に時間をかけて決断しそう

❶生命線と頭脳線が途中まで同じ

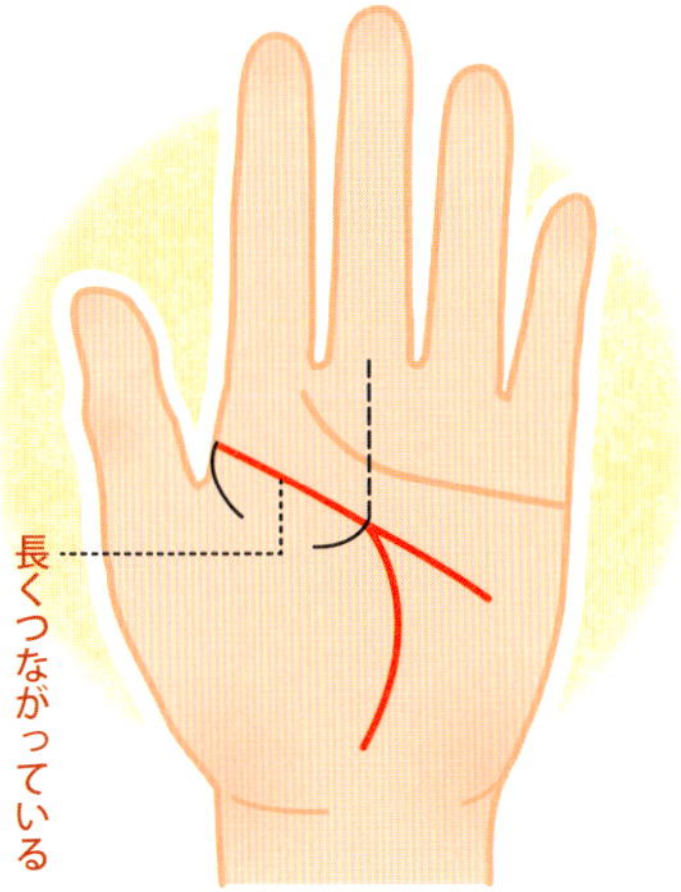

生命線と頭脳線の始点が、中指の下のあたりまで長くつながっている珍しい手相です。こういう人は、とても**堅実なタイプ**。しっかりと段階を踏んで物事を進めていきます。結婚を決めるときも、石橋を叩いて渡るように、**長い時間をかけて相手を見極めていく**ことでしょう。

昔ながらのお見合いがおすすめ

❶人さし指と中指の間に感情線

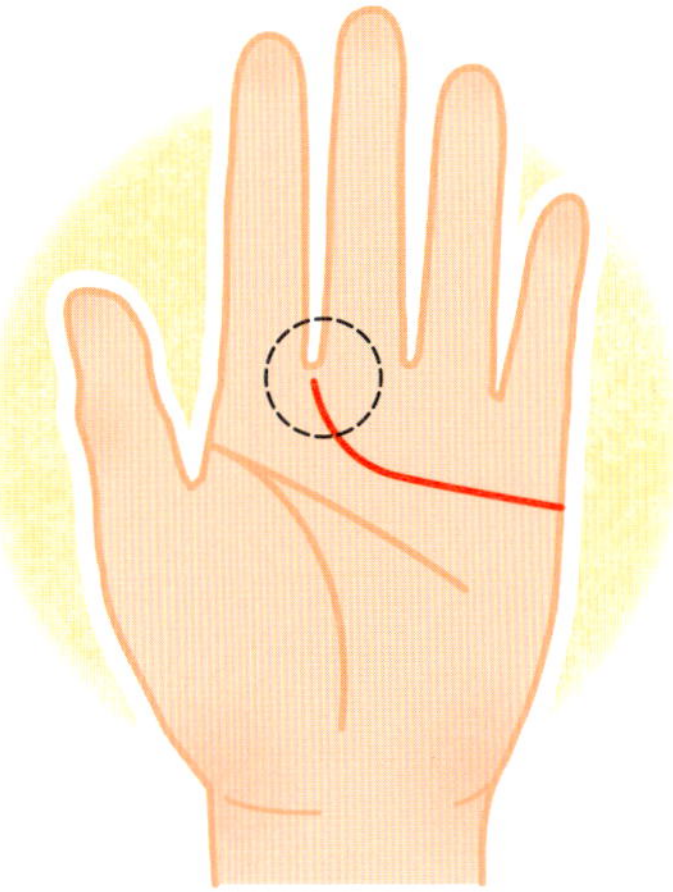

P.132も参照

感情線の終わりが人さし指と中指の間に入っているあなたは、とても**真面目なタイプ**。自分から異性に対して積極的にアタックしていくのは苦手かも。先輩の紹介や信頼できる人を通じたお見合いなど、**相手の身元が事前にわかる堅実な出会い**を求めていく方が良さそうです。

お見合いから運命の出会いが訪れる

❶月丘に星や赤い斑点、フィッシュ

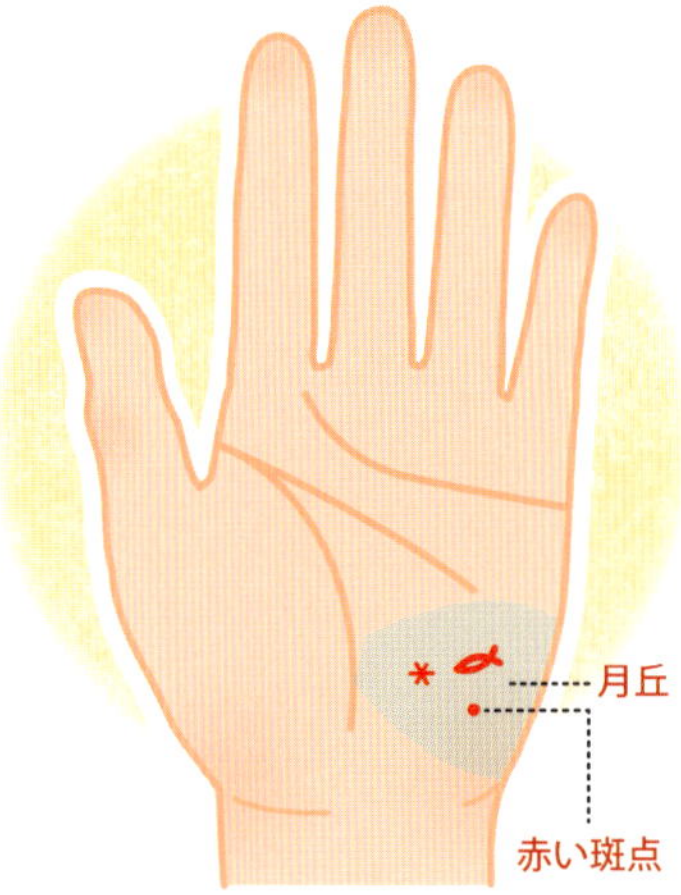

月丘の位置に、星や赤い斑点が出ているときは、**お見合いに適しています**。加えて、このお見合い運がもっとも高まるのは、月丘にフィッシュが現れているとき。ラッキーな手相を維持するためには、常に身だしなみや優雅なふるまいを意識して、**おしゃれ心を忘れないこと**です。

チャンス到来はいつ？ 婚期のめやす

結婚線が刻まれている位置で、おおよその結婚適齢期がわかります。
また、運命線と影響線が交わる位置でも知ることができます。
31ページの流年法も参考にしてください。

若いうちに結婚の決断をしてOK

❶ 結婚線が水星丘の半分より下の方にある

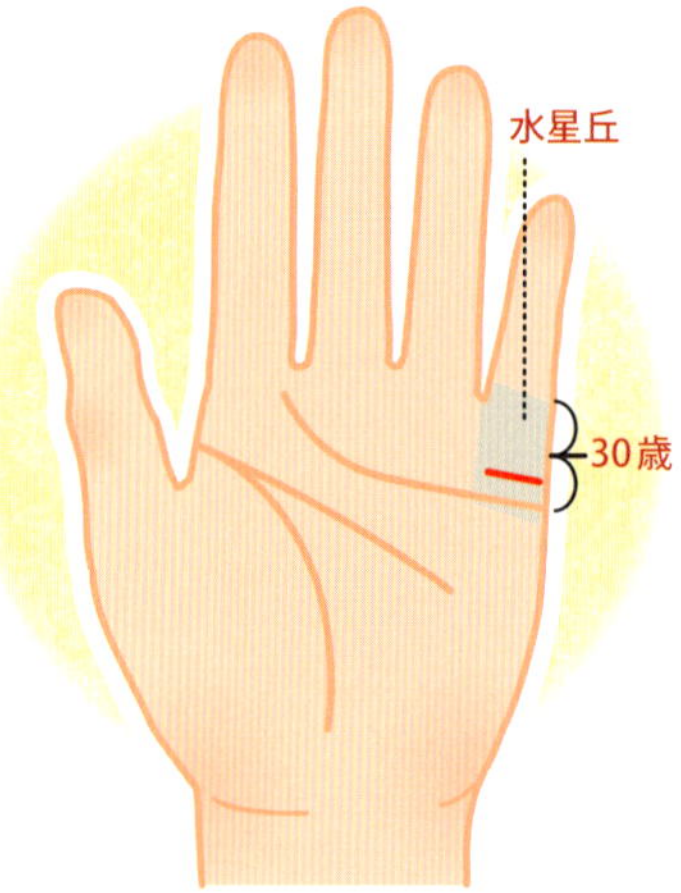

はっきりした長めの結婚線が水星丘の下の方にある場合は、比較的、**若いうちに結婚する**ことを示しています。この手相の持ち主は、早いうちに結婚生活を意識していることでしょう。そして、**出会った相手と二人三脚で着実な基盤を築いていくこと**で、幸せな生活を送れそうです。

早婚でも幸せな結婚生活の予感

❶ 月丘の下の部分から影響線

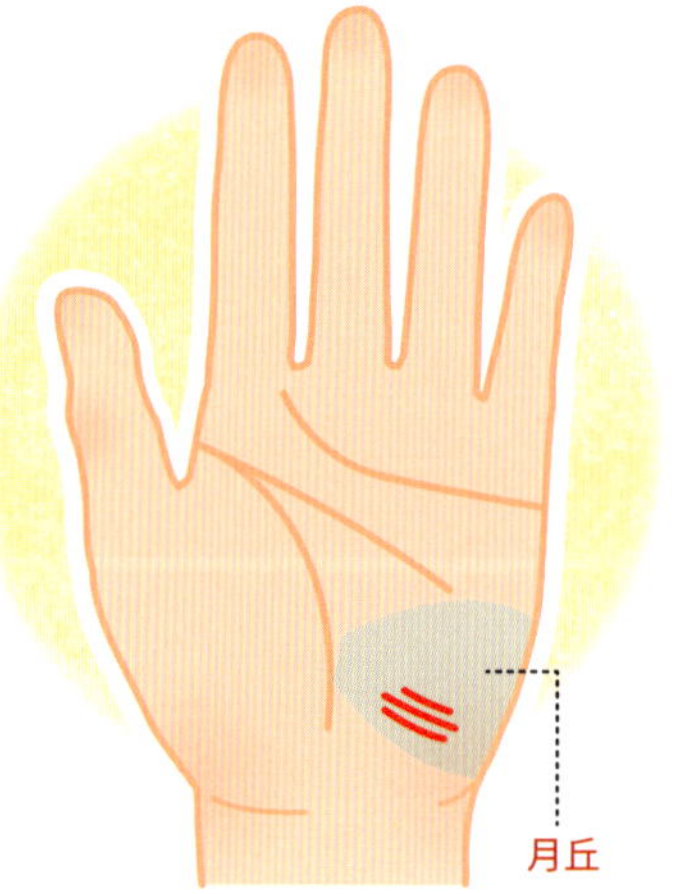

手のひらの下部の月丘から出る影響線は、**異性からのアプローチや結婚の成就**を意味します。そして、この線の始まりが月丘の下の部分にあれば、若いうちから異性に愛されて、恋愛が成就することを示しています。そして、**早い時期に結婚をすることで満足いく生活が訪れる**でしょう。

晩婚の方が安心できるタイプ

❶はっきりした長い**結婚線**が**水星丘**上部にある

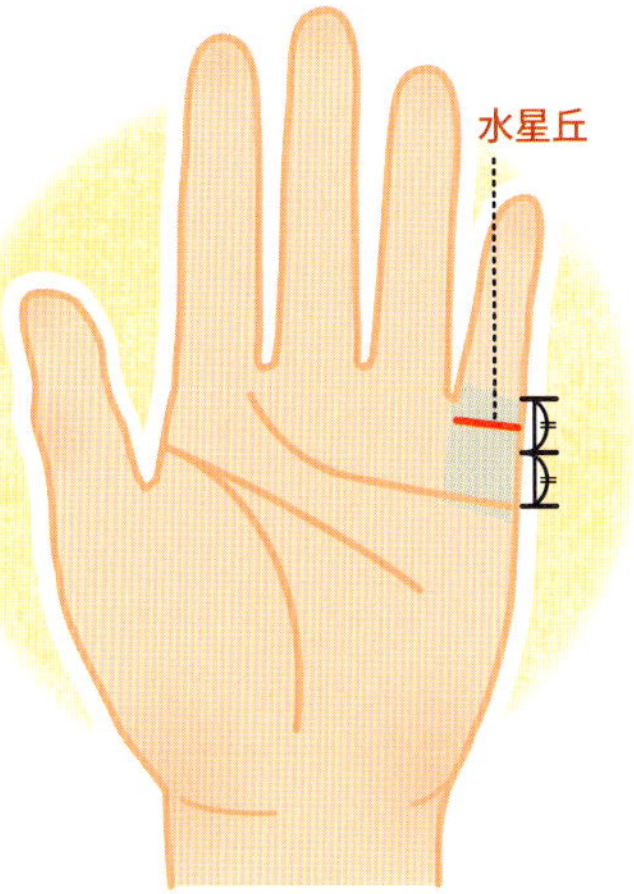

水星丘上部にしっかりした結婚線がある場合、**ある程度の年齢にならないと精神的にも肉体的にも結婚の準備が整わない**、ということを示しています。そのため、この手相を持つ人が年若くして結婚に踏み切ると、不満いっぱいになる恐れも。**焦らずに、じっくり相手を選ぶ**方が良いでしょう。

適齢期を過ぎても焦らないでOK

❶下部が乱れて上部がきれいな**運命線**

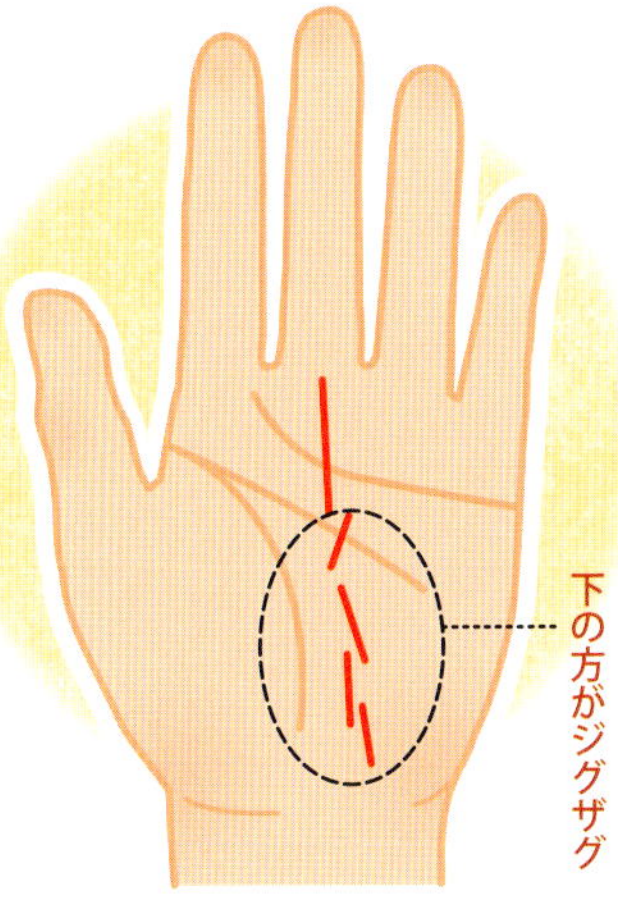

運命線の上部はきれいな線になっていて、下部はジグザグと乱れた状態になっているなら、**ある程度の年齢になってから運気がアップする**サイン。こういう手相の人は、若い頃に結婚に踏み切ると、周囲の環境が整わずに不満が出そう。**年齢を重ねてから結婚する方が、満足できる**でしょう。

あなたの結婚適齢期を判断する

❶長さや濃さがまちまちの複数の**結婚線**がある

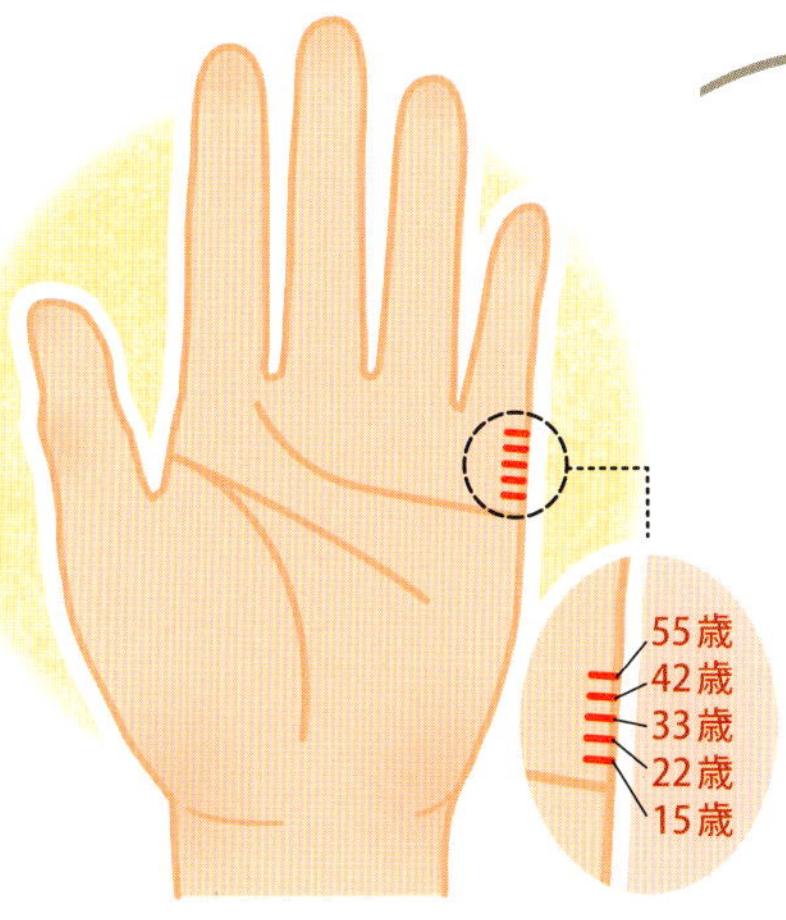

結婚線が何本もある場合は、その中の**一番長いシワ**か、あるいは他の線と比べて**はっきりしているシワが現れている位置**で、おおよその**結婚年齢がわかります**。加えて、運命線の流年法（31ページ参照）で見る結婚の時期と合わせて判断すれば、より確実なタイミングを知ることが可能です。

相手の手相で知る
結婚生活のイメージ

結婚を考えている人の手相をそっと見てみましょう。
とくにここでは、結婚したらどういう生活を送れるのか、
結婚するとその人はどう変わるのか、を読み解きます。

人生を切り開いていくパワフルな人

❶ **運命線**の起点が**生命線**の上にある

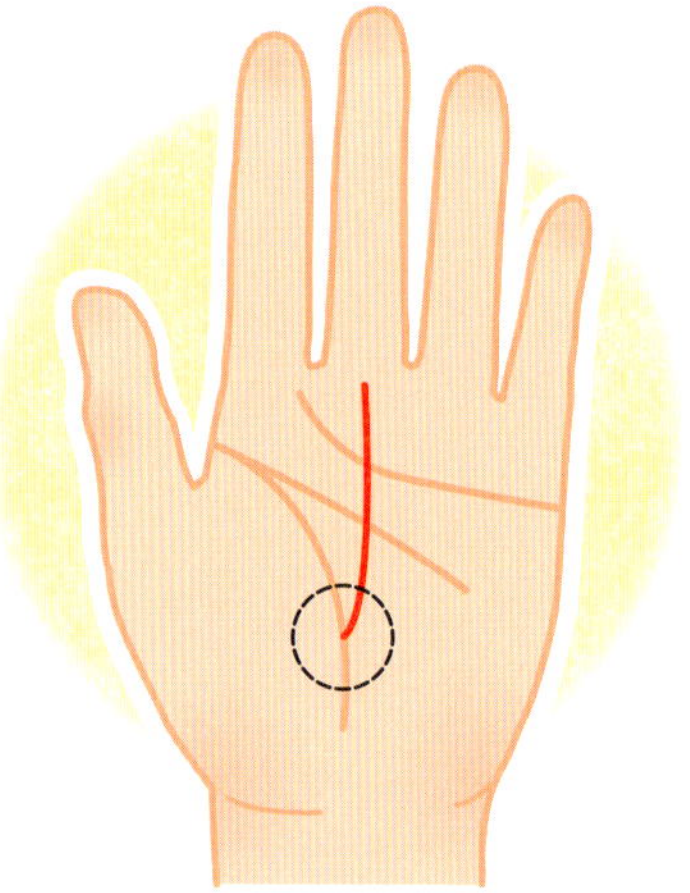

運命線の始まりが生命線の上から伸びているなら、**自らの力で運命を切り開いていくことができるエネルギッシュな人**。ただし、その分独立心も強いので、家庭より仕事、となる可能性も。**パートナーとしては不満が多くなるかもしれません**。こういうタイプは、自分一人で十分生きていけそうです。

独立心とバイタリティにあふれた人

❶ **生命線**と**頭脳線**の始まりが離れている

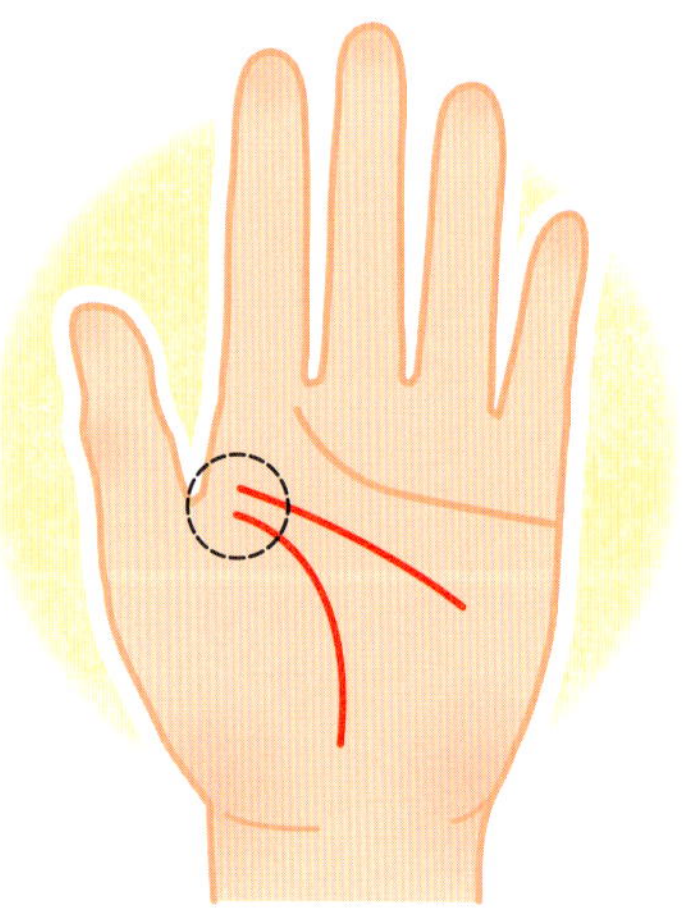

生命線と頭脳線の始まりが離れている手相の持ち主は、**バイタリティにあふれた人**です。どんなときでも、パートナーを引っ張ってくれることでしょう。ただし独立心も強いので、結婚をしたとしても、人は人、自分は自分というスタンスは崩しません。**結婚相手として選ぶと苦労するタイプ**かも。

P.69／P.73／P.133も参照

実家や親にべったり依存しがちな人

❶下向きの頭脳線の起点が生命線の内側

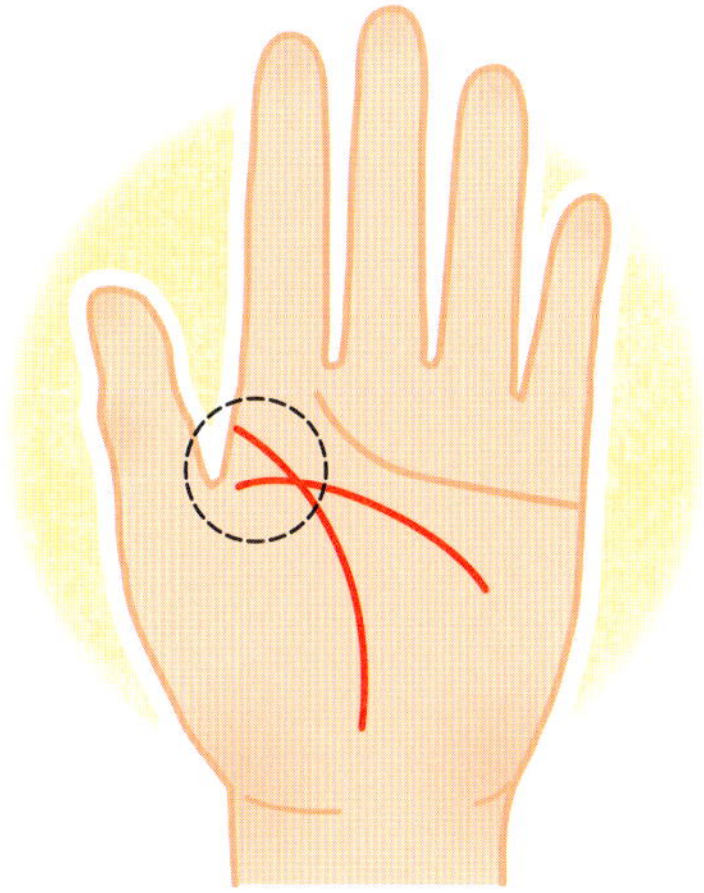

頭脳線と生命線の重なりは、長ければ長いほど依存心の強さを示すもの。もし頭脳線の始まりが、生命線よりも内側にあるとしたら、さらにこの傾向は強まります。事あるごとに実家や親の助けを受けたがり、いつまでも自立することができないでしょう。嫁姑問題などもこじらせがちです。

優しいけれど親に逆らえない人

❶感情線から下向きの支線

P.72／P.152／P.195も参照

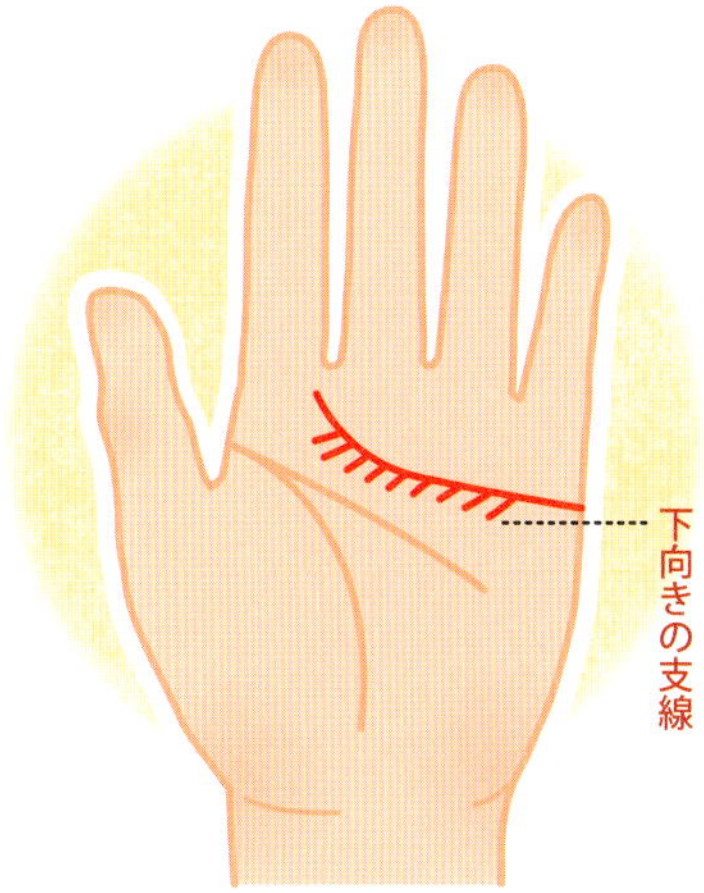

感情線から出る下向きの細かい線は、その人の心の優しさを表すもの。しかし、人に対して思いやることができる優しい面と、自己主張をすることなく流されやすい面は紙一重。両親にも優しく接しますが、その分意見を尊重し過ぎて、親のいいなりになってしまうところもあるようです。

常に親の許可を得ようとする人

❶運命線が生命線に異常接近
❷頭脳線の起点が生命線の内側
❸感情線から下向きの支線

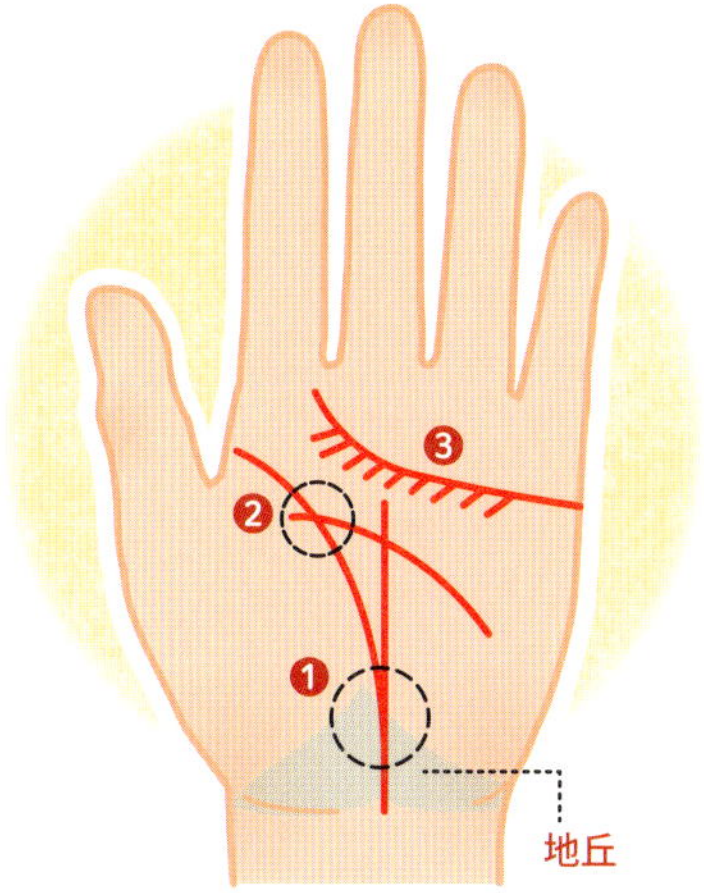

地丘から始まる運命線が生命線とつながっている人は、親から人一倍強い愛情を注がれて育っています。悪いことではないのですが、反面いくつになっても親の庇護を受けたまま。他の2つの要素もあれば、親の承諾なしでは動けないという、いつまでも子どものような大人になりがちです。

結婚生活の幸せな予想図は？

たとえ理想的な相手と結婚したとしても、
長い人生にはたくさんの問題が待ち受けているでしょう。
あなたの結婚生活にこれから何が起こるのか、事前に予測してみましょう。

家族にハッピーなニュースが舞い込む

❶ 地丘に星や細かい縦の線

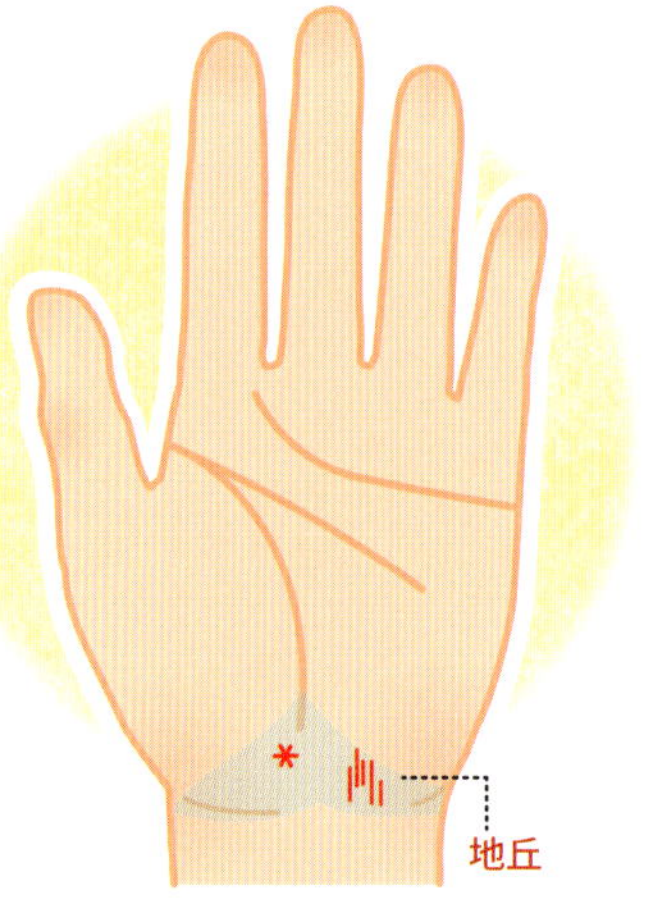

手のひらの下部、地丘に星のマークや細かい縦の線が出ていると、近いうちに家族にラッキーが起こる予感です。出世、子宝に恵まれる、マイホームを建てるなど、家族にとってうれしいニュースが舞い込むでしょう。地丘にあるシワがはっきりしてきたら、今まで以上に家族に心配りを。

念願のマイホーム購入が実現

❶ 地丘の生命線側のテンプル
❷ 運命線と太陽線を結ぶ不動産線

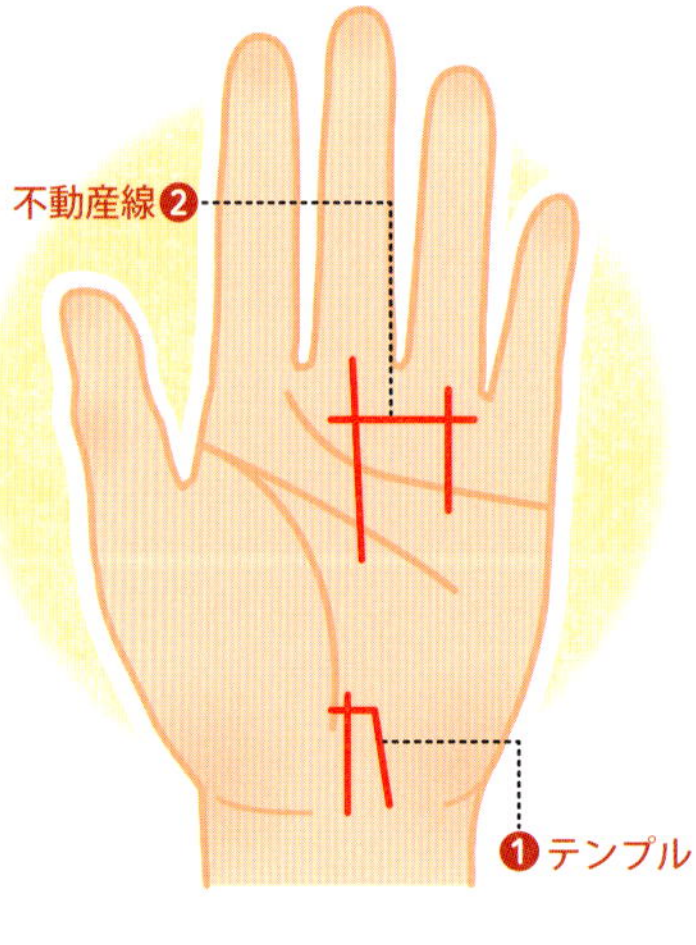

テンプルというのは、家の形をしたシワのこと。もし、地丘のあたり、生命線側に現れたときは、そろそろ自分の家が持てるというサインです。また、運命線と太陽線を結ぶ不動産線が出ているときには、不動産に対する運気が上昇しているし。マイホーム購入も夢ではありません。

結婚後に一気に運気が急上昇!

❶ 結婚線から2本の上向きの線

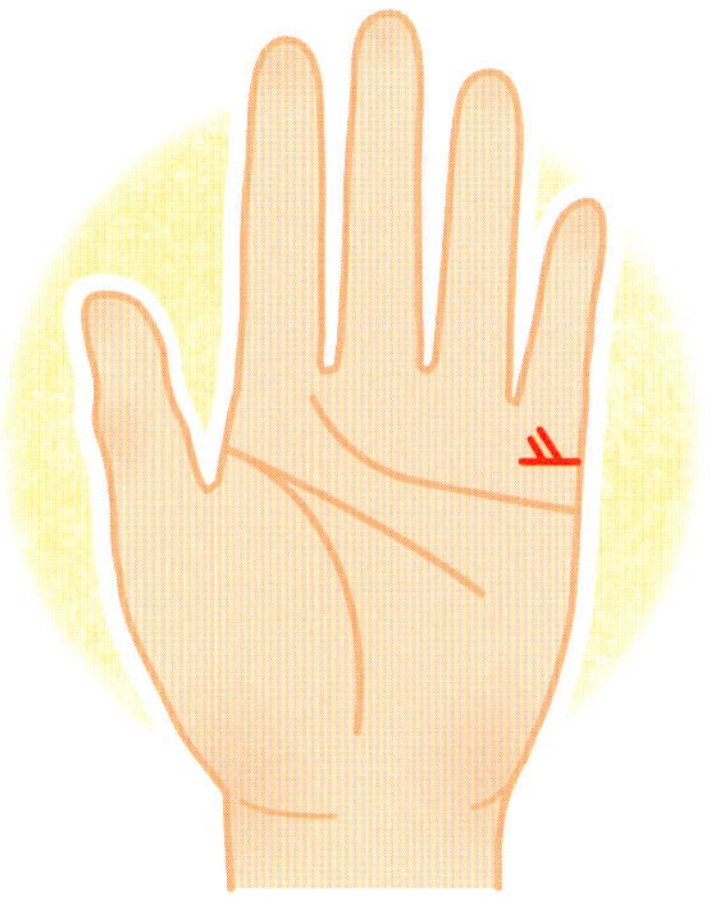

結婚線がまっすぐ伸びていて、さらにそこから上向きの2本の線が伸びている場合、結婚前よりも後の運気がアップする兆し。家族で力を合わせることで、これ以上ない幸せに向かっていけるでしょう。月日が経つにつれて、家族の絆もパートナーとの愛情も、どんどん深まっていきます。

相手も幸せにする最強の手相

❶ 結婚線がまっすぐ伸びて、太陽線に届く

P.96も参照

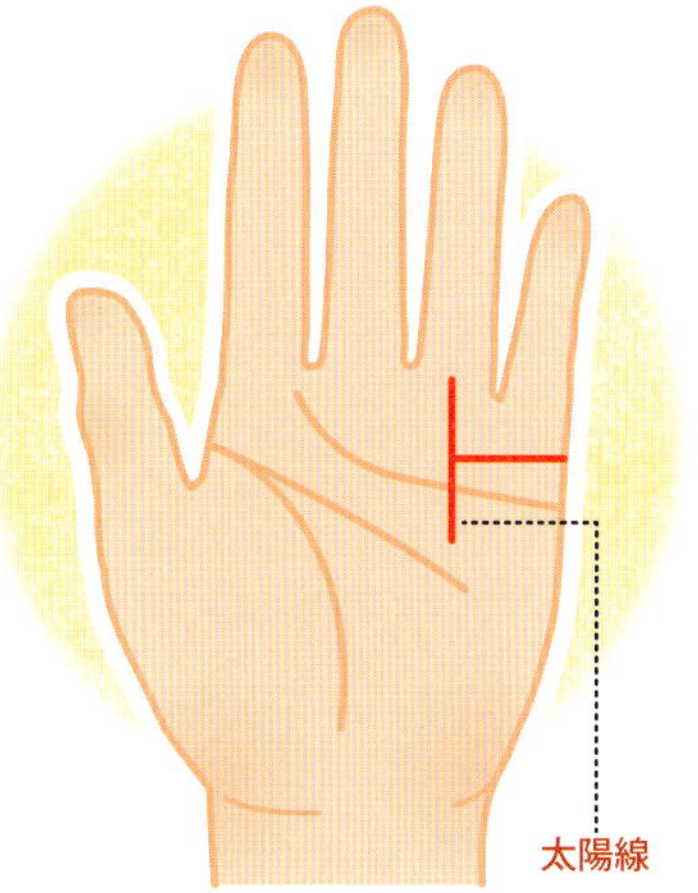

結婚線がまっすぐに伸び、薬指の下の太陽線に届いている場合は、玉の輿に乗れる手相。結婚によって金運をつかむことができるだけでなく、結婚したとたんに仕事を軌道に乗せて発展させる人です。さらにはパートナーを成功に導くこともできる素晴らしい可能性も秘めています。

老後の経済面も余裕で安心

❶ 運命線の先が三つ又のトライデント
❷ 太陽線の上下にトライデント

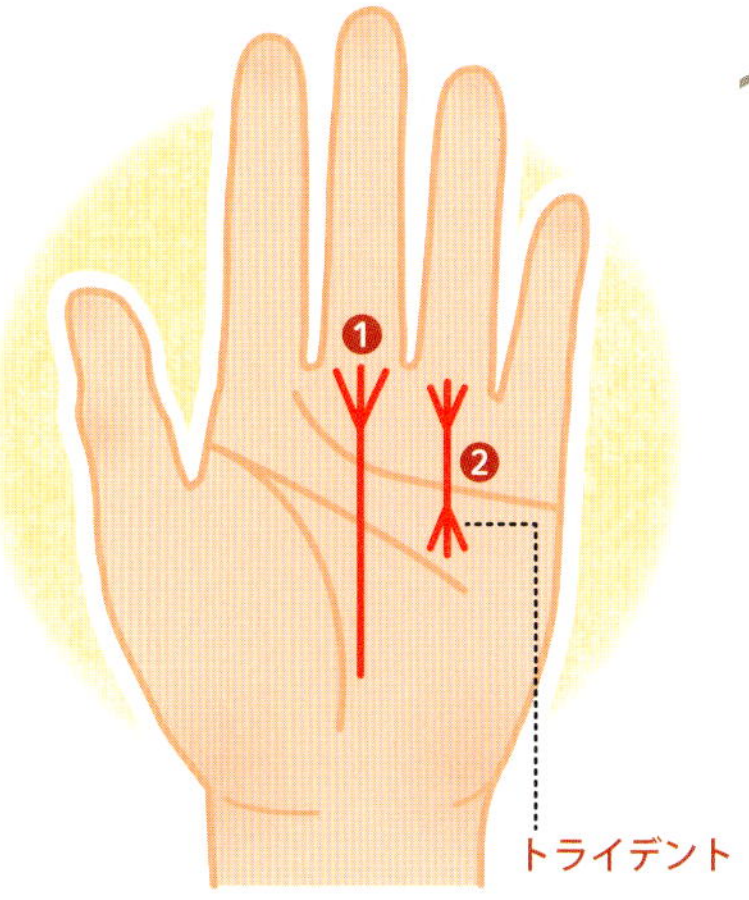

運命線の先が三つ又に分かれているトライデント。このトライデントを持つ人は、金銭面にしっかりとした支えがあります。老後も不自由なく、豊かな暮らしを維持することができるでしょう。もし太陽線の上下にトライデントがあるなら、この先も経済的に安定した状態が続くことを示しています。

幸せの象徴、子宝に恵まれる？

結婚生活が落ち着いたら、そろそろ子どものことを考え始めるとき。
子どもを授かるかどうかだけでなく、実際に授かる子どもの数なども、
手相から予測することができるのです。

子どもを授かれる？人数は？

❶**感情線**の起点にある上向きと下向きの線

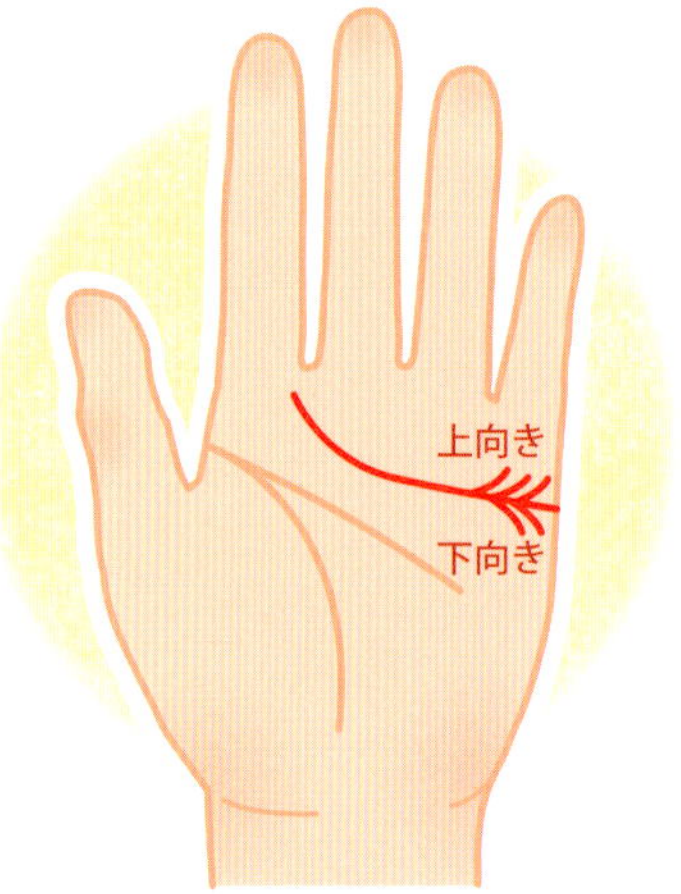

小指の下あたりに、感情線の始まりがあります。ここから出ている細かいシワが子ども線です。この線から、**将来的に授かることができる子どものおおよその数がわかる**のです。上向きと下向きの線の数が異なる場合、上向きが子どもを持つ素質、下向きは実際に持つことができる数です。

妊娠率がかなり高いタイプ

❶親指のつけ根の**ファミリーリング**の数

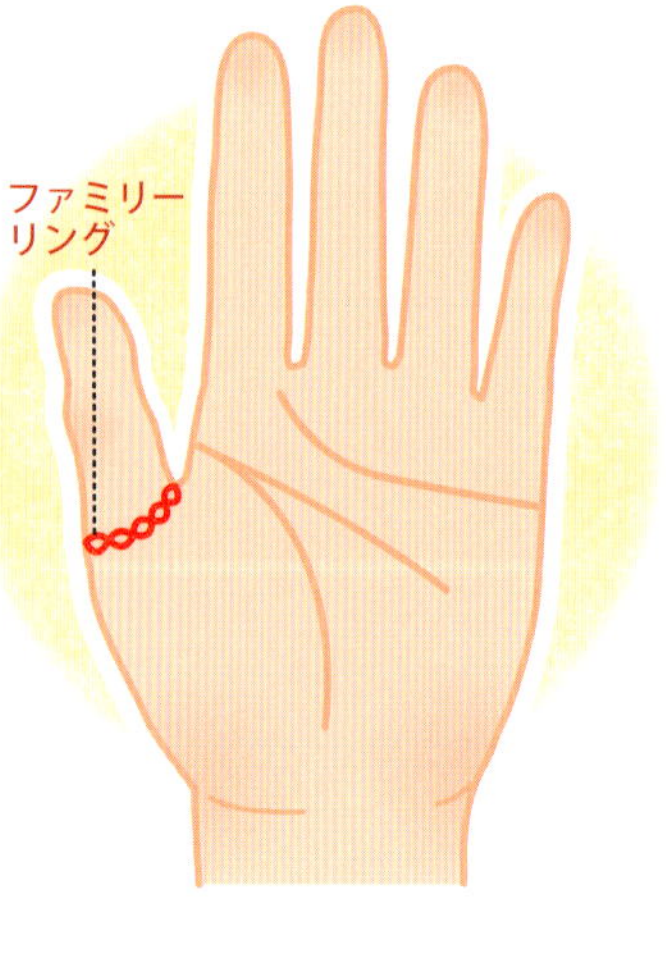

親指のつけ根のところにあるくさり状のシワがファミリーリング。これは**女性にとって大切な手相**です。このリングの数は、あなたが**妊娠する能力の高さ**を表しています。リングの数が2つ、3つなら普通。4つ以上ある人は、かなり子だくさんになる可能性があるでしょう。

たくさんの子どもに恵まれる幸福線

❶手首に水平の線、ラシェット
❷ファミリーリングが4つ以上

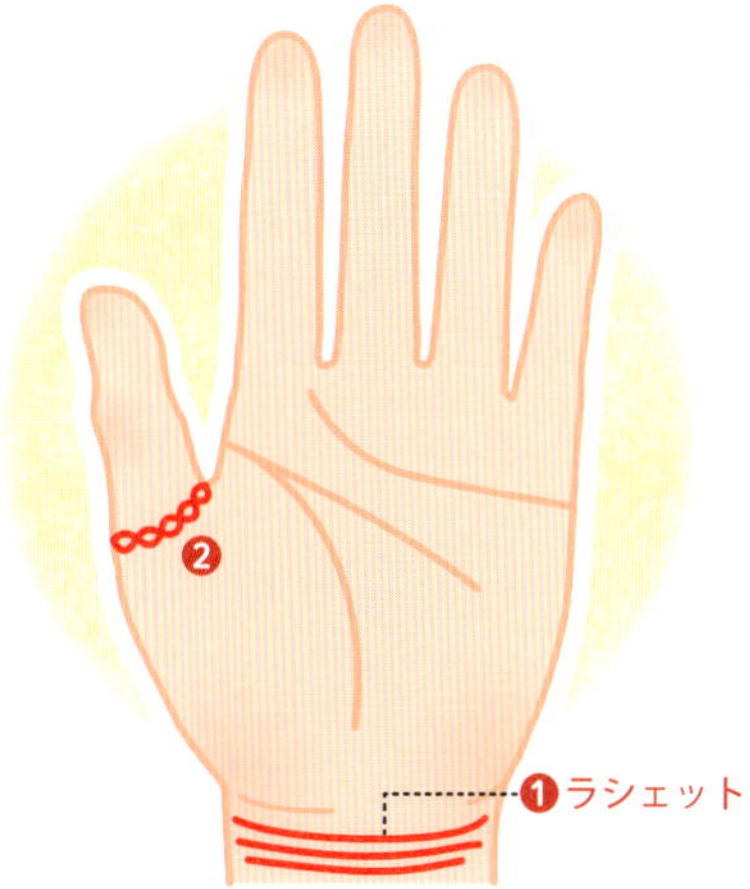

ファミリーリングと同じ意味を持つのが、手首に水平に入るシワ、ラシェット。このシワが多ければ多いほど妊娠する可能性は高くなっていきます。ラシェットがたくさんあり、さらにファミリーリングも4つ以上ある場合、多くの子どもに恵まれる、幸福な手相といえるでしょう。

親思いの優しい子どもに恵まれる

❶子ども線が太陽線にぶつかる

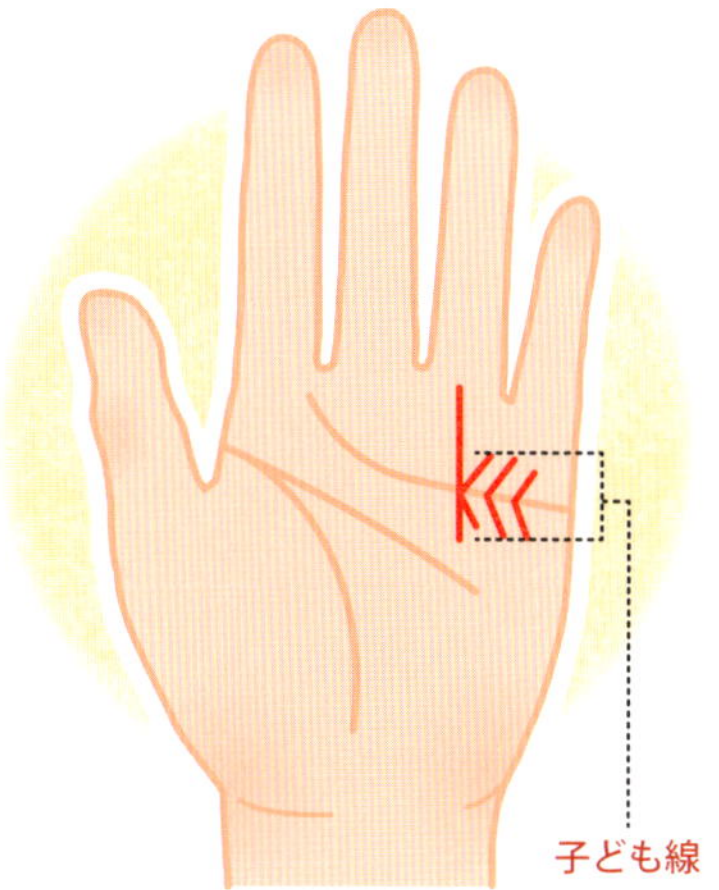

感情線の始まりに出現する子ども線の数が上下共に同じで、さらに太陽線にまで達していれば、将来的に金銭面で困る心配はないでしょう。なぜなら、子どもが金銭的に親を助けてくれるからです。子どものことを常に優先して考えていれば、将来、きっと親孝行してくれるでしょう。

子どもの存在が家族を救う

❶結婚線の上に縦のシワ

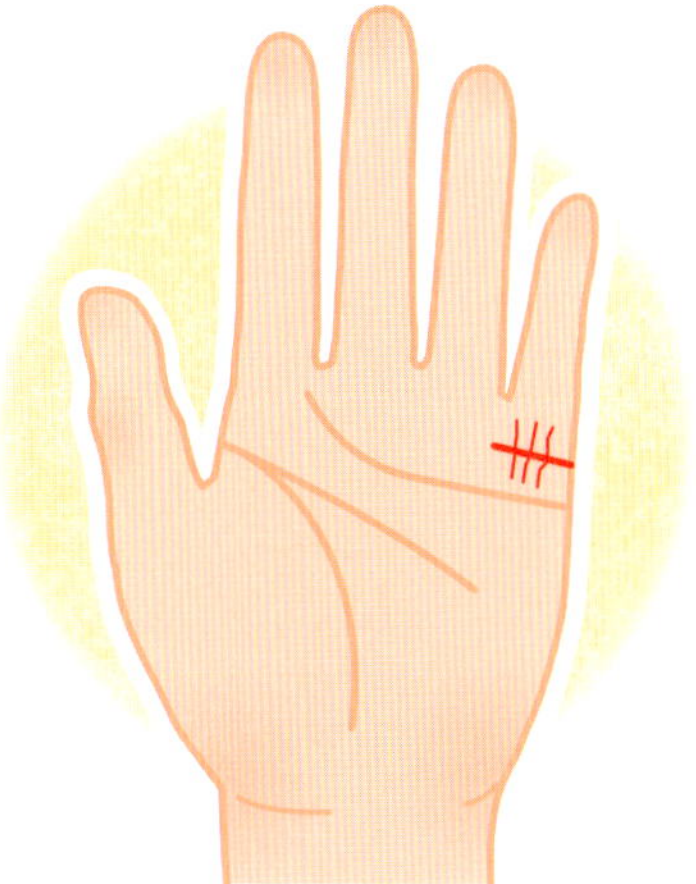

P.112／P.115も参照

結婚線上に縦のシワがたくさん刻まれている場合、素直でいい子どもに恵まれるという幸福のサインです。将来、パートナーとの対立や家庭の問題が起こったとしても、子どもの存在が潤滑油となって解決への道筋が見えてきそうです。嫁姑問題も、子どものおかげで切り抜けられます。

パートナーとあなたの力関係は？

結婚して家庭に入ったあなたは、パートナーを引っ張っていくタイプ？
それとも一歩下がってついていくタイプ？
家庭でのあなたの立ち位置をチェックしてみましょう。

パートナーへの依存度は高め

❶ **生命線**と**頭脳線**の重なりが大きい

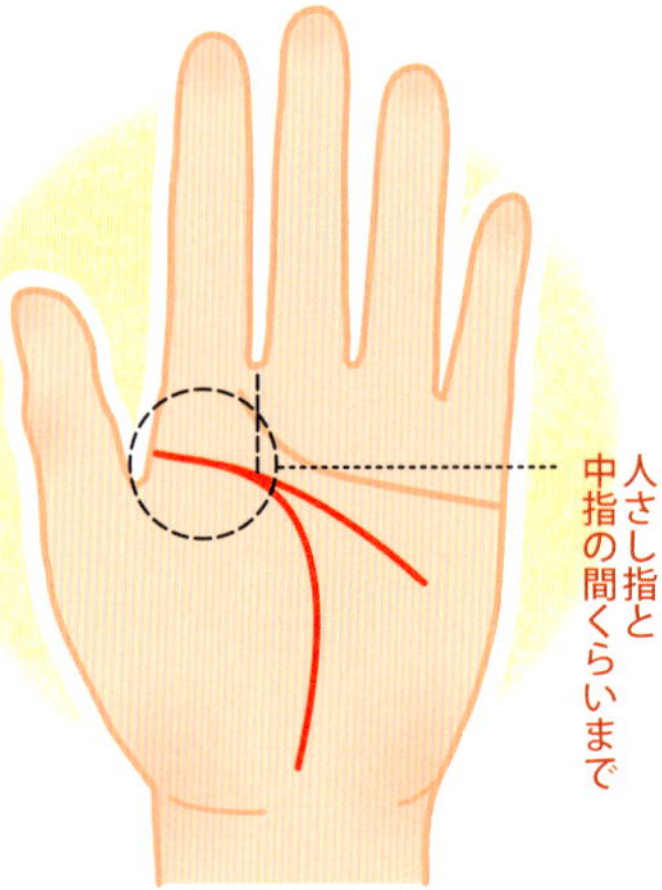

生命線と頭脳線が重なっている部分の長さは、**人への依存心の高さを表します**。この重なりが大きい人は、結婚前は両親に依存し、結婚後はパートナーを頼っていくことでしょう。もともと両親からの愛情をあふれんばかりに受けていた相当な箱入りです。**家庭に入っても相手に頼りきり**となりそう。

女性なら専業主婦になるタイプ

❶ ぼんやりとした**太陽線**、**運命線**

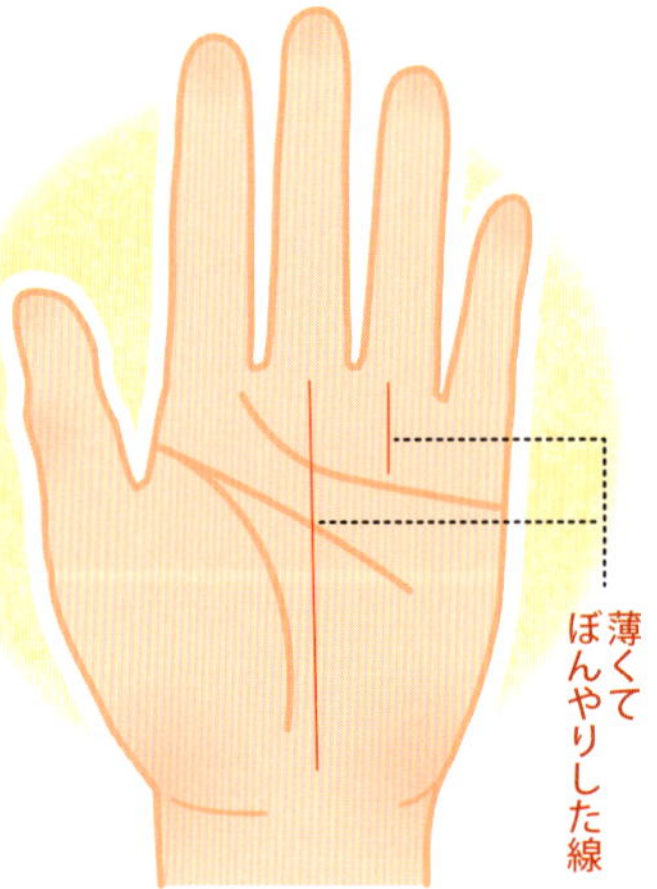

経済面を表す太陽線と、仕事面を表す運命線。この2本の線がぼんやりとしている人は、経済的にも精神的にも、**パートナーや両親などに依存している**状態であることを表しています。どちらかというと、バリバリ外で仕事をするよりは、**家庭をしっかり守るタイプ**といえるでしょう。

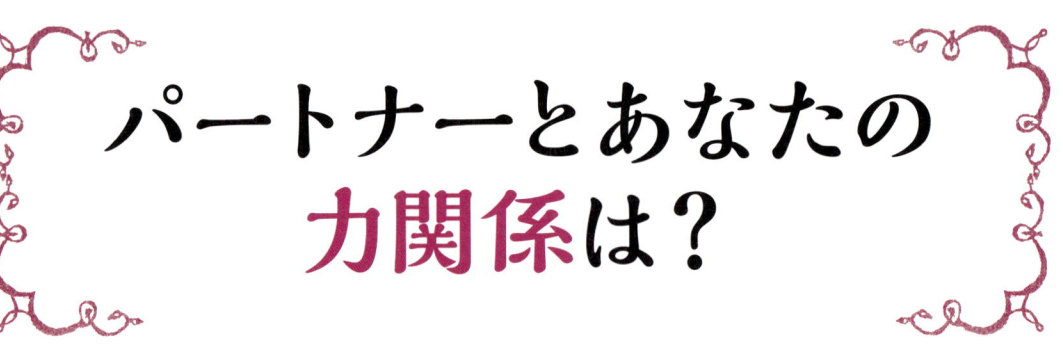

一家をがっちり支える良妻賢母

❶地丘にテンプルがある
❷テンプルと生命線の間にクロスがある

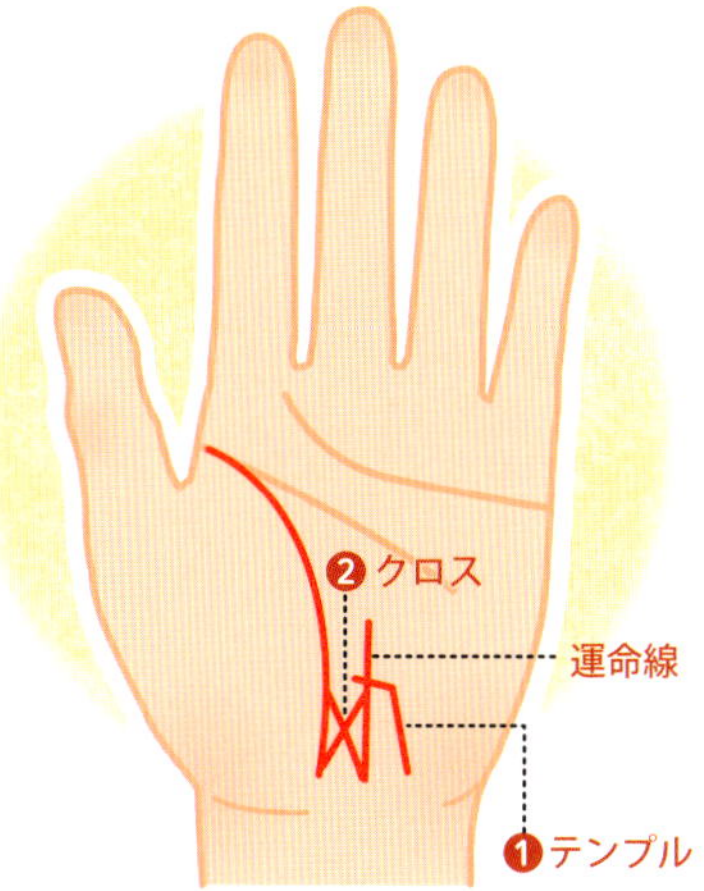

運命線が地丘から伸びていて、それに接するように、テンプルという家の形のシワがある場合は、**家族の中心となって一家を盛り上げていくタイプ**です。さらにテンプルと生命線の間にクロスがあれば、家庭に惜しみなく身を捧げて**家族の成長を見守る、しっかりとしたお母さんになる**はず。

配偶者と助け合える関係に

❶運命線の横にサポートライン

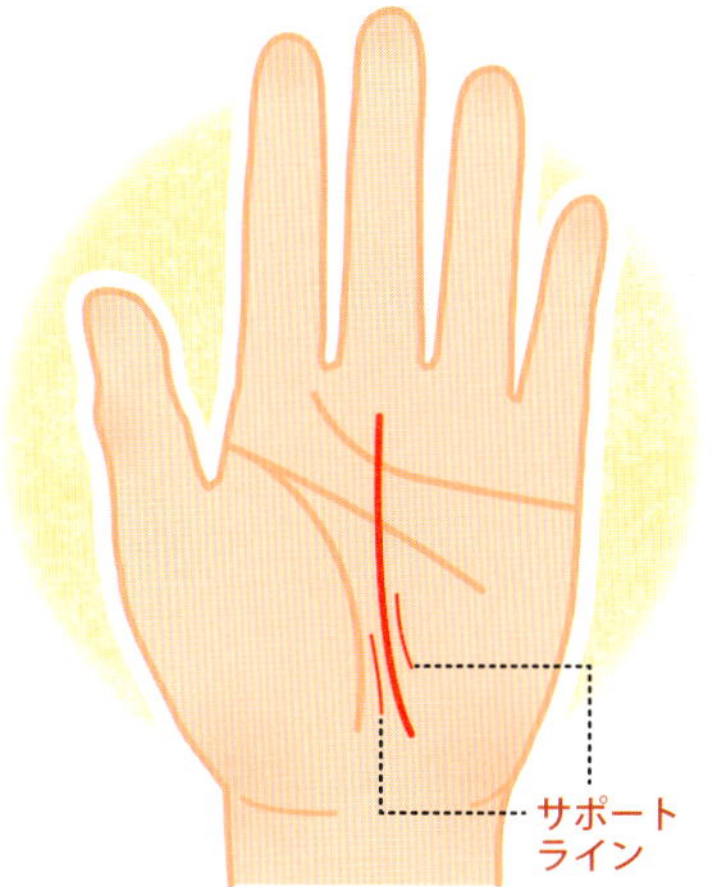

P.160も参照

運命線の横に寄り添うようなサポートライン。この線が出ると、**相手から支えてもらえる**だけでなく、**自分も相手を支えることができる良い関係**であることを示します。この線が濃くはっきりしているほど、パートナーとの絆は強くなるでしょう。**互いに支え合って円満な家庭を築ける**はず。

しっかりもので仕切るタイプ

❶下向きの感情線が木星丘に届いている

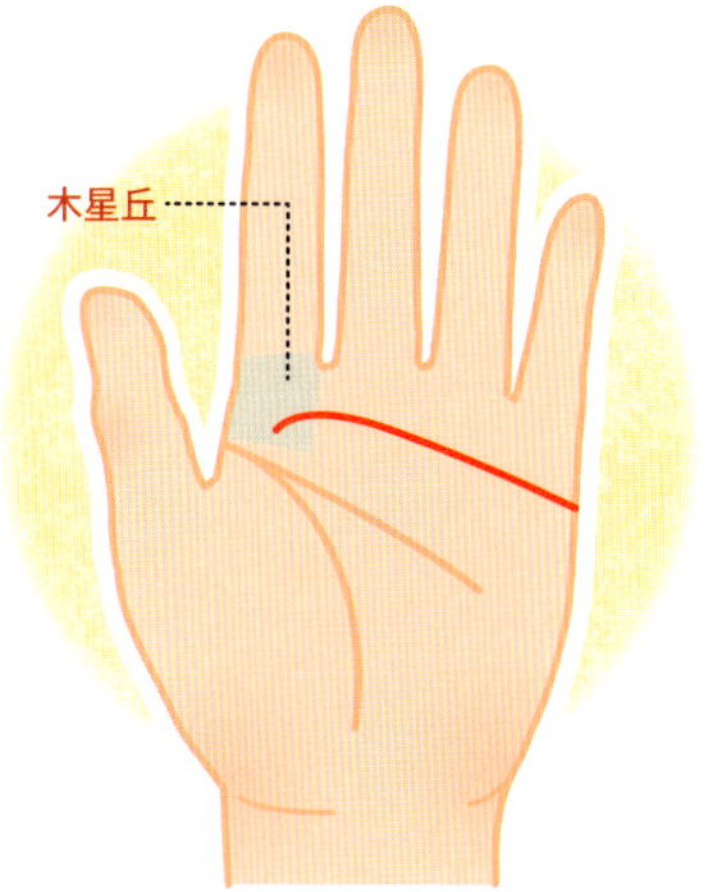

P.156も参照

感情線の終わりが、人さし指の下の木星丘まで達している人は、いわゆる仕切り屋タイプです。家庭に入っても**パートナーをリードして、家族をまとめていく**でしょう。感情線のカーブが下向きなら、この傾向がより強くなりそう。**女性なら、間違いなくカカア天下**になるでしょう。

あなたは家庭向き？ 自由な独身向き？

「一生独身で良い！」という人でも、結婚したら意外と良妻賢母だったり、
逆に結婚願望が強い人でも十分自立できるタイプだったり……。
さて、手相ではどう出ているでしょう。

家族を上手にまとめられる人

❶ 頭脳線が2本出現している

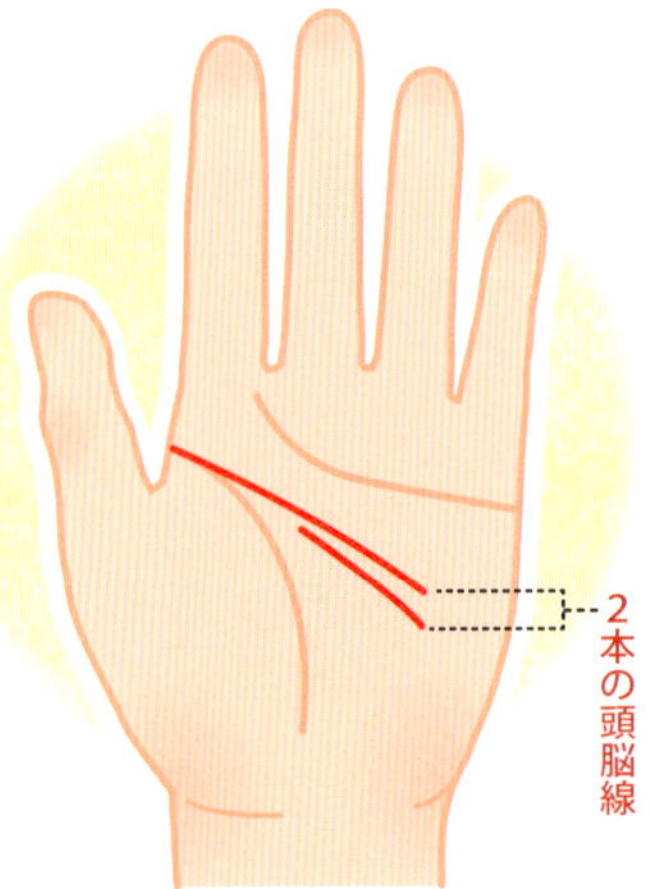

P.157も参照

生命線と起点が同じ頭脳線と、生命線と離れている頭脳線、この2本があるなら、人を引っ張る性格と、協調性のある性格とがバランスよくミックスされています。家族と信頼関係を築いていきながらも、リーダーシップをとることができるでしょう。一家にとってなくてはならない存在です。

仕事中心より家庭向きのタイプ

❶ 結婚線の周辺に細かい線がある

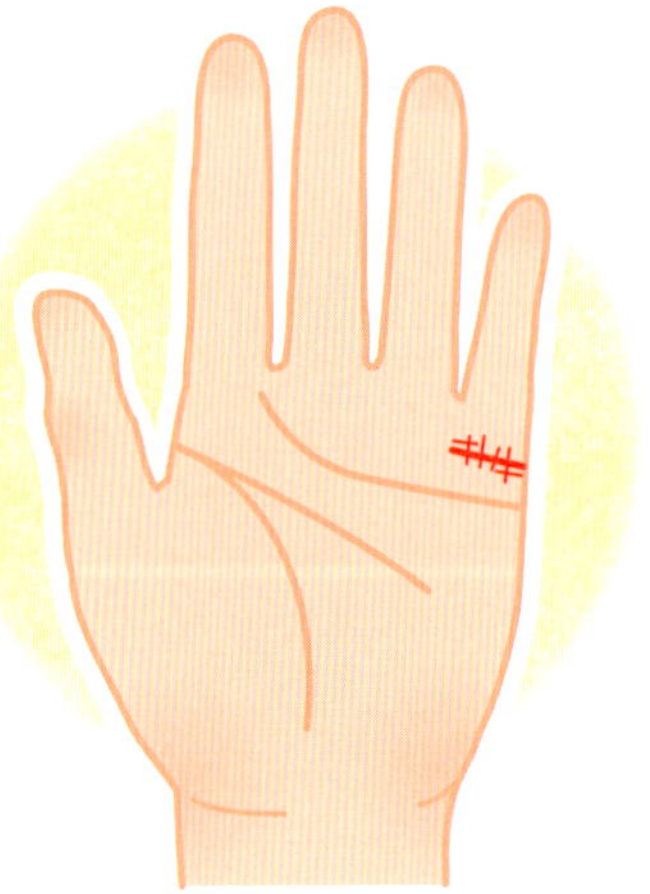

P.109／P.115も参照

結婚線の周囲にある短い横線や縦線は、人から支えられることを示すサポートライン。ただし、家庭の中では家族に守られているから良いものの、仕事を始めるなど、いきなり外の世界に飛び出そうとする場合は一気にパワーダウンする傾向が。家庭の中でこそ力を発揮する人です。

独身生活を十分に謳歌したい

❶ヴィア・ラシビアがある

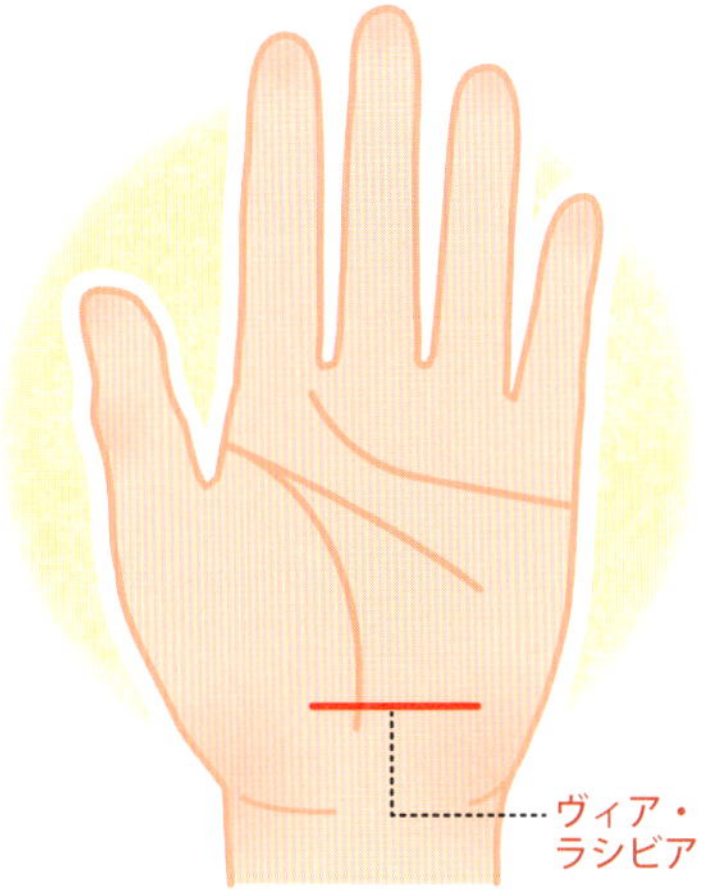

P.70／P.79も参照

生命線を横切って水平に伸びるヴィア・ラシビア。この線がある人は、何事においても型にはまることを嫌い、思いのままに自由を追い求めます。そのため、結婚をして家庭に入るより、誰にも束縛されない独身生活の方が気楽と考えているはず。一人でしっかり生きていけるタイプです。

縛られることが嫌いな自由人

❶感情線の下に水平に伸びる反抗線

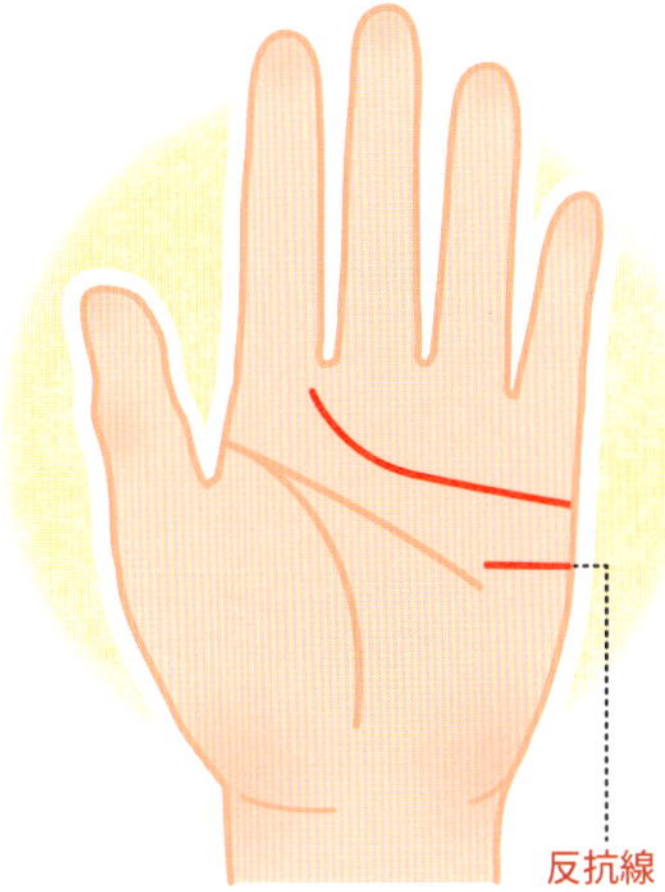

感情線の下に水平に伸びる線。これは反抗線と呼ばれ、この手相を持つ人は自由を好み、何かに縛られることを非常に嫌う性格です。たとえば男性は束縛を、女性は家庭に入ることを嫌います。恋愛に対しても消極的で、結婚など眼中にありません。生涯、独身を貫きたいと考えているかも。

結婚願望よりお金に関心がある

❶結婚線はないが、太陽線がはっきり出現

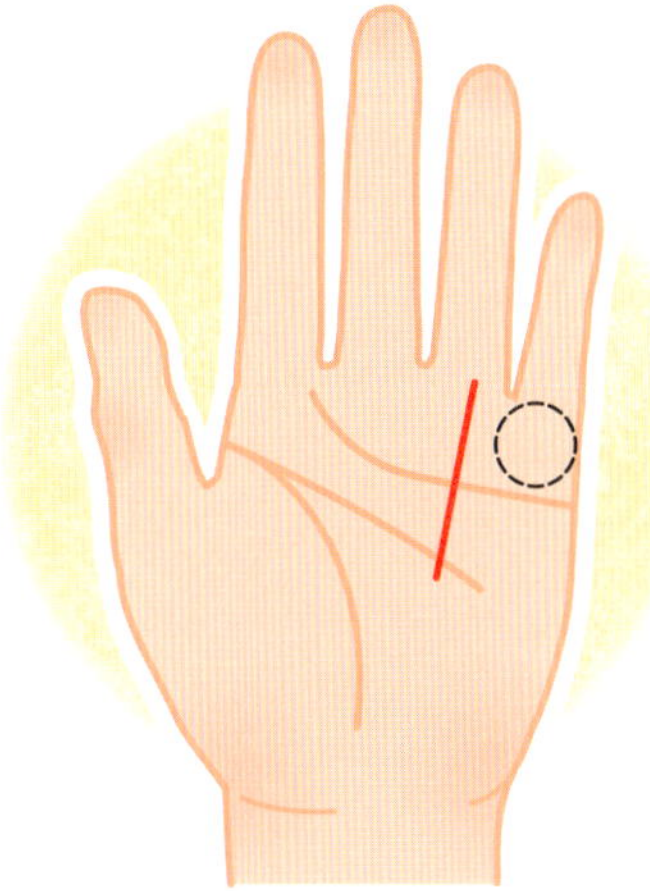

水星丘に結婚線が見当たらず、太陽線だけ伸びているなら、恋愛への関心はないものの、金銭感覚はしっかりしている人。結婚より、まずはお金と考えているため、十分な貯蓄ができるまでは結婚に気持ちが向かないでしょう。結婚相手も、お金持ち以外は考えられないタイプです。

結婚相手の実家とのおつき合いは？

せっかく大好きな人と結婚することができても、
気になってしまうのは相手の両親との関係です。
この先、結婚生活のネックになる可能性があるか、手相で見てみましょう。

姑との対立が待ち受けているかも

❶ 結婚線が波打って金星環まで届く

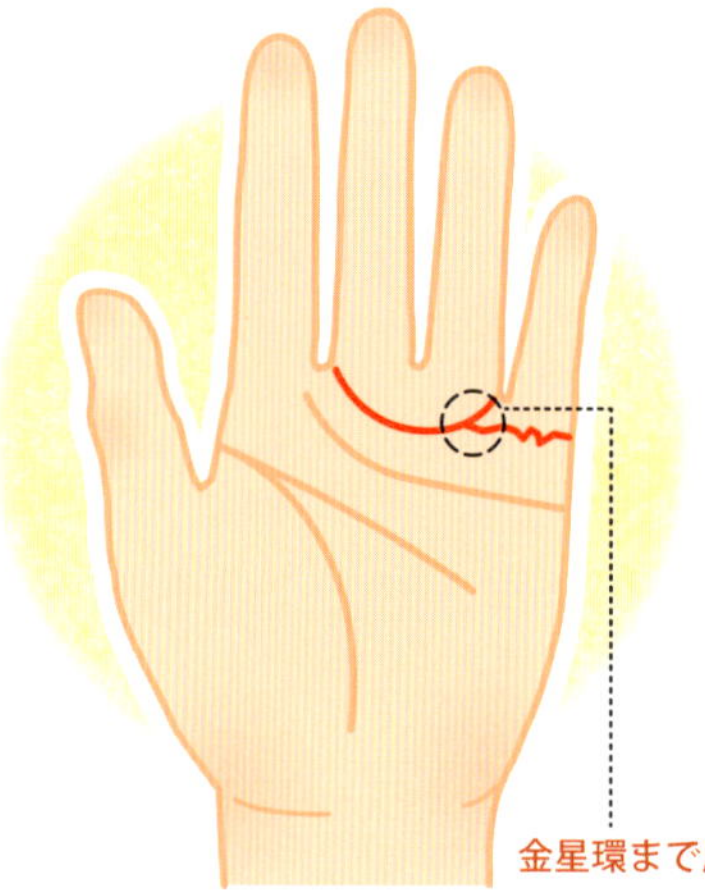

波打つ結婚線が意味するのは、**浮き沈みの激しい結婚生活**。姑との対立で、苦しむことも多々あるでしょう。さらに結婚線が金星環まで届いているなら、家族のために身を削り過ぎてしまう恐れも。苦しいときはパートナーに頼るなど、**一人で悩みを抱え込まないように**しましょう。

一時的に相手の実家ともめそう

❶ 感情線に島がある

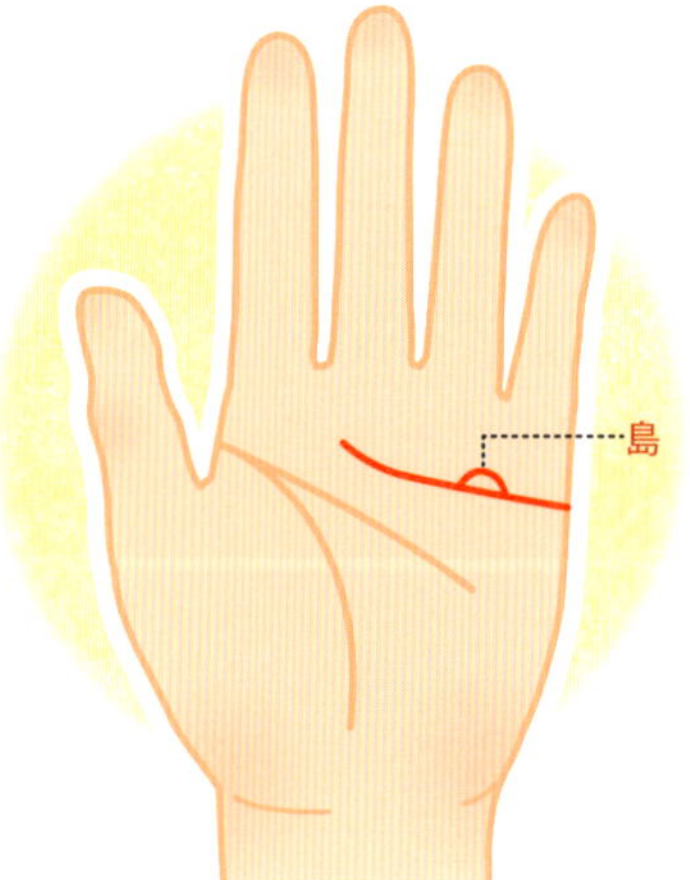

感情線に島が現れると、**感情的になりやすくなっている**というサイン。せっかく築いてきた姑との関係を壊してしまうような事件が起こるかもしれません。「自分に原因はない」と意地を張らず、**広い心で接すること**が大切。**あなたから歩み寄れば、関係を修復することができる**でしょう。

P.162も参照

トラブルが起こる前に対策を

❶頭脳線まで伸びた障害線

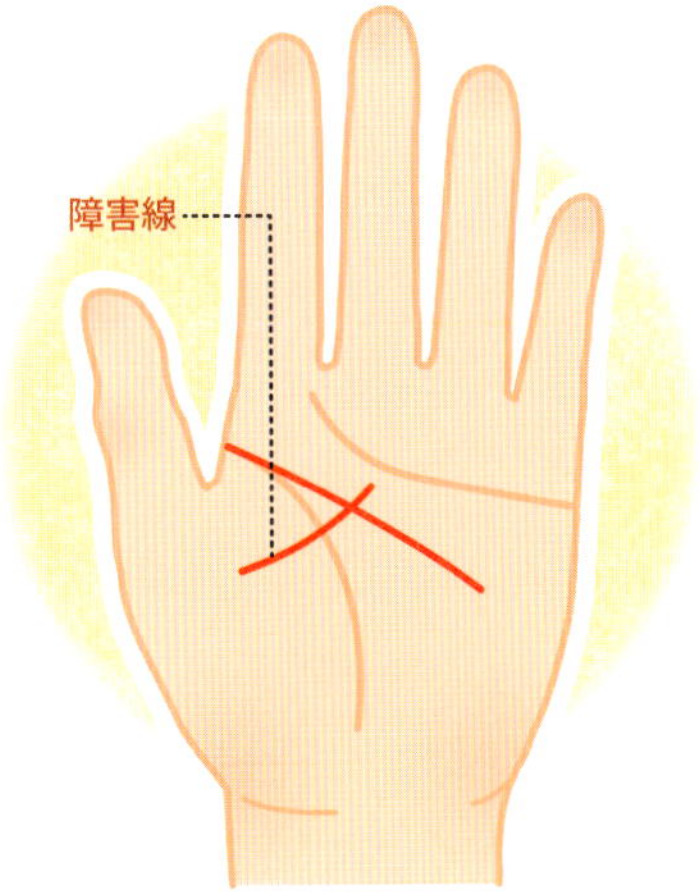

障害線が生命線を横切り、頭脳線まで達している状態。これは家族や身内の間で、近いうちトラブルが起こる危険シグナル。この障害線がはっきりしているほど、姑との関係も深刻に。そのためには、同居しない、なるべくかかわらないなど、割り切ったつき合いを心がけて。もめごとも回避できます。

家庭がギスギス落ち着かない

❶感情線に島がある
❷頭脳線が切れ切れ
❸結婚線に島がある

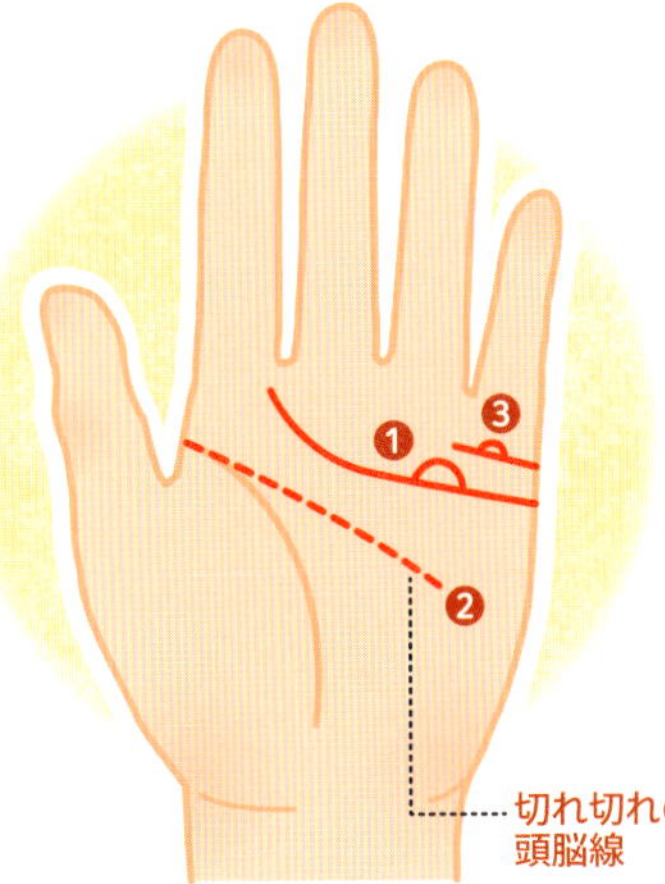

感情線に島があると、心の不安定さから家族に八つ当たりしてしまう恐れが。また頭脳線が切れ切れ状態なら、カッとなってケンカをしてしまうかもしれません。さらに結婚線に島があると、不満ばかりでイライラしているサインです。ストレスを上手に発散して、リフレッシュを。

子どもの存在で人間関係が良好に

❶結婚線の上に縦のシワ

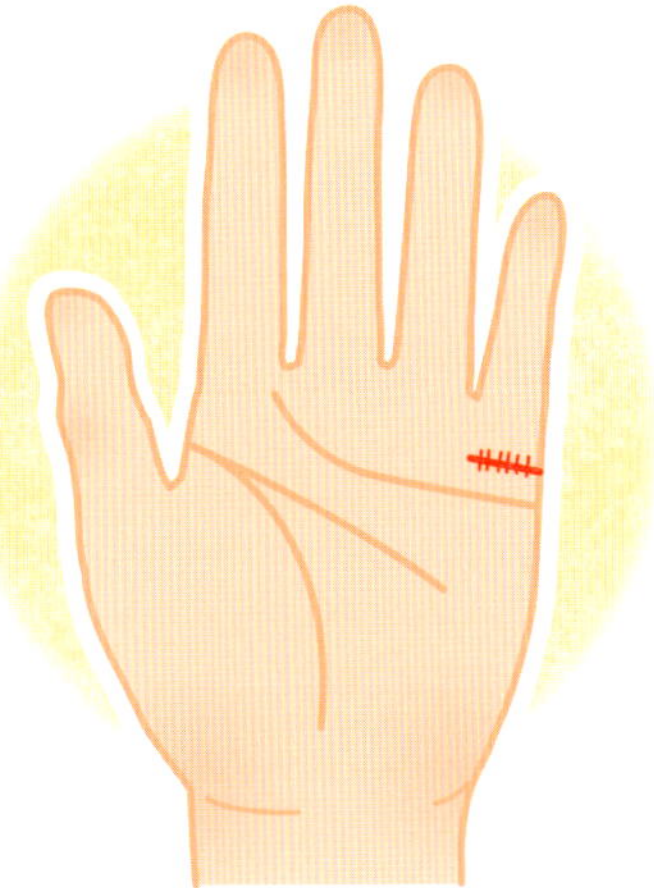

P.109／P.112も参照

身内の人間関係に悩んでいたとしても、この手相があれば大丈夫です。結婚線の上に縦のシワがたくさんある場合は、近いうち子どもに恵まれるというサイン。もし姑や配偶者との関係がギスギスしていても、子どもが生まれることでその対立が和らぎ、関係を良好にしてくれることでしょう。

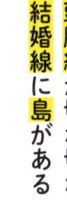

離婚や再婚の可能性はありそう？

夫婦の関係が冷め切ってしまった原因は何でしょうか。
結婚生活の不安定さは、とくに結婚線に表れます。
離婚に至る前に、改善できるところを探してみましょう。

ドロドロの不倫劇になりそう

❶情愛線に島がある
❷結婚線に届く障害線

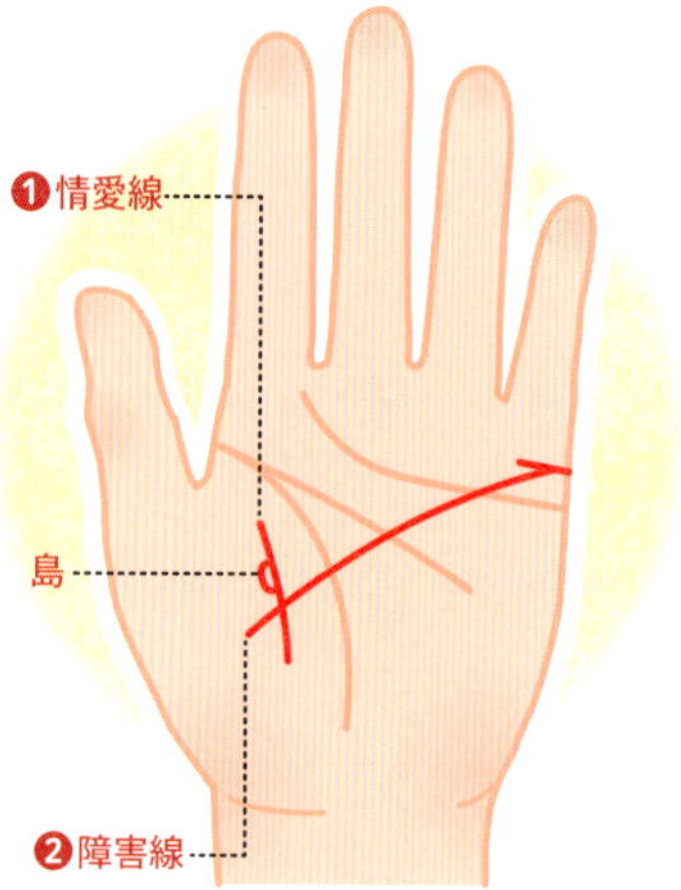

生命線の内側に情愛線が現れたら、**浮気心が芽生えている**かも。とくにこの線が島になると、不倫が原因で修羅場になる可能性が大きくなります。さらに情愛線から出た障害線が結婚線まで達すると、家庭崩壊の恐れも。**自分の感情だけで行動せずに、理性を持って対応する**ようにしましょう。

お互いへの不満が爆発寸前！

❶結婚線の上にクロス

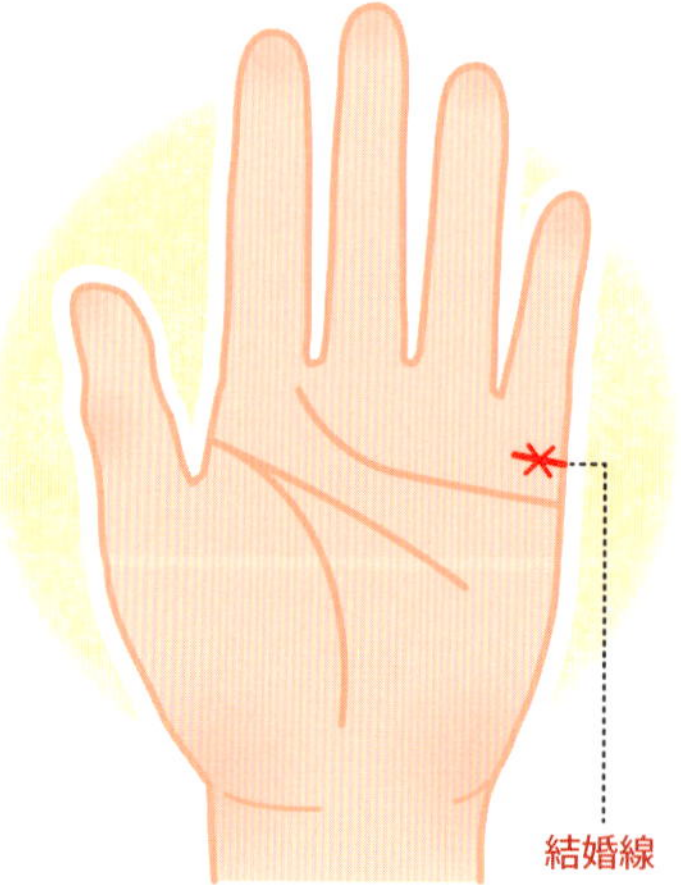

結婚線上に現れるクロスは、**夫婦間に不満がある**ことのサイン。すぐに離婚とまではいかないものの、このまま放置しておけばいつかはその不満が爆発し、周囲にも大きな迷惑が。信頼関係を取り戻すためにも、**早めにあなたからコミュニケーションを取って**、気持ちを打ち明け合いましょう。

愛が冷め切ってセックスレスに

❶3大線がくさり状になっている

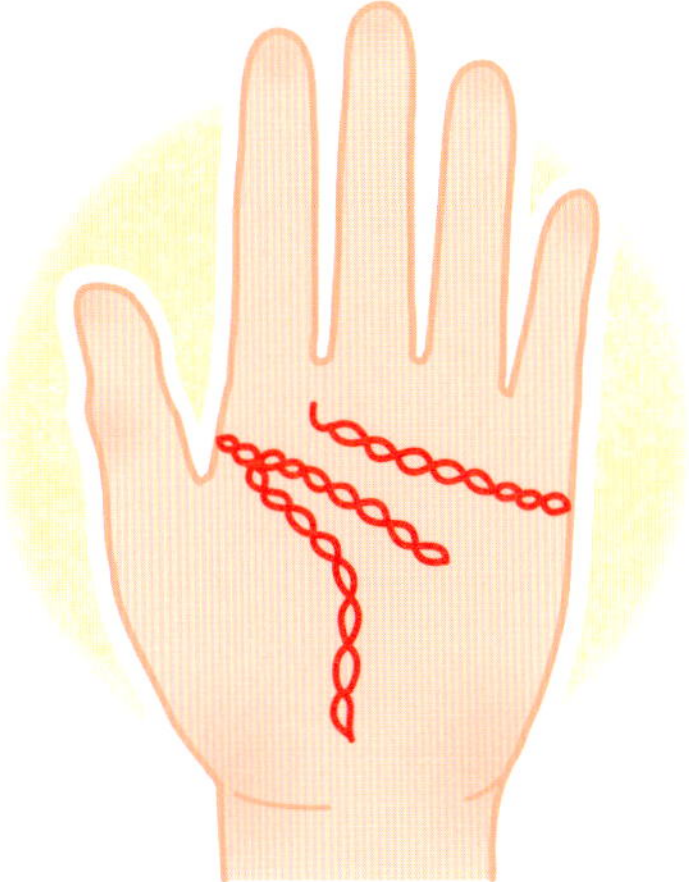

P.155も参照

パートナーの生命線、頭脳線、感情線をチェックしてみましょう。すべてがくさりのような状態になっているなら、生命力や性的バイタリティが低下している証拠です。これは身体的なスタミナ不足が原因であることも。バランスのいい食事や適度な運動で愛情と体力を戻してあげましょう。

離婚の危機で大ピンチ！

❶結婚線が特殊で障害線もある

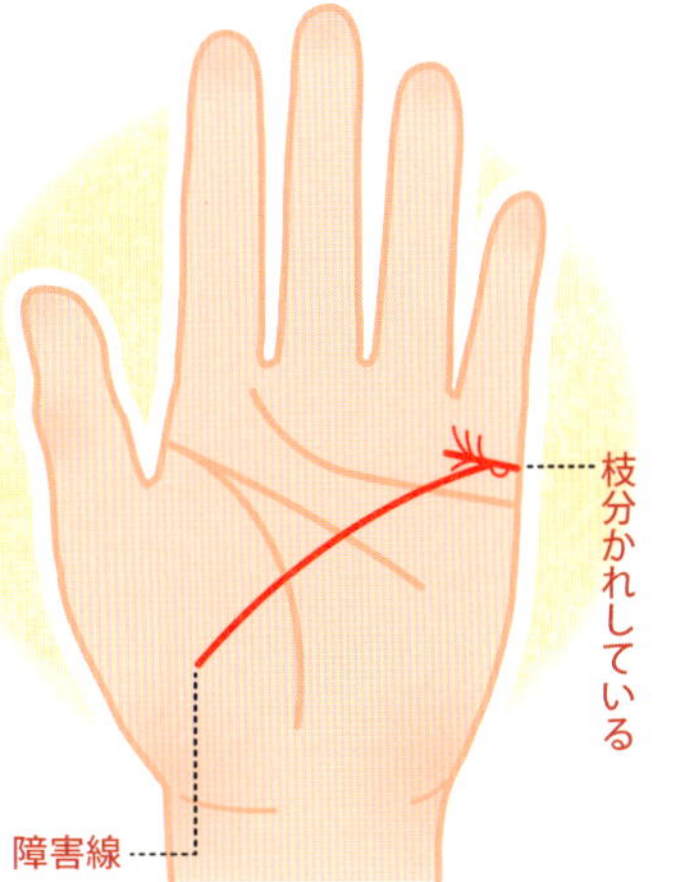

結婚線が枝分かれしていたり、島が現れたりしているなら、結婚生活に不満が満ちている証拠。さらに障害線が結婚線まで伸びてしまっているなら要注意です。近いうちに決定的な事件があるかもしれません。愛を取り戻す努力をお互いがしない限り、このマイナスのシワは消えにくいでしょう。

熟年離婚の可能性がありそう

❶結婚線にクロス、ストップがある
❷生命線が分断している

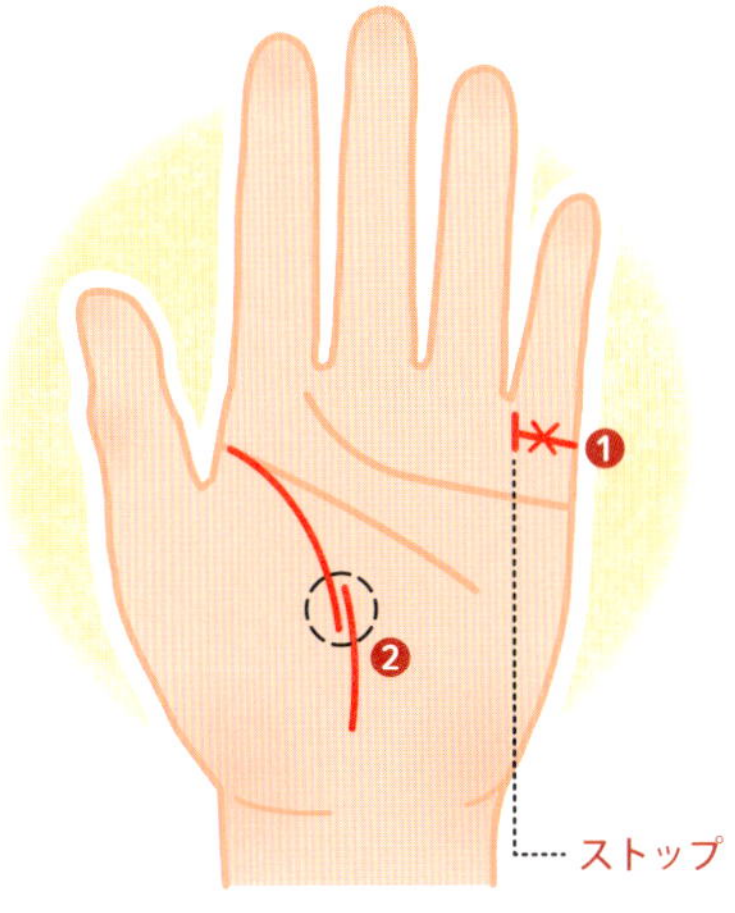

結婚線の上にクロスやストップなどの障害が現れたら、結婚生活が破綻寸前。また、生命線が途中で切れているのは、生活に大きな変化があることのサインです。これらの線は、熟年離婚が濃厚である際に見られる手相。思い切った生活スタイルの変化で、夫婦の間に新鮮さを取り戻しましょう。

家庭内で勃発する今後のトラブルは？

当初は順風満帆の結婚生活も、気がついたらすれ違いだらけ。
幸せな家庭を守るためにも、家族に起こる障害や争いの予兆を
手相から読み取って、解決策を考えましょう。

寂しい晩年になってしまうかも

❶土星丘上の運命線にクロスが出現

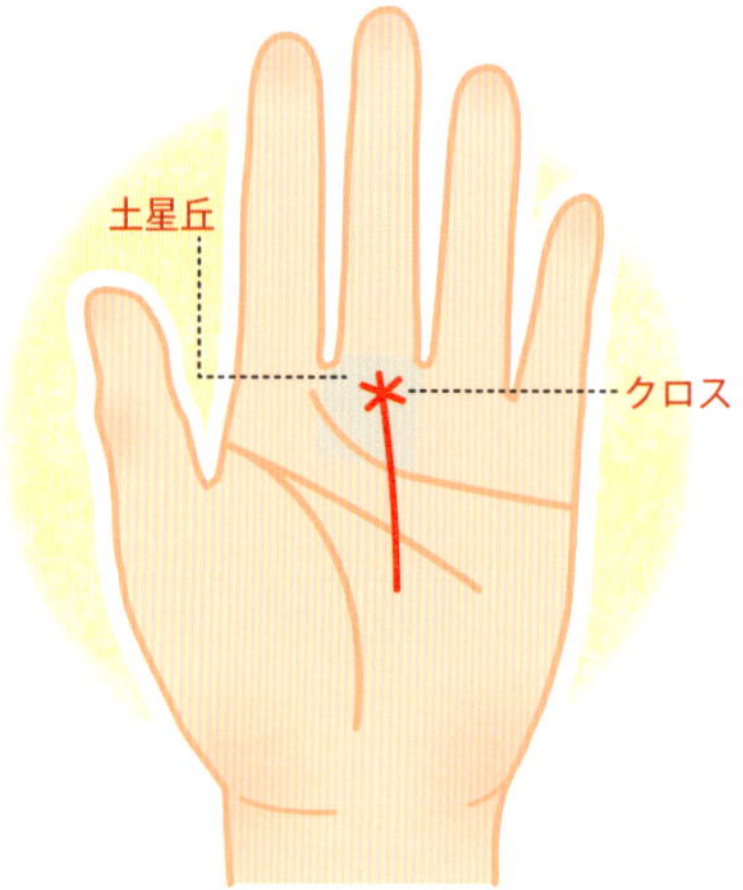

土星丘まで伸びている運命線の先にクロスが現れている場合、親しい友人もおらず、子どももめったに会いにこない、といった寂しい老後の暗示。これは人生後半の生活への無関心が原因かも。今のうちに長い目で先を見据えるようにすると、シワもきれいになり、修正ができるでしょう。

将来に対するいろいろな不安

❶末端が切れ切れになっている生命線

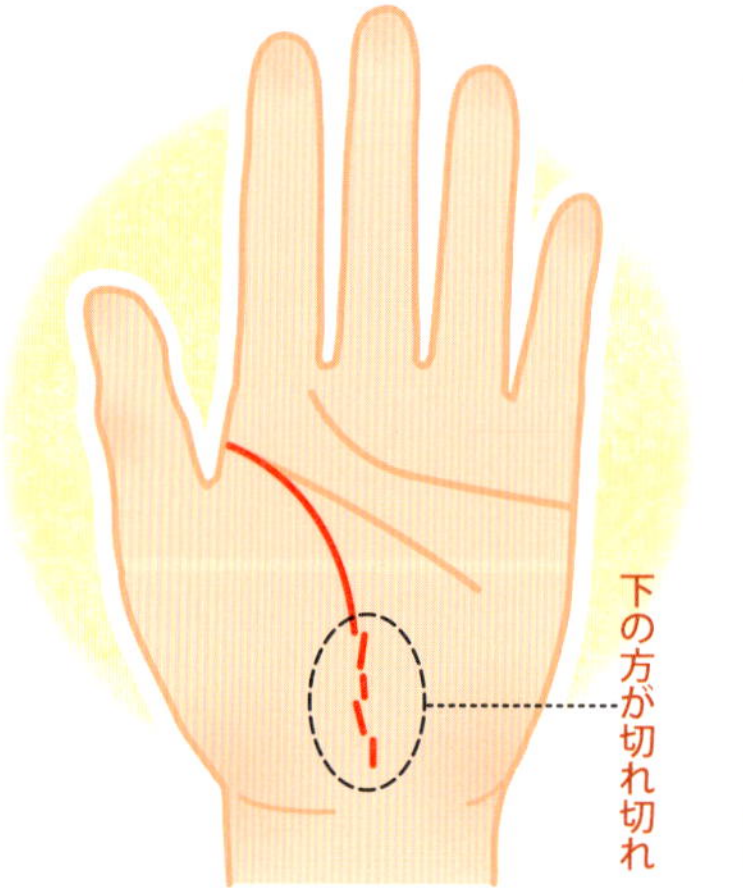

P.136／P.189も参照

生命線の先が切れ切れになっているなら、将来に何かしらの不安を抱えているということの表れです。老後の金銭のやりくりや、自分の健康のことで不安があるなら、今から将来を見据えた生活にチェンジしましょう。少しずつライフスタイルを変化させれば、幸せな老後生活になるはず。

大きな金銭トラブルに注意を

❶障害線が太陽線まで伸びている
❷金星丘にクロスがある

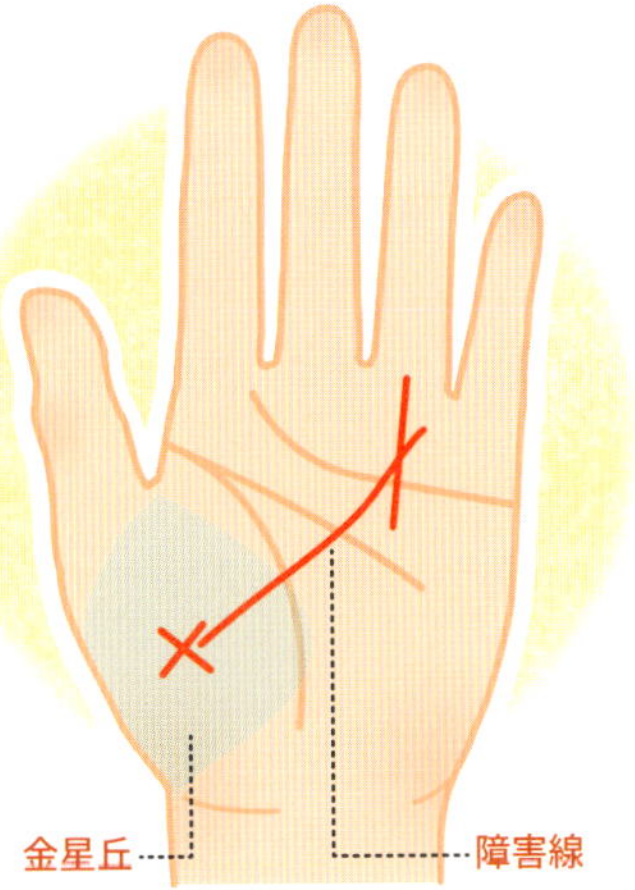

金星丘から伸びる障害線が太陽線まで届き、さらに、金星丘にクロスが現れている場合は、今後大きな金銭トラブルがあるかも、という暗示です。とくに身内との間で、遺産相続問題などに巻き込まれてしまう恐れが。信頼できない身内からは、少し距離を置いた方が良さそうです。

一家がバラバラになってしまう？

❶生命線の先に島、枝分かれ
❷結婚線が枝分かれ

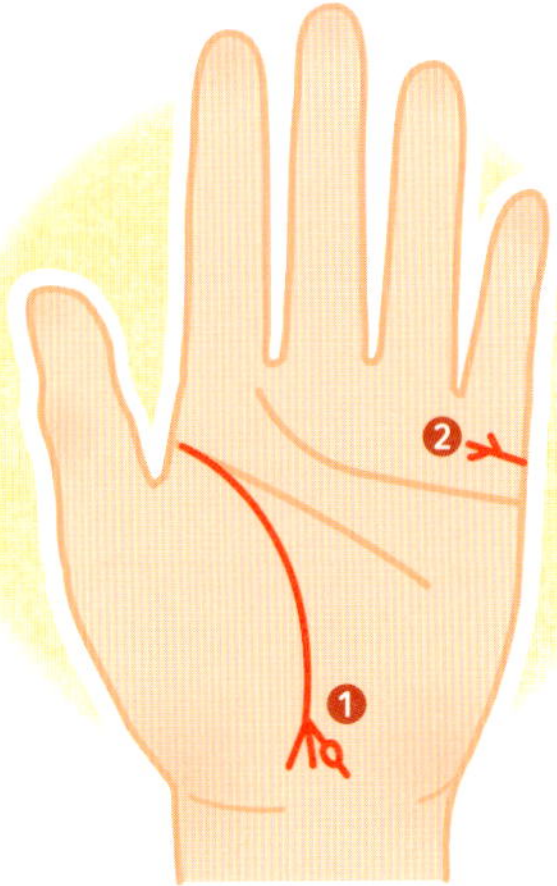

地丘の異変は家庭のピンチです。とくに、生命線の先に島や枝分かれがあると、家族がバラバラになってしまう恐れも。結婚線が枝分かれしている場合は、夫婦関係がうまくいっていないことが多いでしょう。引っ越しするなど、環境を変えることで悪い運の流れを断ち切りましょう。

お金の問題には事前に予防線を

❶太陽線がくさり状になる
❷中指まで伸びる運命線

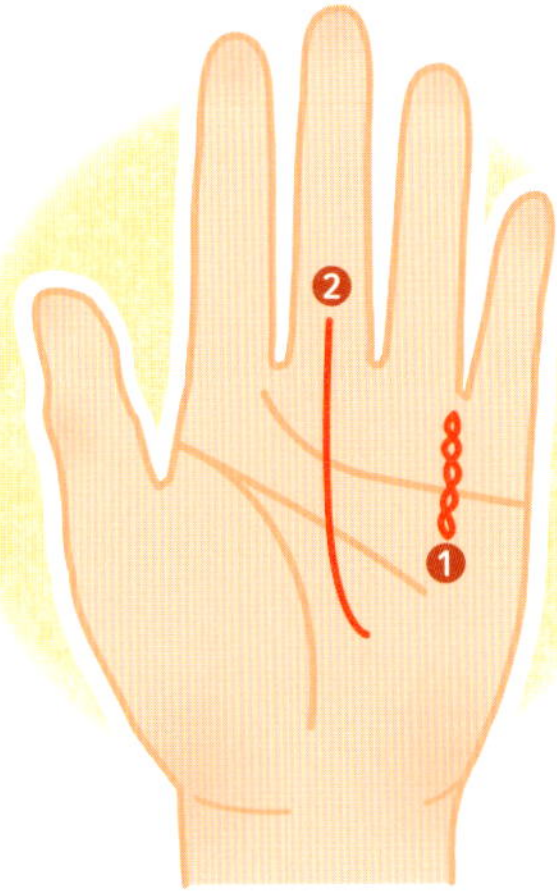

太陽線がくさり状になっているなら、今後、金銭トラブルが起こるサイン。勝手にお金を使った、使っていない、などのややこしい問題が生じるかもしれません。中指まで伸びた長過ぎる運命線は、いつまでも周りから頼られてしまうという暗示。長期的に家計管理の計画を立てて。

結婚と家庭生活

ひと目で判断！ひと言で診断！

**あなたや気になる人の手相の特徴はどれにあてはまりますか？
ワンフレーズで答えます！**

生命線＆運命線

生活環境、心身の状態、家族との関係性を表します。

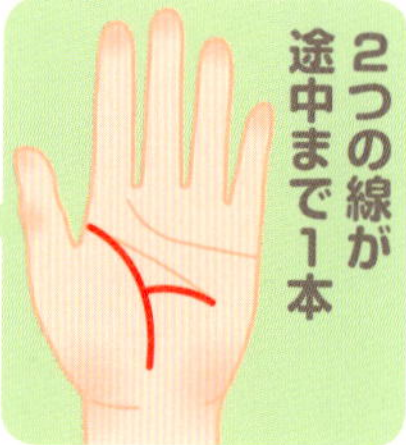

見合い結婚向き

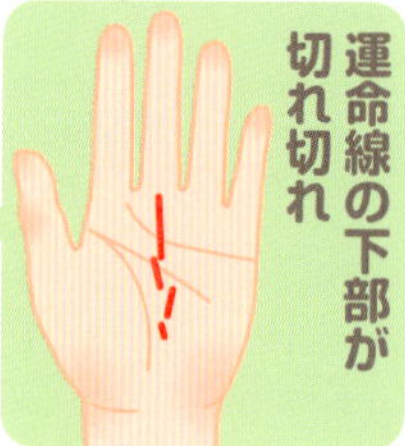

晩婚タイプ

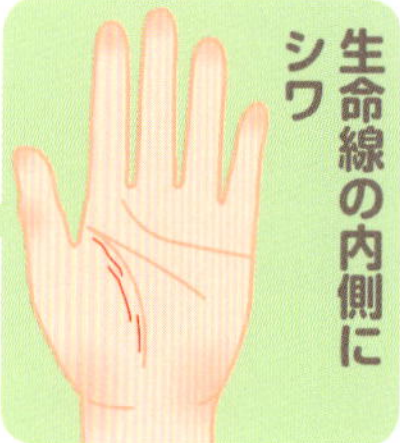

浮気性

結婚線

おおよその結婚時期や生活状況、問題点などもわかります。

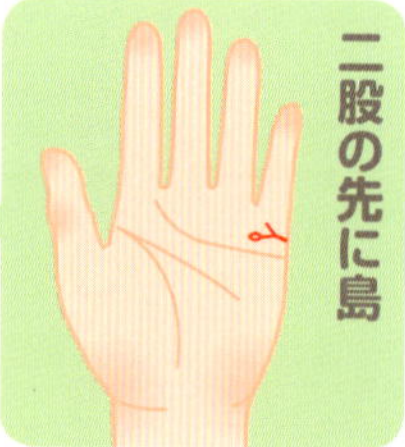

離婚の危機

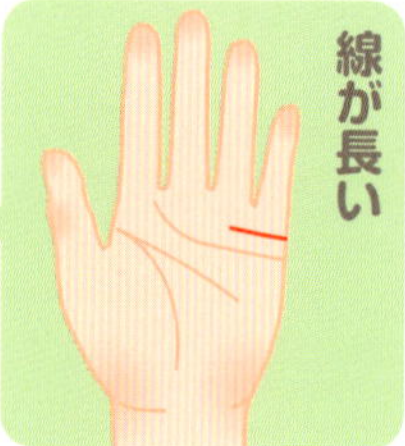

幸せな結婚

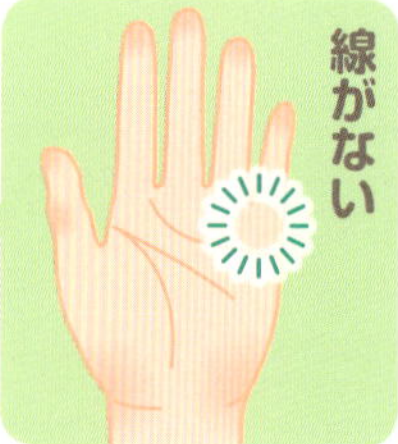

仕事一筋

地丘周辺

家族に関しての根本的な考え方、理想がわかります。

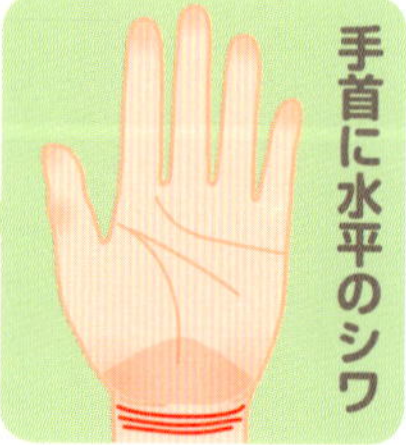

子だくさん

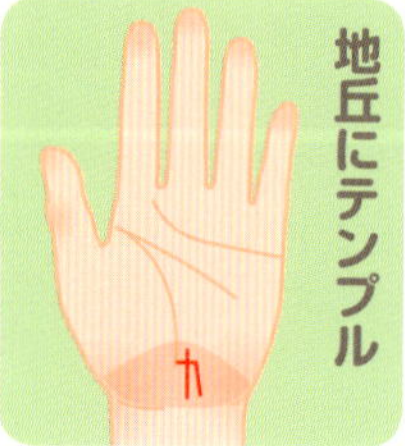

マイホーム購入

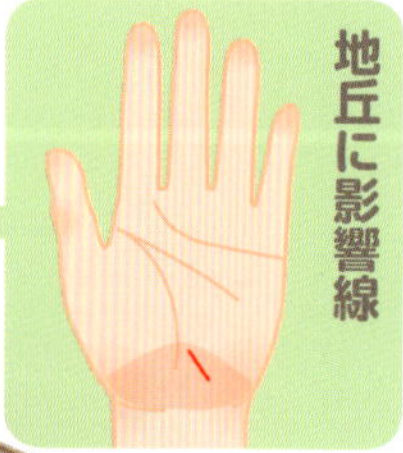

早婚タイプ

第5章

仕事のタイプ

仕事の向き、不向きは、ものの考え方や対人関係などでおおよその予測がつきます。隠れた才能、転職のタイミングなどを知り、自分らしい生き方につながる「仕事」を探りましょう。

仕事運の傾向はココで見る！

仕事の向き不向きは、ものの考え方や生活習慣、対人関係などを総合して判断することで、見えてきます。主に、次の３本の線を中心にチェックしてみましょう。

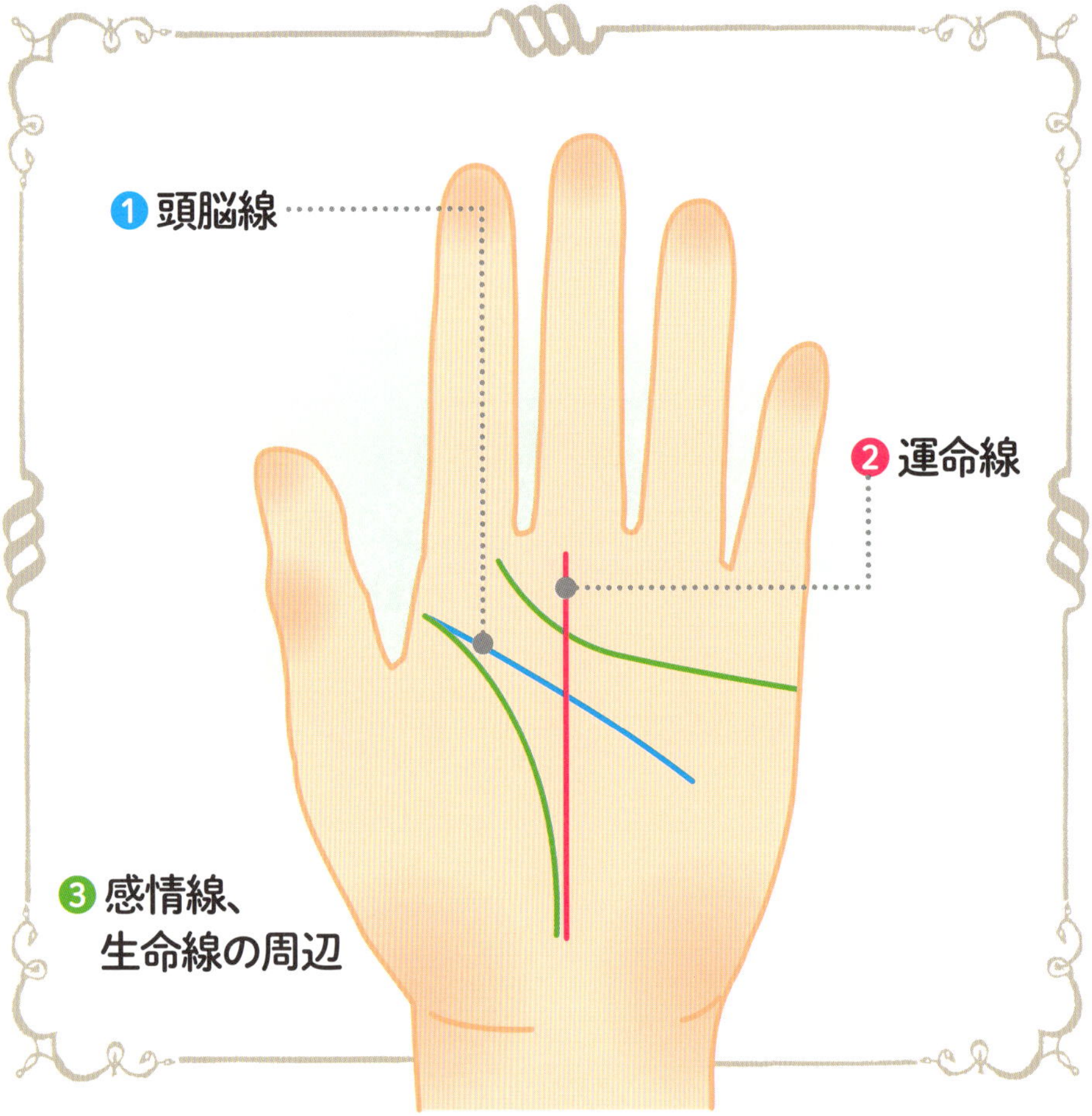

1 頭脳線

人間の意志や目的意識、その人の自我と深いかかわりがある線

2 運命線

その人の肉体や精神の成長度、バランスと密接な関係がある線

3 感情線、生命線の周辺

無意識の深層心理、対人関係、感情表現と、基本的な生命力を表す線

1 頭脳線

もの考え方を見る

頭脳線が伸びる方向や形によって、論理的な考え方か、空想的か、また、楽観的か悲観的かなどに分類が可能です。

また、頭脳線は、人さし指と中指を曲げたときにはっきり現れます。人さし指はものを指し示すときに使い、中指は人さし指の補佐的な役もします。この2本の指は、自分がどういうことに関心や興味を持っているかという意思を示すときに使われるのです。

得意な分野、不得意な分野は、その人の思考パターンによってある程度分けられますから、職業を見るときには、頭脳線の形や方向を見極めることがとても重要なのです。

2 運命線

「職業線」ともいわれるシワ

手のひらを縦に大きく2分するような位置にある運命線は、手の骨格や筋肉のつき方によって変わる線です。筋肉を緊張させたり、緩和させたりすることで刻まれます。

たとえば、この線がまっすぐ伸びている人は、適度な運動でストレスをうまく発散している証拠。一方、この線の形が歪んでいると、ストレスによって筋肉が緊張しているか、不自由な手の動かし方をしていると考えられ、あまりバランスがいい状態とはいえません。

その人の心身バランスは社会生活を大きく左右します。運命線が「社会的なシワ」「職業線」と呼ばれるのは、こうした理由からなのです

3 感情線、生命線の周辺

バイタリティと資質を見る

感情線は、仕事運を見るうえでも重要な線です。社会生活への適応力、対人関係をどう築けるかが、仕事への姿勢、職業の向き不向きにつながると考えられるからです。

加えて、感情線の形や末端の方向には、その人の資質が表れるので、そこから仕事運を見ることもできます。一方、生命線はその人の肉体の発達状態を顕著に表し、精神的なバイタリティを示しています。

仕事運を見るときは、この生命線の近辺から出ている細かい線（障害線・上昇線）にも注目しましょう。この障害線と上昇線が、仕事の好、不調を表す手がかりになります。

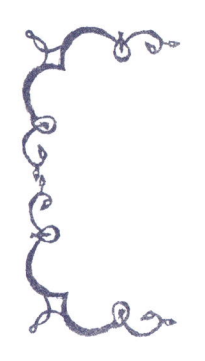

どういう仕事に向いている？

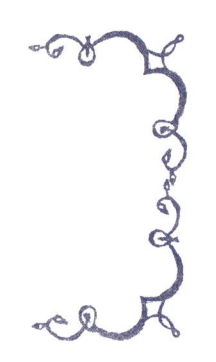

「今の仕事、向いていないかも？」「自分に合う仕事が知りたい！」
手相には、そんな悩みの解決につながるヒントがたくさん。
まずは手や指の形からチェックしてみましょう。

身体を動かすパワフルな仕事向き

❶指が太くて短い
❷手のひら全体が四角い

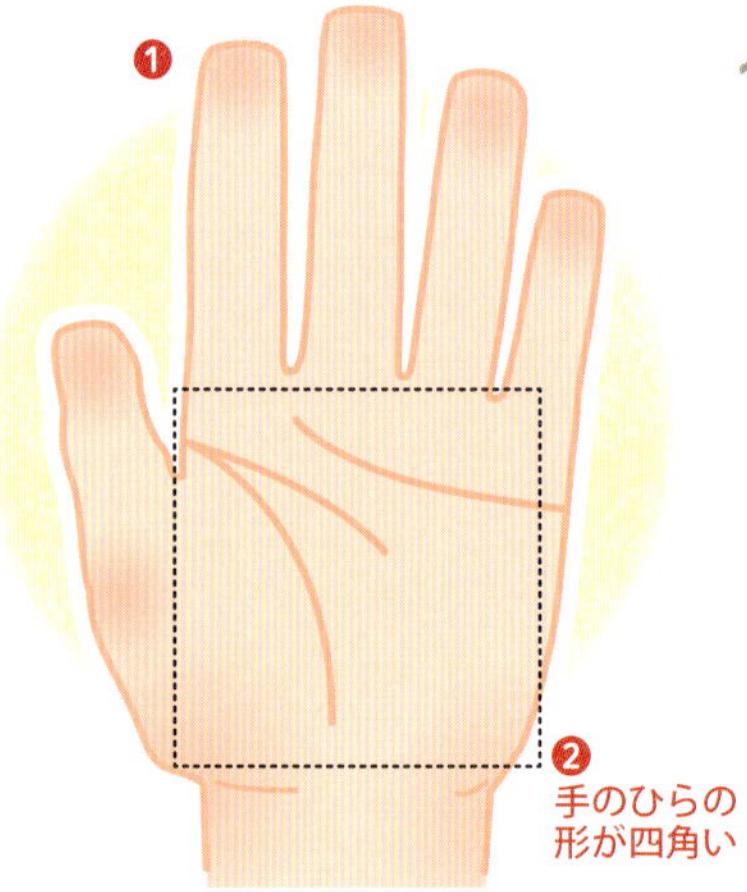

指が太めで短く、手のひら全体が四角くてどっしりとしたイメージがあるなら、**健康的な肉体に恵まれている人**です。さらに、物事を最後までやり通す根気も備えているでしょう。事務的なデスクワーク中心の職場よりも、**身体を動かす仕事の方が向いている**かもしれません。

マニュアルに沿って正確に進める仕事

❶直線的な3大線だけが目立つ

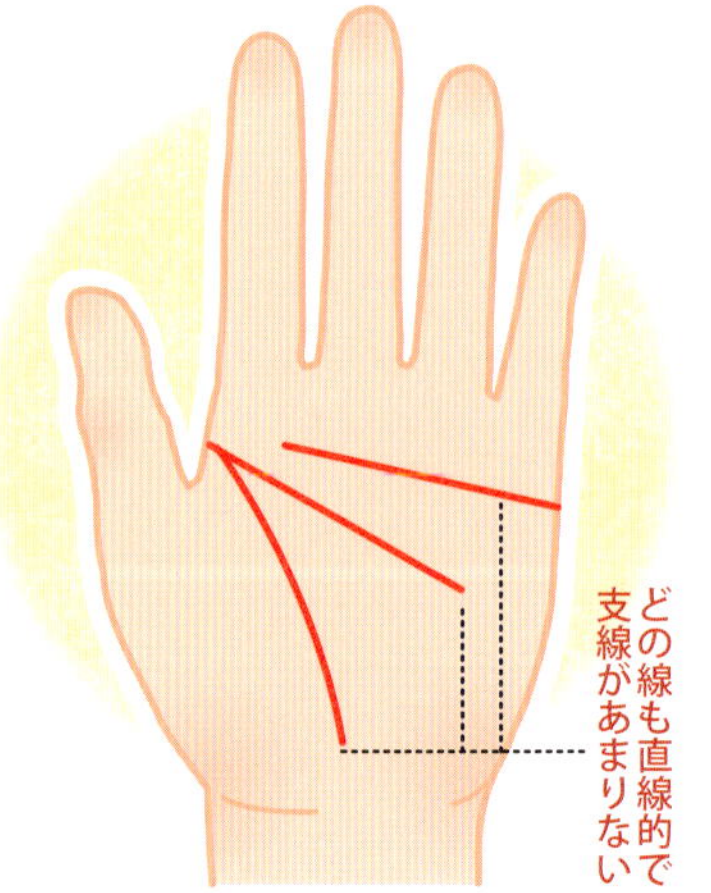

感情線と頭脳線がカーブを描かず、どちらかといえば直線的で支線も目立ちません。また、手全体がどっしりとしていて運命線や太陽線などの細かいシワもないようなら、段階を踏んで応用を求められるものより、**決められた工程を正しく進める仕事に向いている**かも。**身体を使う作業も得意**です。

どんな仕事も体力勝負でこなせる

❶ 3大線がはっきりしている
❷ 生命線のカーブが大きい

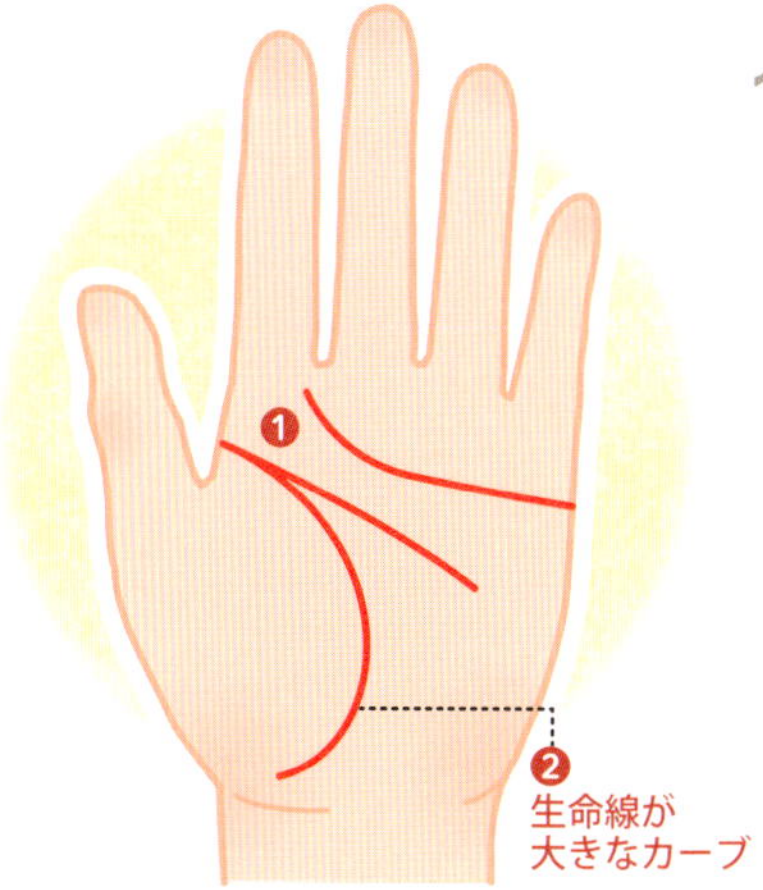

生命線と頭脳線、感情線のシワがはっきりと刻まれて生命線が大きなカーブを描いている手相は、**体力に自信がある人**。どんなに疲れていても、**おいしい食事とたっぷりの睡眠があれば、次の日には復活するタイプ**です。バイタリティがあり、営業など外回りの仕事もバリバリこなせるでしょう。

頭をフル回転させる仕事が得意

❶ 指が細くて長い
❷ 指の関節が目立つ

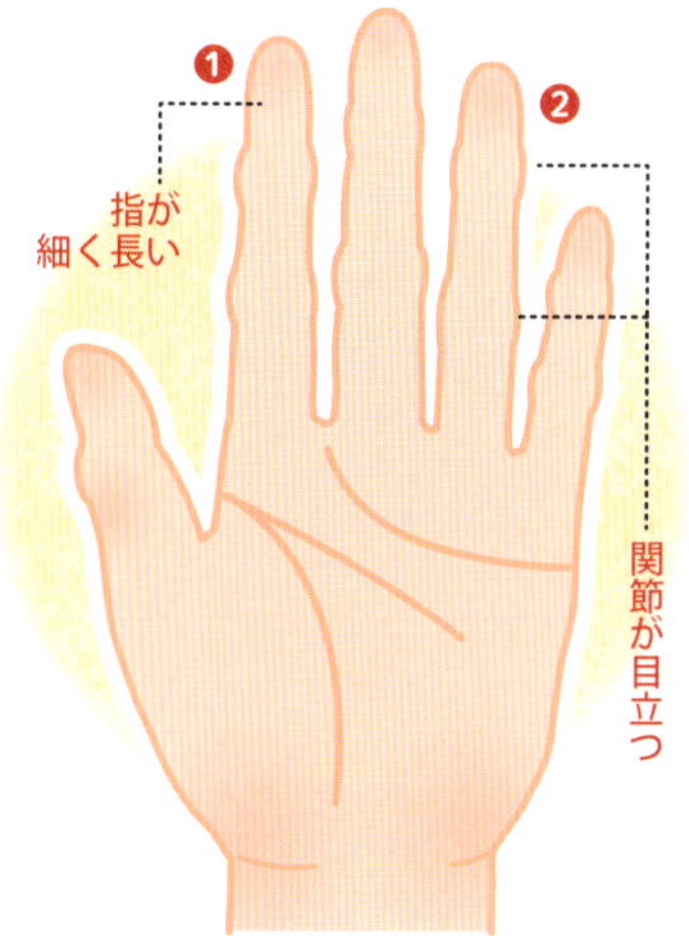

指が細くて長い人は、**経理や管理など頭脳派の仕事に向いている**ようです。さらに、**指の節が目立っている人**は知的探究心が強く、知識欲も旺盛。**自ら進んで仕事をこなしていきます**。一方、**節が目立たない人**は、上からの**指示を受けて作業を進める**方が向いているかもしれません。

繊細で理論的な作業に向いている

❶ 細長い手のひらで、厚みがない

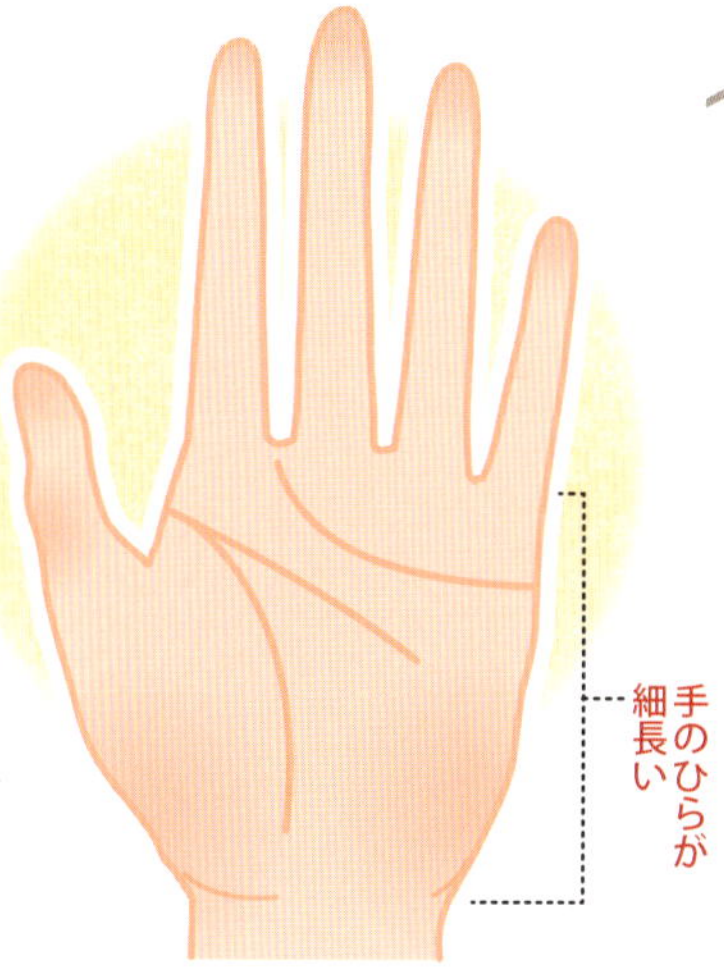

手のひらが縦に細長くて、厚みがない手。全体的にスッとしたイメージがあります。この手を持つ人は、**自分自身のメンタリティに対する関心が強いタイプ**。精神的な事柄を言葉で表現することも得意で、その考えに至った理由も明確にできます。**理論的な作業や細かい仕事に向いています**。

神経を使う作業をきっちりこなす

❶細かいシワが手のひら全体にある

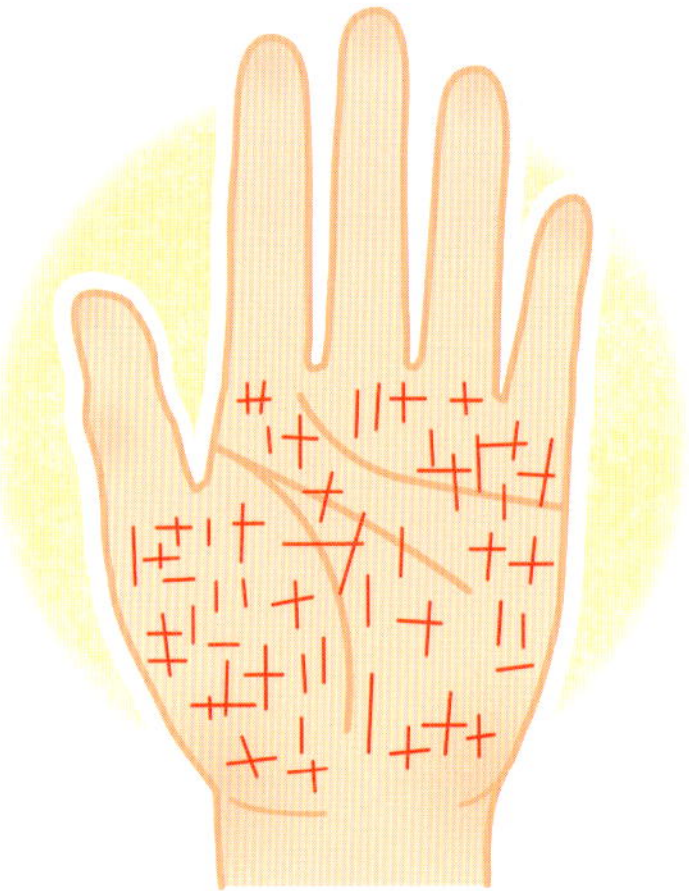

基本的な3大線の他に、数えきれないほど細かい線が手のひら全体にびっしりと刻まれている人は、**日常生活の中で頻繁に神経を使っている**ようです。さらに、基本の線、それ以外の線のシワが浅く、薄いというのも特徴です。**繊細で細かい作業が続くエンジニアなどに向いている**でしょう。

頭脳を駆使する仕事に就くべき！

❶**頭脳線**が下向きのカーブ
❷**金星丘**の肉づきがなく、**生命線**のカーブがゆるやか

P.130も参照

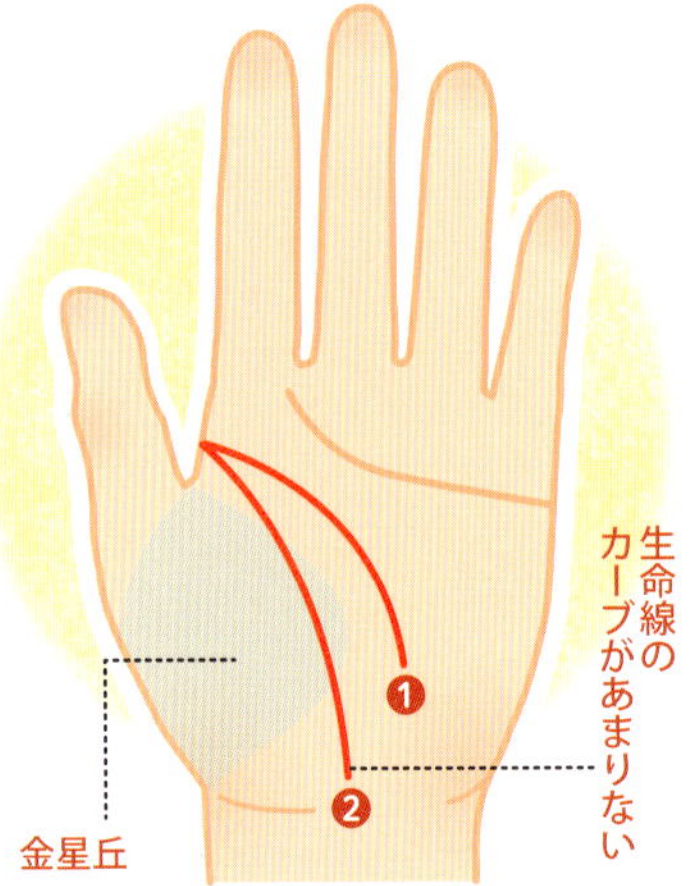

頭脳線が下向きにカーブしていて、金星丘の肉づきがあまりない手相です。さらに、生命線のカーブは大きく弧を描いてはいません。どちらかというと直線的に伸びています。こういうタイプは**思考力や感覚面の才能に恵まれている**ので、肉体的なパワーを使う仕事より、**頭脳的な仕事に適性**があります。

豊富なアイデアを生かせる仕事

❶**太陽線**が**月丘**近くまで伸びている

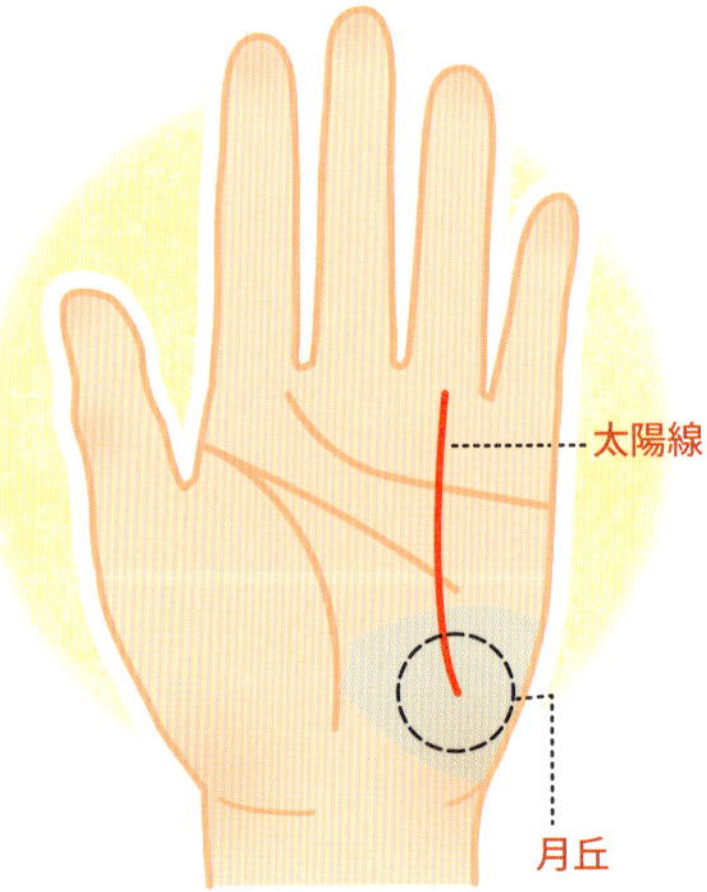

金運や仕事、才能などを表す太陽線が長く伸びているなら、**直感や想像力に優れていることのサイン**。とくにこの線が、創造性や神秘性を表す月丘まで伸びていたら、一瞬のひらめきを生かした、**クリエイティブな仕事に向いています**。その発想力で、時代の先駆けとなるものを生み出せるかも。

芸術的センスと柔軟な発想力

❶薬指の下にグリルがある
❷グリルからはっきりした太陽線

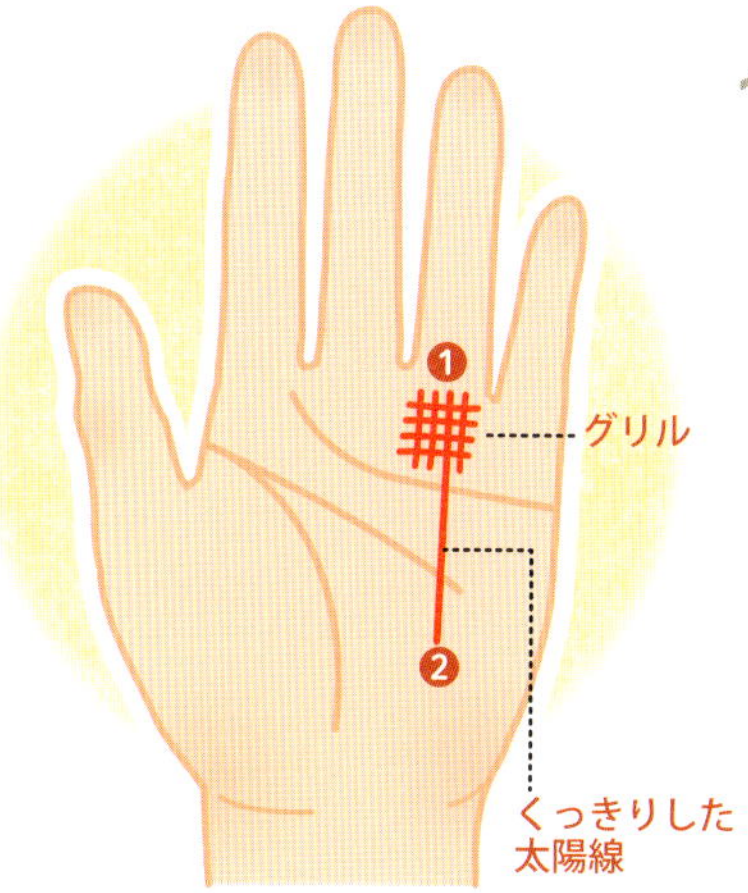

網のようなシワのグリルが、芸術的な才能を表す太陽丘に出ていると、人とは異なる芸術センスや抜群のひらめきを持つことを示します。また、グリルからはっきりした太陽線が伸びていれば、豊かな発想力を元に、金運や仕事運も上昇するしるし。大きな成功を手にすることができるでしょう。

数字を扱う仕事で頭角を表す

❶頭脳線がH型になっている
（46ページ参照）

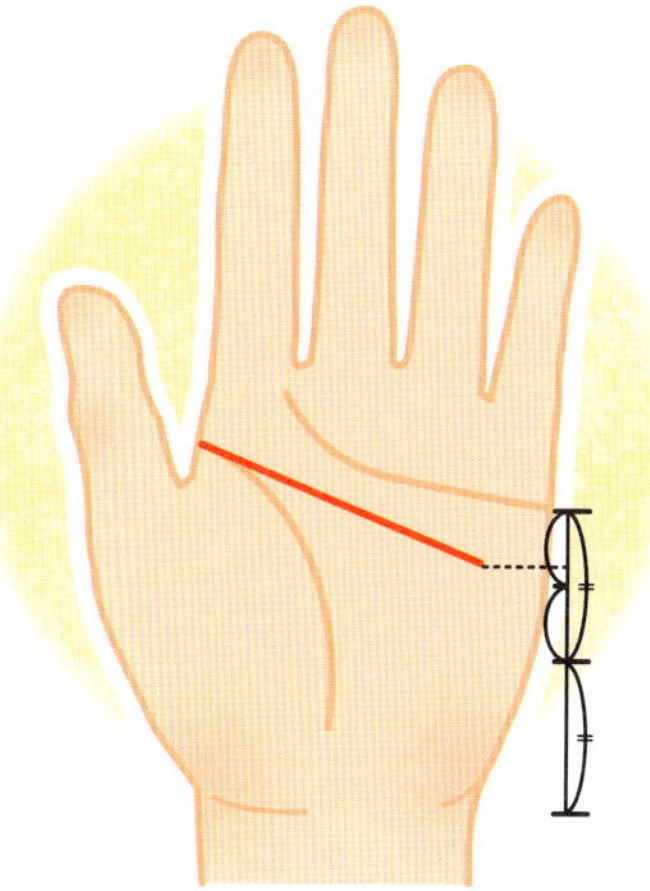

手首から感情線の始まりを二等分し、さらにその上部も二等分した上の段に頭脳線の終わりがあるH型は、とても現実的な考え方の持ち主といえます。論理的に思考を組み立て、段階的に物事を進めるのが得意でしょう。それを生かして、複雑な計算や数字を使う仕事、研究職などが向いています。

科学の分野で大活躍の予感

❶1本の太陽線がまっすぐ伸びる

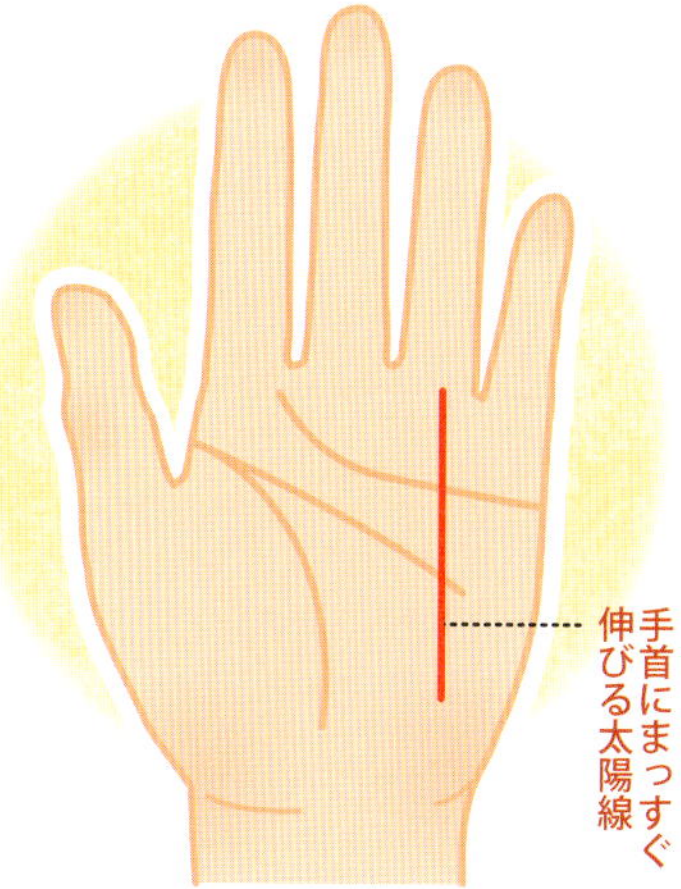

太陽線が薬指のつけ根から、まっすぐ手のひらの下へ向かっているなら、科学的な分野で活躍できる可能性があります。とくに、この手相を持つ人の才能は、論理的な思考力と一つの物事をじっくり追求していく力。これを仕事で活用できれば、収入が飛躍的に伸びていくでしょう。

論理的な才能を生かした仕事

❶ 感情線、頭脳線で平行四辺形

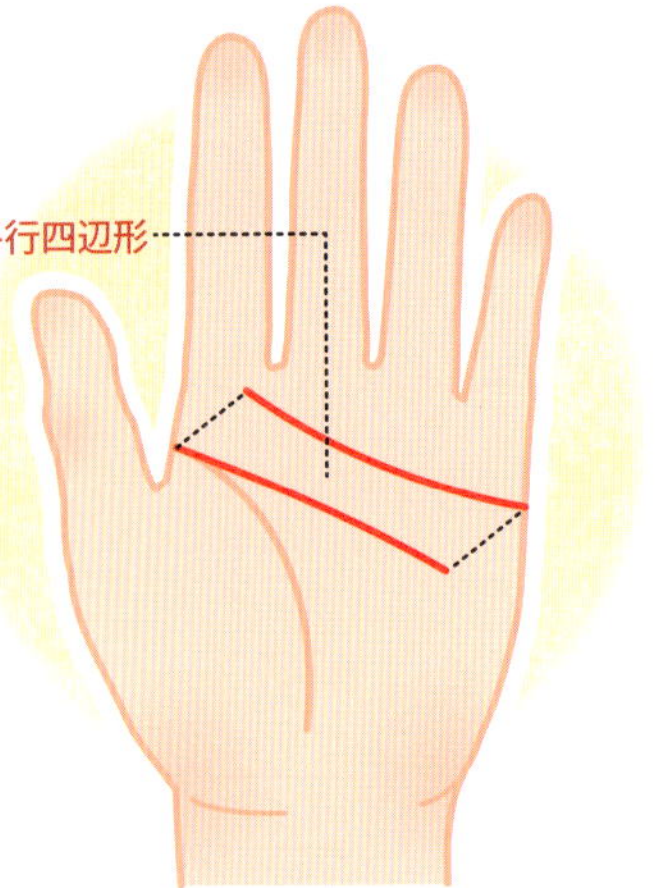

P.70も参照

感情線の始まりと頭脳線の終わり、感情線の終わりと頭脳線の始まりを線でつないでみましょう。ここが平行四辺形になっているなら、**超がつくほどの現実主義者**。感情や直感といったある意味不確かなものより、論理性や経験など、確実なものを重視します。**迷わず研究畑にすすみましょう。**

個性を生かした専門職向き

❶ 頭脳線か感情線が手のひらを横断するマスカケ型

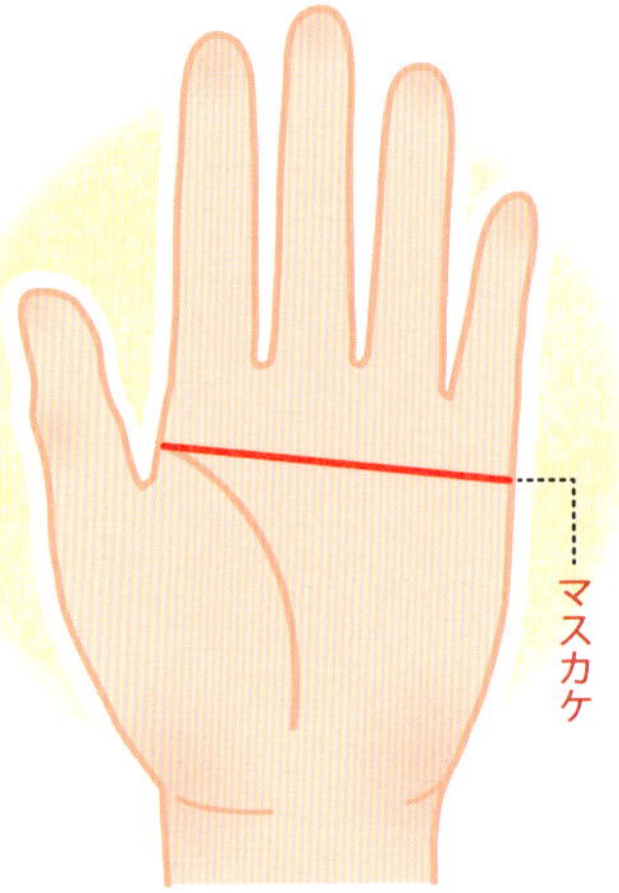

P.77も参照

頭脳線か感情線が、グッと伸びて手のひらを大きく横断している状態。これが「マスカケ型」です。この手相の持ち主には**天才や秀才が多く、他の人とは異なる発想力**を持っています。普通の人とは違う**独自のアイデアが光る**ので、その才能を生かせるような**専門職がおすすめ**です。

技術を職業に結びつけて成功

❶ 太陽線が第2火星丘に入る

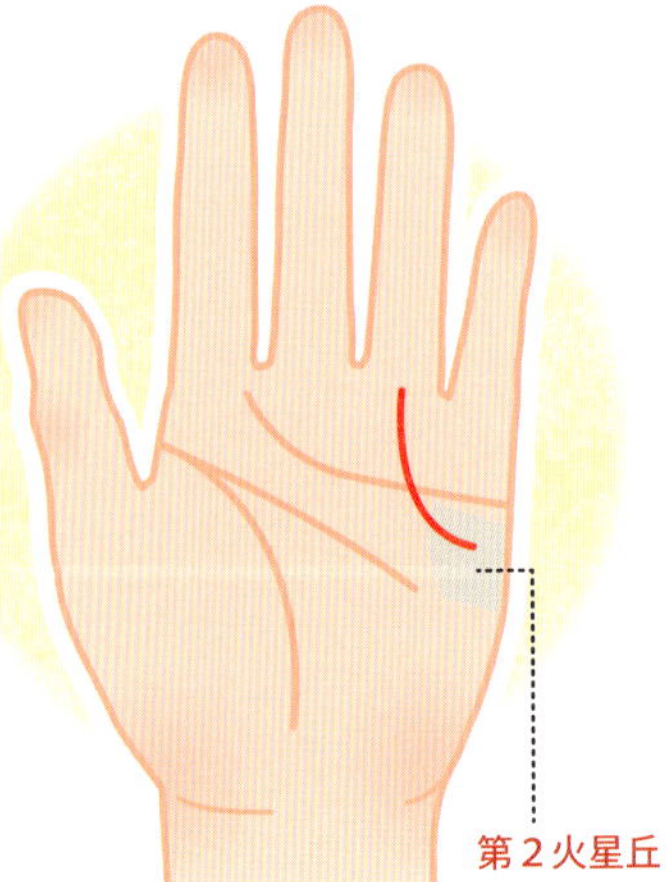

第2火星丘は、向上心の強さや枠にはまることを嫌う反抗心を表します。ここに太陽線が入っている場合は、**独自の世界でお金を稼いでいくこと**ができるでしょう。秀でた技術や才能を生かして、それを職業に結びつけていくことで成功の道が開けます。**専門職の人に多く見られる手相**です。

知的探究心を満たす職種で大成

❶手の厚みがなく、指の関節が目立つ

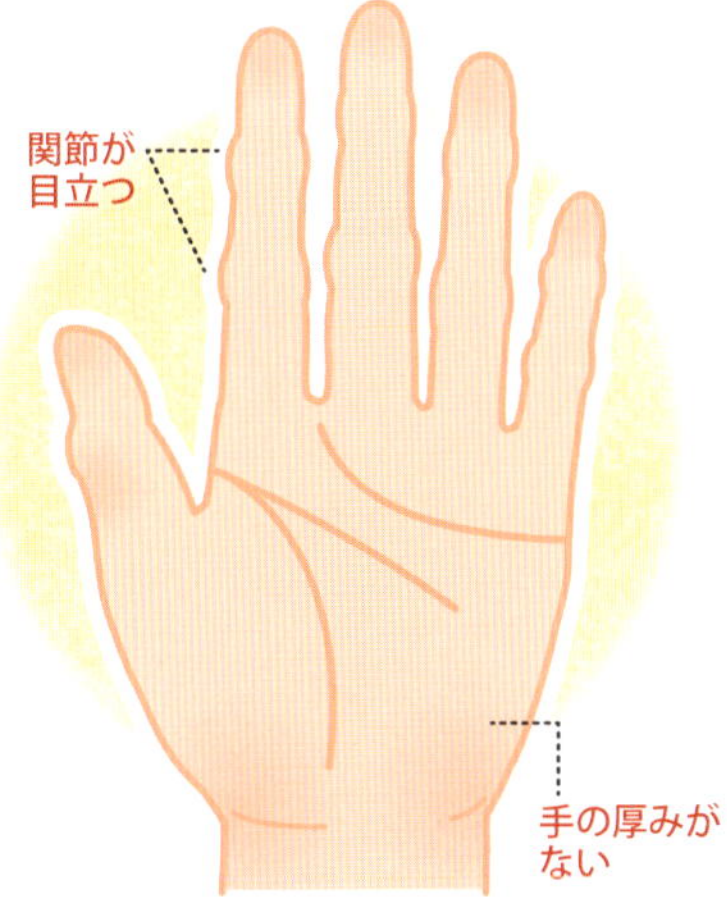

厚みがなくて全体的に手が薄い人。さらに指の関節がごつごつと目立つようなら「いろいろなことを知りたい！」という**知的探求心が強いタイプ**です。自分の得意分野や専門分野では、**粘り強く集中力を発揮する**ので、そのまま一生の仕事になるでしょう。**学者やエンジニア向き**といえます。

趣味を仕事にしない方が良い

❶感情線と頭脳線がリボン型になる

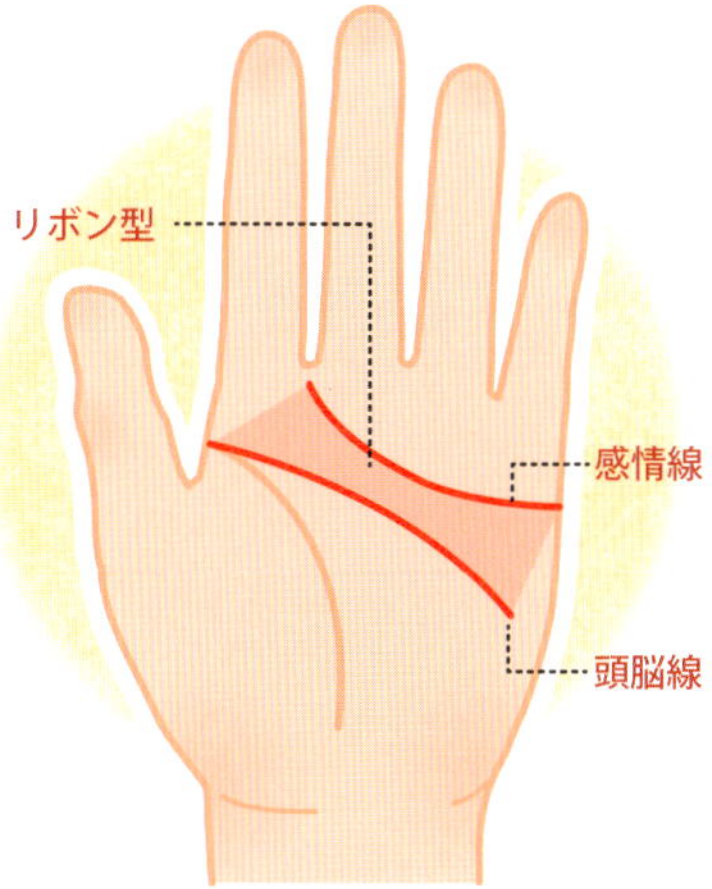

感情線の始まりと頭脳線の終わり、感情線の終わりと頭脳線の始まりを線でつなぎます。ここがリボンのようになった人は、**世間体や人の目を気にするタイプ**。人づき合いを大切にする常識人なので、趣味をそのまま仕事にするような冒険は避けましょう。**好きなことはプライベートで楽しんで。**

安定した仕事場や職種で力を発揮

❶頭脳線の終点が平均的な位置に入る

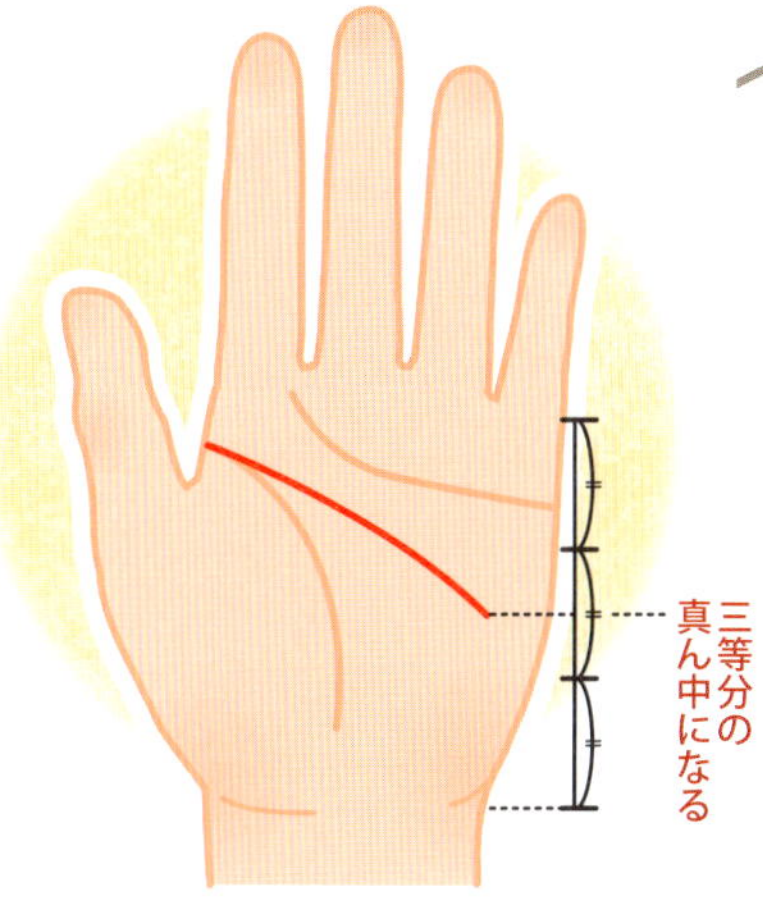

生命線と頭脳線の起点が同じで、頭脳線の終わりが手のひらを三等分した、真ん中のエリアに入っている人は、**平均的な日本人タイプの思考をする人**です。真面目で努力家、与えられた仕事はきっちりとこなします。**リスキーなことを好まないので、公務員など安定した職業**が向いています。

仕事に生かせる個性を発見！

そもそも自分の個性は？　それを生かすことができる仕事とは？
誰もが感じる仕事の悩みにも、手相は優しく答えてくれます。
人生の道しるべを読み取ってみましょう。

正確さ、精密さが苦にならない

❶ **頭脳線**、**生命線**のカーブがゆるやか

❶ **金星丘**が盛り上がっていない

P.126も参照

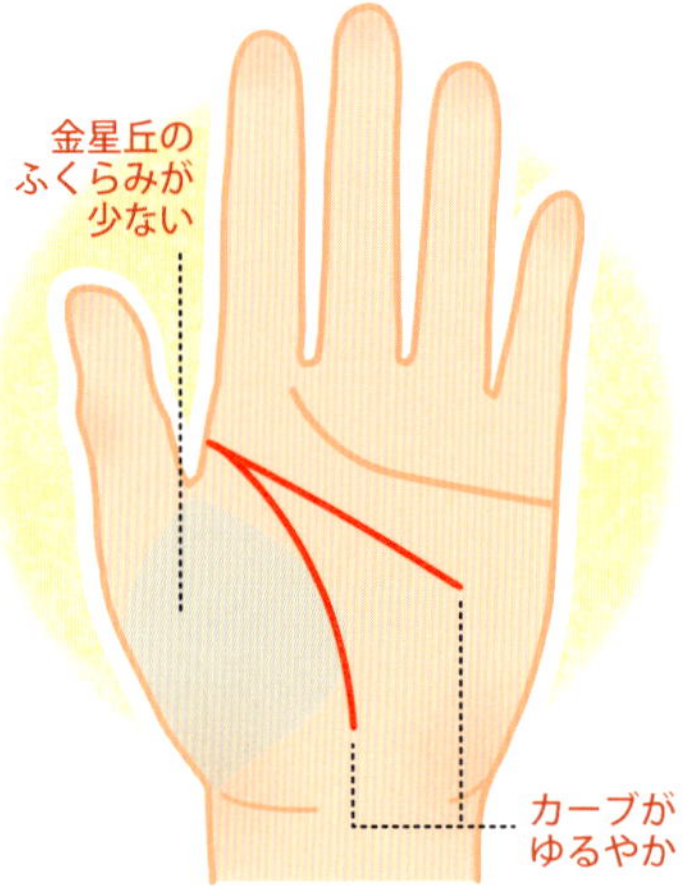

頭脳線、生命線共に下向きのカーブがゆるやかで、金星丘のふくらみが盛り上がっていないという人は、肉体的なパワーよりも頭脳面や感覚面の才能に恵まれている人です。とくに、受注生産、経理関係、会計業務など、数字を使ったデスクワークや管理作業に向いているでしょう。

聞き上手を生かすサービス業向き

❶ **感情線**の先が3本以上のフォーク状

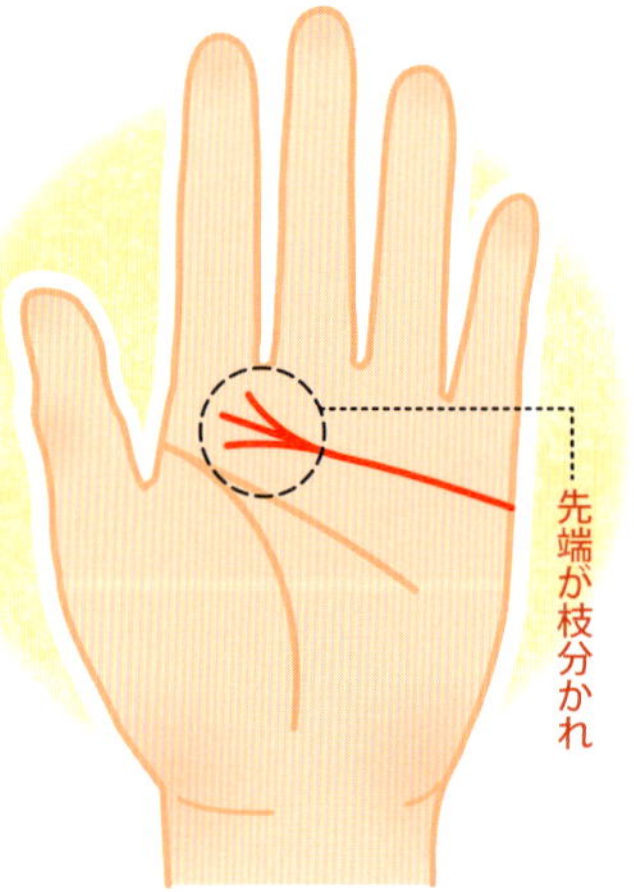

感情線の先が3、4本に分かれてフォークのようになっているなら、相手の気持ちを尊重できる、優しい性格を表します。聞き上手で、老若男女問わず誰からも慕われるでしょう。また、しっかりと周囲の状況を判断できる能力もあるため、人と積極的にかかわる職に就くと活躍できそうです。

臨機応変な対応力が発揮できる

❶頭脳線の先端が二股
❷感情線の先端がフォーク状

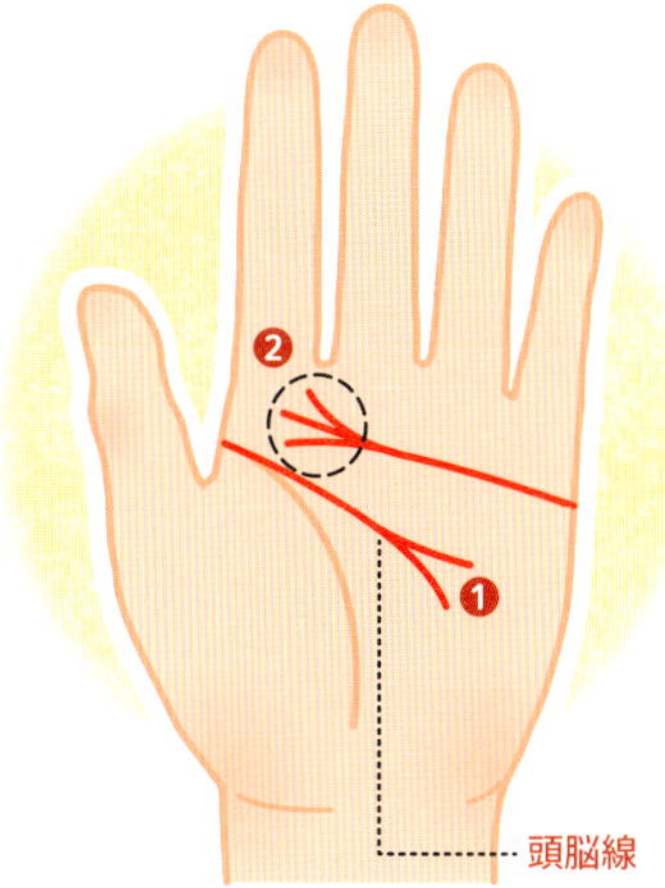

頭脳線の先が2本に分かれているのは、適応力に恵まれているサイン。その場の状況を瞬時に判断し、それぞれの人に合わせた対応を選択できます。人とかかわる職種がぴったり！ さらに感情線の先がフォーク状なら、専門的なカウンセラーや看護師など、医療や福祉関係の職もおすすめです。

根気強くコツコツ努力できる人

❶頭脳線か感情線がマスカケ型
❷その他に頭脳線か、感情線がある

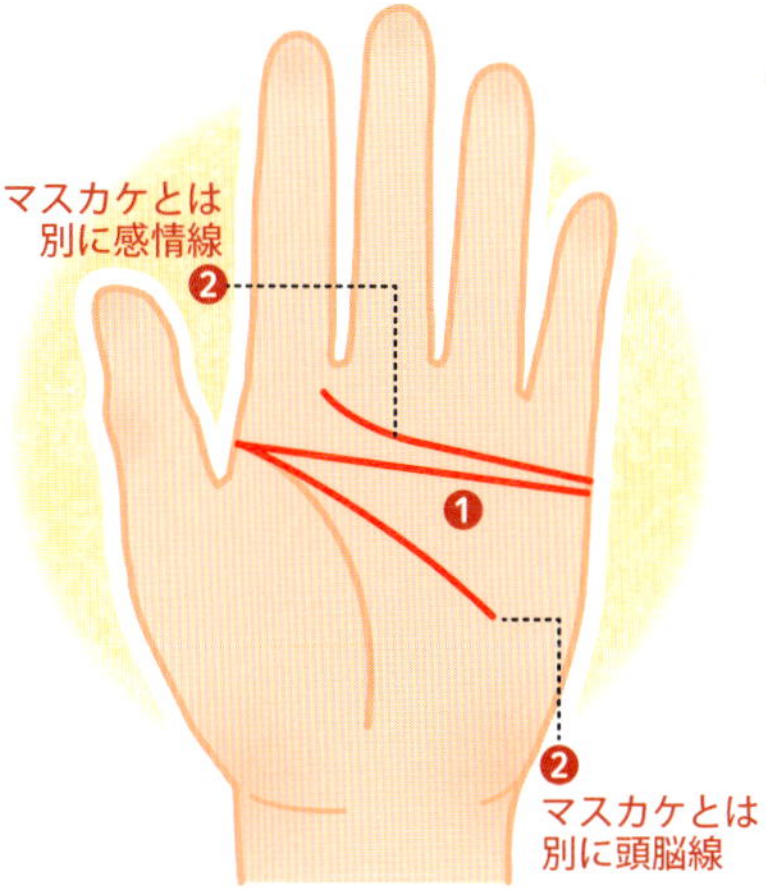

頭脳線か感情線が手のひらを横切るマスカケとは別に頭脳線があるなら、粘り強いタイプ。他に、マスカケとは別に感情線があるなら、ニッチな分野で才能を発揮できそうです。この両方を持っている場合は、技能も忍耐力も兼ね備えているので、専門的な勉強が必要な資格取得がおすすめ。

直感に優れたアーティスト

❶頭脳線が大きくカーブして月丘まで伸びる

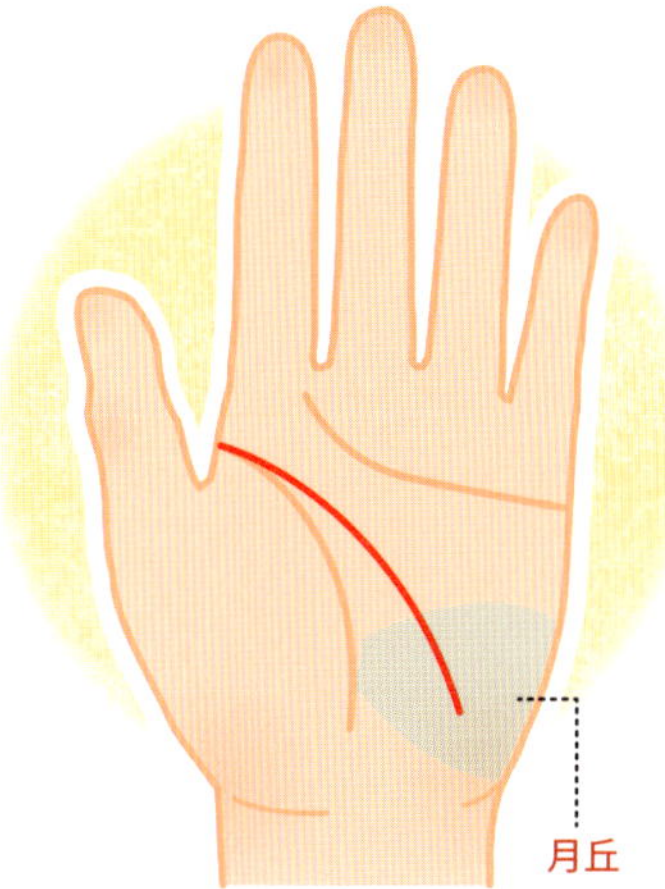

P.72も参照

独創性や芸術面を表す月丘に頭脳線が大きくカーブして入っている人は、理系の職業よりも、文系や芸術系で力を発揮できます。頭脳線の大きいカーブは、研ぎ澄まされた直感と創造力があるということ。個性的なひらめきを生かすことができる職業、作家や芸術家として活躍できそうです。

リーダーシップがある人、補佐役に回る人

先頭に立って周囲を引っ張っていくということは、
誰でもできることではありません。
リーダーシップを発揮できる人には、3大線にその特徴が表れているのです。

強い気持ちで周囲を引っ張る

❶ **頭脳線**が直線的に伸びている

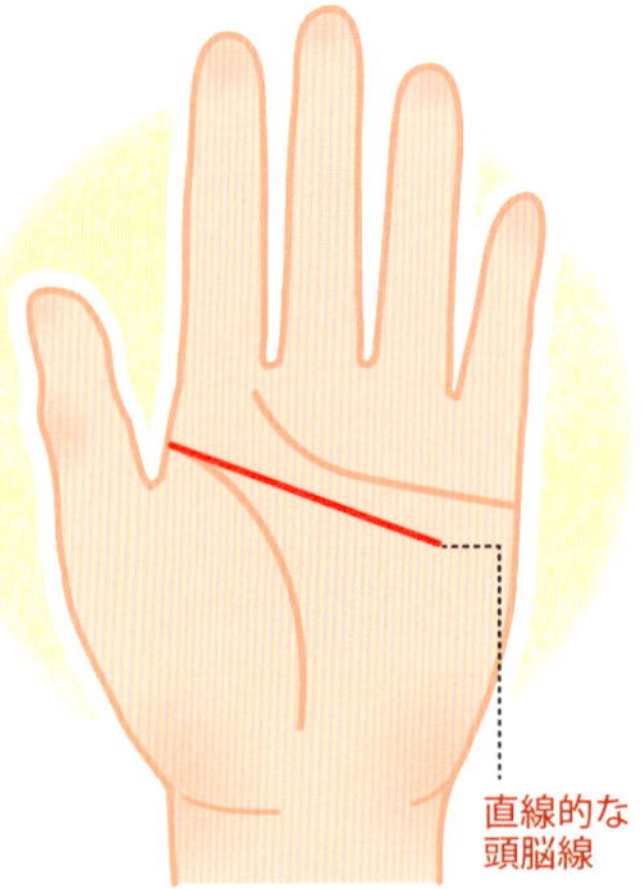

頭脳線が下がるほど、弱気で自己表現は苦手になります。逆に、直線的に伸びている人は、**強気で物事の考え方もまっすぐ**。論理的な考え方を好み、イエスやノーを相手にはっきり伝えることができるタイプです。**この人についていきたいと周囲に思わせる、不思議な魅力の持ち主**です。

空気が読める縁の下の力持ち

❶人さし指と中指の間に**感情線**の終わりがある

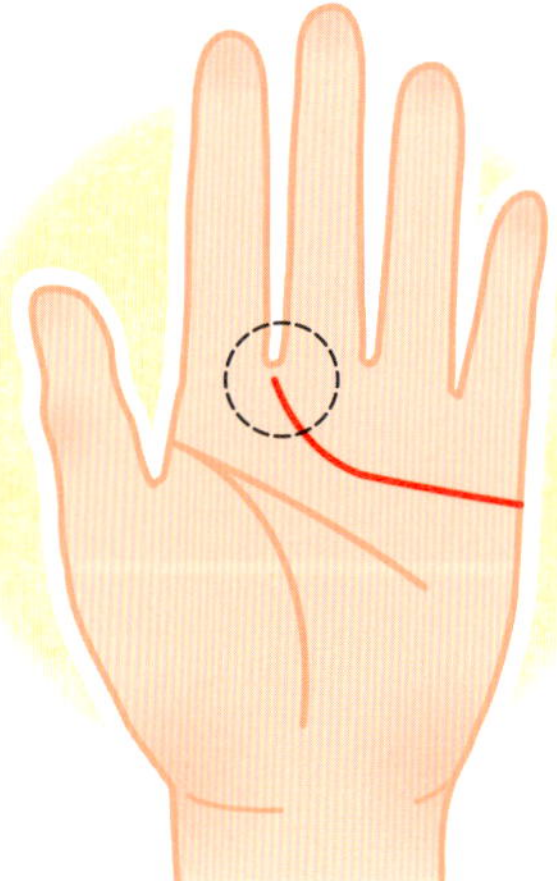

P.101も参照

人さし指と中指の間で感情線が終わっている人は、**常識的で真面目なタイプ**。周囲のテンションに合わせるのが得意で、**人づき合いも円満**でしょう。ただし、少々内気なところがあるので、必要以上に目立ったり、自己主張したりするのは苦手。それよりも、**人をサポートすることで力を発揮**します。

常識的で人の模範となるタイプ

❶ 太陽線が感情線の上で止まっている

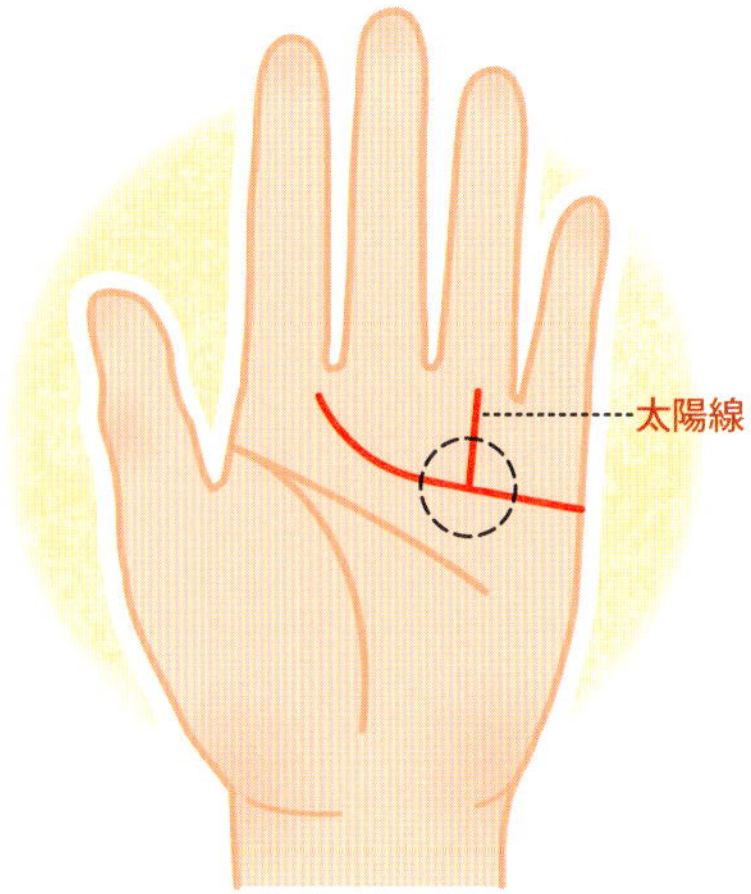

薬指の下から縦に伸びる太陽線が、感情線の上で止まっているという手相の持ち主は、地道に働き、着実に財産を蓄えていく堅実なタイプです。リスキーな職種や、趣味を職業にすることは避け、安定した仕事を選びましょう。公務員、教師などの職業を選択するのがおすすめです。

親分肌、姉御肌で頼れるタイプ

❶ 感情線が木星丘まで伸びて、先が上がっている、または下がっている

P.156／P.176も参照

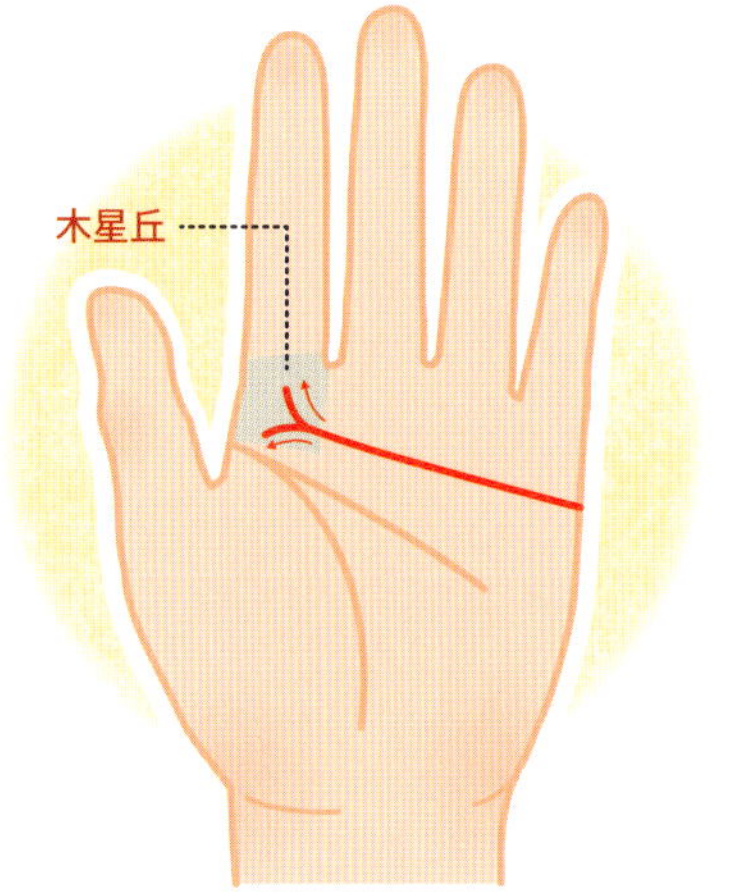

感情線が長く木星丘まで伸びていて、線の終わりが上がっているか下がっているという手相を持つ人は、男性なら親分肌、女性なら姉御肌タイプ。人の先頭に立って「ついてこい！」と、張り切って役目をこなすでしょう。上向きよりも下向きの線の方が、リーダーシップは強まります。

意志の強い先導型のリーダー

❶ 頭脳線と生命線の起点が離れている

P.69／P.73／P.104も参照

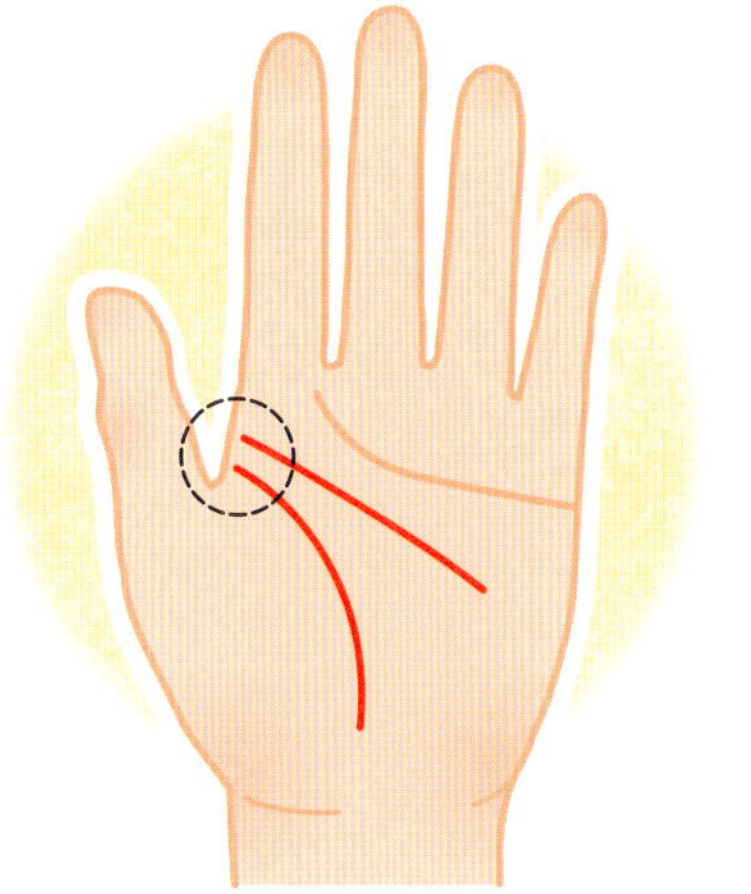

頭脳線と生命線の起点が離れていて交わらない手相は、分離型と呼ばれます。この手相を持つ人は、頑固で自己主張もはっきりしている人が多いようです。先頭に立って人を導くことができる頼れるタイプ。決断力にも優れています。ただし、人の意見に耳を傾ける姿勢もときには必要かも。

実力を発揮できるシーンはどこ？

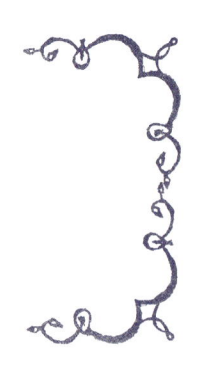

自分の力を発揮できないとくすぶっているなら、
あなたの活躍の場はそこにはないのかも!?
地元を離れてみる、海外で挑戦してみる、という選択も視野に入れてみましょう。

故郷から離れたところに好機

❶ **生命線**の先から**旅行線**が伸びている

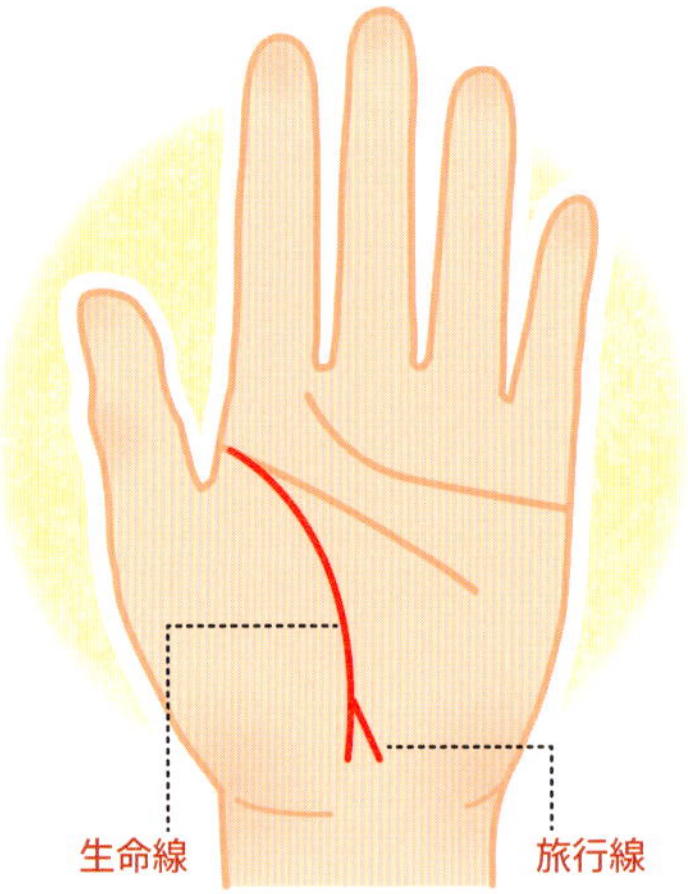

P.161も参照

まずは生命線をチェックしてみましょう。生命線の先から分かれる線を旅行線といいます。この線があるなら、**地元から離れた方が成功しやすいタイプ**。また、生命線と旅行線の角度が大きくなればなるほど、**生まれた土地から遠くに行くことで成功のチャンスがある**ということを示しています。

転機が国外にあるタイプ

❶ **生命線**から大きく分岐する**旅行線**

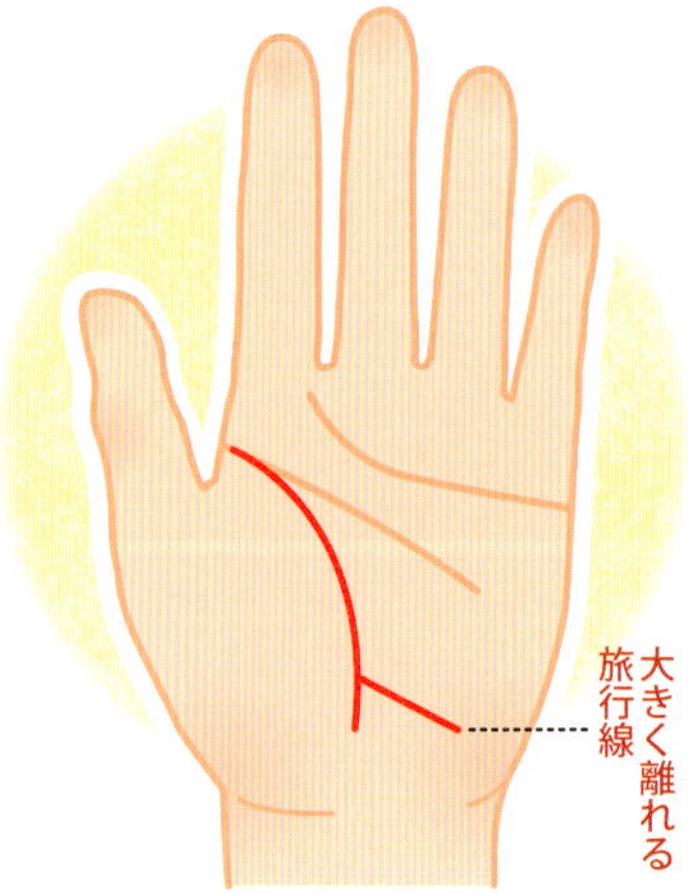

P.138／P.161も参照

生命線から大きく離れる線が現れているなら、語学留学やワーキングホリデーなどで、思い切って国外に飛び出してしまいましょう。この手相は**海外で成功する人に多く見られるもの**なのです。一つのところに留まることが苦手なので、**定期的な引っ越しで運気の流れを変える**のも良いでしょう。

グローバルな活躍に期待大！

❶旅行線にフィッシュがある
❷生命線の支線にフィッシュがある

P.139も参照

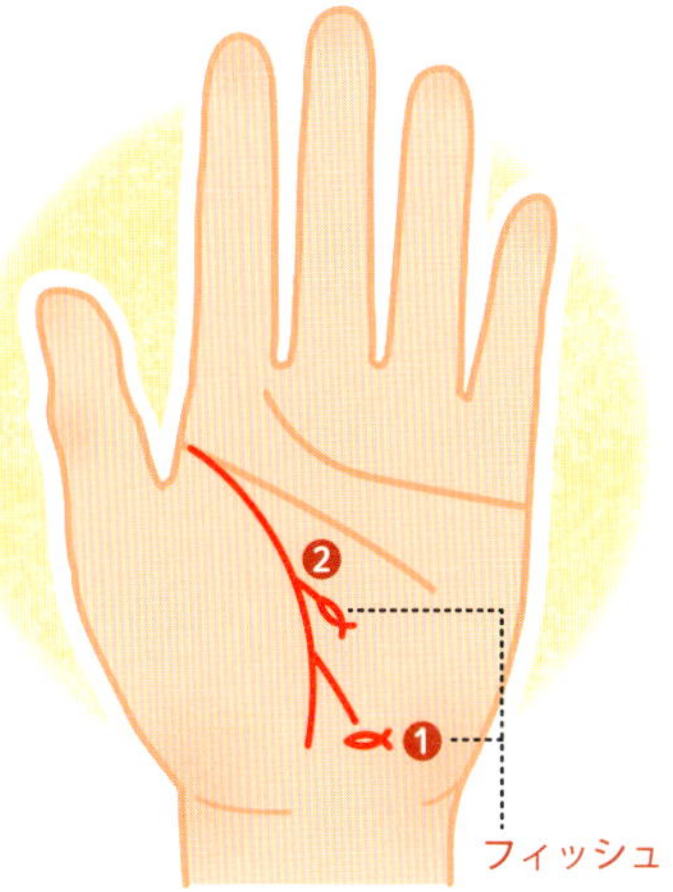

旅行線に魚型のフィッシュが現れているなら、**海外で大きいラッキーチャンスがある証**。生命線から分岐した線にフィッシュが現れている場合も同様です。こういう手相の持ち主は、**海外で成功する可能性が高い**でしょう。現状で実力が発揮できないと感じているなら、**国外に目を向けてみて**。

実家や地元での生活に実りがある

❶地丘から伸びた運命線が生命線に近づく

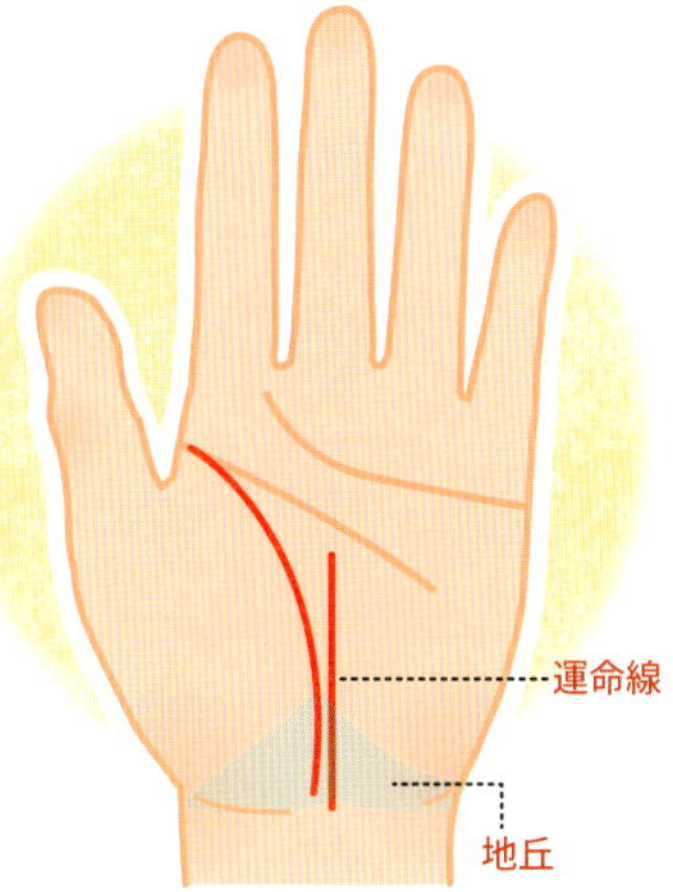

地丘から運命線が伸びて生命線とつながっている、またはとても近いという手相なら、**実家や地元から離れるチャンスが少ない**ことを示します。親の身近で暮らすことを心地よく感じ、見知らぬ土地に大きな不安を感じているはず。**無理に故郷を離れず、地元で職に就いて結婚するのがおすすめ**です。

どんな環境でも道を切り開いていく

❶運命線が手首からまっすぐ伸びる

P.138／P.153／P.168も参照

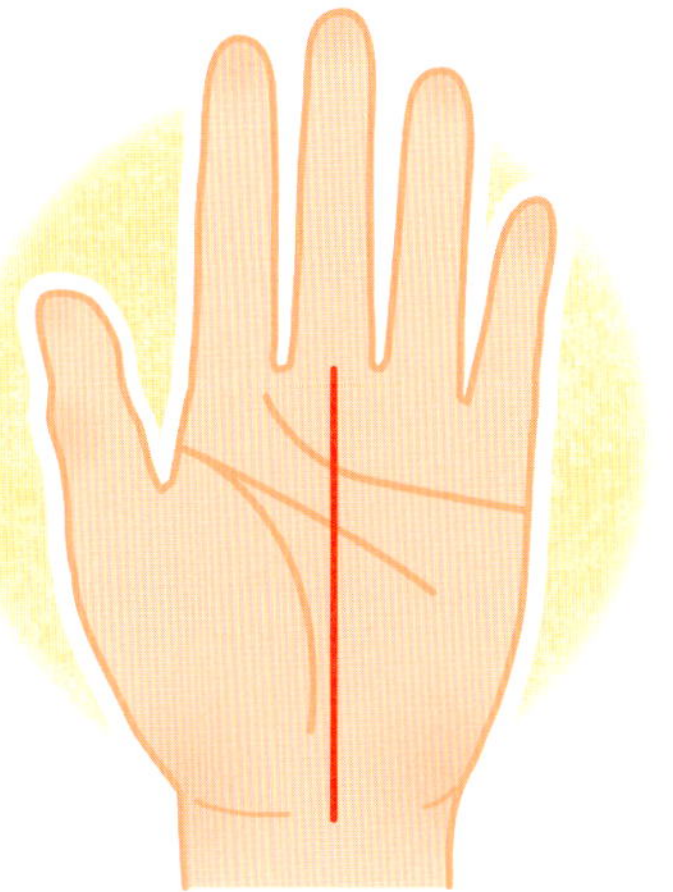

運命線が手のひらを分断するように、上に向かってまっすぐ伸びているなら、**環境に左右されることなく、成功をつかむことができる人**です。どんな壁にぶつかっても、**あきらめることなく自らの手で道を切り開いていく**でしょう。さらに旅行線があるなら、地元や実家を離れた方が活躍できます。

仕事に対する充実度は高い？ 低い？

あなたの日々の充実度は、仕事に左右されているといっても過言ではありません。
会社を転々とする人の理由はそれぞれですが、
主に3大線にその特徴が表れています。

転職を繰り返してしまう

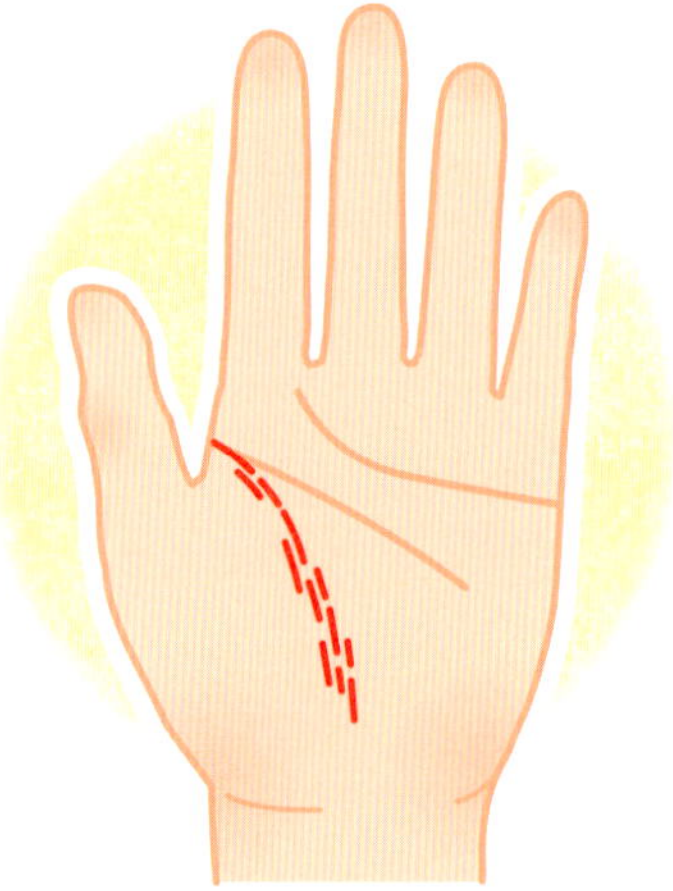

❶生命線が1本の線ではなく切れ切れになっている

P.118／P.189も参照

生命線が途中で切れていたり、細かい線でつながっていたりするような場合は、心身共に不安を感じている状態。仕事にやりがいを見出せなくなっているのでは？　また一ヵ所の職場に留まるよりも、いろいろな環境や職種で自分の可能性を探りたいと考えているので、転職を繰り返しがちです。

根気がなくて仕事が続かない

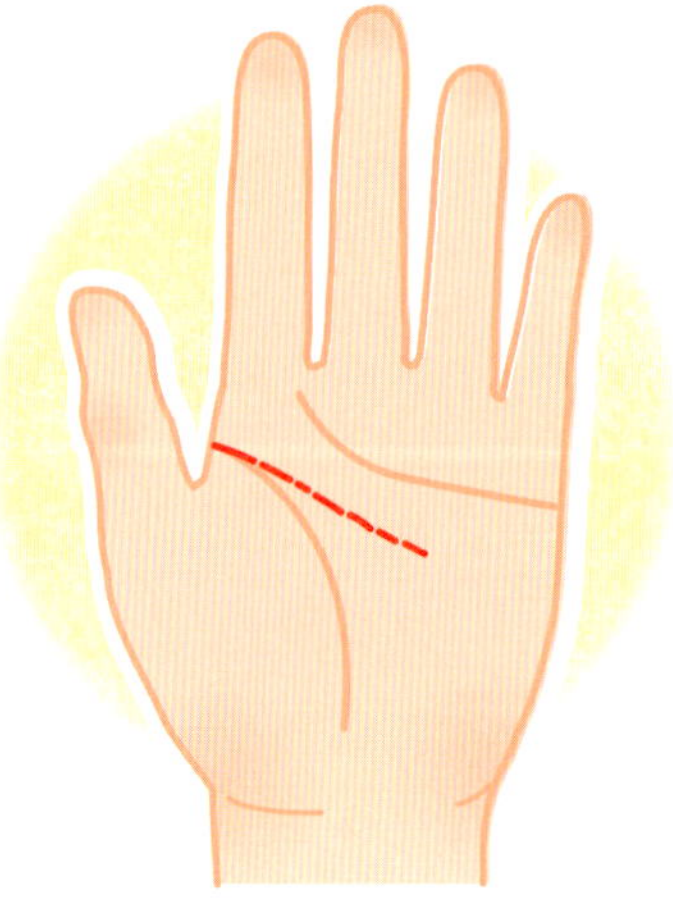

❶頭脳線がいくつも切れ切れになっている

P.89も参照

頭脳線が切れ切れになっているような手相の持ち主は、根気に欠けるところがあり、物事を最後まで終わらせることが苦手。一つの職場で仕事を続けることが難しいタイプかもしれません。「夢を追いかけたいから」などという漠然とした理由をつけて、会社を辞めてしまう場合も。我慢することも必要。

理想の仕事に就いて活躍できる

❶ 木星丘にソロモンの環
❷ 運命線の両脇にサポートライン

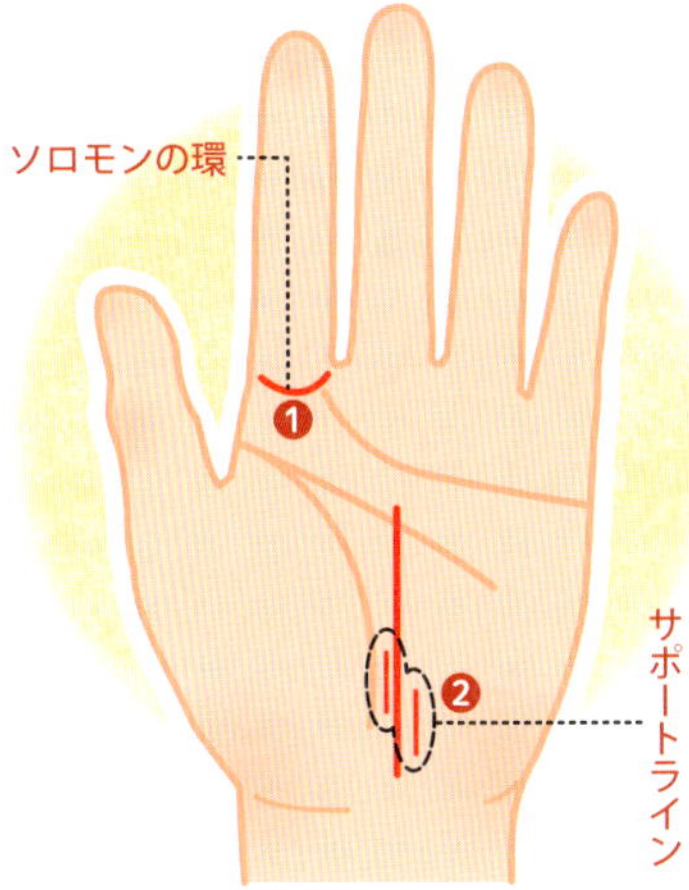

木星丘にソロモンの環が現れているなら、相当な幸運の持ち主です。たとえトラブルが起こっても、最終的には何とかなってしまうはず。さらに、自分のやりたい仕事で、充実した毎日を送ることができるでしょう。運命線の両脇にサポートラインが出ていれば、周囲の助けも期待できます。

順風満帆で充実の仕事ぶり

❶ 上昇線が人さし指に向かって伸びる
❷ 運命線が月丘から勢いよく伸びている

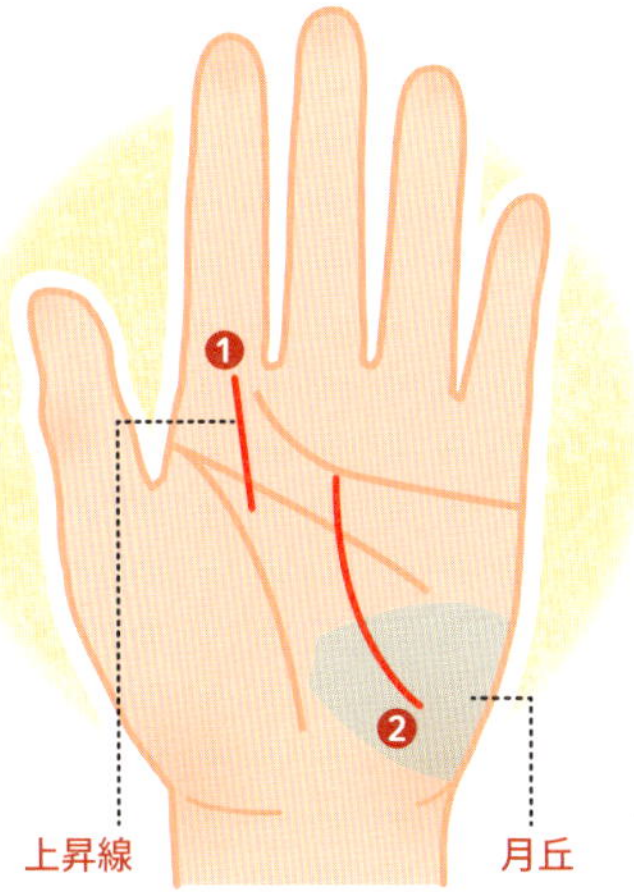

人さし指に向かって伸びる上昇線がある人は、充実した仕事で、目標を達成できるでしょう。この線が現れると、今までの努力が実って、夢や理想が実現できるといわれています。また、運命線が勢いよく月丘から伸びていれば周囲の評判も上々。さらに、いい仕事ができるはずです。

困難を乗り越えてつかむ仕事運

❶ 生命線から立ち上がる複数の上昇線

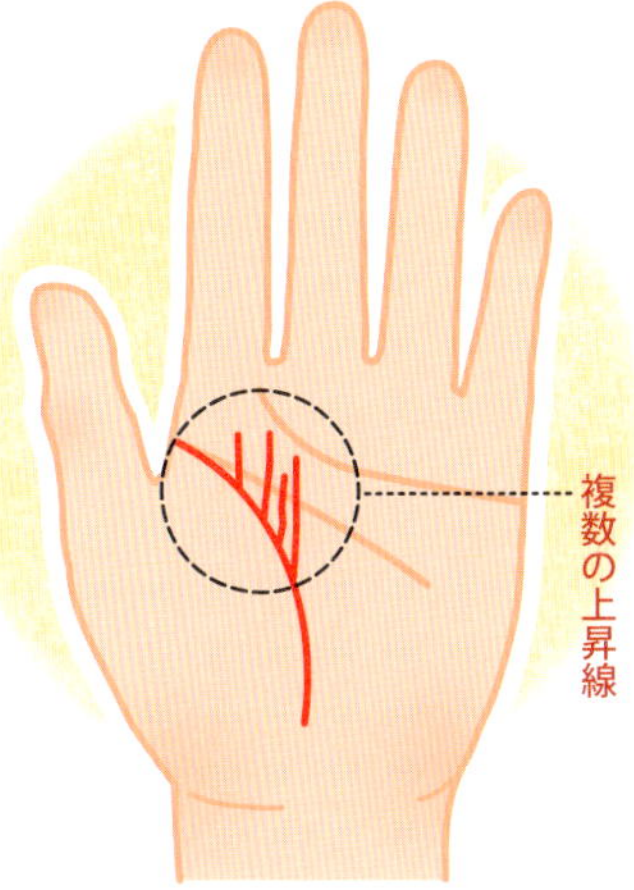

P.141／P.142も参照

生命線から上に向かって多くの上昇線が出ていると、壁を乗り越えれば乗り越えるほど仕事の運気がアップしていくということ。今は辛い修業のときでも、努力を続ければその苦労が報われる日が必ずきます。多少の失敗にはめげない強い心を持って、前を向いて頑張りましょう。

どうすれば仕事で成功できる？

仕事で活躍をするためには、どうすれば良いのでしょう。
成功をつかむきっかけになるのは環境？　それとも人間関係？
手相からのアドバイスでキャリアアップを目指して。

故郷を離れて出世するタイプ

❶ 生命線の先端が月丘に向かう旅行線

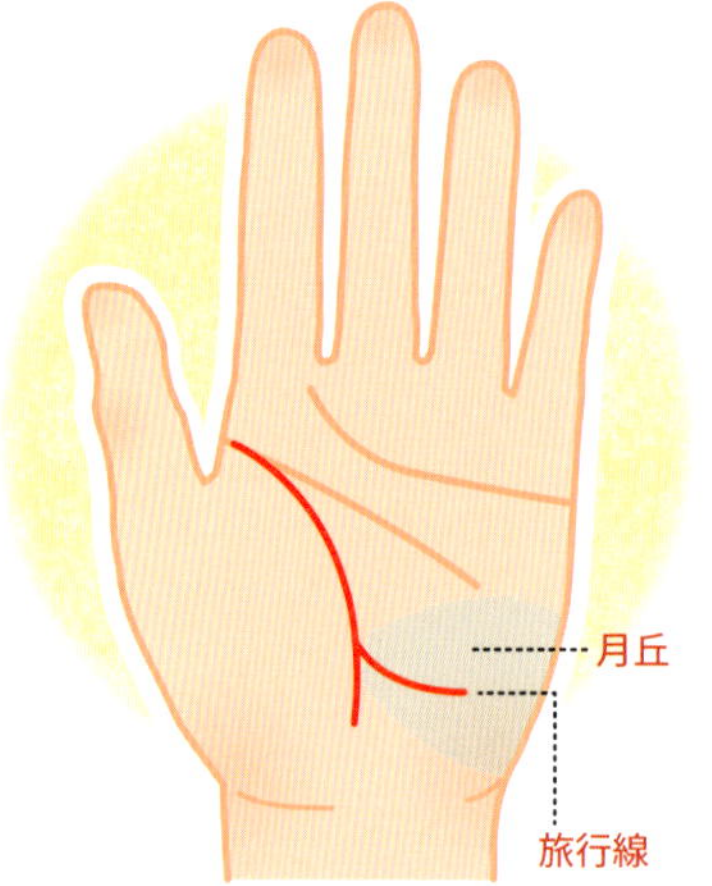

P.134／P.161も参照

生命線の末端が1本ではなく、そこから分かれる線が旅行線です。この線がはっきりしている人は、故郷から離れた方が出世できるタイプです。地方から東京に出る、または育った都心から地方にIターンする人に見られます。生命線から分岐する角度が大きいほど故郷から、より遠くに離れることに。

親から受け継いだもので成功

❶ 地丘から伸びている運命線

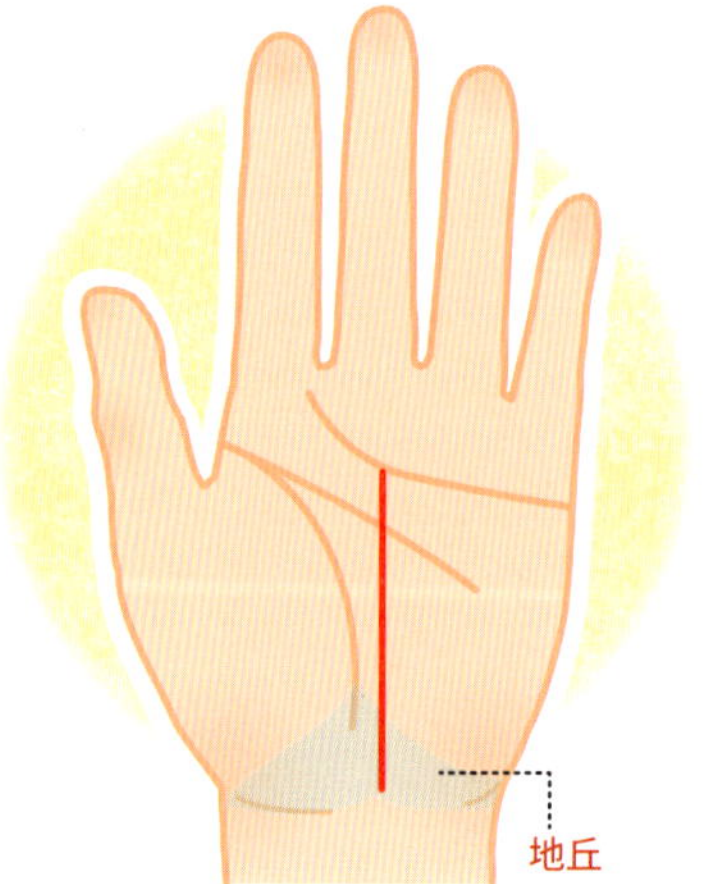

P.135／P.153／P.168も参照

家族や先祖とかかわりの深い地丘から運命線が出ている人は、もともと裕福な家庭に生まれているはず。そのために、両親が何かにつけてバックアップしてくれるでしょう。親の会社を継ぐ、親族の紹介で入社するなど、家族のサポートを受けて成功するパターンが多いようです。

障害を乗り越えて結果を出す

❶ 運命線上にスクエアが出現

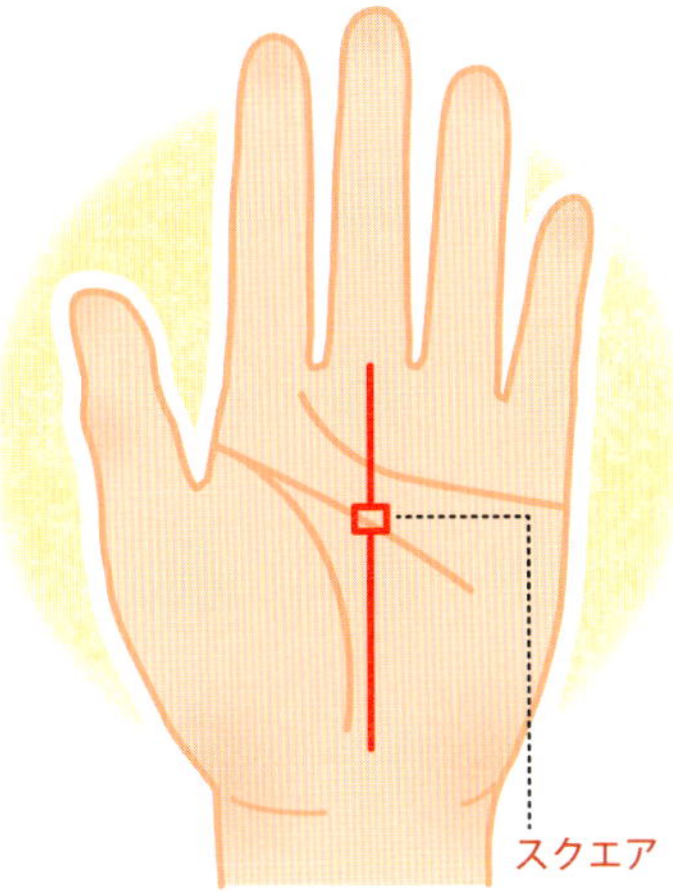

運命線に四角い形の空白が現れている状態をスクエアと呼びます。このしるしが運命線に現れたら、トラブルを幸運に変えることができるというラッキーサイン！　一時的には辛く苦しい障害が起こっても、後になってみれば、それがいい結果につながっていくでしょう。

仕事と趣味を一緒にしないこと

❶ 短い太陽線と運命線

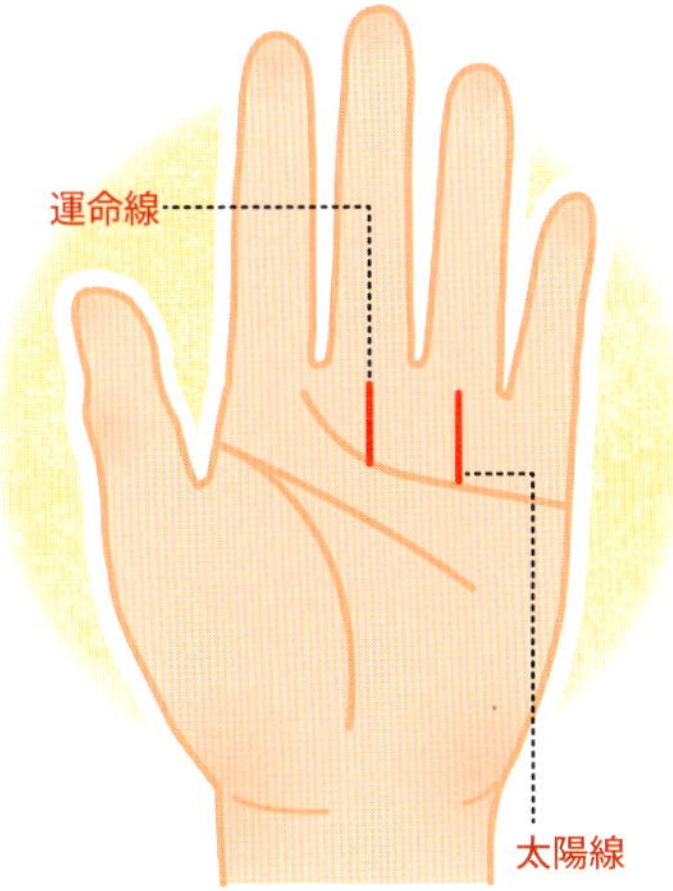

自分の好きなことでお金を稼げたら幸せと思うかもしれませんが、現実には難しいかも。薬指の下に短い太陽線があり、さらに中指の下からも短い運命線が伸びているなら、コツコツ働くことが成功につながるというサインです。仕事は仕事、趣味は趣味と分けて考える方が良さそう。

海外で出会う人やものからの影響

❶ 月丘に向かって伸びる旅行線にフィッシュや星

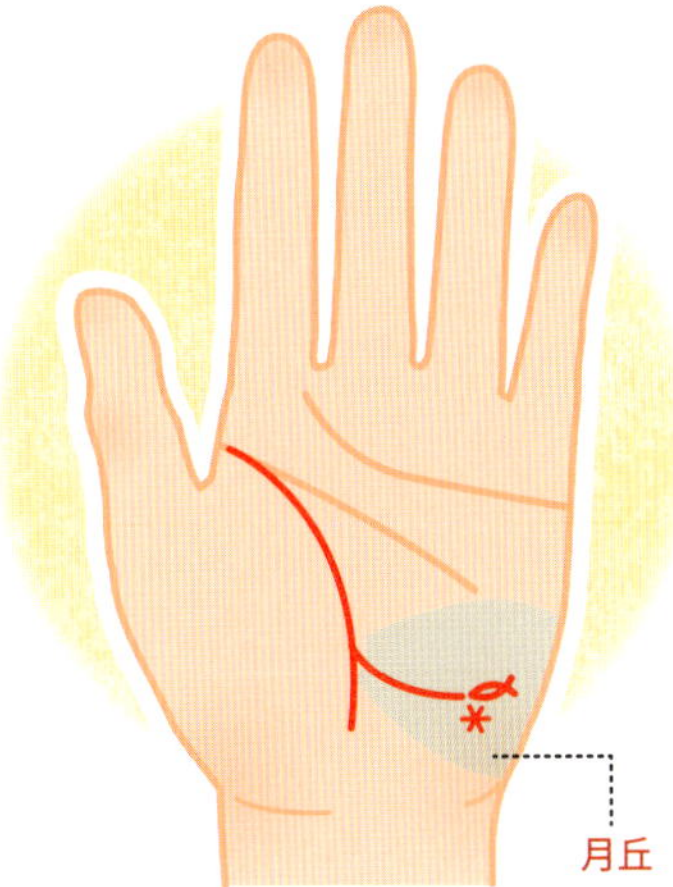

P.135も参照

想像力や感性を表す月丘に旅行線が伸びていて、幸運のサイン、フィッシュや星があるなら、海外で出会った人から大きな影響を受けたり、感銘を受ける掘り出し物と出合えたりするかもしれません。仕事においても、海外で生まれたこの縁が、これからの人生を向上させるきっかけとなりそうです。

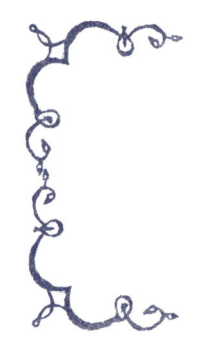

周囲の人とうまくやっていける？

職場での人間関係は、仕事のモチベーションに大きな影響を与えるもの。
知らないうちに思わぬ障害や問題を引き起こしてしまわないよう、
早めに対策を立てましょう。

人とのトラブルが原因で転職続き

❶**感情線**が切れ切れになっている

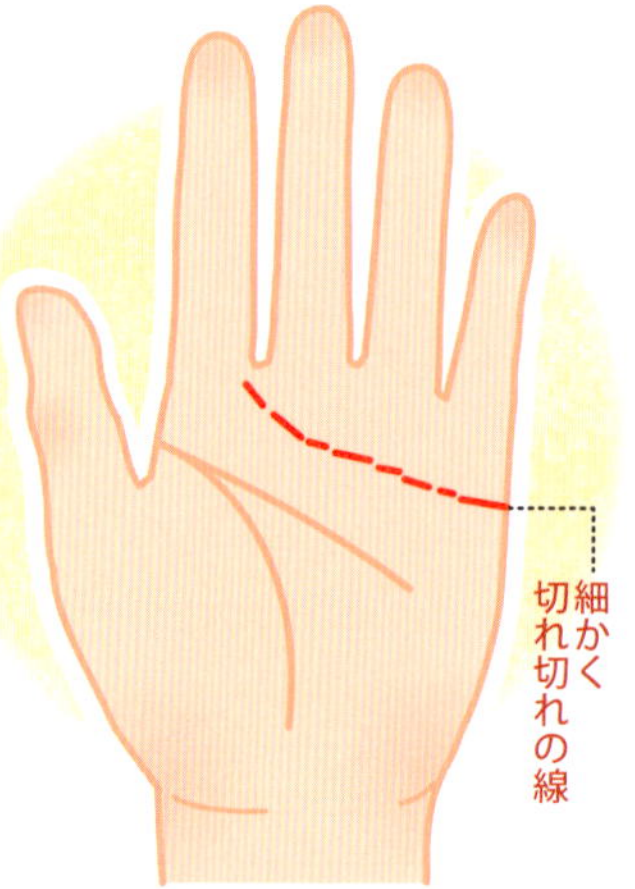

P.73も参照

対人関係の不安定さは感情線に表れます。感情線が切れ切れに伸びている場合、**コミュニケーション面での不安を示しています**。仕事でのトラブルは、ほぼ人間関係が原因となっているよう。転職を考える前に、**自力で解決する力をつけることが運気アップにつながり**ます。

心強い協力者に恵まれる

❶**運命線**の両サイドに**サポートライン**

❷**結婚線**に**サポートライン**

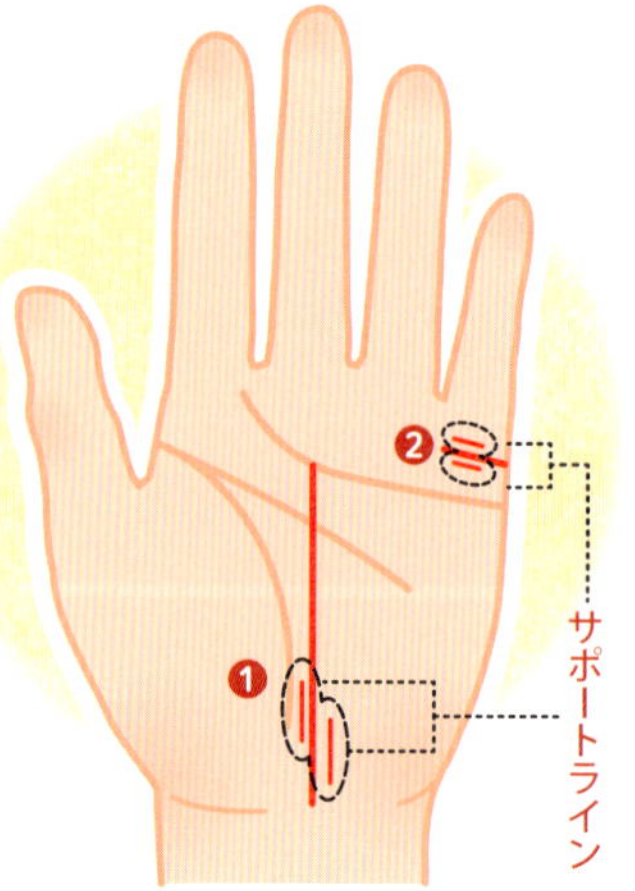

運命線の両側にサポートラインが現れると、**仕事での協力者に恵まれることを示しています**。また、結婚線にサポートラインがある場合は、仕事とプライベートの両面で、パートナーがあなたを支えてくれるでしょう。**協力者に恵まれることで、公私共に充実した生活を送れそう**です。

上司から認められてランクアップ

❶ **生命線**からはっきりした**上昇線**が出現

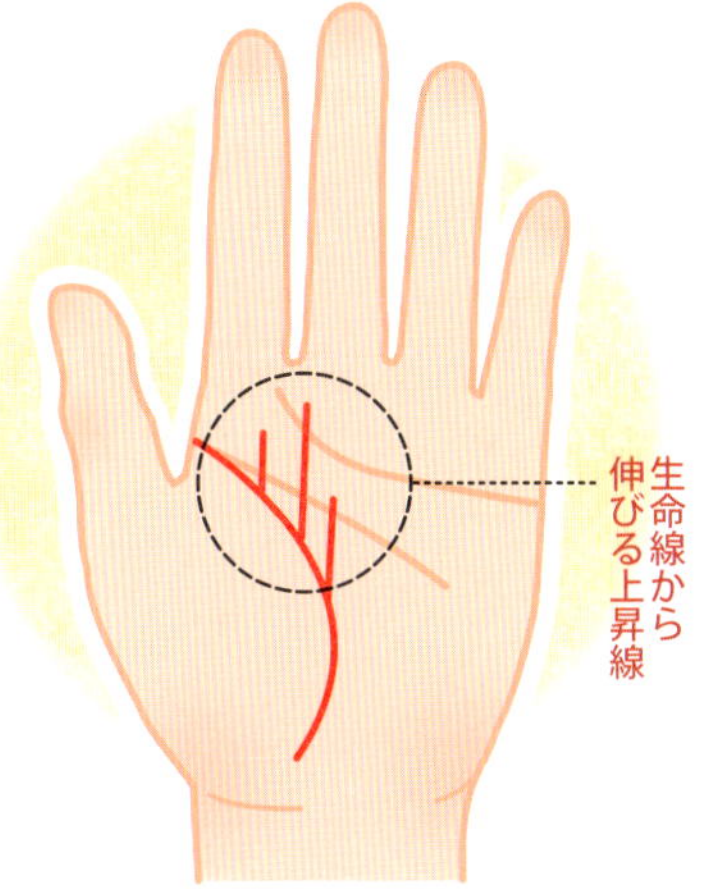

P.137／P.142も参照

生命線からはっきりと上昇線が出ているなら、近いうちに**あなたの才能が上司に認められそう**です。希望していた異動や、精鋭チームへの抜擢など、うれしい結果がついてくるでしょう。このシワが現れたら、**自信を持って積極的に行動していく姿勢を大切に**して。さらなるツキを呼びます。

会社や仕事で八方ふさがりに

❶ **感情線**に**島**が出現
❷ **頭脳線**に**島**が出現

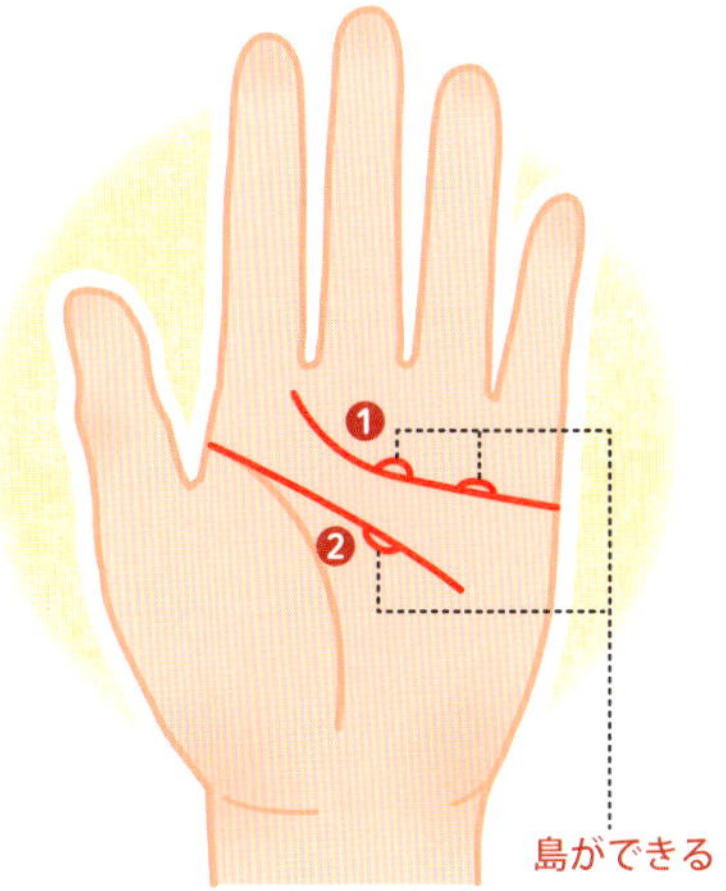

感情線の上に島が現れたら、対人トラブルの暗示。**仲間の裏切りや職場の孤立が、仕事に大きな影響を及ぼします**。また、頭脳線に島がある場合は、仕事上でトラブルが起こるサイン。上司と意見が食い違って対立してしまうかもしれません。**他人をアテにせず、自力で頑張ることで開運**に。

上司や先輩と意見の食い違いが

❶ **木星丘**の線の上に**クロス**が出現
❷ **障害線**に細かく分断された**運命線**

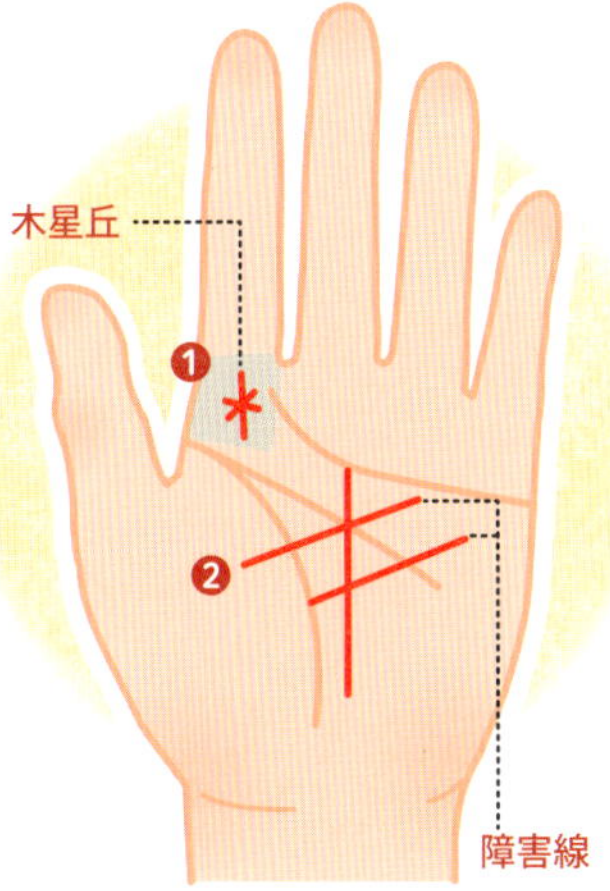

木星丘の上に出現する線はラッキーサイン。ただし、**ここにクロスが出ている場合、希望が遮られてしまう暗示**です。また、運命線が障害線に分断されると、今までうまくいっていたはずの上司や先輩との間に対立が起こってしまうかもしれません。**仕事に対する取り組み方を見直してみて**。

転職するべき？それとも現状のまま？

毎日同じ仕事をしていると、ふと「これで良いのか？」と感じることがあるでしょう。転職すべきか、それとも今の仕事を追求すべきか、手相から読み取ってください。

転職しても成功をつかめる！

❶ 運命線が階段状に切り替わる

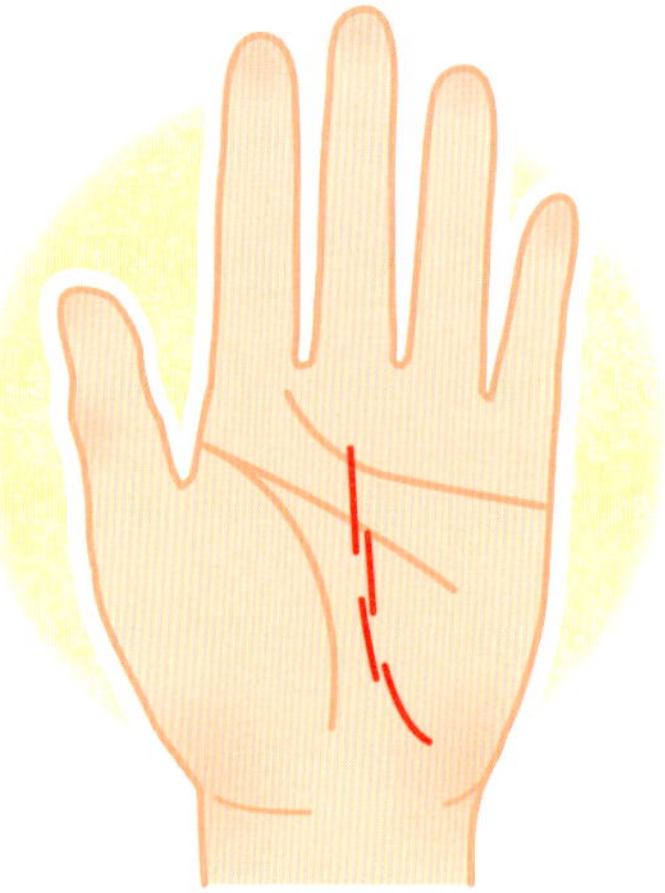

転職をすることで状況が好転する場合は、まず運命線や生命線に変化が現れます。運命線が階段のように切り替わっているときは、自分で明確な意志を持って転職を考えているというサインです。この線が出ているなら、仕事や生活スタイルを変えて心機一転。一歩を踏み出しましょう。

いばらの道の先にチャンスが

❶ 生命線から上向きの支線が出現

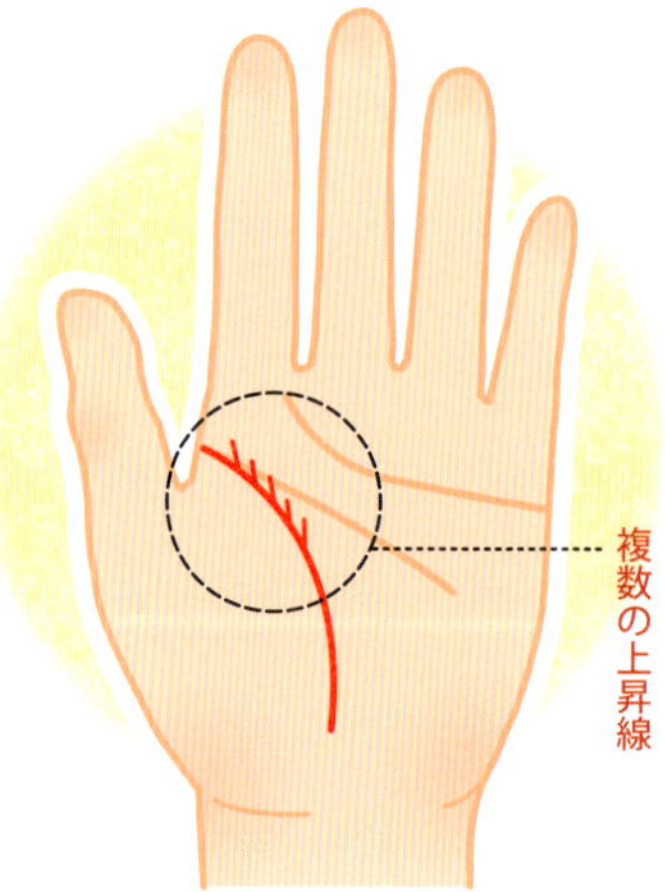

P.137／P.141も参照

生命線から上向きの支線がたくさん出ているなら、転職を繰り返した方がキャリアアップにつながるということ。また、この上昇線は、あらゆるチャンスが巡ってきているしるしでもあります。壁を乗り越えるたびに成長を感じられるときなので、逆境を恐れずに進んで。

転職より日常生活を見直して

❶ 4大線がすべて乱れている

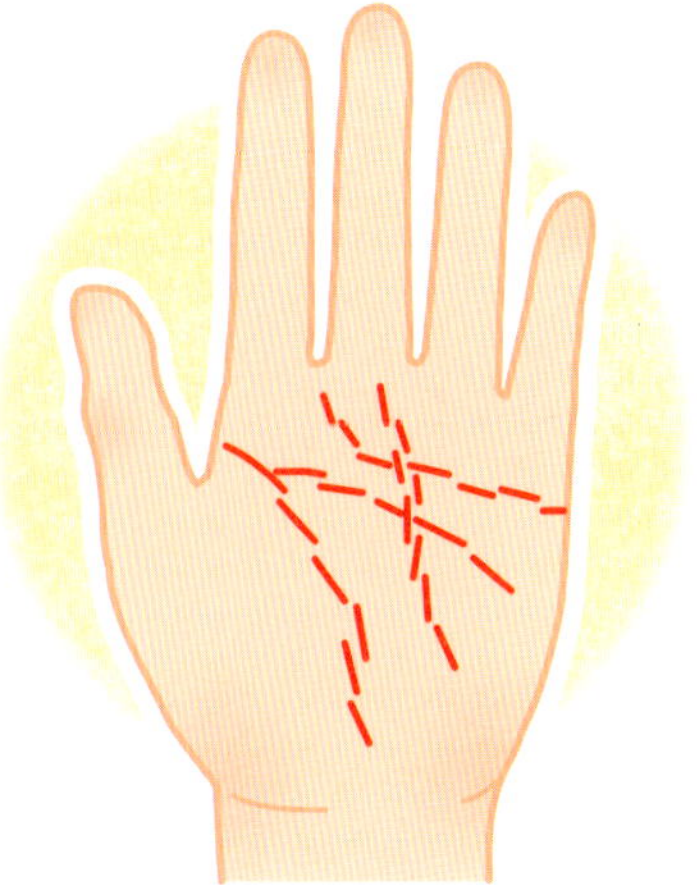

生命線、運命線、太陽線、頭脳線のすべてが乱れています。全体的にパワーダウンしていて、**精神的、肉体的、さらにはツキも下がっている**よう。すべてが弱まっている状態のときには、転職したとしてもいい結果に結びつきません。まずは、**生活の悪い習慣を見直すことが先決**です。

仕事もプライベートもいい流れ

❶ 生命線の上に補助サインが出現

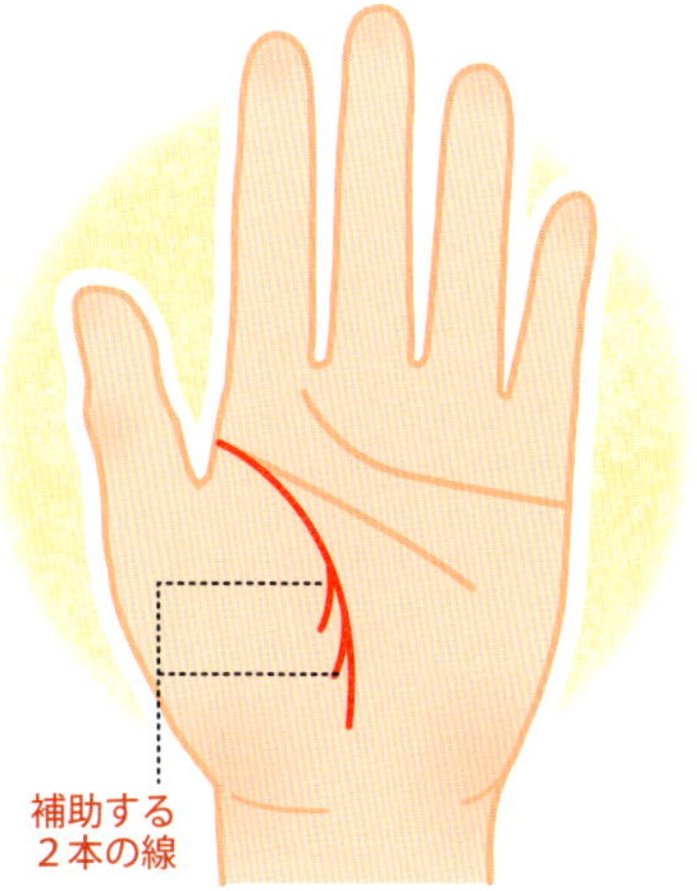

生命線に沿って出現する2本の線は、いい転職先が見つかるというサイン。この線が出たら、**積極的に生活スタイルを変えていきましょう**。まずは、毎日の食事や睡眠などを見直してみて。さらには、今まで温めてきた**夢や目標を実行に移すチャンス**でもあります。時期を見て動きましょう。

今の環境でこのまま続けていく

❶ 木星丘に短い複数の線が出現

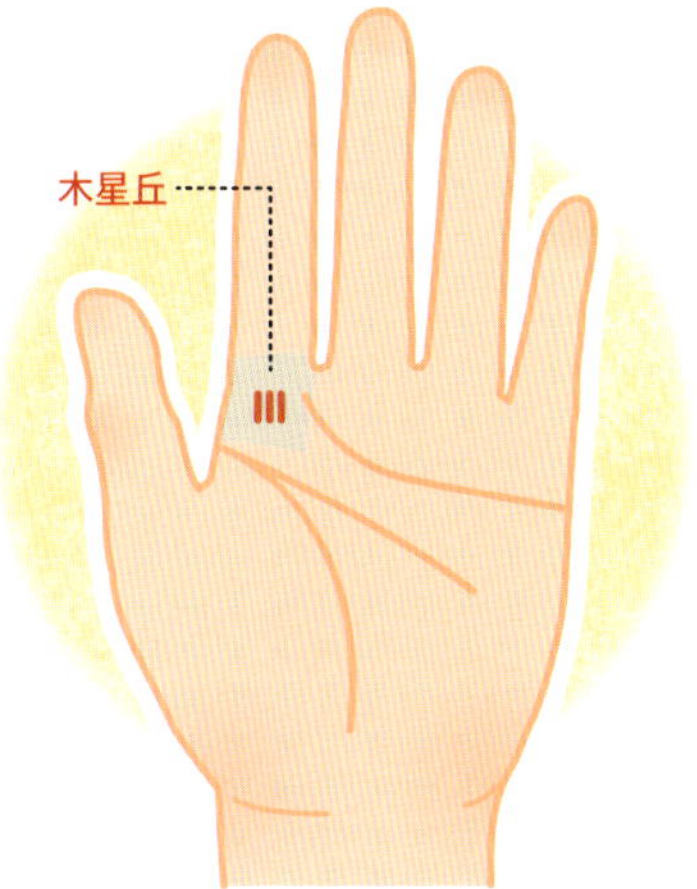

木星丘に短い縦の線が何本か出現していたら、**転職せずに立ち止まってようすを見るべき**です。この線は、そろそろあなたの才能や実力が上司に認められて、希望が叶うというサイン。現在の環境でやり残したことはないか、冷静に判断してみましょう。**しばらくはこの状態がベスト**です。

仕事でどんな悩みを抱えている？

はたしてこの仕事が自分に向いているのか、
また、本来の実力を発揮できているかなど、仕事についての悩みは尽きません。
そのヒントも手相から読み取ることができます。

モチベーションが足りない

❶生命線、頭脳線、感情線が障害線によって断線される

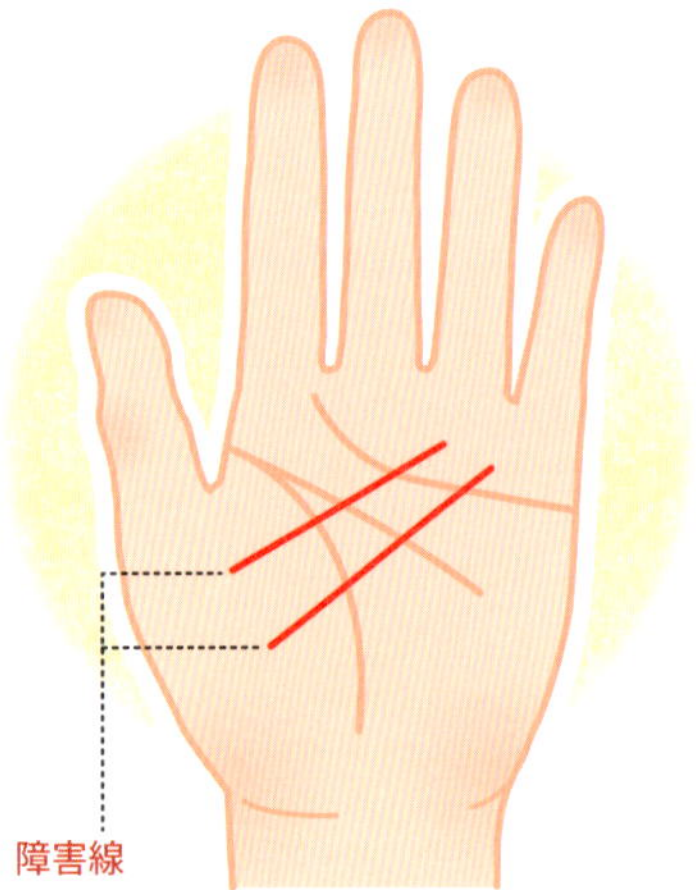

3大線すべてが障害線によって遮断されている状態。体力的、精神的、能力的にもやる気がなくなっていて、仕事は長続きしないでしょう。でも、この状態になった原因はあなたにもあるはず。人生プランを見直し、生活スタイルを変えて気力を出すことで、運気もアップするでしょう。

能力を生かす場はどこにある？

❶手のひらを水平に横切る感情線
❷生命線から離れた頭脳線がある

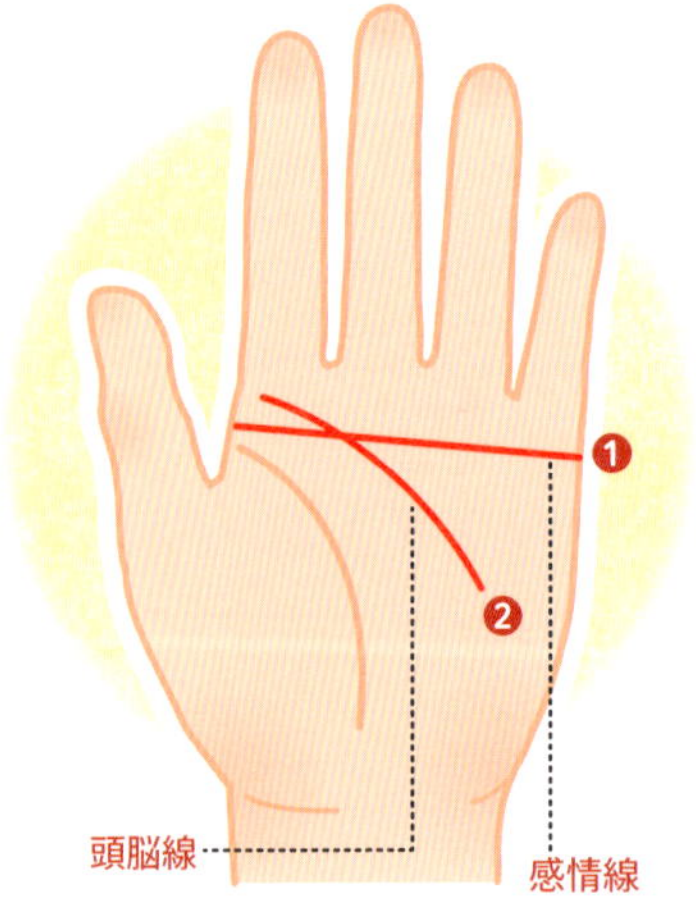

一見マスカケのようで、実は手のひらを水平に横切る感情線と、生命線と起点が離れた頭脳線が混在しています。2つの個性が混ざったこの手相の持ち主は、本来の能力を生かし切れていないことが多いよう。これまでの価値観や常識に捕われずに、個性を生かした新しい生き方を模索してみては。

気持ちを意識してコントロール

❶感情線や頭脳線の大きな分断

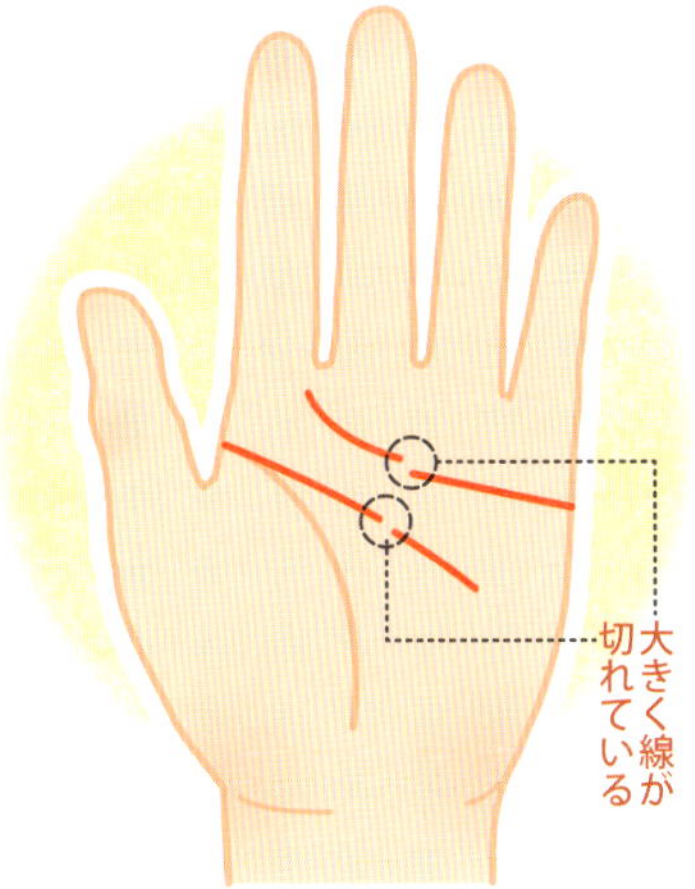

P.193も参照

感情線や頭脳線が大きく一ヵ所で切れているという人は、気持ちの浮き沈みが激しいところがあるようです。突然、感情を爆発させたり、突飛な行動に出たりするので、周囲にマイナスの印象を与えます。体質や気質に起因することもあるので、専門家に相談することも考えて。

悪い流れを変える朝型生活を

❶切れ切れで小指側に移動する運命線

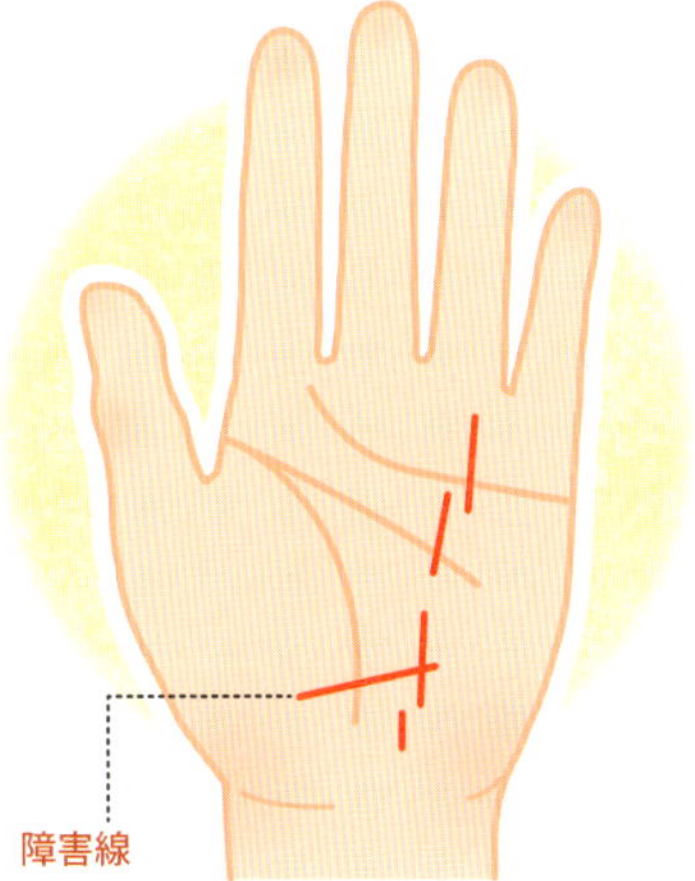

障害線で分断された運命線が、だんだん短くなりながら小指の方に移動しているような状態は、次第に状況や運気が悪くなっていくことを暗示しています。突然の出向や、不本意な転勤辞令の可能性も。夜型の生活を朝型にするなど、生活リズムを変えて、運気の回復を図りましょう。

仕事のトラブルやリストラの暗示も

❶運命線上を障害線が横切り、クロスで止まる

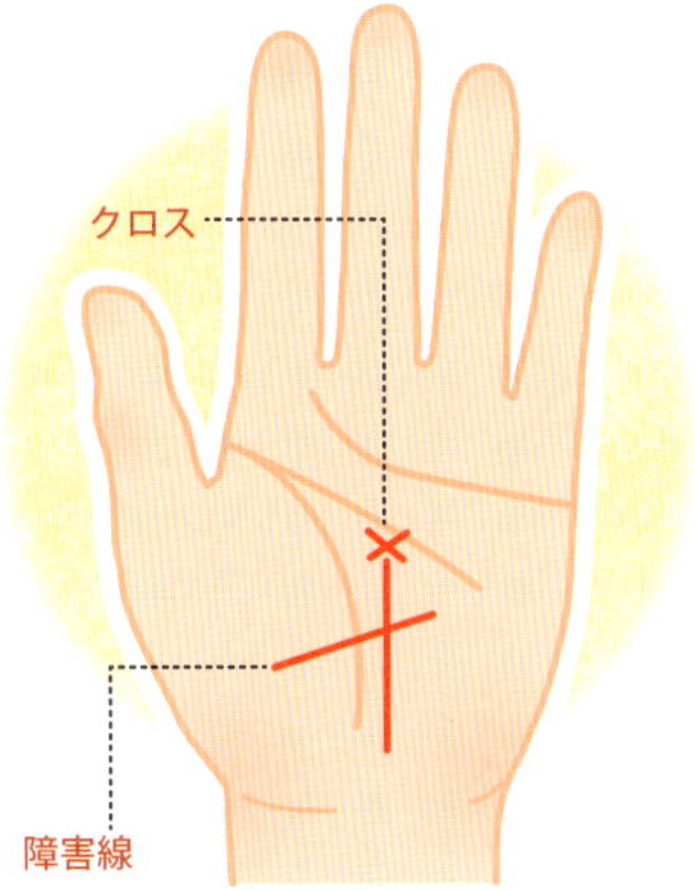

運命線が障害線で遮られている状態は、会社の倒産など、自分ではどうすることもできない大きな災難を示します。これがクロスで止まっている場合は個人的なトラブルの暗示で、予想外のリストラ宣告などがあるかも。強運な人と行動を共にして、運気を味方にするよう心がけて。

仕事でのトラブル注意信号

自分ではどうしようもない思わぬ不運を少しでも食い止めたい！
起こりうる障害を手相から事前に読み取り、
トラブルを最小限に留める方法を探っておきましょう。

倒産などの避けられない不運

❶運命線が障害線やクロスで分断
❷太陽線に大きなクロスが出現

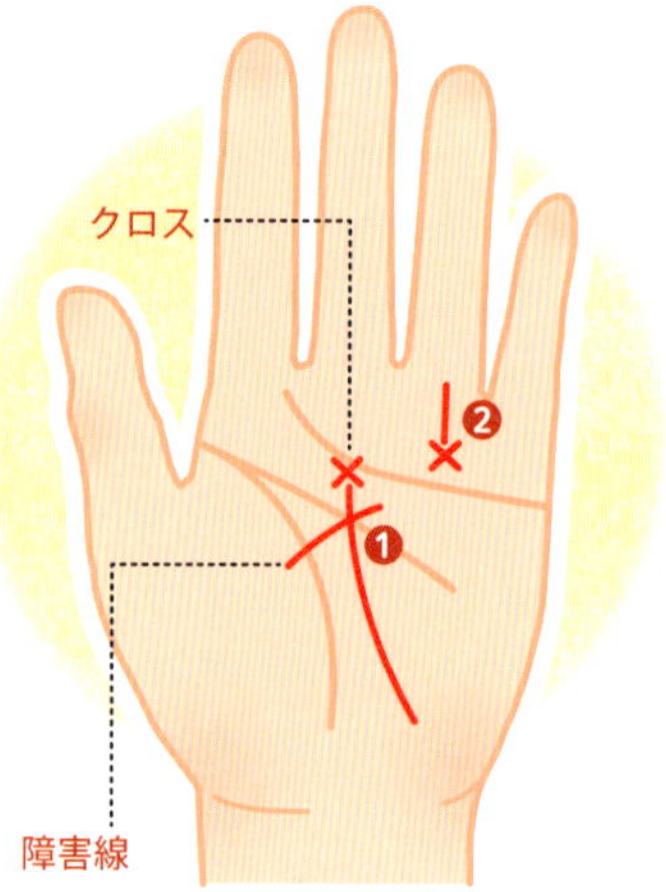

障害線がはっきりと運命線を分断している手相は、大きいトラブルに巻き込まれるというサイン。さらに太陽線に大きなクロスがあると、経済的な挫折に見舞われることを示しています。2つの線が同時に出現したら要注意。倒産などのあおりで、仕事と経済でダブルの不運に見舞われるかも。

旅行先でアンラッキーに見舞われそう

❶旅行線などに島やクロスが出現

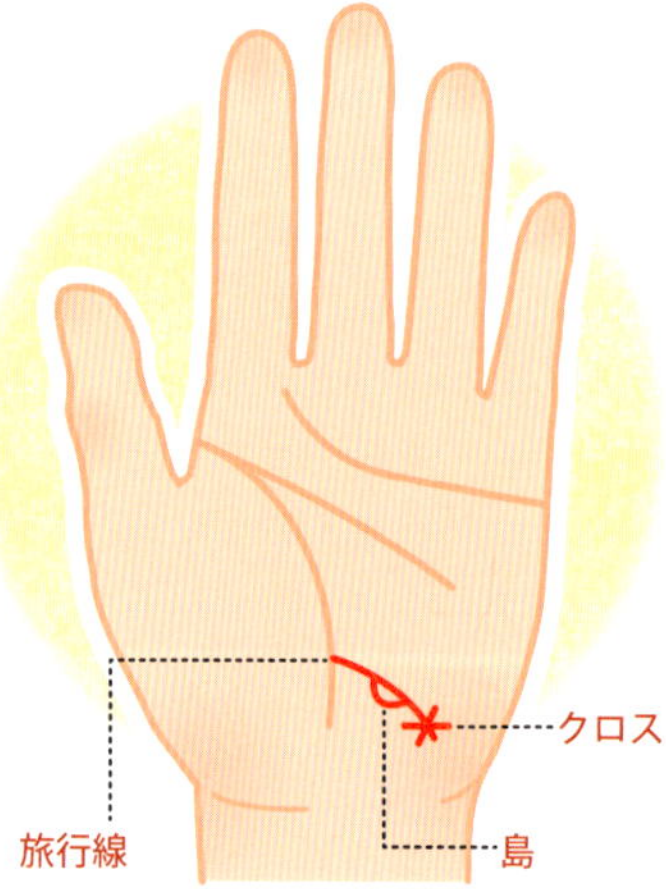

生命線から伸びる旅行線に、島やクロスのしるしが現れたら要注意。海外でロストバゲッジなど避けようがない不運に遭遇したり、スリの標的にされたりする恐れも。とにかく、このサインが出たら油断禁物です。言動に細心の注意を払い、精神的に頼れるお守りアイテムを荷物にしのばせて。

海外で思わぬアクシデントが！

❶月丘の端から出る線に島が出現

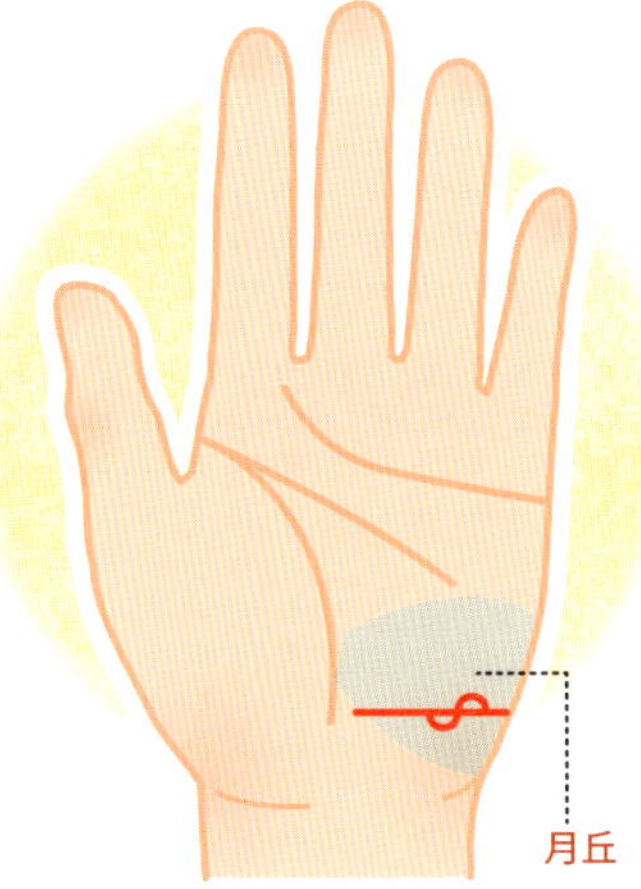

月丘の端から出ている横線に島が現れていたら、海外に出かけたときにアクシデントに見舞われたり、トラブルに巻き込まれたりする可能性があります。パスポートを失くした、飛行機の搭乗時間を間違えた、などは注意していればある程度は防げるはず。海外旅行や出張ではくれぐれも慎重な行動を。

さまざまなトラブルが続いてしまう

❶生命線上にクロス
❷下向きの頭脳線に島
❸運命線に障害線と島
❹太陽丘と水星丘にクロス

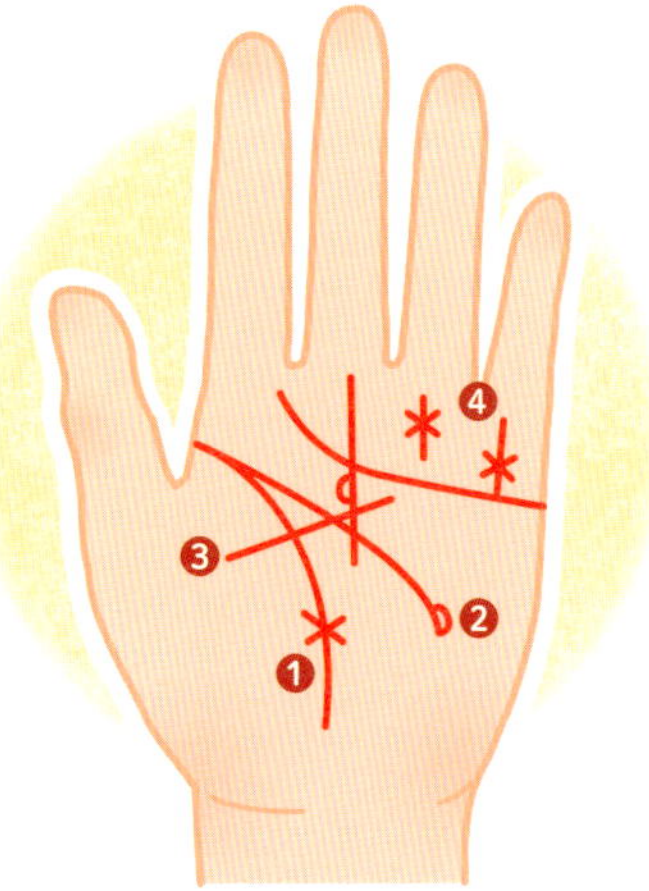

生命線上にクロス、下向きの頭脳線に島、運命線に障害線がぶつかり、島もある。さらに太陽丘と水星丘にもクロス。こういったアンラッキーなサインばかりのときには、思いもよらない不可思議な言動で、失敗を重ねてしまいがちです。とにかく気持ちを落ち着けて、マイペースを取り戻して。

余計な発言がトラブルの元

❶金星丘から土星丘に向かう線にクロスや島

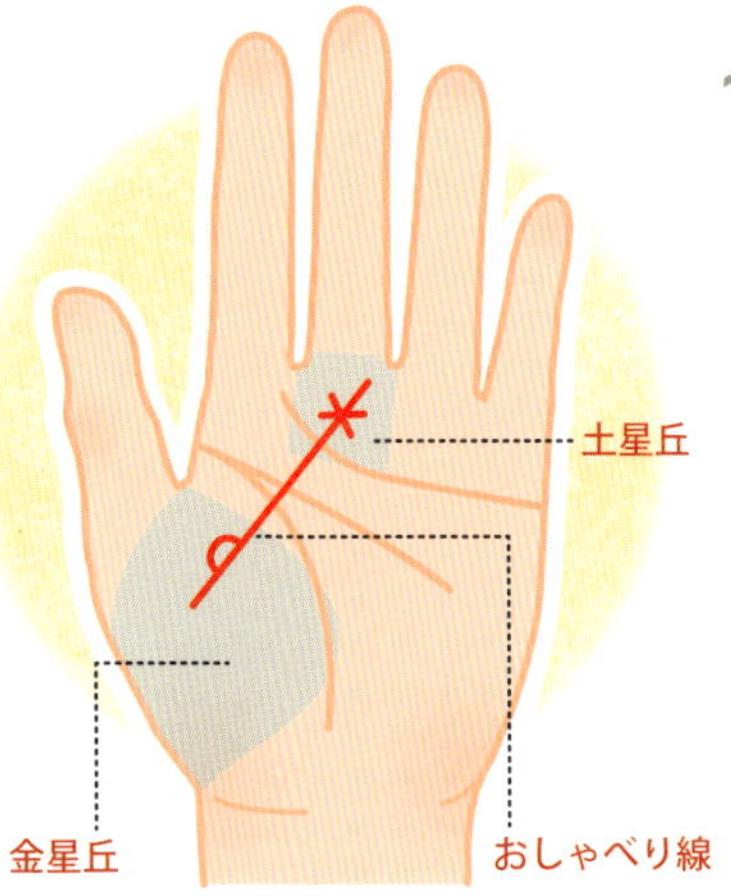

土星丘に向かって金星丘から伸びるのは、通称おしゃべり線。この線にクロスや島が現れたときは、余計なひと言が大切な仕事のトラブルに発展する暗示です。さらに、約束を間違えたり、書類を紛失したりという言動にも気をつけましょう。控えめな態度を心がけ、細心の注意を払って。

才能と仕事

ひと目で判断！ひと言で診断！

あなたや気になる人の手相の特徴はどれにあてはまりますか？
ワンフレーズで答えます！

運命線

長年の手の動きや筋肉の緊張が線になるもの。別名は職業線。

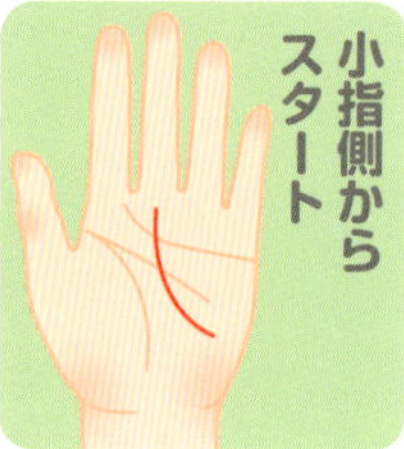

下積み期間が必要

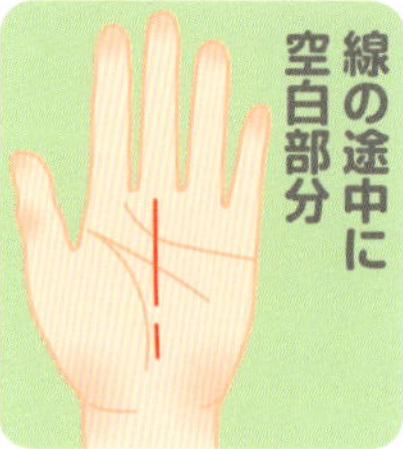

実力を蓄えるとき

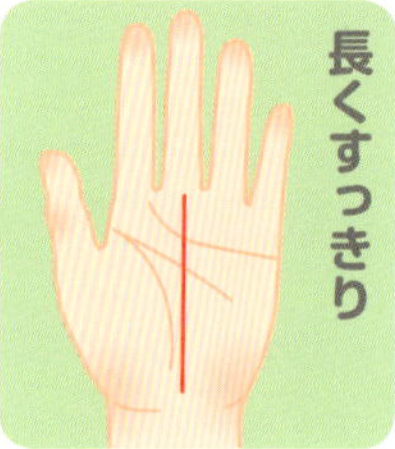

独立心旺盛

頭脳線

考え方や思考パターンで、得手不得手、方向性がわかります。

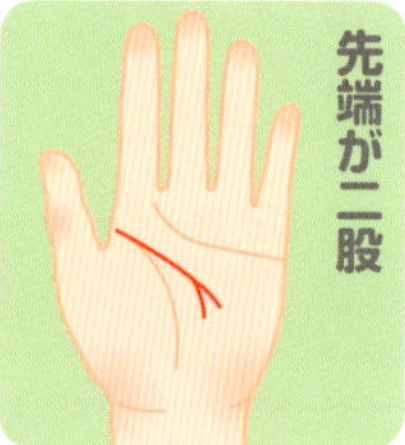

交渉力あり

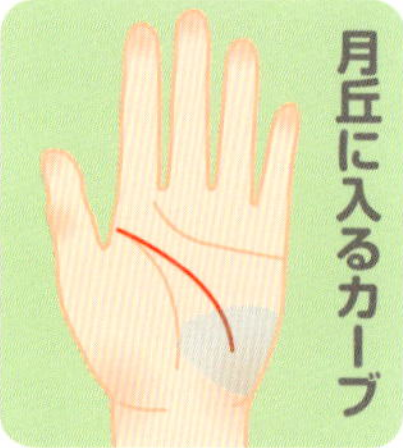

文系向き

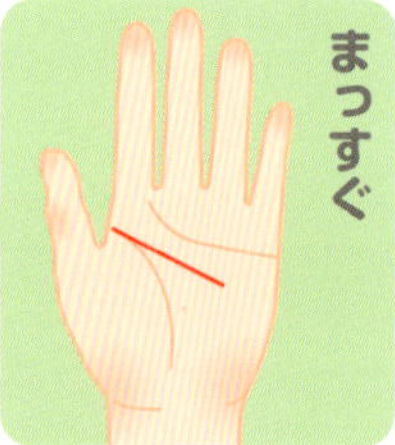

理系向き

感情線＆生命線

性格、体力、心身のバイタリティから理想のポジションを診断します。

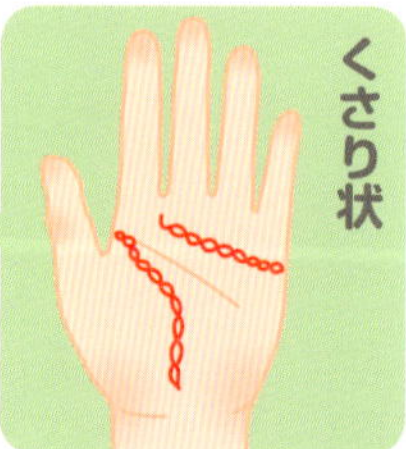

秘書向き

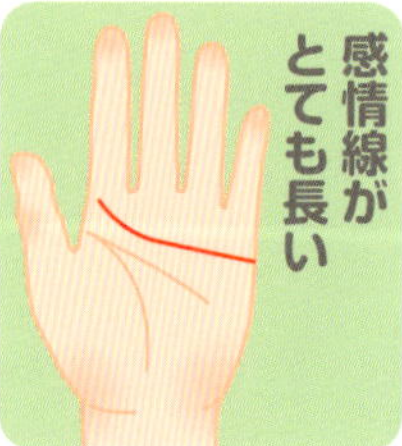

補佐役

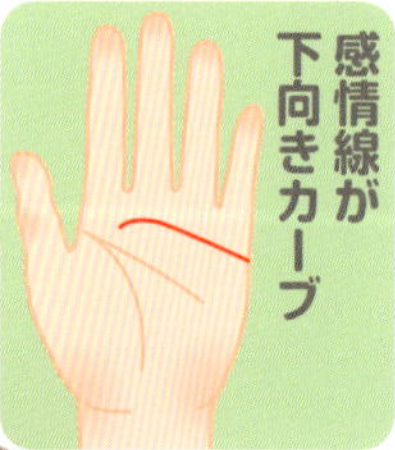

指導者向き

第6章

人間関係のタイプ

友だち関係、職場の人との関係、家族の関係など、人間関係とひと口にいっても幅広く、 あなたの人生に欠かせないものです。より円滑に楽しく、実りあるものにする秘訣を教えます。

人間関係運の傾向はココで見る！

さまざまな対人関係は、手相と同様に手の形も重要な判断要素です。パッと見るだけで判断できるので、周囲の人の手もチェックしてみましょう。

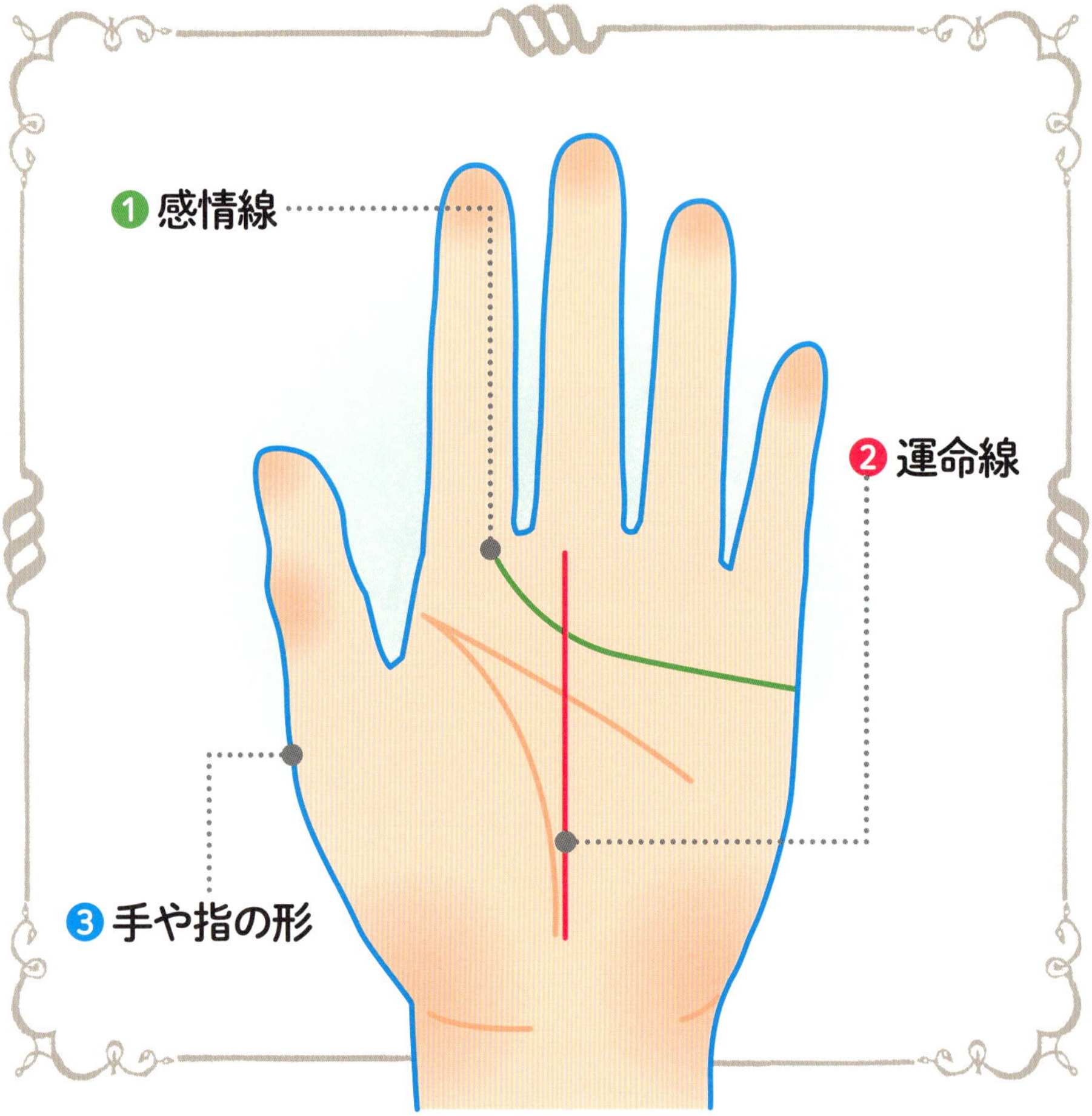

❸
手や指の形
その人の人となりや人づき合いに対する考え方がわかる

❷
運命線
その人の肉体や精神の成長度、バランスと密接な関係がある線

❶
感情線
人間の無意識的なところや、感覚的な部分と深くかかわっている線

❶ 感情線

感情表現の方法を分析

その人の性格や対人関係が表れる感情線。この線は、薬指と小指を曲げることで深く刻まれます。薬指と小指は、5本の指の中でも比較的使われることが少ない指ですから、感情線は意識しない動きでできる線＝人間の無意識や、感覚的な部分と深い関係がある線だといえます。つまりこの部分を見れば、その人の心の微妙な変化やコミュニケーション能力、感情表現の方法までわかってしまうのです。

また、感情線は細かい支線ができやすく、支線の形や方向、線自体の長さや伸びている向きなども人によってさまざま。そのため生命線や頭脳線との接し方などから、総合的に判断してください。

❷ 運命線

精神状態や生活環境をチェック

心身のバランスや成長度を表す運命線。ここからその人の精神の緊張感や不安、生活態度などを的確に読み取ることができます。また、これらは社会生活や仕事ぶりなどにも大きく反映されていきます。

さらに、そのときの人間関係や環境、職業などで線が薄くなったり乱れたりと、変化しやすいのも特徴です。そのため運命線をチェックすれば、その人が、友人や肉親など周囲の人たちとどのように接しているか、どんな影響を受けているかが一目瞭然です。

もしあなたの運命線が大きく変わった場合は、人間関係や環境が大きく変化していくことの前触れであるといえるでしょう。

❸ 手や指の形

性格や人との接し方を見る

人間の気質と、体型や体格につながりがあるのと同様、手の形と人の性格にも深い関係があります。

とくに手の形は、その人の性格を表します。そのため手のシワを見なくても、形全体を見て人づき合いの傾向を知ることができるのです。ですから初対面の人であっても、手の形を一見するだけでおおよその性格が読み取れます。

また、多くの人の場合、右手と左手の大きさや形はほぼ同じですが、消極的な手と積極的な手（14ページ参照）というものがあります。積極的な手は、その人の現在から未来が現れるので、生まれつきの性格を見る場合には、消極的な手を見ていくと良いでしょう。

空気が読める？それともKY？

空気が読める人、読めない人にも、さまざまなタイプがあるものです。
人づき合いに悩んでいるなら、自分にKYの手相がないかチェックしてみて。
原因を知ることができるかも。

敏感に場を読む思いやりの人

❶ 感情線から出る下向きの細かい線

P.72／P.105／P.195も参照

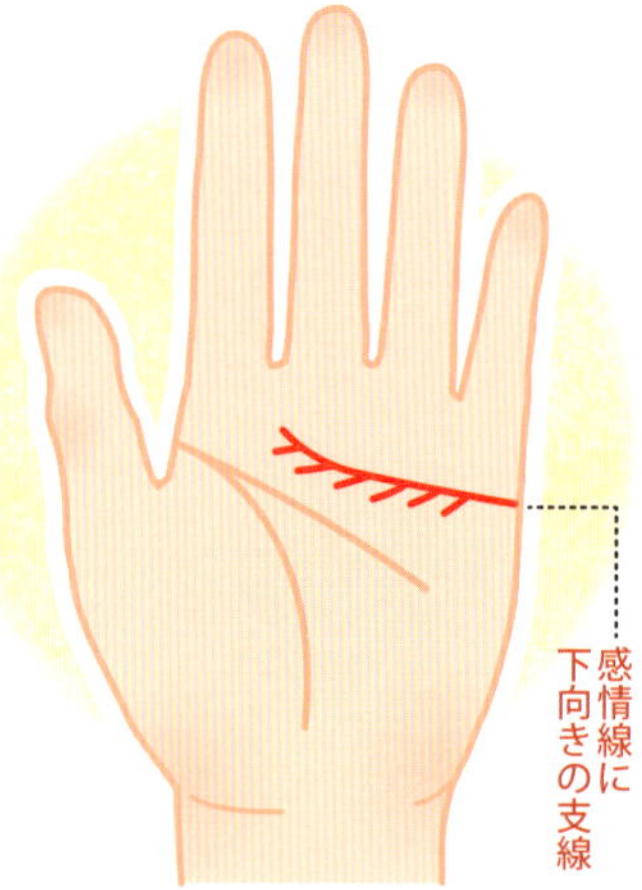

感情線の下から出る細かい線。この支線がある人は、思いやりにあふれた優しい人です。強引に自分の意見を押し通そうとするのではなく、しっかりと相手の意見や気持ちを尊重して発言をします。また、嫌なことがあっても、めったに顔には出しません。その場の空気を読む能力もピカイチです。

場の空気を大事にする人気者

❶ 感情線の先が2本になっている

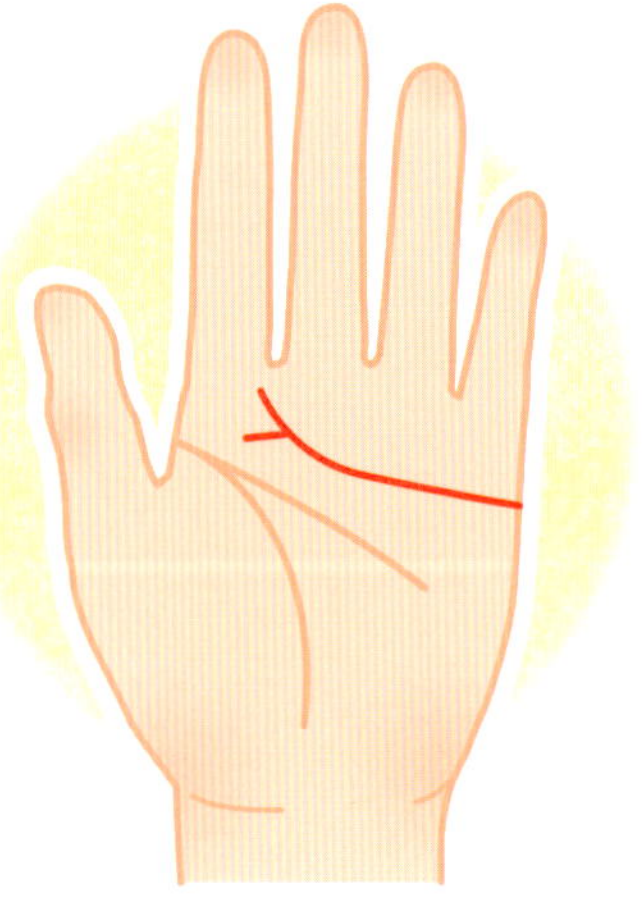

感情線の先端が2本に分かれたり、3本に分かれるトライデントという形になっている人は、心優しく繊細な人である証拠。常に誰かの悩みを真剣に聞いたり、相談にのってあげたりしているでしょう。人の面倒を見ることも苦ではありません。誰からも好かれる聞き上手なタイプです。

感情を表に出さず抑えがち

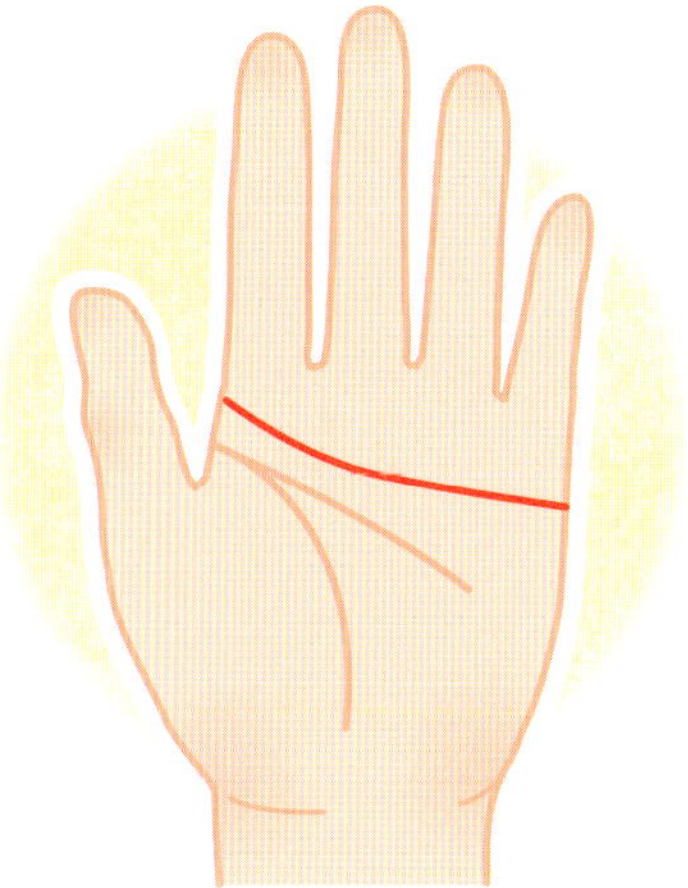

❶手のひらを横切る感情線

感情線がグンと伸び、手のひらを横切るような手相の持ち主は、心穏やかな人です。自分の感情をコントロールする力に相当長けていて、突然怒ったりすることは絶対にありません。周りの空気を乱すようなこともしませんが、感情が表に出にくいタイプなので、近寄りがたいと思われてしまうことも。

人目が気にならない楽天家

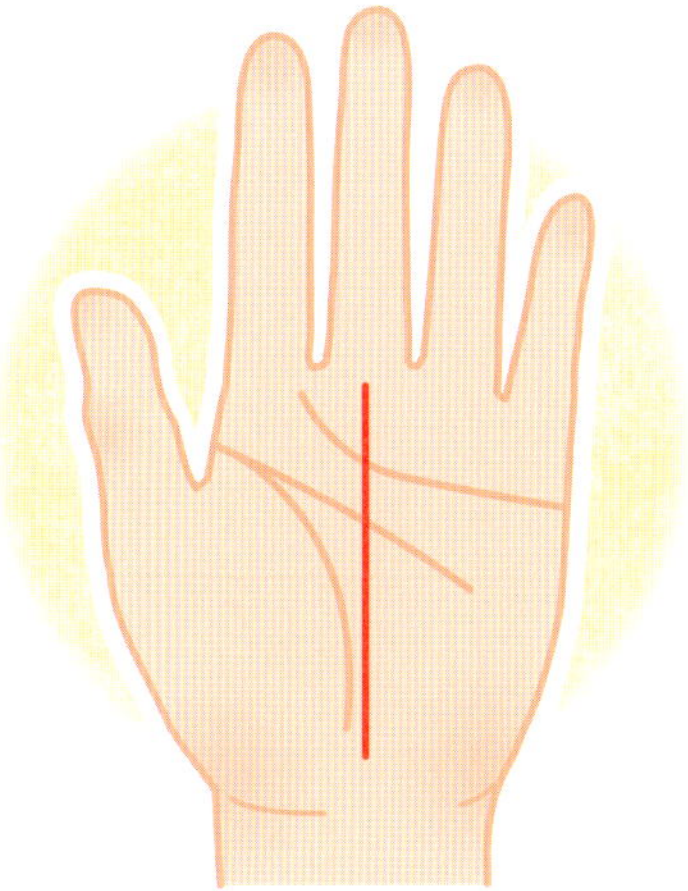

❶手のひらの中央にくっきり伸びる運命線

P.135／P.138／P.168も参照

運命線が、手のひらを縦断するようにしっかりと伸びている人は、マイペースを重んじる究極の楽天家です。人からどう思われるかを一切気にしないので、自分の発言が場の空気を凍らせていることにすら気づかないかも。ただし、不思議と人に憎まれないので、友だちも多いでしょう。

短気で自分の感情が中心かも

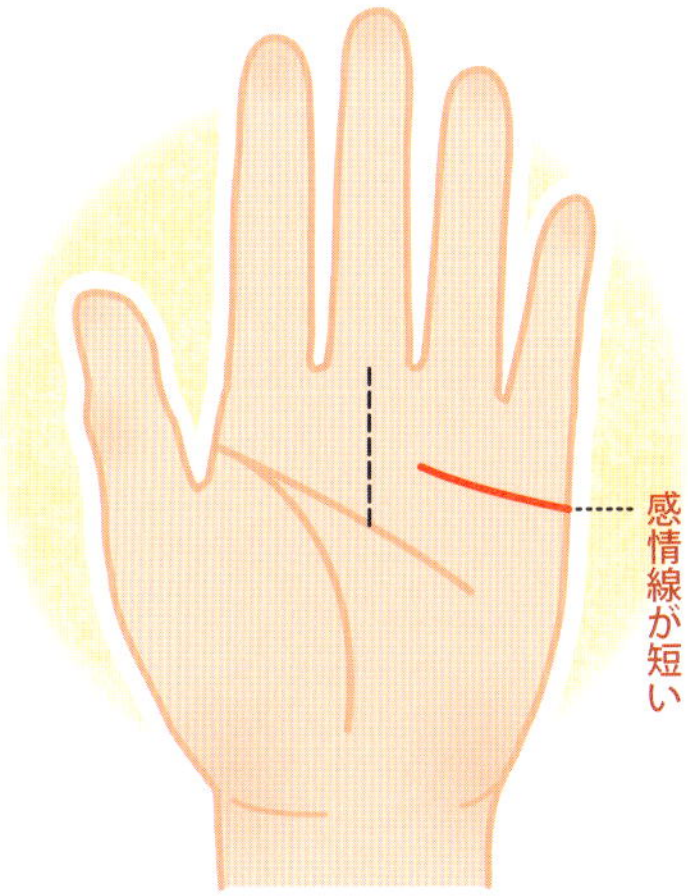

❶感情線が中指に達しないほど、極端に短い

P.69／P.80／P.163も参照

感情線が中指にまで達しないほど極端に短い場合は、あなたが思いのほか短気であることを示しています。怒りや悲しみをすぐに爆発させてしまい、周囲から自分がどう思われるかなどお構いなし。思ったことをすぐ口にする性格なので、一瞬で気まずい空気を作り出してしまいます。

どんなタイプの人気者になれそう？

家族、友人、自分とかかわるすべての人から、できれば好感を持たれたい！
そんなあなたに人気者になれるサインは出現している？
さっそく手相を見てみましょう。

一生ものの友人に恵まれる！

❶ 月丘から伸びた人気線が感情線を越える

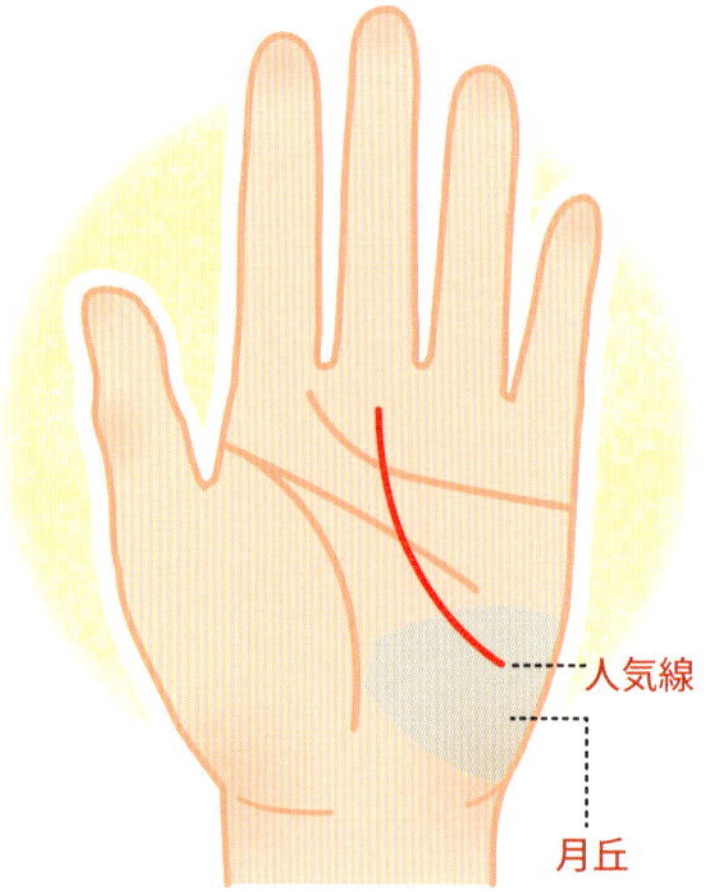

月丘から感情線を越え、中指の方向まで伸びる線を人気線と呼びます。この線があるあなたは、助けてくれる良き友人に恵まれるでしょう。積極的に自分の願望や意見を周囲に話していれば、多くのチャンスをもたらしてくれるはず。人生の貴重な財産として大切にしてください。

温和で人を惹きつける社交家

❶ 柔らかく丸みがある手で、指先が反り返る

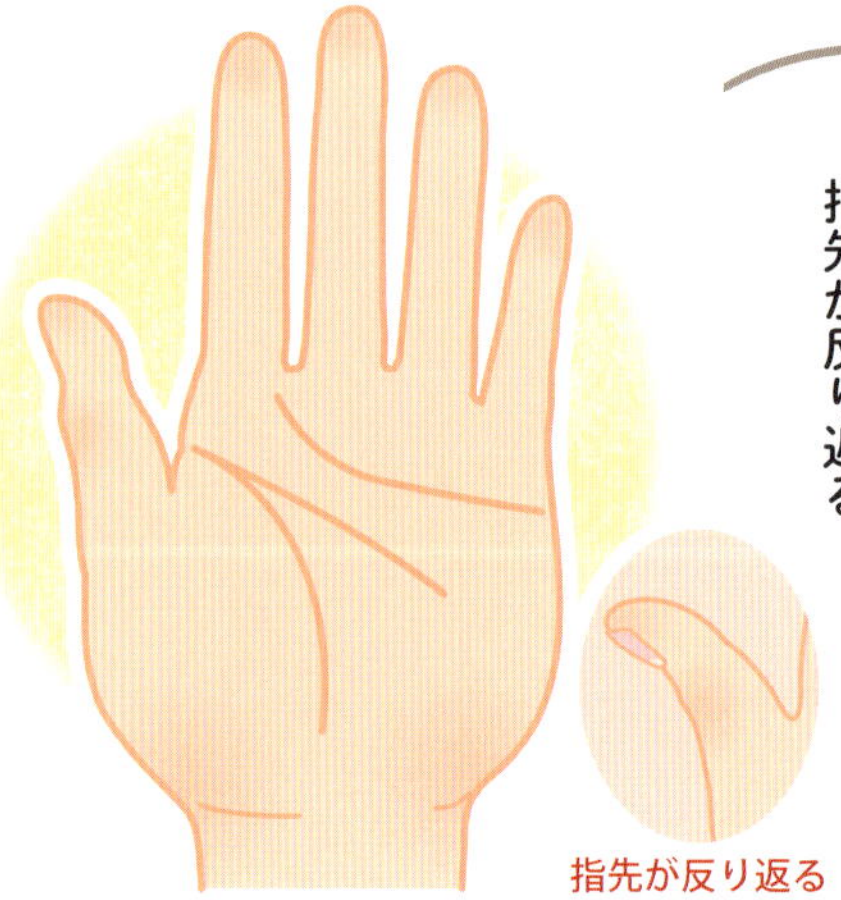

手が丸っこく柔らかい、そして指先もよく反る人は社交性の塊。謙虚で人に意見を押しつけることはありませんが、単に無口なわけでもありません。おしゃべり好きで、相手に合う話題を発展させて提供できるタイプ。誰からも好かれ、充実した人間関係を築くことができるでしょう。

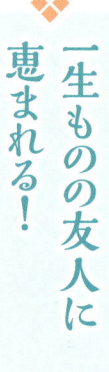

デリケートで思いやりのある人

❶ 3大線がくさり状になっている

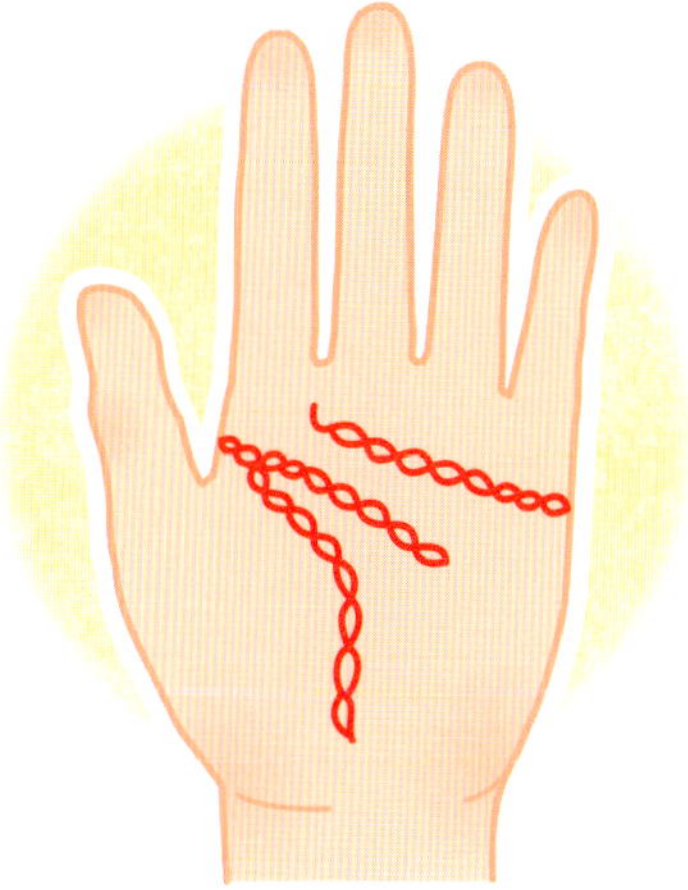

P.117も参照

生命線、頭脳線、感情線のすべてがくさり状になっている人は、とてもデリケートで繊細な人。一見扱いづらいような印象を与えますが、実は非常に思いやりにあふれています。周囲に合わせて行動し、協調性も抜群。目立って活躍するというよりは、縁の下の力持ちとして慕われるでしょう。

存在感ある天性のスター

❶ 月丘から伸びる影響線上に星が出現

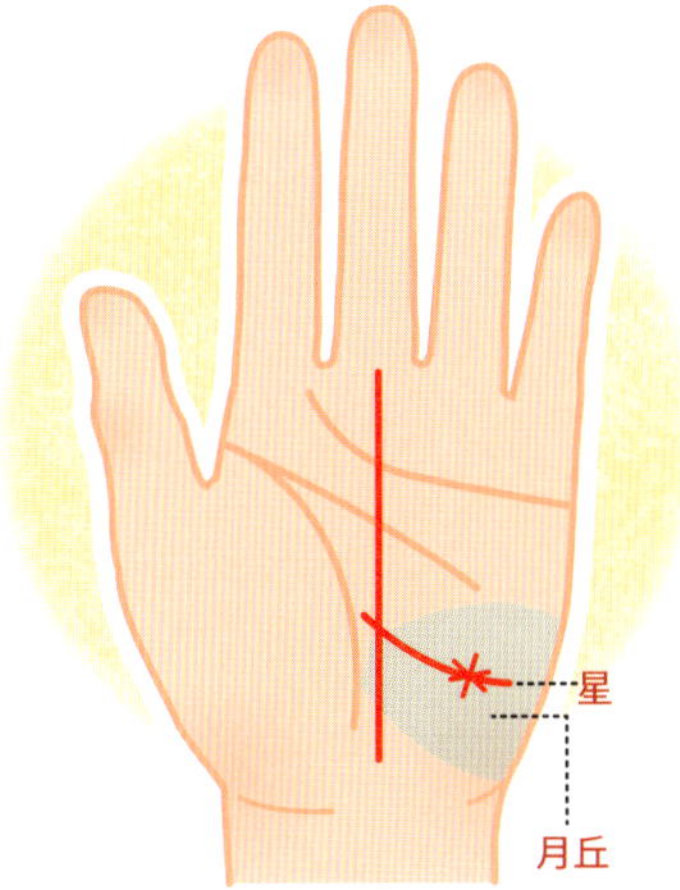

月丘にある影響線に星が現れているなら、あなたの存在感が抜群であることの証拠。どこにいても光る、天性のオーラを放っているでしょう。必然的に周囲はあなたに注目しています。自信を持って行動すれば、あなたと親しくなりたいと思う人が多く集まってくるでしょう。

個性的なアイドルキャラ

❶ 感情線から上向きの支線がたくさん出る

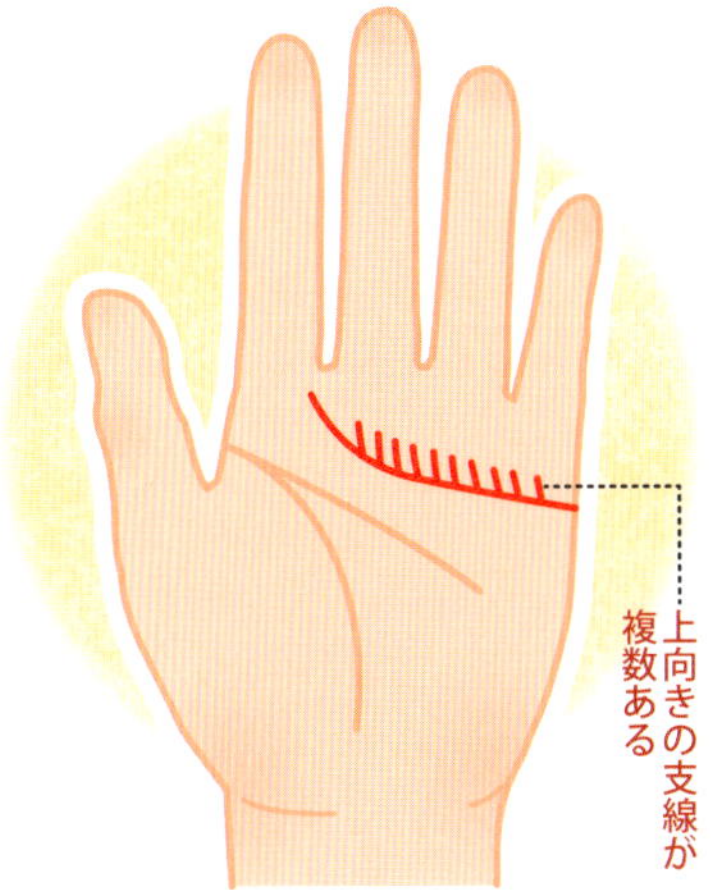

感情線から、複数の上向きの支線が現れているあなたは、みんなに愛されるアイドルタイプ。ロマンチックで感受性が強く、人とは異なる個性を持ちます。明るく素直な性格で、老若男女問わず自然と好かれるでしょう。もちろん異性からもモテモテですが、不思議と敵を作ることはなさそうです。

頼れるリーダーの素質を分析

遊びの予定を率先して立てたり、人から相談されることが多かったりと、
気がつけばいつも仕切る立場に。
そんなリーダータイプの人は、手相に特徴が表れています。

面倒見抜群の人格者

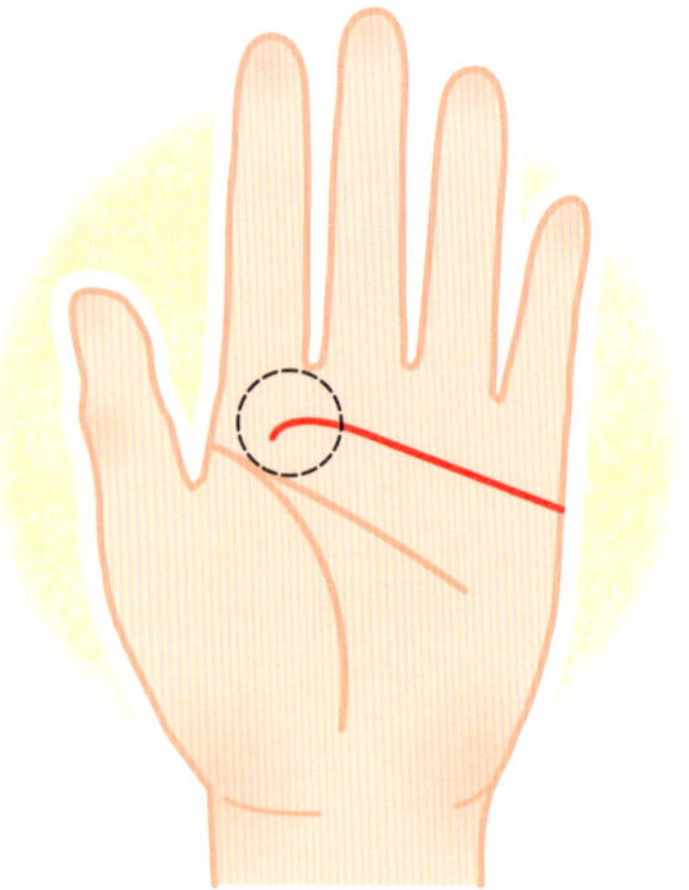

❶ **感情線**の先が下向きにカーブ

P.111も参照

感情線が下向きにグッと曲がっている人には、**優れたリーダーの素質**があります。困っている人には進んで声をかけ、面倒見も良いので周囲からはいつも頼りにされるでしょう。チームの中でも、人をまとめる立場として活躍します。ただ、**頑固で敵を作りやすいところには注意が必要**です。

周囲と歩調を合わせて進む先導者

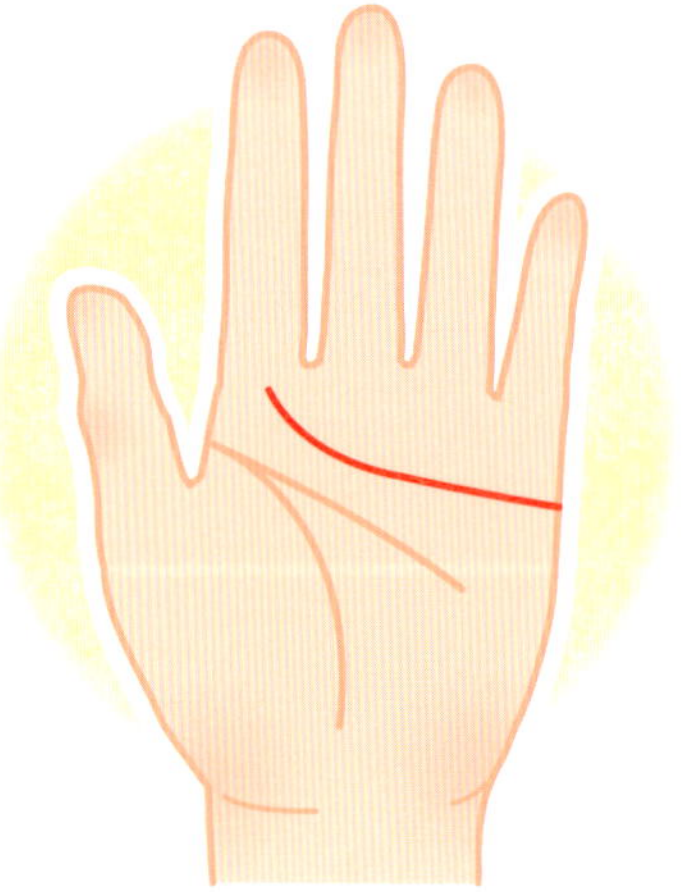

❶ **感情線**が人さし指のつけ根まで長く伸びる

P.133／P.176も参照

感情線の先が人さし指につきそうなほど長く伸びているなら、**判断力が優れている**ということ。周囲の人をまとめ、うまくリードしていく能力に長けているでしょう。強い自己主張はしませんが、いつも**冷静に物事を判断していく**ため、気がつくと**グループのリーダー的存在に**なっていることも。

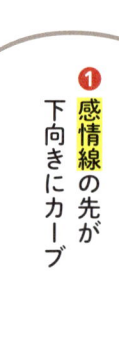

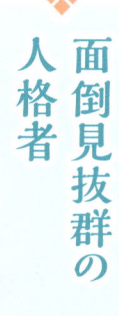

柔と剛を備えた穏やかな人

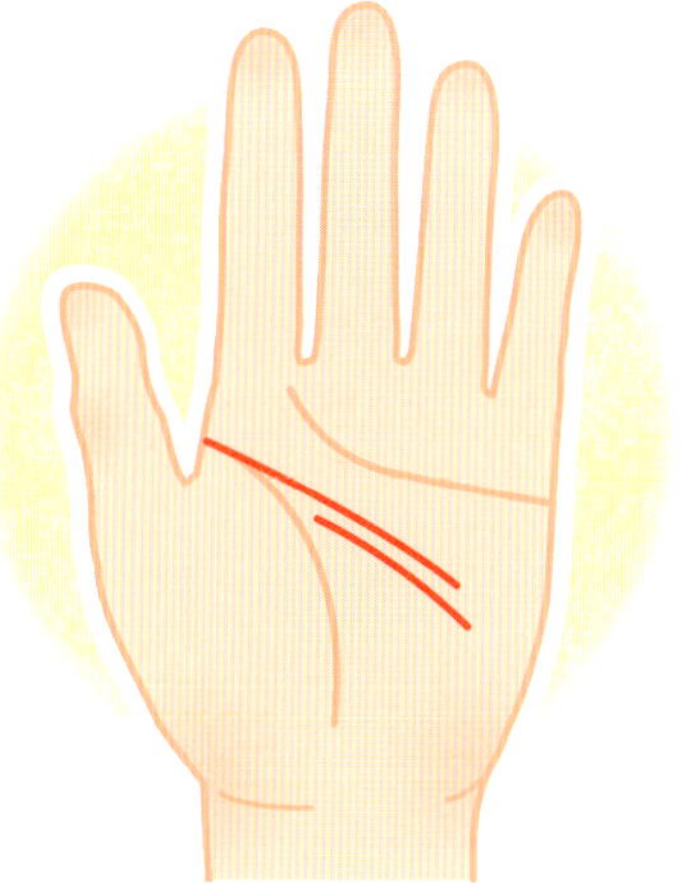

① 頭脳線が2本伸びている

P.112も参照

頭脳線の他に、もう1本寄り添う線が現れている場合、穏やかさと大胆さがほどよくミックスされています。大事な場面でビシッと決める力強さを持つ一方、人づき合いをスムーズにこなす物腰柔らかな面も。積極的に先頭に立つタイプではなくても、自然と人が集まってくるでしょう。

大らかな魅力で人を惹きつける

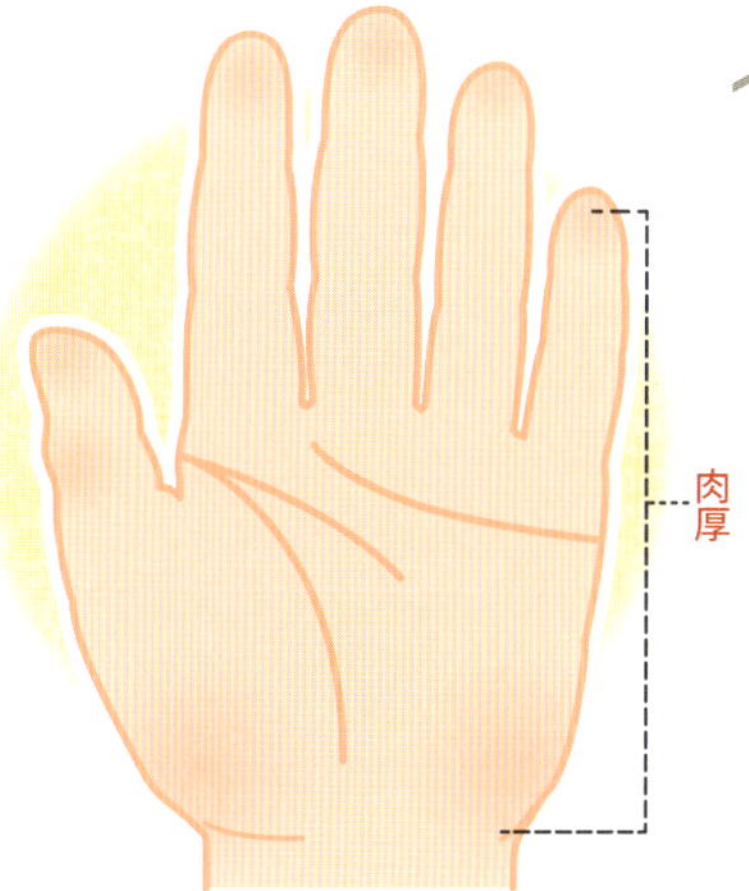

① 手が大きくてしっかりした肉厚

肉厚で安心感のある手を持つ人は、細かいことにクヨクヨ悩まないエネルギッシュな性格です。社交的で明るく前向きな精神で、何事にも物怖じしません。みんなから自然と頼られる人気者でしょう。自分から仕切ることはありませんが、いつの間にか周囲に人の輪ができているはず。

意志が強い孤高のリーダー

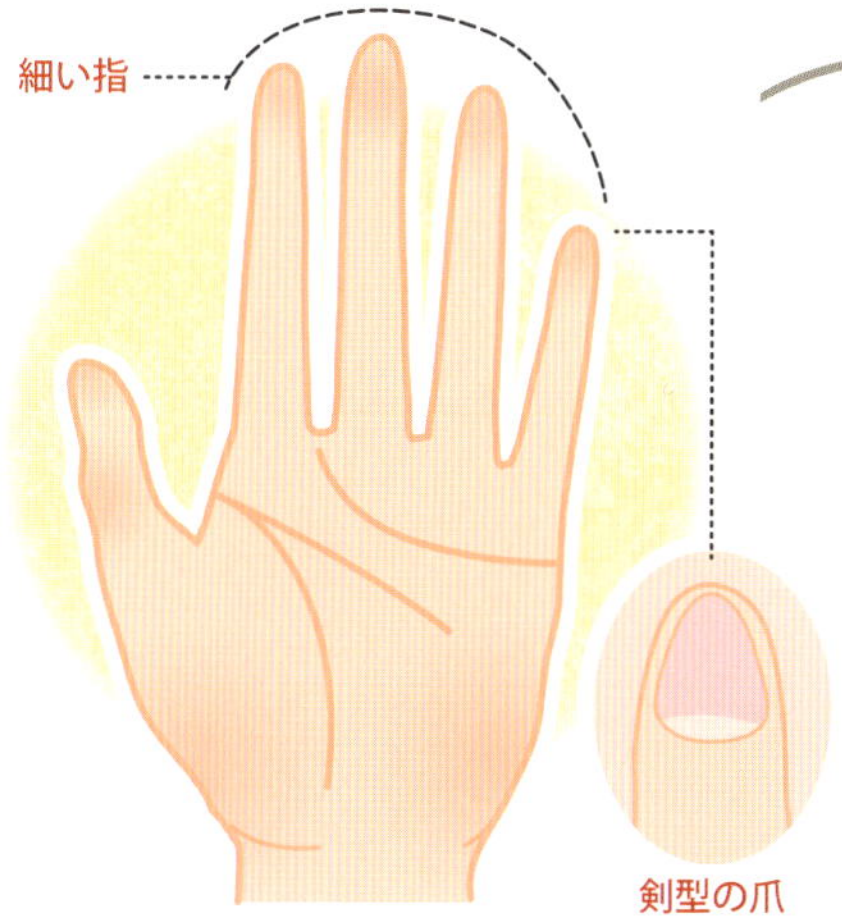

① 細い指で剣型になっている爪

細い指で、先に向かってとがっていくような爪の形をしている人は、理想が高く、意志が強いでしょう。自分に対しても他人に対しても厳しいところがあります。リーダーの素質は十分ですが、人の気持ちを尊重することを忘れがちかも。自分の尺度ですべての物事を測らないように注意して。

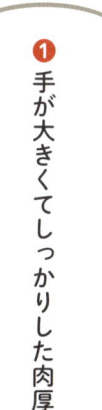

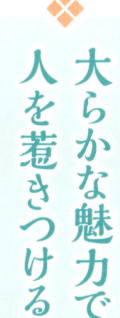

どんなタイプの人から好かれる？

**出会いに恵まれないと嘆くあなたにも、
実は着々と運命の人が近づいてきているはず。
恋愛相手だけではなく、生涯の友との出会いも、手相は教えてくれるでしょう。**

自然といい出会いに恵まれる

❶ 月丘から運命線が伸びる

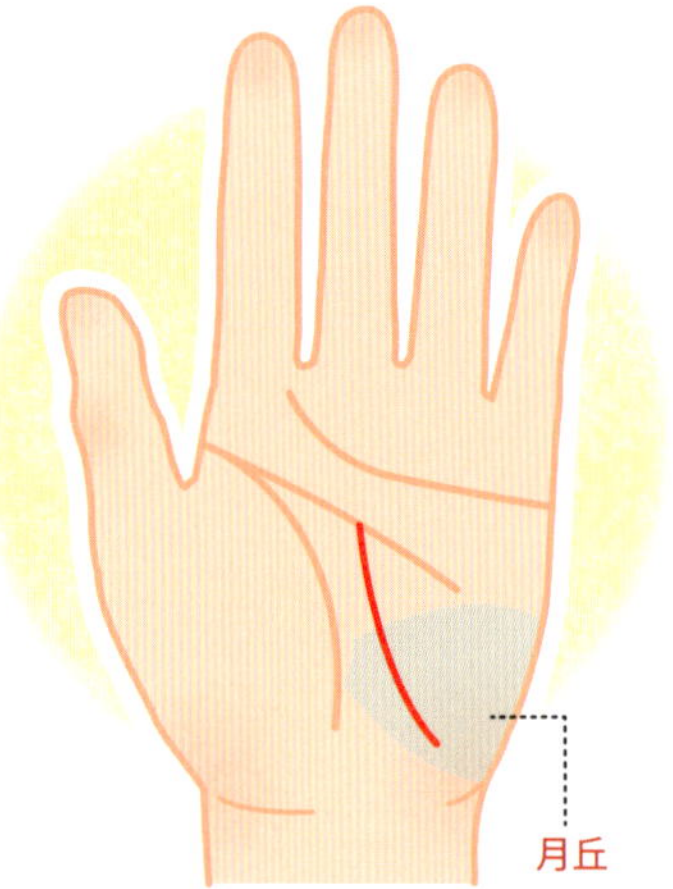

P.100も参照

月丘から伸びる運命線が示すのは、社交性の高さです。他人とかかわっていく中で多くのことを学び、上手に自分を成長させていくことができるでしょう。今の人間関係に留まることなく、積極的に交流の場に足を運んでください。自然と良縁に恵まれ、多くの人と出会えるでしょう。

海外の人と運命的な縁がある

❶ 生命線から伸びる旅行線にフィッシュ

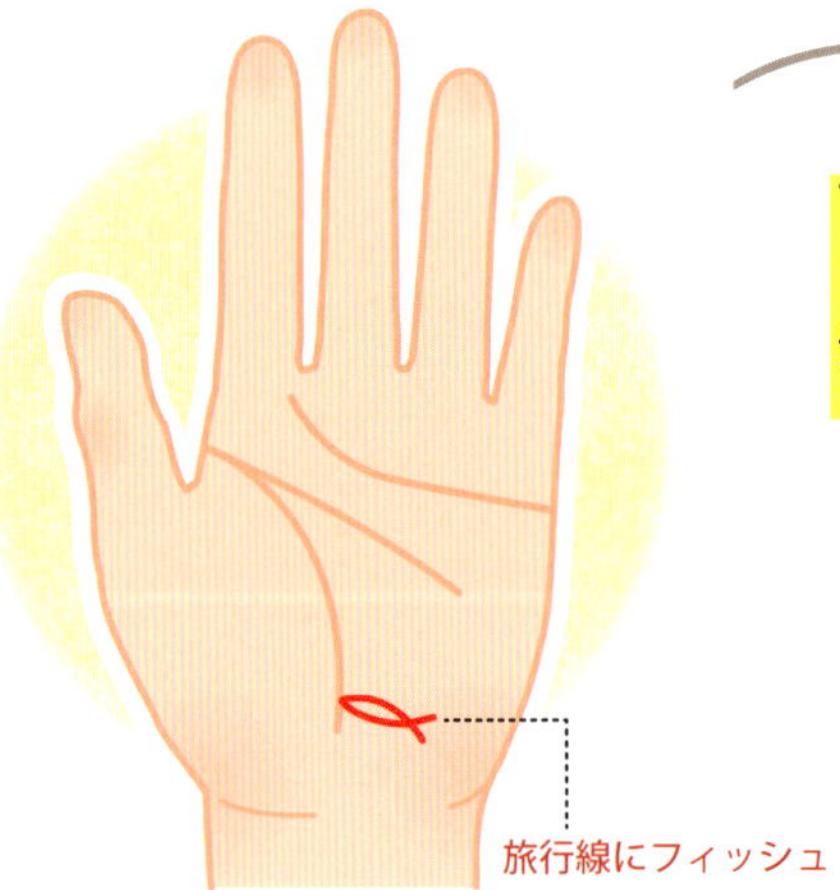

生命線から伸びる旅行線がフィッシュになっていたら、遠くに出かけるほど素敵な出会いが待ち受けているというサイン。とくに海外に縁があり、外国の友人に恵まれるでしょう。ワーキングホリデーや留学、長期旅行などを通じて積極的に海外に目を向けて。あなた自身の可能性も広がります。

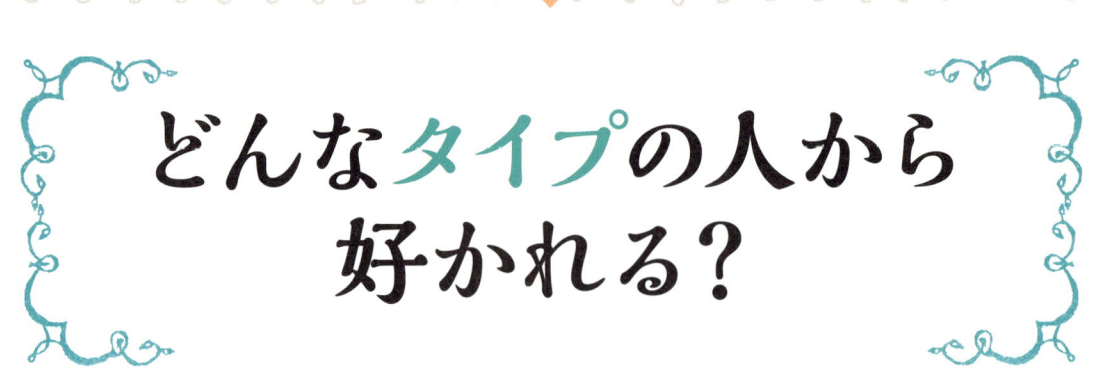

目上の人から引き立てられる

❶ 生命線の内側から運命線が伸びる

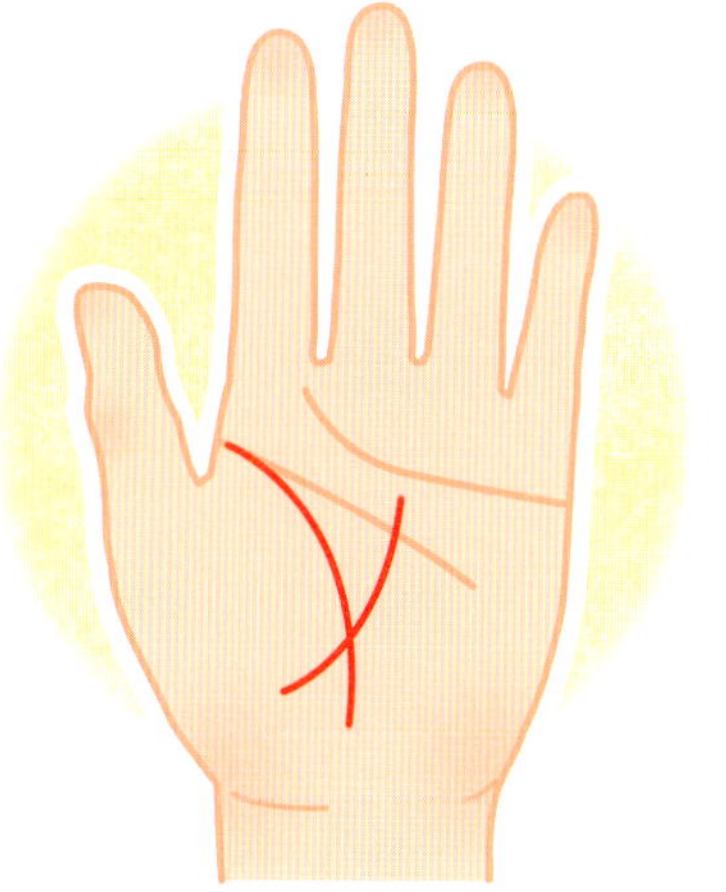

P.174も参照

生命線の内側から運命線が伸びているような手相の持ち主は、目上の人から気に入られるタイプ。先輩や上司に目をかけてもらえるなど、恩恵を得ることが多いかもしれません。また、仕事においてもあなたの要望は通りやすいはず。物怖じしない方が、かえって愛されるようです。

自分勝手な人に振り回されがち

❶ 感情線と太陽線に島が出現

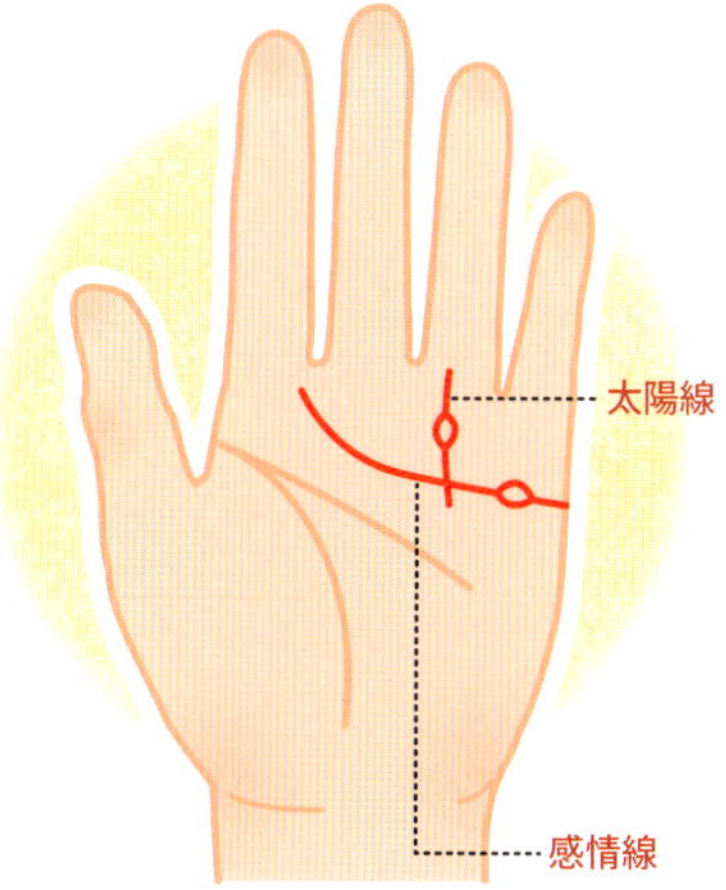

P.179も参照

感情線と太陽線のどちらにも島が見られるなら、人間関係でトラブルが起こることのサイン。あなたの優しさにつけ込んで利用しようとする人が近づいたり、悪い友人に心や生活を乱されたりする恐れも。問題がありそうな相手との関係は思い切って断つ勇気も必要。人を見る目を養いましょう。

旅先でインパクトある出会いが

❶ 月丘に変形した複数の旅行線

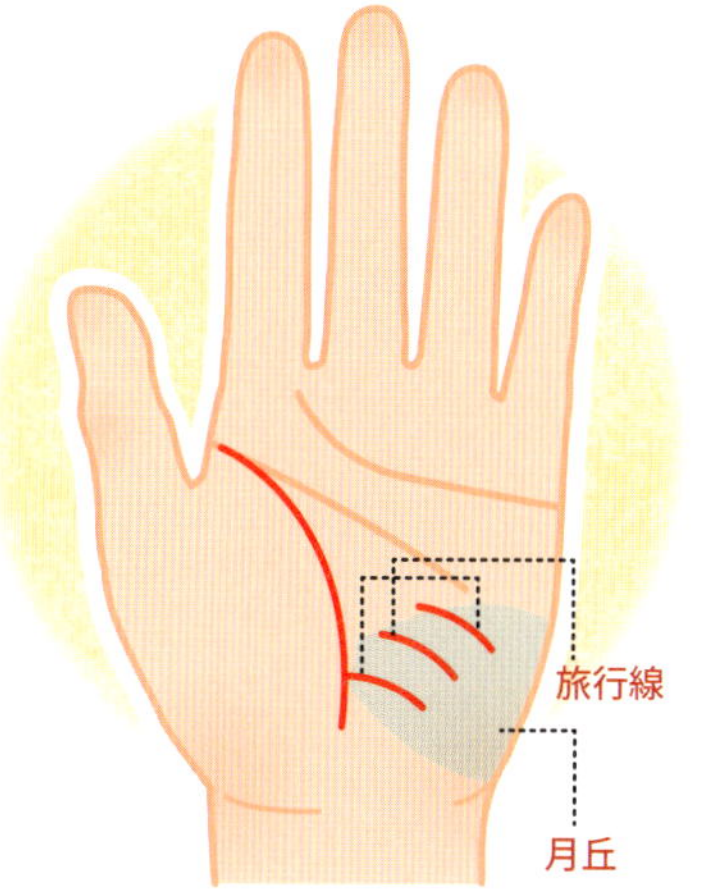

生命線から月丘にかけて、変わった旅行線が何本か出ている場合、旅行運が絶好調なサイン。旅先であなたの価値観が一変するような人と出会うかも。ちょっとした言葉を交わした人が生涯の友になる可能性もありそうです。短期間でも良いので、ぜひ旅行の計画を立てましょう。

肉親や兄弟とはどういう関係になる？

感情の行き違いからときには衝突してしまう場合もありますが、
やはり最後に助けてくれるのも身内でしょう。
家族とのかかわり方や必要なアドバイスを知っておきましょう。

いざというときに身内が助けに

❶生命線と運命線に重なっているところがある

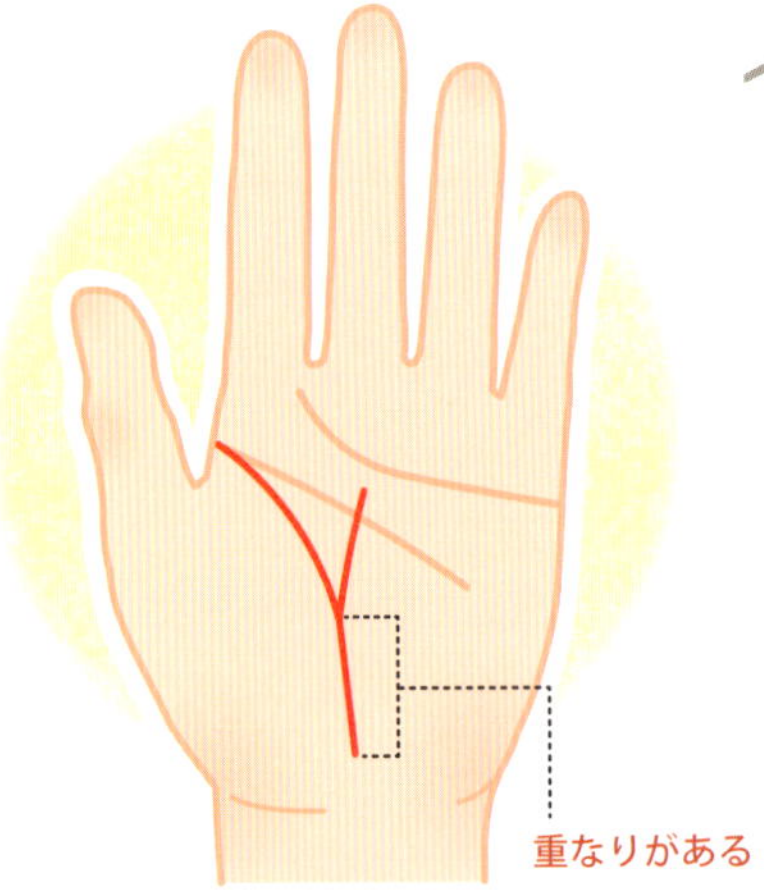

生命線と運命線の距離が近づけば近づくほど、両親や兄弟とのつながりが強く、影響を受けやすくなります。とくに運命線と生命線が重なっている状態は、身内と非常にいい信頼関係を築けている証拠。あなたがどうしようもない状況のときでも、親兄弟が救いの手を差し伸べてくれます。

家族を援助する責任ある立場

❶運命線と平行する短い線

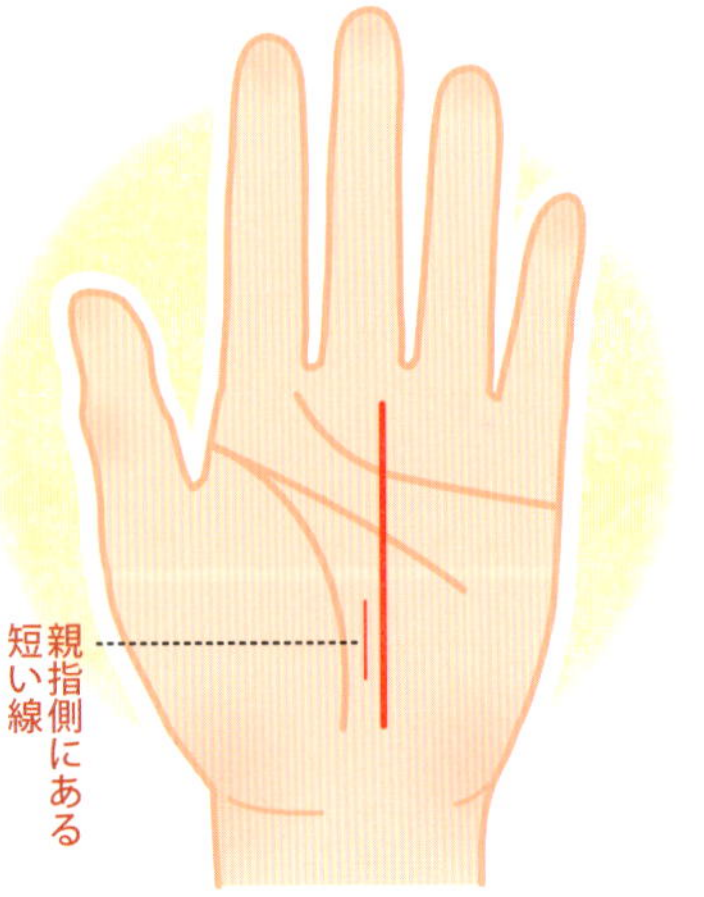

P.111も参照

運命線の隣に短い線が現れている、とくに親指側にある場合は、金銭面で家族の面倒を見ることになったり、介護など身体的な援助をしたりすることになりそうです。始めは重荷に感じるかもしれませんが、ここで真摯に尽くすことが、将来あなたに大きなプラスとなります。

親と離れた生活が始まりそう

❶生命線の末端が2本に分かれる

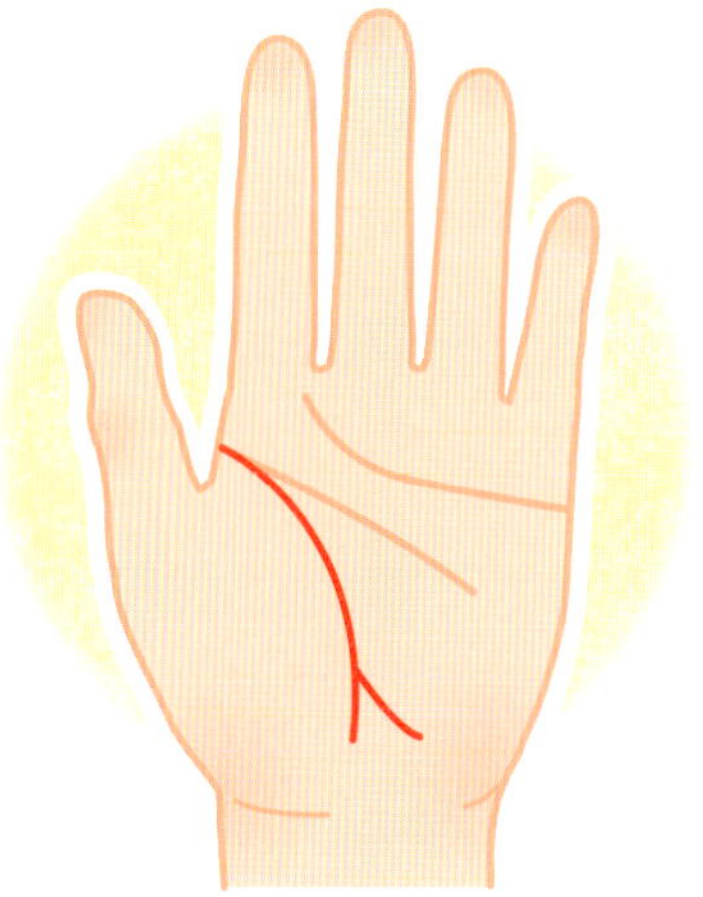

P.134も参照

生命線の先が2本に枝分かれしていると、今すぐではなくても、将来的に親元を離れて生活する可能性を示しています。この線の角度が大きいほど、生まれた土地から離れるというしるし。生いつまでも親の庇護を受けるのではなく、自立すべきだというメッセージとして受け取りましょう。

先祖から強い加護を受ける

❶頭脳線と感情線の間に神秘十字がある

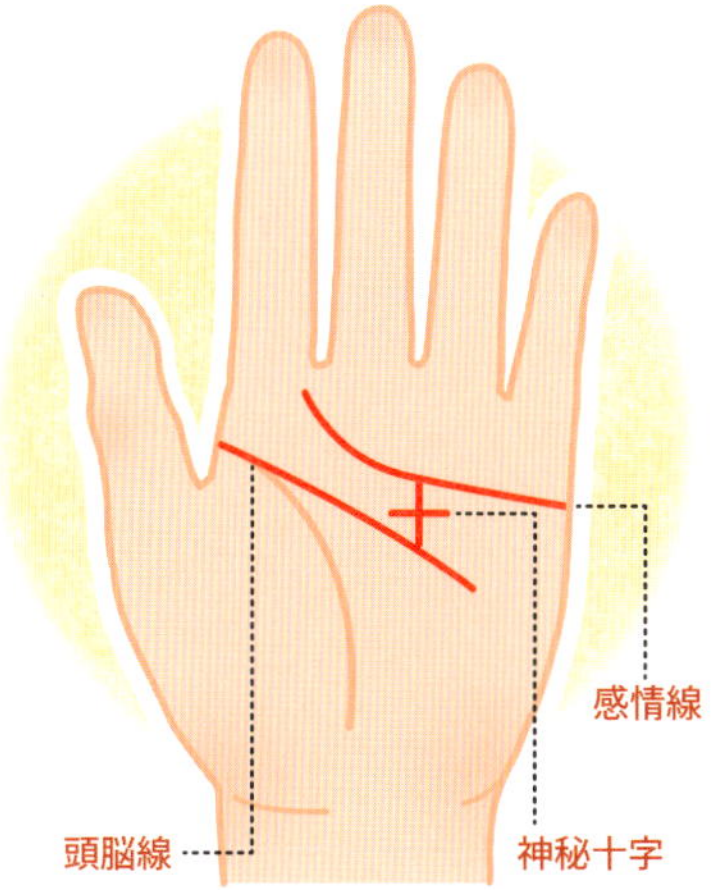

頭脳線と感情線の間に、神秘十字と呼ばれるシワが現れているなら、先祖から強く守られていることの証。事故や病気など日常のさまざまな危険から、あなたをしっかり守ってくれています。感謝の気持ちを込めて、彼岸やお盆など季節ごとの墓参りは欠かさないようにしましょう。

家族の仲に亀裂が入りそう

❶2本以上の障害線が運命線を横切る

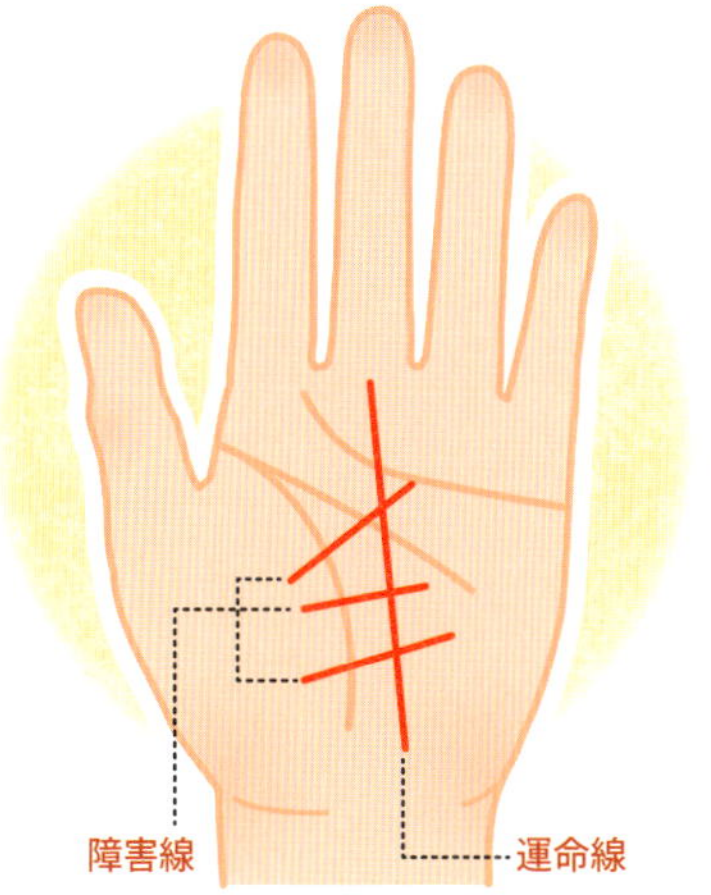

運命線を分断するようにたくさんの障害線が出ている場合、自分に自信が持てないことのサイン。2本以上の線が現れているなら、これから家族内に不和が起こるかもしれません。あなたの一挙一動を監視されたり、身内が障害になって思うように物事が進まなくなる可能性も。

人間関係運

こんな対人トラブルに見舞われる！

ちょっとした態度やひと言で相手を傷つけ、
仲が悪くなってしまった経験は誰にでもあるもの。
今後起こりそうな人間関係のトラブルの芽は、事前に摘んでおくのが賢明です。

人に頼りきりの姿勢が非難の的に

❶感情線の上に島が出現

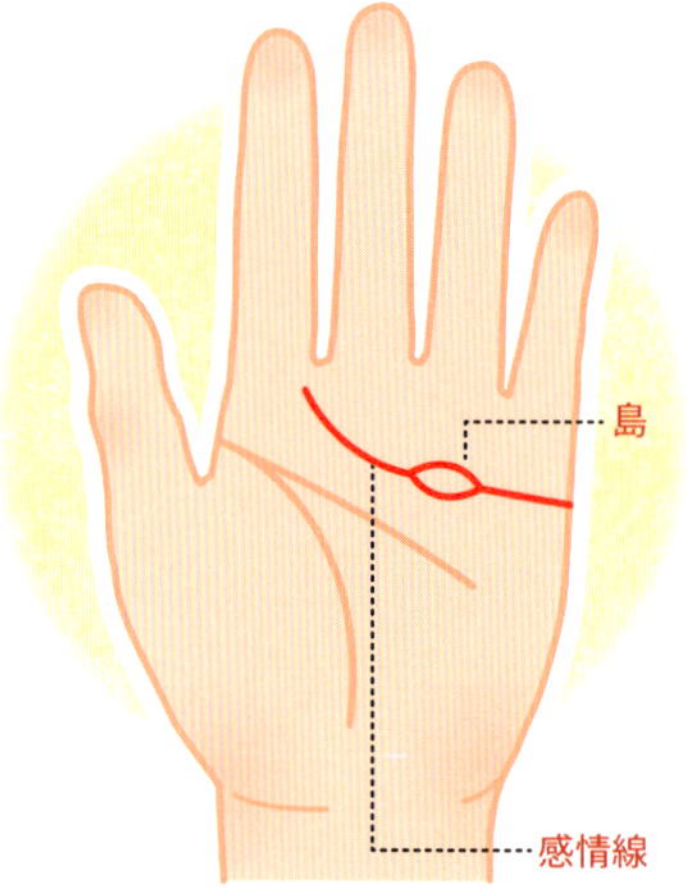

P.114も参照

感情線の上に現れる島は、対人関係で何らかのトラブルが起こるシグナル。原因はあなたが友人を頼り過ぎていることにあるようです。遊びの計画から金銭の貸し借りまで、友人はあなたに依存されることをあまり快く思っていません。すぐ他人をアテにせず、まずは自力で努力してみましょう。

思い込みからすれ違いが発生？

❶頭脳線の上に島が出現

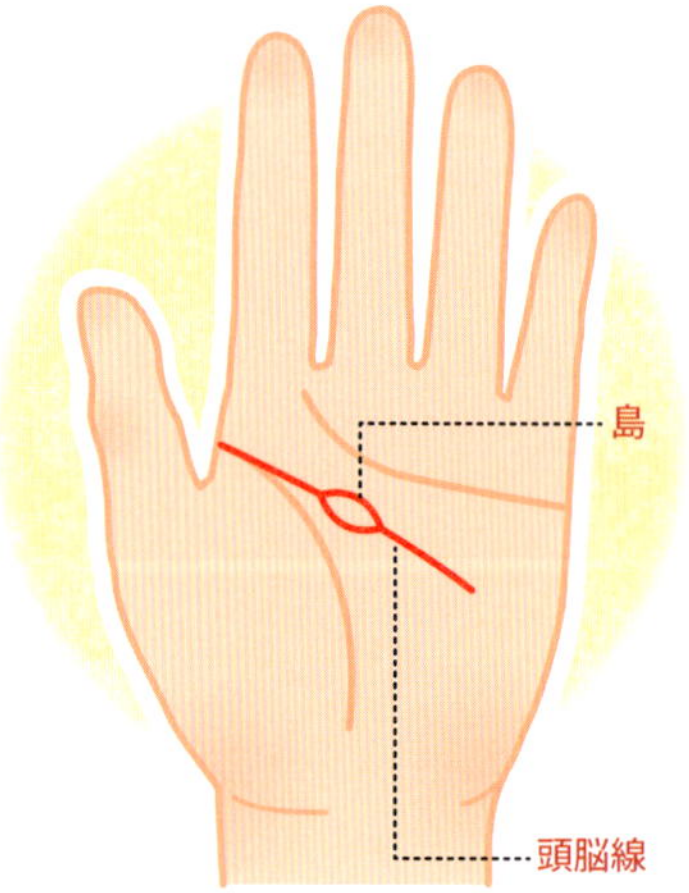

P.193も参照

頭脳線の上に島が現れた場合も、良くないことが起こるサインです。「言葉にしなくてもわかるだろう」という思い込みから、意見の食い違いが起こるかもしれません。その些細なすれ違いで、大ゲンカに発展してしまう可能性も。スケジュールなども、事前に確認することを習慣にしてください。

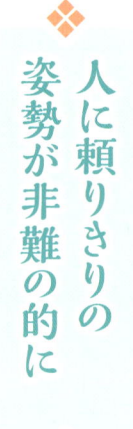

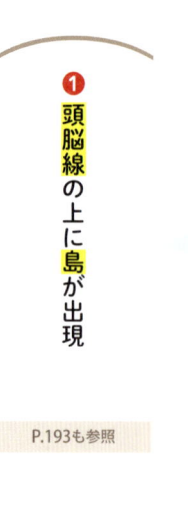

デリカシーのなさが露呈してしまう

❶ 感情線が極端に短い

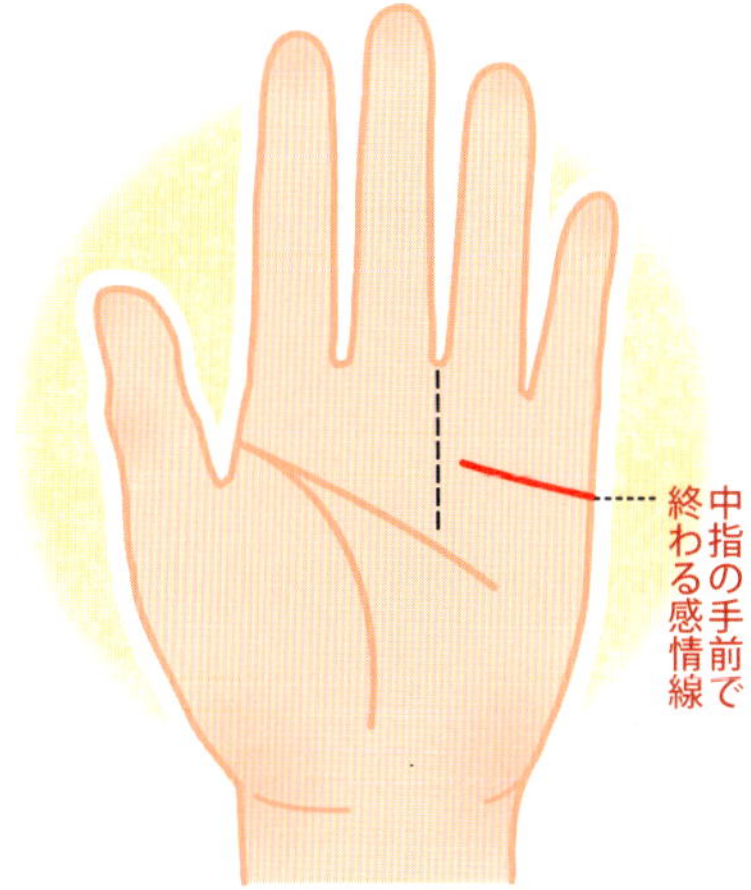

感情線が中指の手前で終わっている人は、感情の浮き沈みが激しく、わがままなところが目立ちます。また、人の好き嫌いがはっきりしているので、それを態度や表情で露骨に表してしまいがち。争いの種を自らまいてしまっているところもあります。友だちに見放されないように注意を。

P.69／P.80／P.153も参照

度が過ぎるおしゃべりとルーズさ

❶ 中指の下に土星環がある

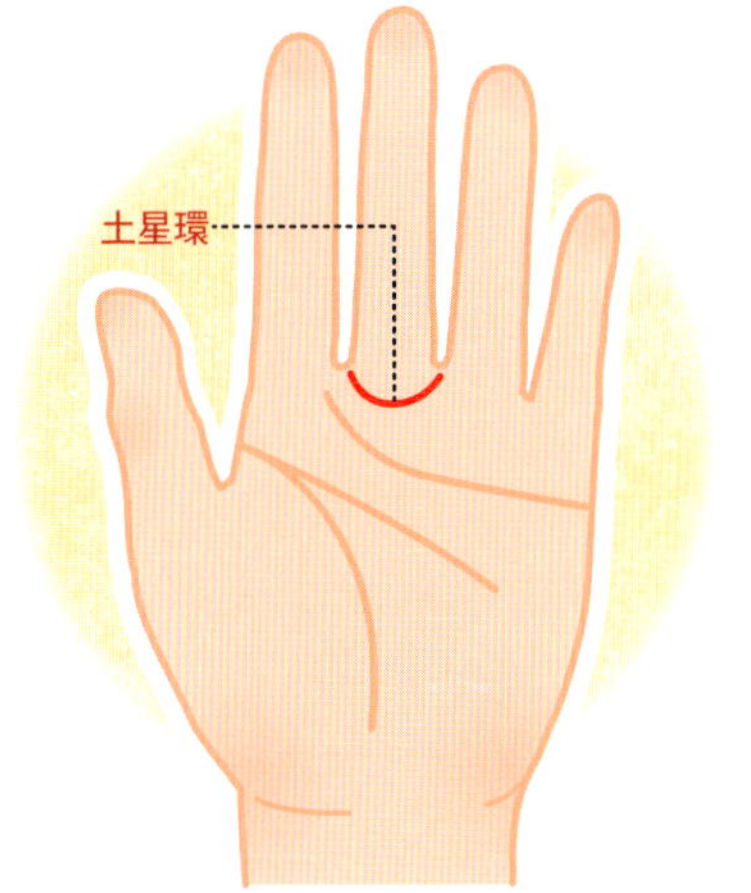

中指の下に半月状のシワが現れているなら、言動に極力注意すべきだという警告。とくに、おしゃべりの度が過ぎるところがあるので、周囲の友だちは悩みや秘密をあなたに打ち明けることをためらっています。時間にルーズで無神経なところも問題。親しき仲にも礼儀ありを心がけて。

P.78も参照

争いやケンカが絆を深める

❶ 途中で切れた運命線の上にスクエアが出現

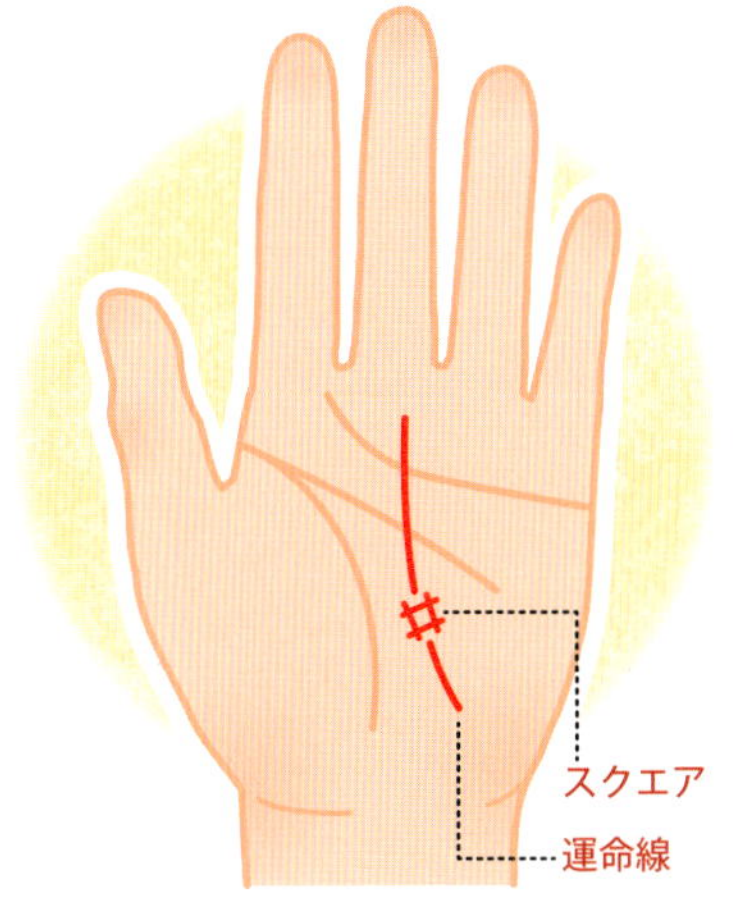

運命線が途中で切れていたとしても、途中にスクエアと呼ばれる四角いシワが出ていれば大きなチャンスの到来です。たとえ友人とすれ違いやケンカで気まずい状態になったとしても、その後、より固い絆で結ばれる予感。トラブルでは意地を張らずに、あなたから和解を切り出して。

COLUMN

コミュニケーション能力

ひと目で判断！ひと言で診断！

あなたや気になる人の手相の特徴はどれにあてはまりますか？
ワンフレーズで答えます！

感情線

性格がダイレクトに表れ、対人関係を見るうえでは欠かせない線です。

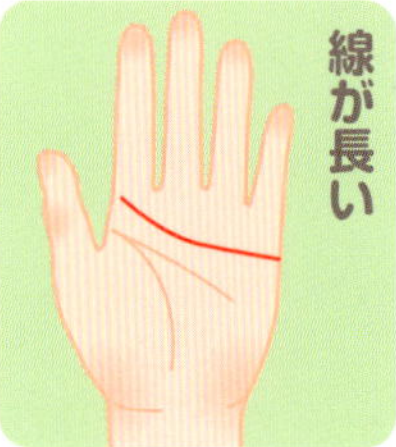

→ 冷静沈着

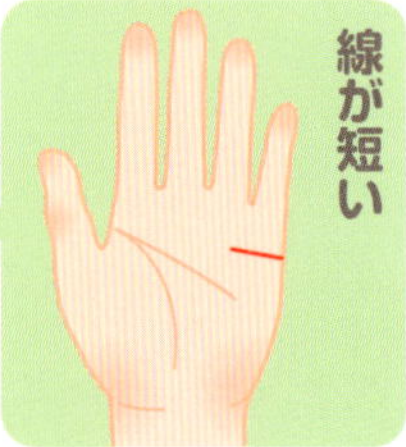

→ 空気が読めない

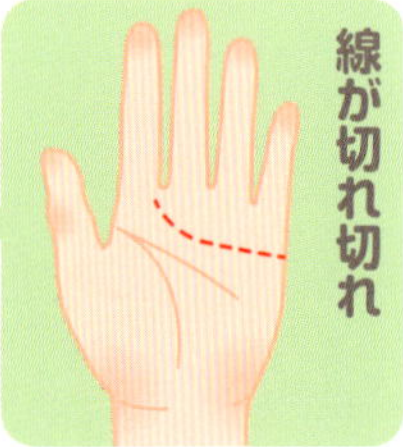

→ わがまま

運命線

友人や肉親との接し方、環境の変化の前触れなどが見えます。

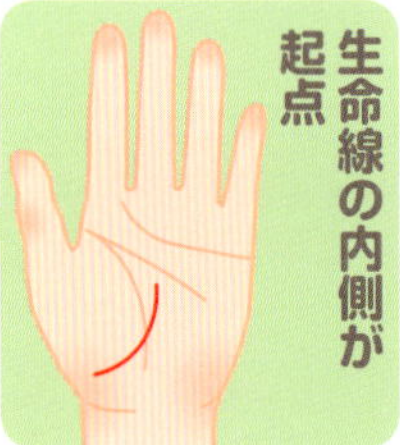

→ 親に依存

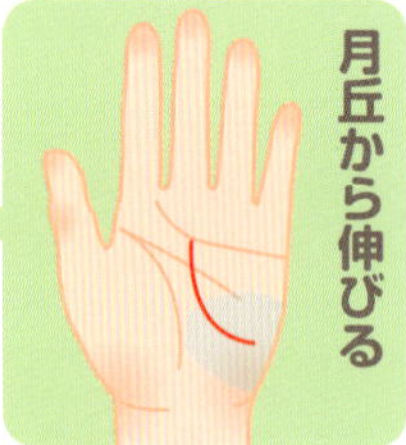

→ 友人に恵まれる

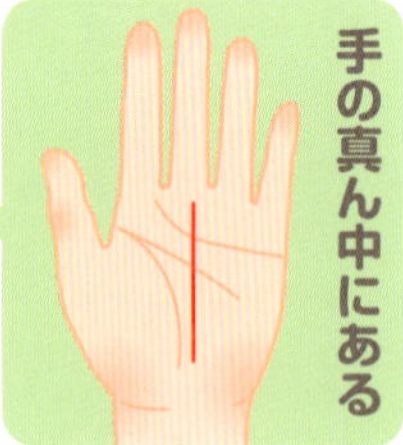

→ マイペース

手や指の形

手の形全体からおおよその性格や人づき合いに対する考え方がわかります。

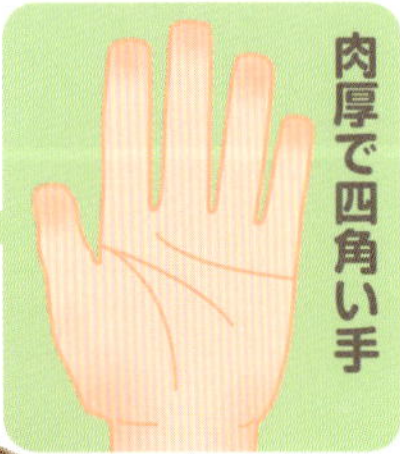

→ リーダータイプ

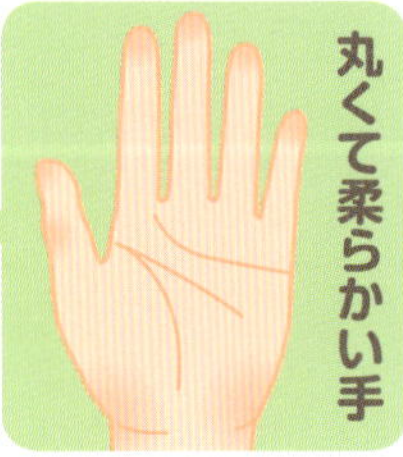

→ 友だちが多い

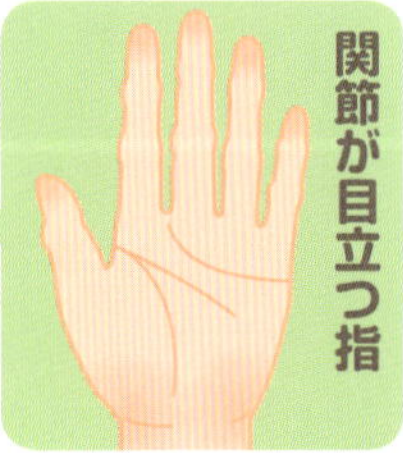

→ 気難しい

第7章

金運のタイプ

金運は本人の素質やセンスによって大きく左右されます。 大金を手にする成功者になれるか、借金に追われるか、お金を蓄える能力や力量も、手相で判断することができるのです。

金運の傾向はココで見る！

金運というのは、その人の持っている資質や経済センスに左右されることが多いようです。仕事への姿勢、経済的な考え方などは、主にこの3本の線で判断します。

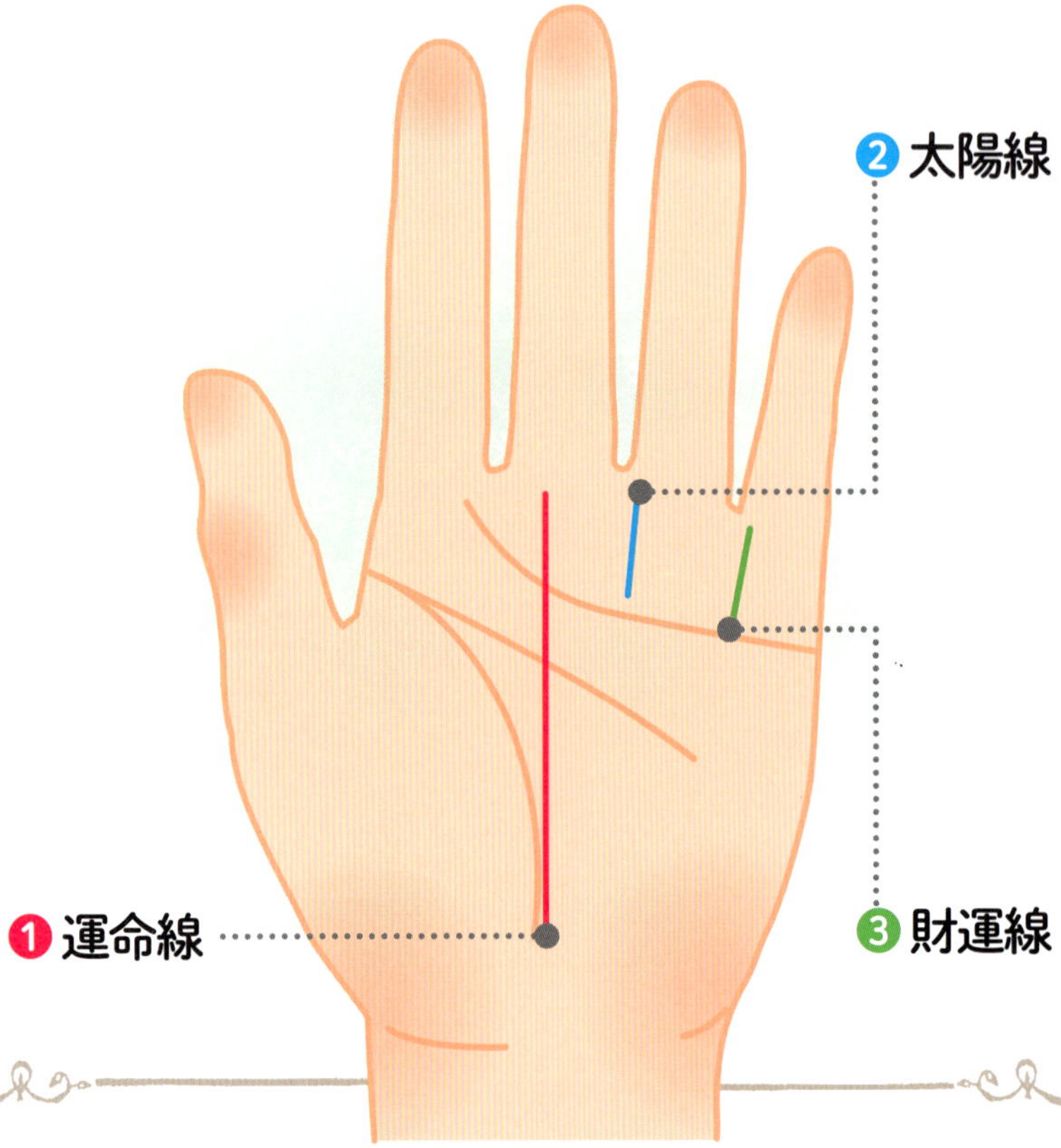

❶ 運命線

その人の肉体や精神の成長度、バランスと密接な関係がある線

❷ 太陽線

金運、名声、才能など、その人が持っている才覚を表す線

❸ 財運線

お金を蓄える能力、残す力量を持っているかがわかる線

❶ 運命線

しっかりした線は安定した経済力に

中指に向かって上に伸びるのが運命線です。その人の心身のバランス状態や、仕事の取り組み方を示しています。

金運を見る場合も、本人の精神状態、仕事運などにかかわる運命線がどのように刻まれているかは重要です。

たとえば、金運に関係のある太陽線、財運線がしっかりしていても、運命線がない、あるいはあっても島や障害線が現れている場合には、注意が必要。お金に困ることはなくても、金銭が絡むいざこざが多発する状況が考えられます。

まず、運命線がしっかりしているうえで、他にも金運に関係するプラスのサインがあれば、お金に縁があるということがいえそうです。

❷ 太陽線

経済的なセンスと才能を示す

太陽線の起点は薬指の下。太陽丘から火星平原に向かって伸びています。主に金運や名声、才能を表すこの線がある人は、経済的に恵まれていることが多いのが特徴です。たいていの人にこの線はありますが、まったくないという場合もあります。

この太陽線は、お金の有無よりその人が持っている才覚、センスを示しています。この線がはっきりと長いものであれば、経済的なセンスに恵まれ、多くの収入を得ることが可能。しかし、この線に異常があれば才能が発揮できず、何かに邪魔されてしまうことを表します。

まったくないという人は、お金を使う意欲も、もうける意欲もないということで、お金に縁が薄いといえそうです。

❸ 財運線

しっかりと貯金できる能力

小指の下になる水星丘に出ている縦のスジです。この線は、お金を蓄える能力と、残す力量を持っていることを示すものです。それによって、実際に財産を持っているかが判断できるわけです。

また、この財運線が現れるのは、太陽線とセットになっているのがほとんどです。これだけが単独で出ているという人を見かけることは、ほぼありません。

もし太陽線があっても、財運線がなければ、その人は才覚に見合うだけの財産を蓄えられていないといえるでしょう。

小指のすぐ下から下向きに伸びたこの線が、長ければ長いほど、その才能があるということを示しています。

金運

将来、お金持ちになれそう？

裕福な人の手には、共通する手相があります。
運命線や太陽線、財運線の伸び方で、あなたが今後お金持ちになれる
チャンスがあるかどうか、チェックしてみましょう。

仕事で成功して裕福な暮らしに

❶ **運命線**が切れず、きれいにまっすぐ伸びる

P.135／P.138／P.153も参照

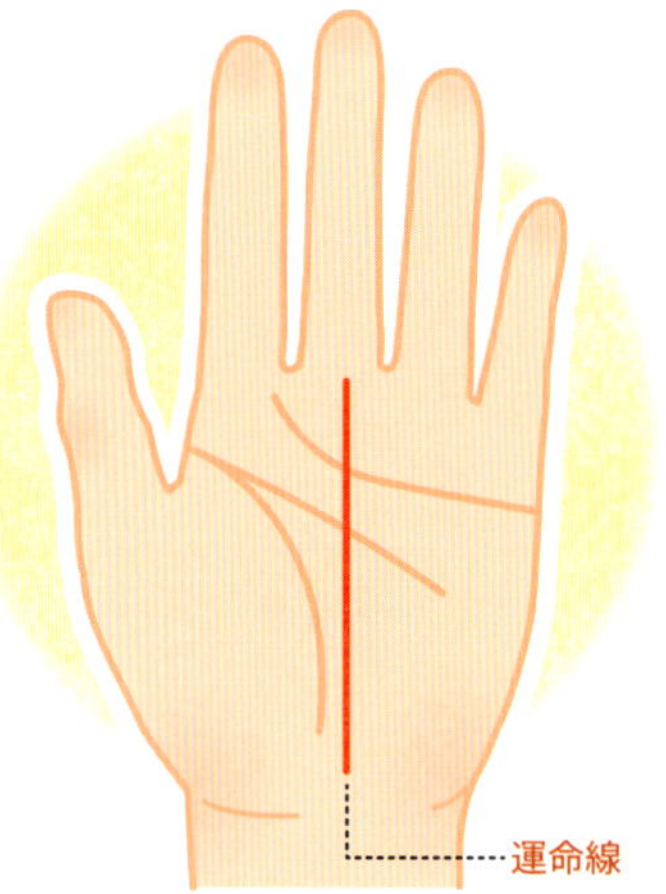

運命線が途中で切れることなく、島などもまったくない場合は、**心身共に良好な状態で仕事に取り組めている**ということです。ですから、手のひらにまっすぐきれいな運命線があるなら、将来的に**仕事で成功してお金に不自由しない生活を送れる可能性**が十分。このまま仕事に力を注いでいきましょう。

収入を得る才能やセンスがある

❶ **頭脳線**を越えて**太陽線**が長く伸びる

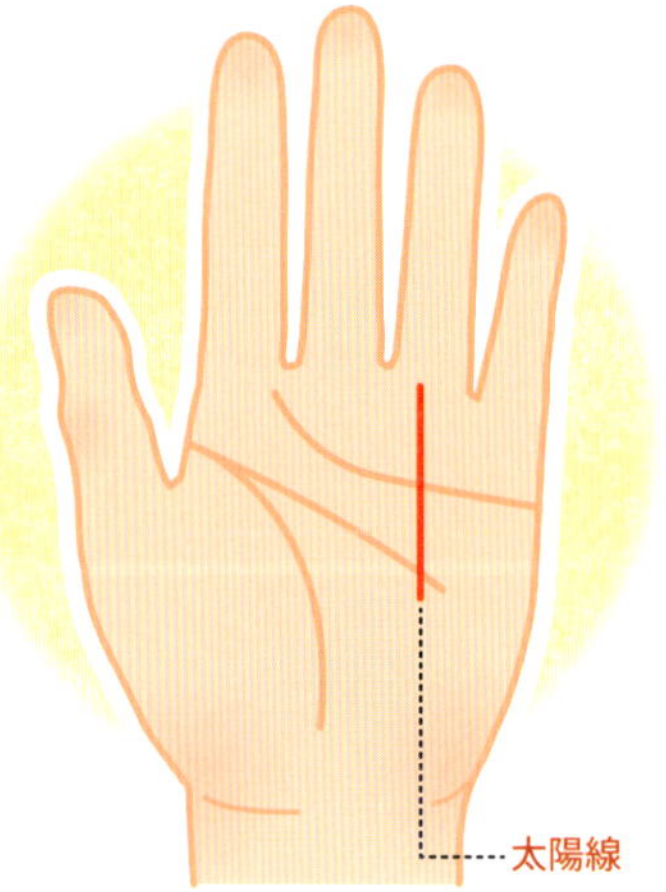

薬指の下に出る太陽線は、主に収入を得るチャンスや才能を表します。この線の長さと能力は比例していて、**線が長ければ長いほど高収入を得られる**でしょう。感情線の付近でストップしていれば人並みの、頭脳線を越えるほどの長さならば、**人並み外れた金銭的センスがある**ことを示しています。

億万長者になる可能性も！

❶ 運命線、太陽線、財運線が熊手状になっている

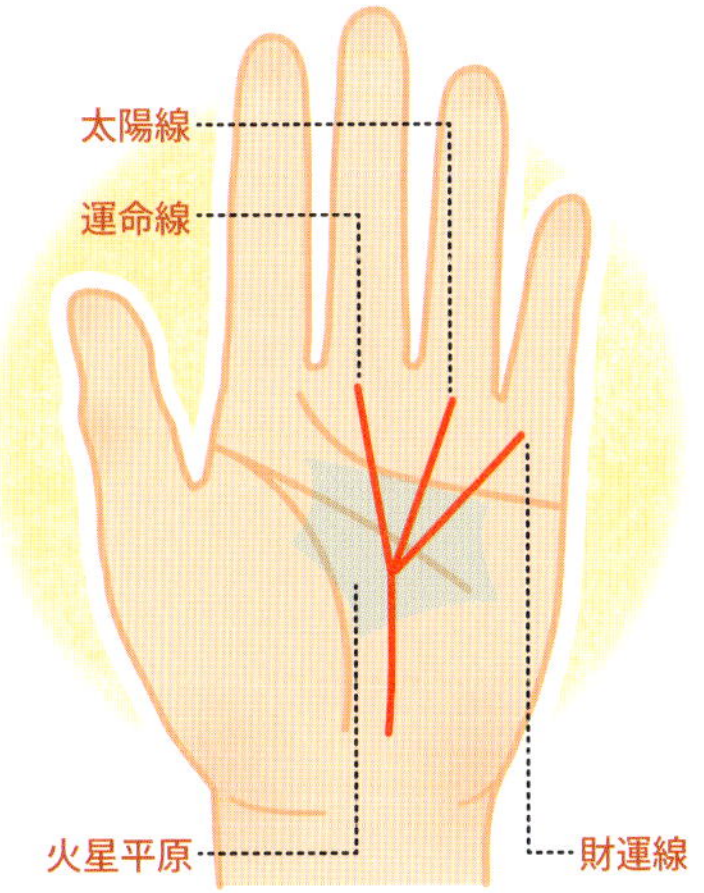

長くはっきりとした運命線、太陽線、財運線。さらにこの3本が火星平原の下部で1本になって、まるで熊手のような形に。この手相は**順調な仕事、経済的センス、貯蓄能力、すべてが備わっている**ことを示す最強の手相です。**どんな分野でも大成功**を収め、億万長者になれる資質があります。

順調に貯蓄額が伸びている

❶ 財運線が長くはっきりしている

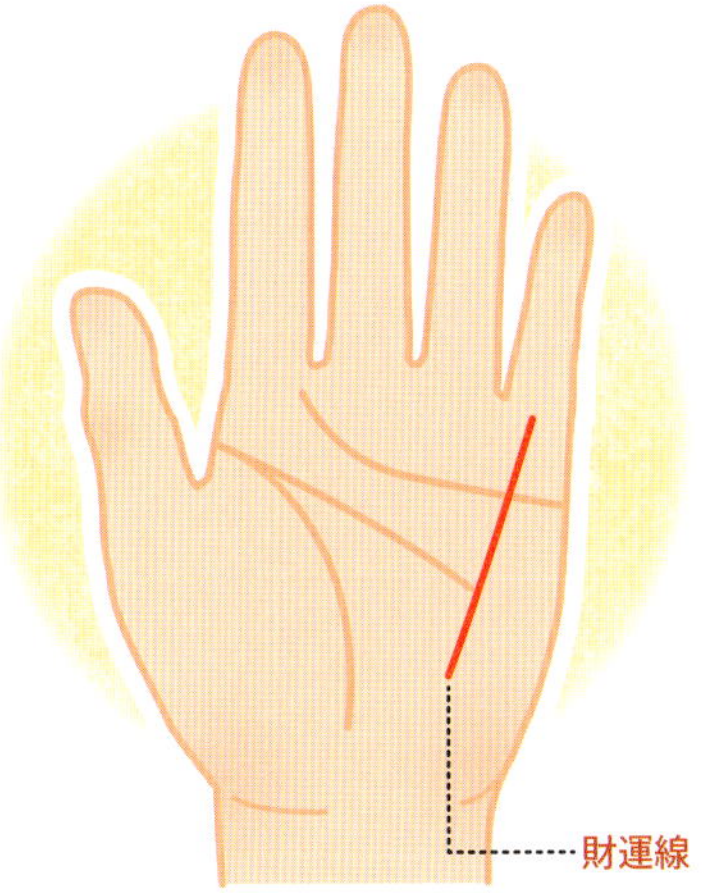

太陽線はお金を稼ぐセンスを表しますが、財運線は貯蓄のセンスを表します。この線が長くはっきりとしているなら、その人の**貯蓄が潤っている**証拠。コツコツと地道にお金を貯めるタイプですが、必要なときにはきちんと出します。**周囲の誘惑に流されない、意志の強い堅実派**です。

大金が転がり込むチャンス！

❶ 太陽線の付近に星、トライアングル、フィッシュが出現

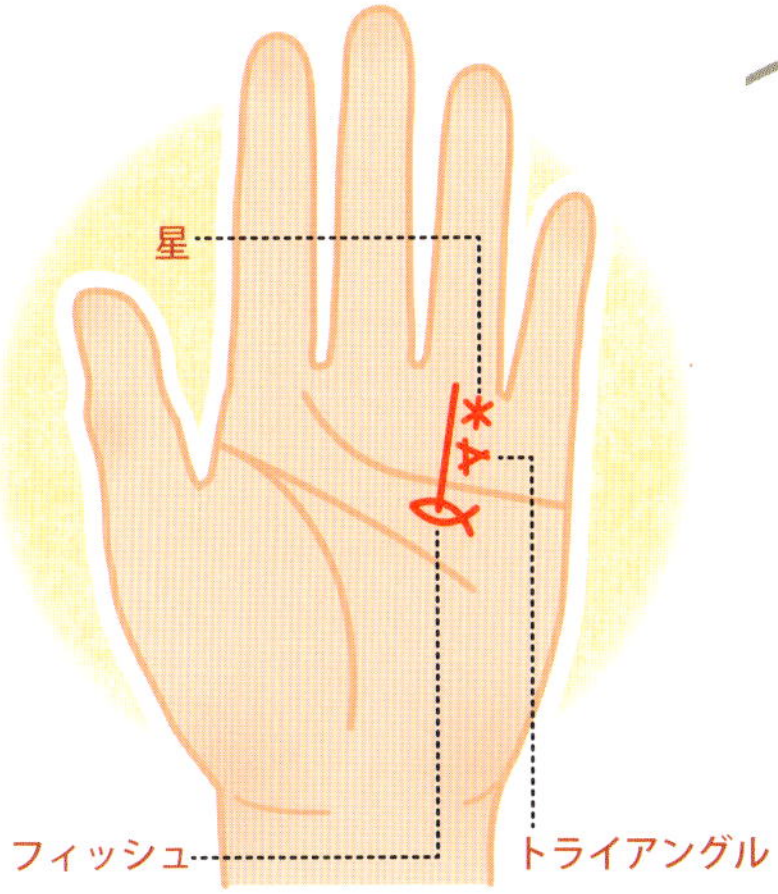

太陽線の周辺に星やトライアングルなどのマークが現れると、**まとまったお金を手にするチャンス**があります。とくに太陽線の末端にフィッシュが現れたら、入る額面もかなり多くなる可能性が高いでしょう。また、生命線上にフィッシュが現れた場合は、遺産の相続など、**身内からの恩恵があるかも**。

金銭的なセンスに恵まれている？

お金持ちになるには、金銭的センスも必要な条件の一つです。
あなたの手のひらに、そのサインは出現しているでしょうか？
将来の財運を手相から読み取りましょう。

人に流されないがっちりした倹約家

❶ **頭脳線**の末端が**水星丘**に届く

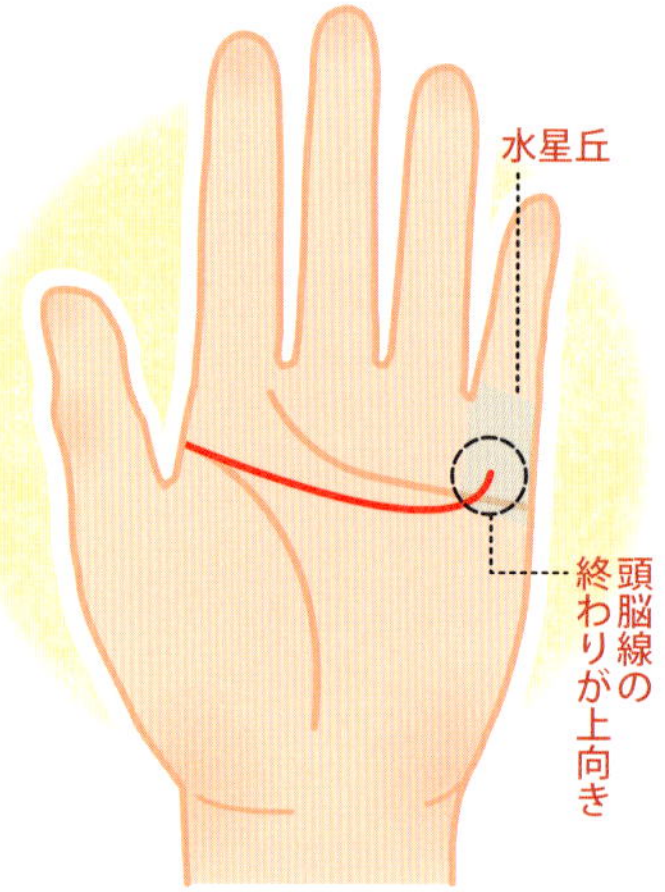

頭脳線の終わりが上向きで、水星丘まで伸びている場合は、**お金に対する執着心の強さ**を表しています。先端が2つに分かれていて、片方が水星丘に入っている場合も同様。財布のヒモはきつく、無駄な出費はしないタイプでしょう。**地道に貯金を続け、将来は大金を手にする**ことができます。

経済的なセンスとひらめきが抜群

❶ **太陽線**が長くはっきりしている
❷ **木星丘**にシワが出現する

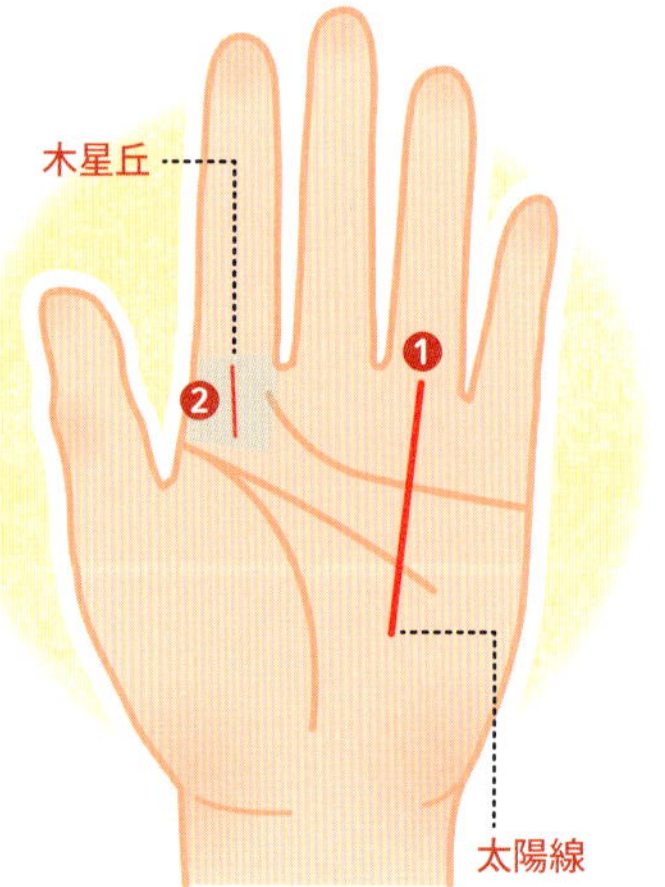

多くの大富豪の手には、長くはっきりとした太陽線があります。つまり非常にしっかりとした太陽線の持ち主は、**経済的なセンスにあふれている**といえるでしょう。またシワが木星丘に現れたら大チャンス！　宝くじを当てることがあるかもしれません。突然**ひらめいた数字があればチャレンジ**を。

望んだ場所にマイホームが持てそう

❶ 運命線と太陽線の間に不動産線がある

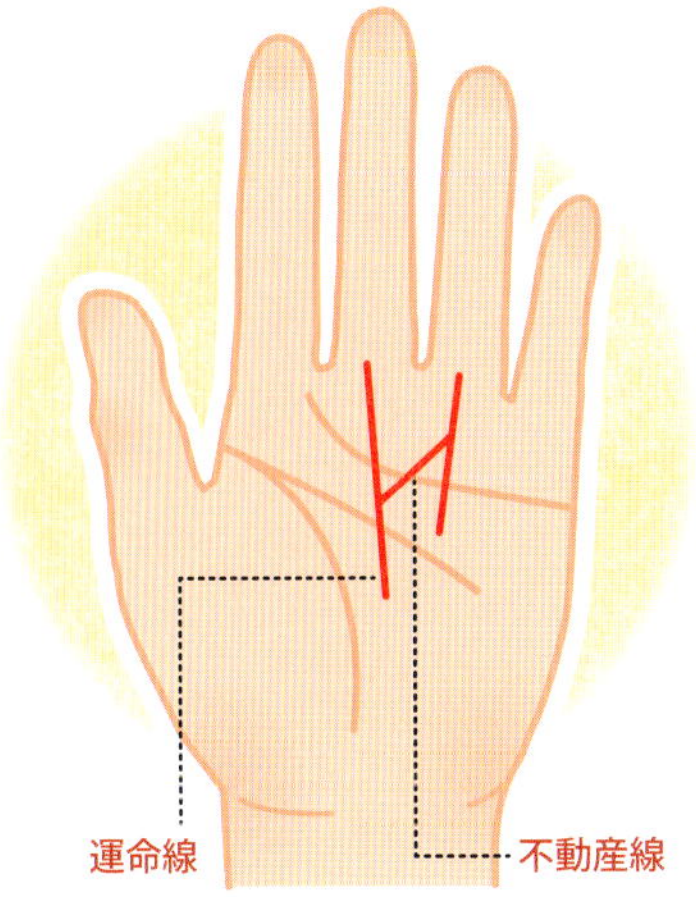

運命線と太陽線の間を斜めに結ぶ不動産線。この線は、土地やマイホームを手にすることができるラッキーな人に現れます。もし不動産線が現れたら、念願の場所に家を購入できるでしょう。ただし運命線、太陽線、不動産線共に、途中で切れていたり、島が出たりしないことが条件です。

お金を生み出す天性のひらめき

❶ 太陽線が長くはっきりしている
❷ マスカケ型

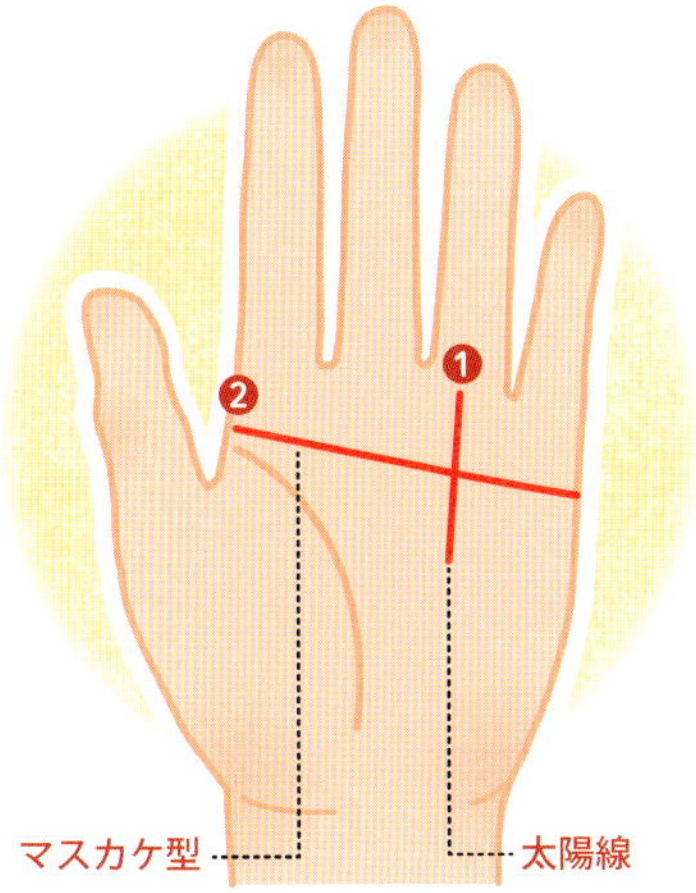

長くはっきりした太陽線を持つ人は、優れた経済センスの持ち主。さらにこの線に加えてマスカケが現れていると、天才肌の特徴がプラスされます。この2つの線がある人は、お金を生み出すことに対して天才的なセンスを発揮します。ここぞの場面で直感が冴え、大金を手にすることができるはず。

上手にお金を活用する天才

❶ 生命線、感情線、頭脳線がそろったマスカケ型

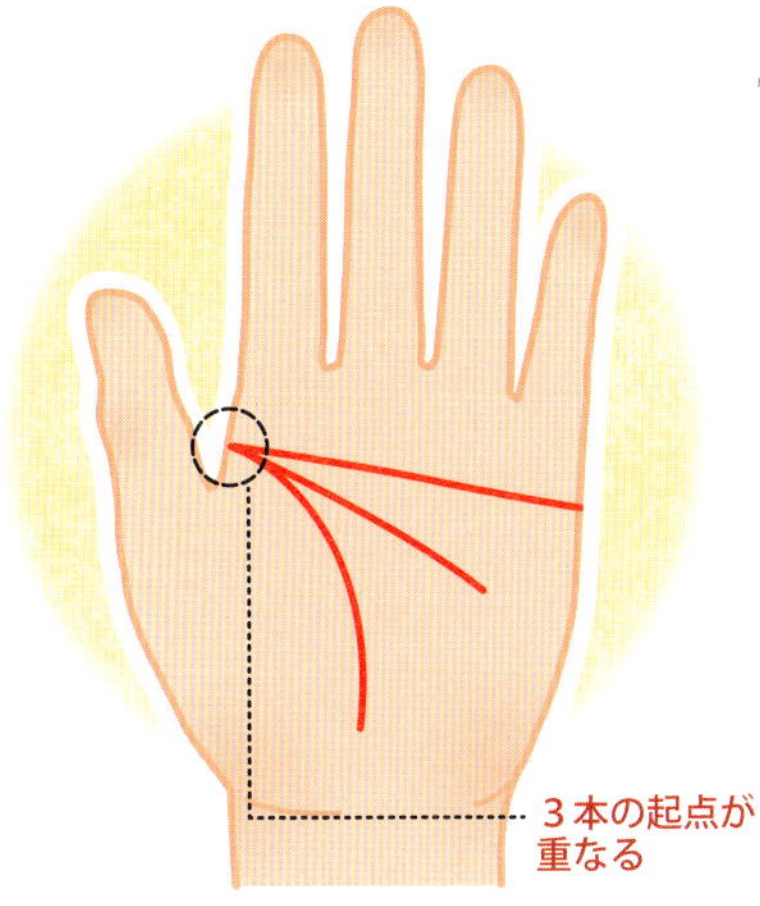

マスカケには感情線と頭脳線が1本の線になる場合と、生命線と感情線、頭脳線の3本の起点が重なるものがあります。お金に対するひらめきがあるのは後者の方。株や投資などで天性の才能を発揮して、あっさり財産を築いてしまうでしょう。生まれつき優れた経済センスが備わっています。

お金の使い方、倹約派？ つい浪費型？

「欲しい！」と思ったら我慢せずに買ってしまうタイプ。
買ったつもりで、その分貯金に回せるタイプ。
どちらも、太陽線や頭脳線にお金の使い方の特徴が表れています。

入った分だけ景気よく使ってしまう

❶ **太陽線**が何本もあるが、どれも短い

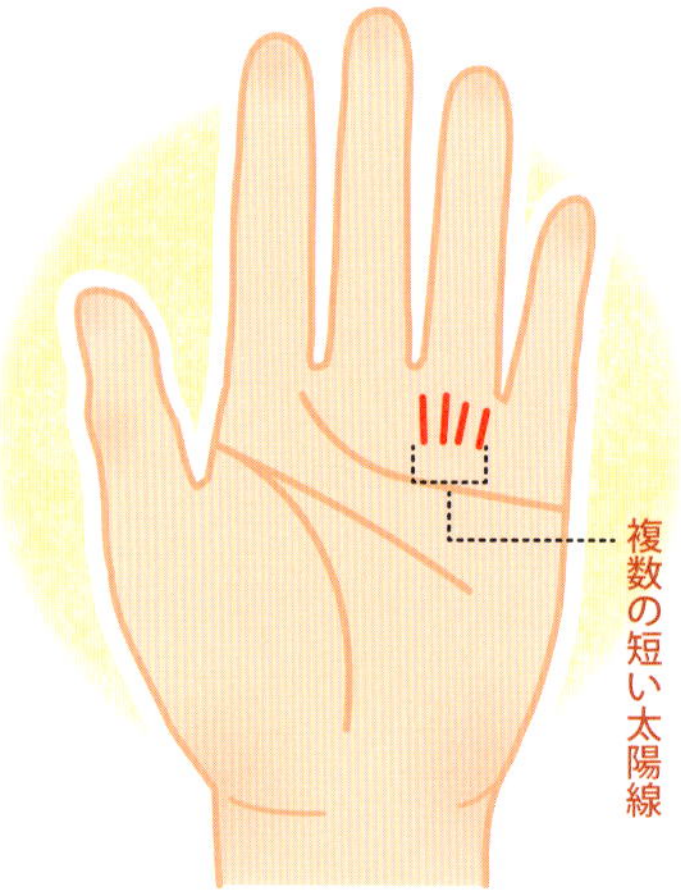

太陽線がたくさんあるものの、すべてが短く、さらに横の線はまったくないという手相を持つ人は、**大胆にお金を使ってしまうタイプ**です。買い物に行くと、目移りして次々と欲しくなり、結局まとめて購入というパターン。収入はあるのですが、**入った分だけ使ってしまうことが多い**ようです。

ローン破産予備軍？

❶ **頭脳線**がはっきりせず、切れ切れ
❷ **太陽線**が短くて、切れ切れ

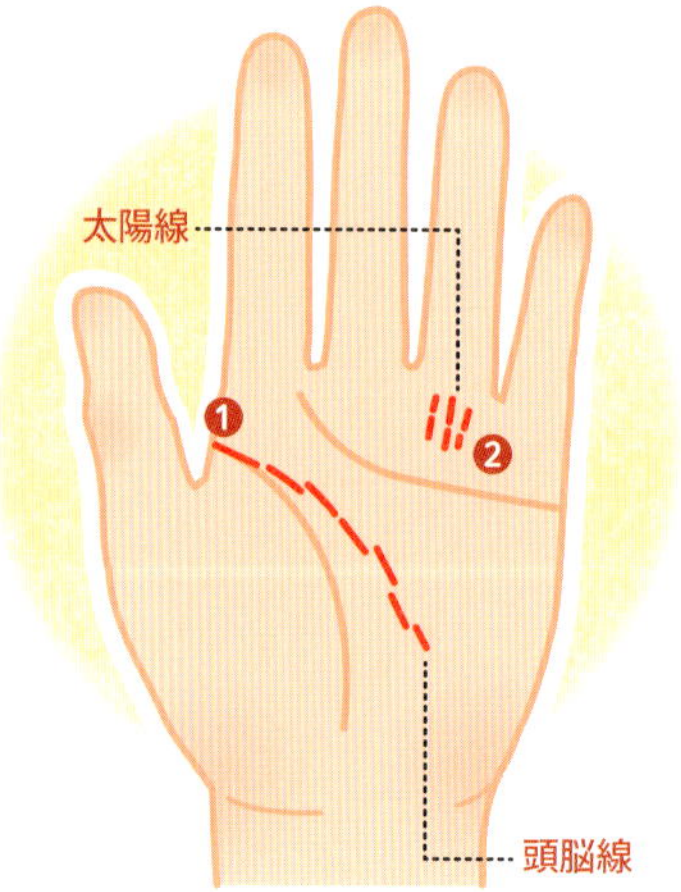

頭脳線が1本の線ではなく切れ切れの人は、**行動に一貫性がない**のが特徴。イライラしたときに手当たり次第に服などを買い込んで後から後悔する、いわゆる買い物中毒の人たちに多いのがこの手相です。太陽線が短くて切れ切れだと、**ローンによる自己破産に陥る**ケースも。

計画的に買い物ができる

❶下向きの頭脳線が2本に分かれる

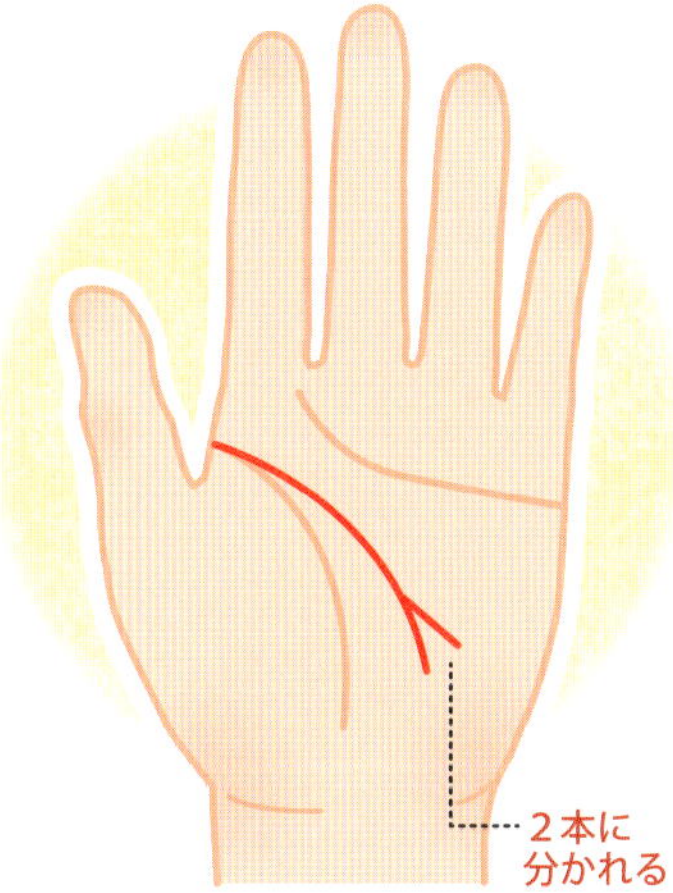

下向きの頭脳線は、その人が行動を起こす前にしっかりと頭で考えるタイプであることを示しています。さらに、頭脳線の先端が2本に分かれている場合、その場の状況に適応していく能力が高いことを表します。いつでもその場面に合わせて、計算をしてからお金を使うことができるのです。

やりくり上手な倹約家

❶頭脳線の支線が上向き
❷太陽線の横にサポートライン

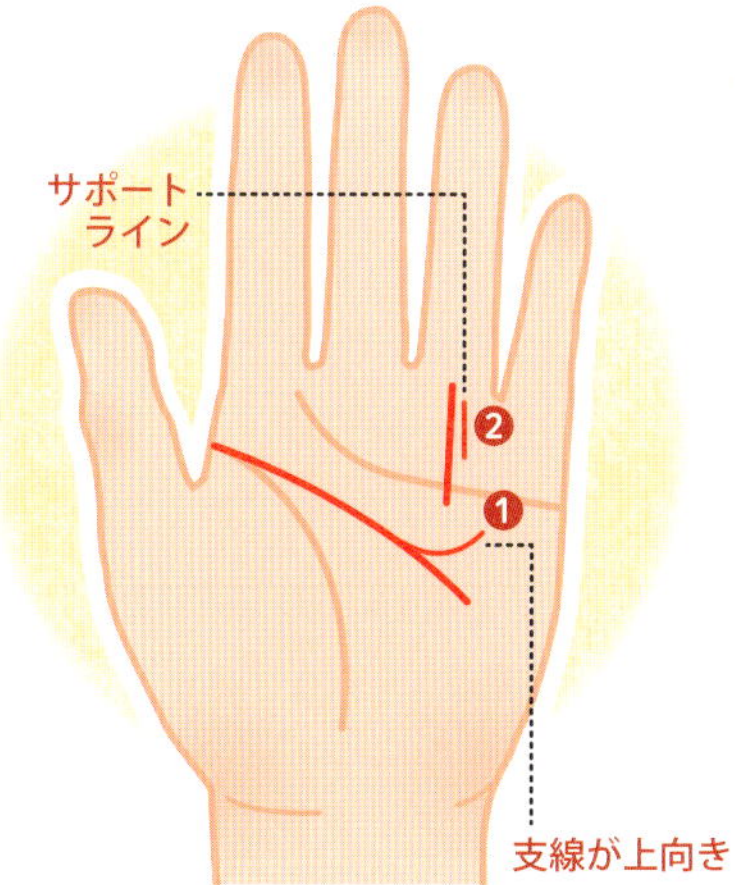

頭脳線の先端が2本に分かれて一方が上向き、さらに、太陽線にサポートラインがあればお金の使い方が上手なタイプです。出すときは渋らずに出し、締めるときは締める、メリハリのあるお金の使い方ができます。決してケチなわけではないのに倹約上手。無駄な支出をすることはないでしょう。

稼ぐことも使うこともしない

❶頭脳線の支線が水星丘に向かっている
❷太陽線がまったくないか、かなり薄い

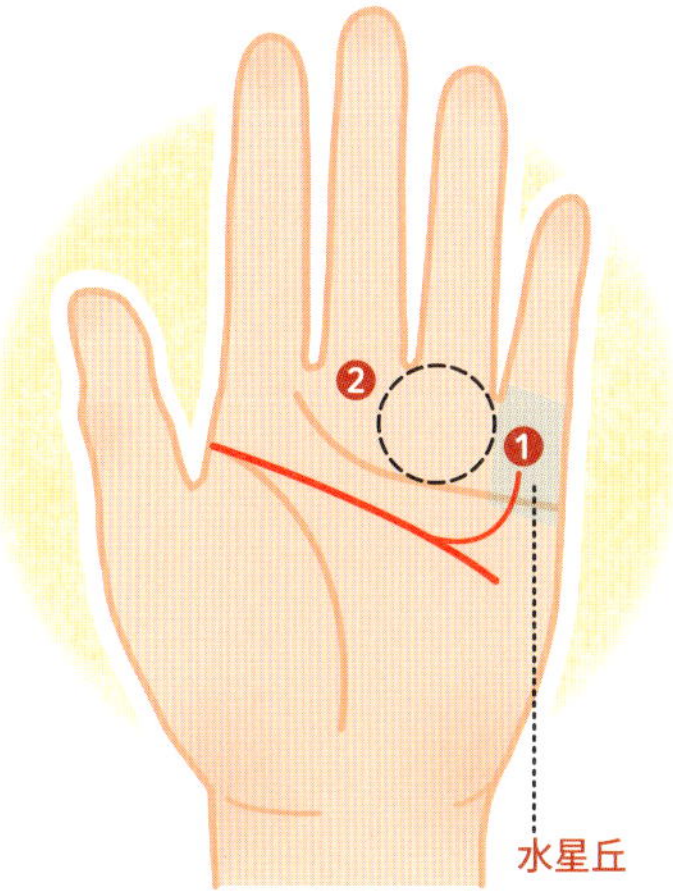

2本に分かれた頭脳線の一方が小指の下、水星丘まで伸びているなら、どちらかというとケチな人。なるべくお金は使わずに済ませたいと思っているでしょう。さらに太陽線がない人は、お金を稼ぐ意志も弱く、他人のお金をアテにする傾向が。稼ぎもしなければお金も使わないタイプです。

潤《じゅん》沢《たく》な遺産を受けることができそう？

それほど努力をしなくとも、身内の遺産で生活が潤っている人の手相には、
運命線や太陽線の他に、家庭を表す地丘にも
特徴的なシワが刻まれているのがポイントです。

親の財産に守られて苦労知らず

❶はっきりした**運命線**の起点が**生命線**の内側にある

P.159／P.178も参照

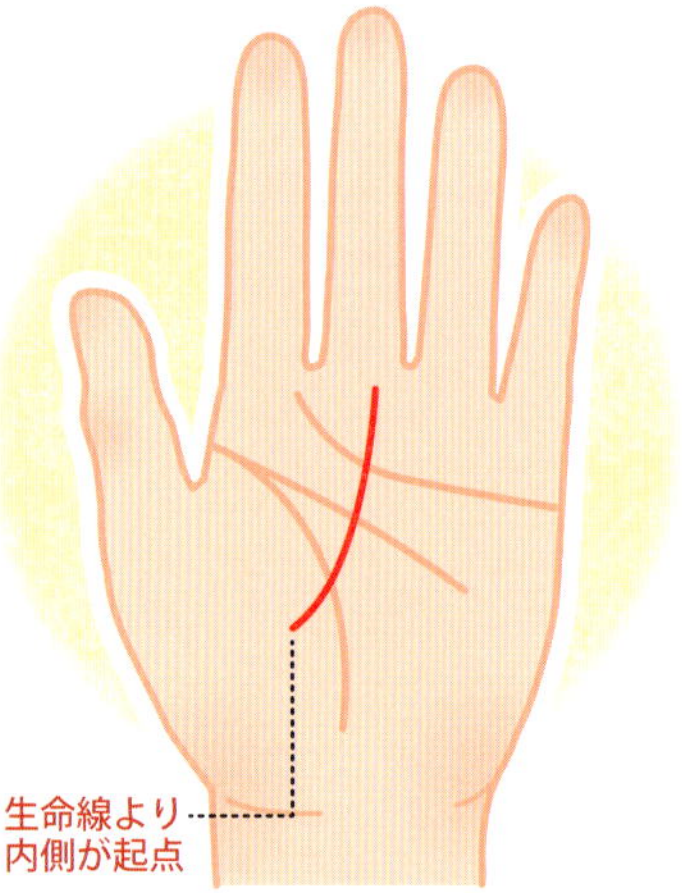

運命線の始まりが生命線よりも内側に入っている人は、子どもの頃から、**精神的にも経済的にも何不自由なく暮らしてきた**はず。親や家から守られて、自分が必死に働かなくても問題がないタイプです。引き続き、**親の遺産を受け継いで、豊かな生活を送ることができる**でしょう。

裕福でお金に恵まれた生活

❶**運命線**の起点が**生命線**の内側にある
❷しっかりした長い**太陽線**がある

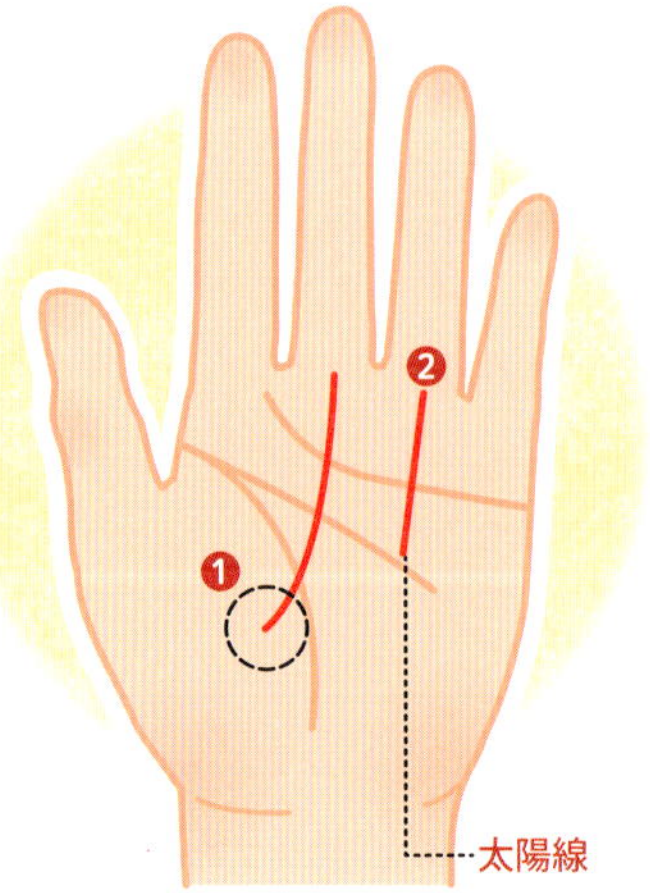

運命線が生命線の内側から始まっていて、さらに太陽線のシワが長くはっきり刻まれているなら、**金銭面で恵まれた生活を送っている**でしょう。若い頃からお金に苦労したことなどないはずです。大人になっても働く必要がないほどですが、**持って生まれた経済センスを生かせば、さらに資産が増えそう**。

相当な遺産を相続して安泰

❶ 地丘にテンプルがある
❷ しっかりした長い太陽線がある

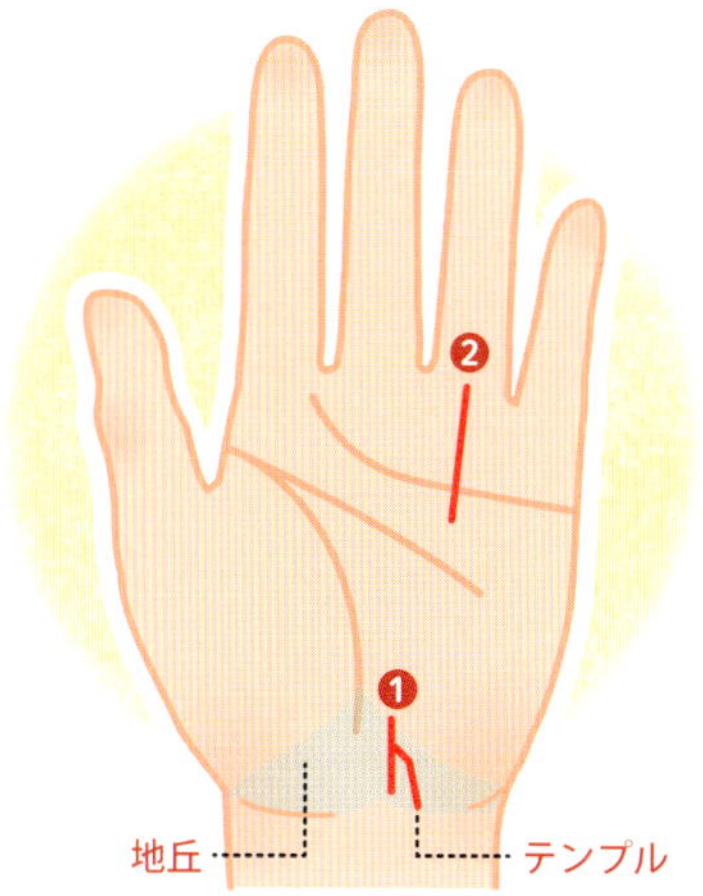

地丘は、親や祖先からの恵みを示す場所です。ここに家のような形をしたシワ、テンプルがある人は、家がかなりしっかりしていることを表します。このテンプルがあり、さらにはっきりと長く伸びた太陽線を持っているなら、今後も親族から相当な遺産を相続できる可能性があるでしょう。

中年以降に生活が苦しくなる？

❶ 運命線の起点が生命線の内側にある
❷ 地丘にテンプルがある
❸ 運命線の上が薄くなっている

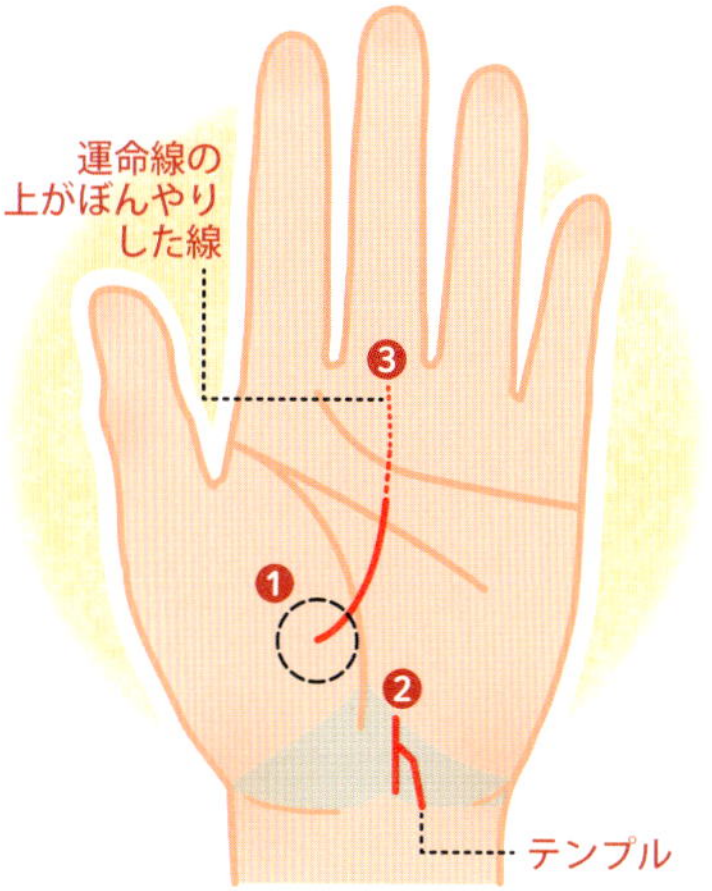

運命線の起点が生命線の内側で、地丘にテンプルがある場合でも、運命線の上部が薄くぼんやりした線になっていたら、中年以降、やや苦労することになる可能性が。恵まれた生活を送れるのは、人生の最初のうちだけかもしれません。若い頃から目標を立てるようにしましょう。

莫大な遺産が舞い込む可能性

❶ 生命線付近に星、トライアングル、フィッシュ

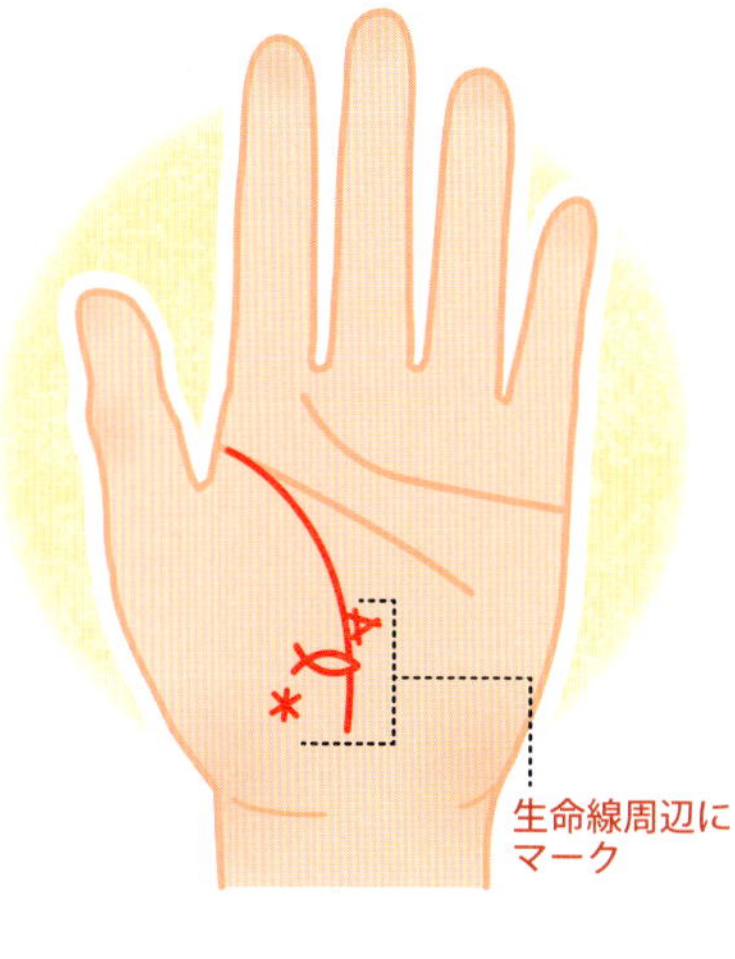

生命線の周辺に星やトライアングル、フィッシュが出ると、まとまったお金が舞い込んでくる可能性があります。とくに、フィッシュはラッキーです。生命線の内側に星が現れた場合は、親からの恩恵にかかわってくるでしょう。生命線上のフィッシュは大きな遺産を継ぐことになるかも。

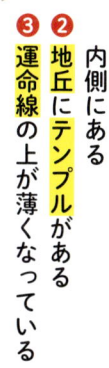

株やギャンブルに関する才能はある？

一か八かの勝負の場面では自分の運と才能に賭けるのみですが、
ギャンブルの才能は、運命線や太陽線を見れば一目瞭然。
ただし、勝負運があるからと調子にのらないで。

大胆な勝負師になれそう

❶ 感情線の先端が木星丘まで入っている

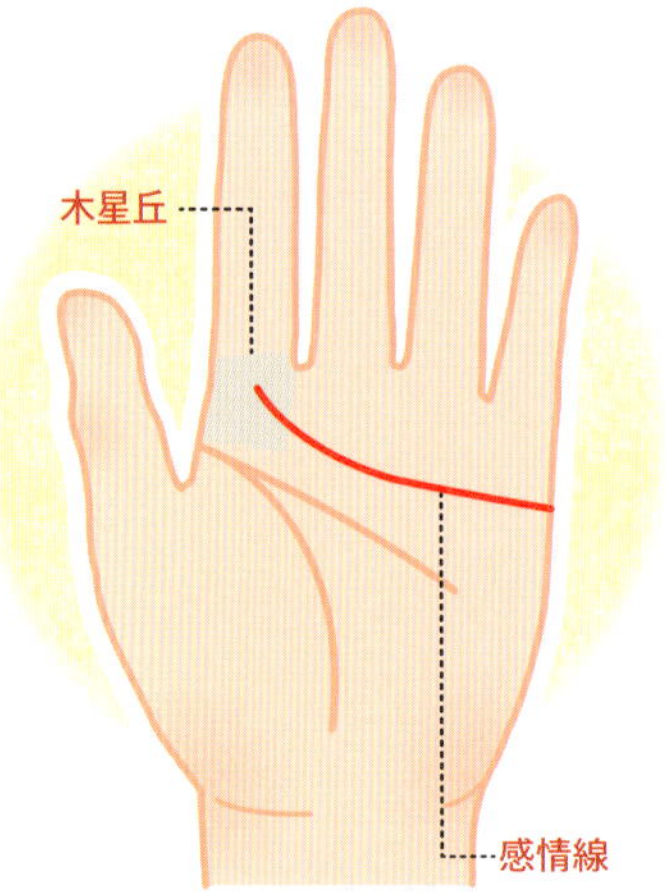

P.133／P.156も参照

感情線が長く、終わりが人さし指の下あたりまで伸びている人は、物事にこだわらない大胆な精神を持っています。一発勝負のギャンブルや株においても、ここぞという場面で物怖じせず、大きく出ることができるでしょう。ただし、勝てるかどうかは運次第。深みにはまり過ぎないで。

株やギャンブルで大儲け！

❶ 運命線、太陽線、財運線が感情線の上にそろっている

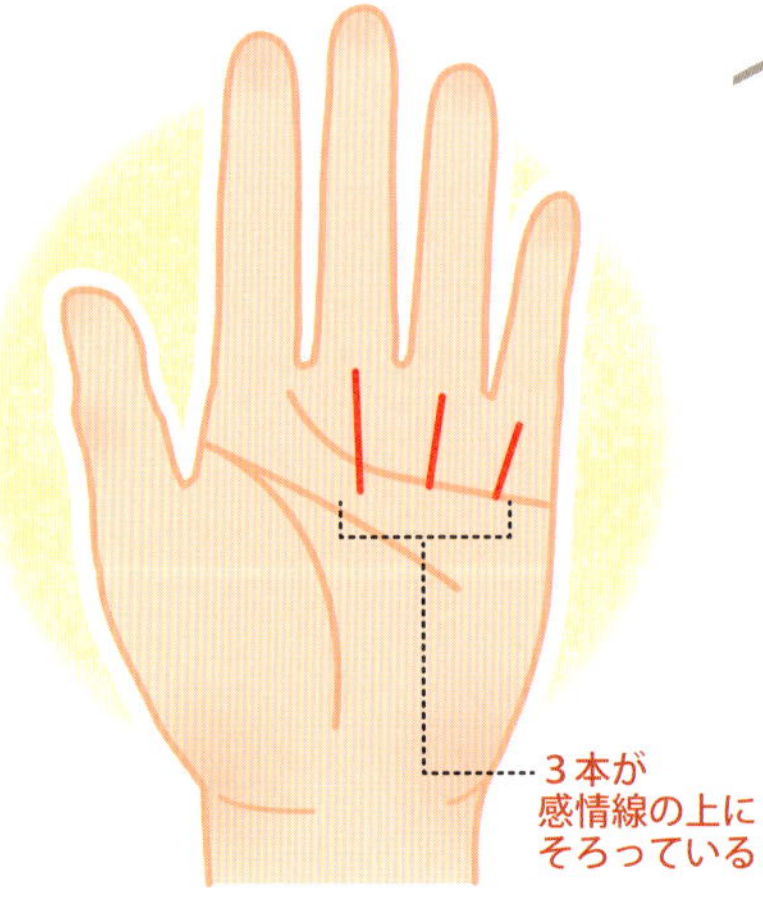

運命線や太陽線、財運線など金運にかかわる3つの線が、短いけれど感情線の上にすべてそろっているなら、相当勝負運が強い手相の持ち主です。また、この手相は株やギャンブルで儲けることができる、経済的な基盤がある状態を示しています。ひらめきを生かして大金を得ることができそう。

浮き沈みの激しい人生の暗示

❶運命線、太陽線、財運線がそろっている
❷頭脳線がマスカケ型

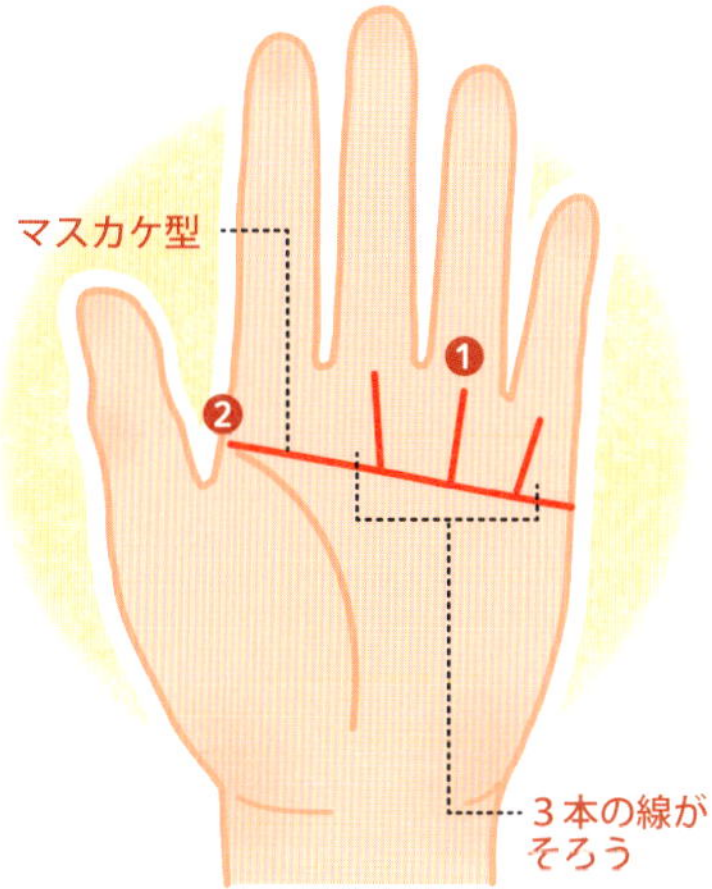

運命線、太陽線、財運線が、短いけれどすべてそろっていることに加えて、頭脳線が手のひらを水平に横切っているマスカケを持つ人は、ギャンブルや株などの天才といえるでしょう。ただし、大金を得られるときと、失うときとのギャップは激しいはず。まさに人生そのものがギャンブル状態かも。

夢のお告げで大ラッキーの予感

❶木星丘に星やフィッシュが出現

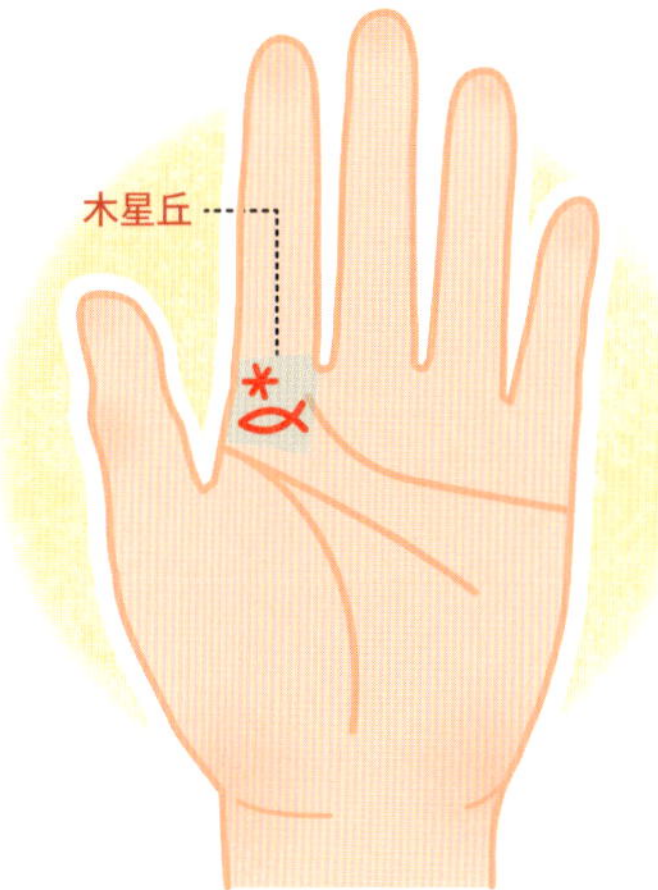

人さし指の下になる木星丘に、星やフィッシュが現れていたら、今後あなたに最上級のうれしいことが待ち受けている予感。宝くじを買って大当たりする、大金を拾う、など、思いがけない幸運に恵まれそうです。夢の中に現れた数字や場所、人に注目。大きなヒントが隠されています。

ギャンブルにはまる危険大！

❶垂れ下がった土星環
❷クロスだらけの太陽線

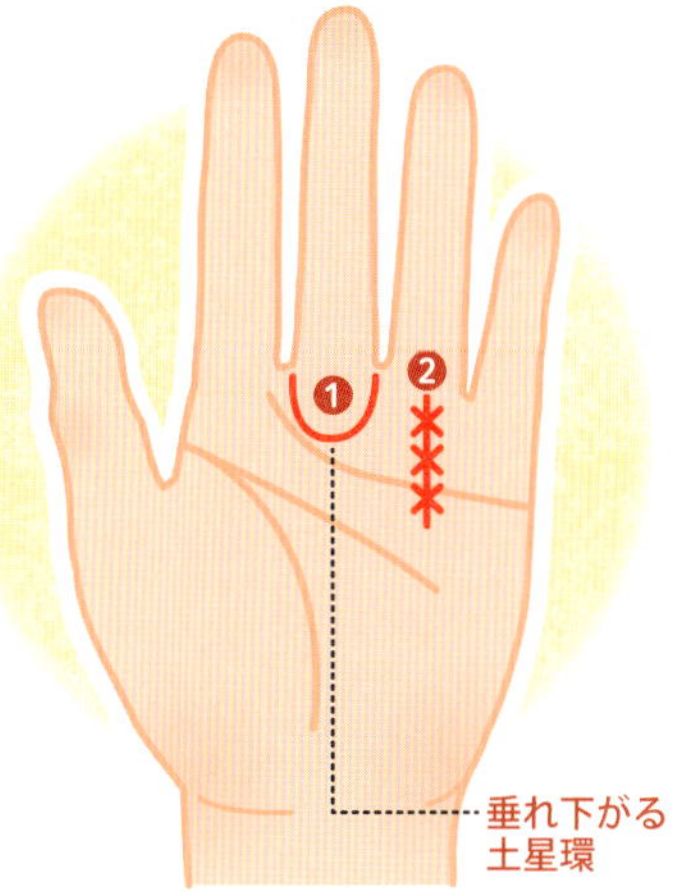

中指の下の土星環は、野心の強さが全面に押し出されていることのサインです。この土星環が垂れ下がっているのに加えて、太陽線がクロスだらけ、というのは危険信号。ギャンブルにはまって抜け出せなくなる暗示です。過去に大儲けしたことが忘れられずに、無謀な勝負を挑んでしまいそう。

周りに助けられる？ それとも苦労を背負う？

どれだけ稼いでも貯蓄ができない人。
一方、働かなくてもそれなりの生活ができてしまう人。
その特徴も手相にしっかり表れています。散財している人は、早めに対策を。

思いやりにあふれた苦労人

❶太陽線にクロスか赤い点
❷感情線の先がフォーク状
❸財運線がない

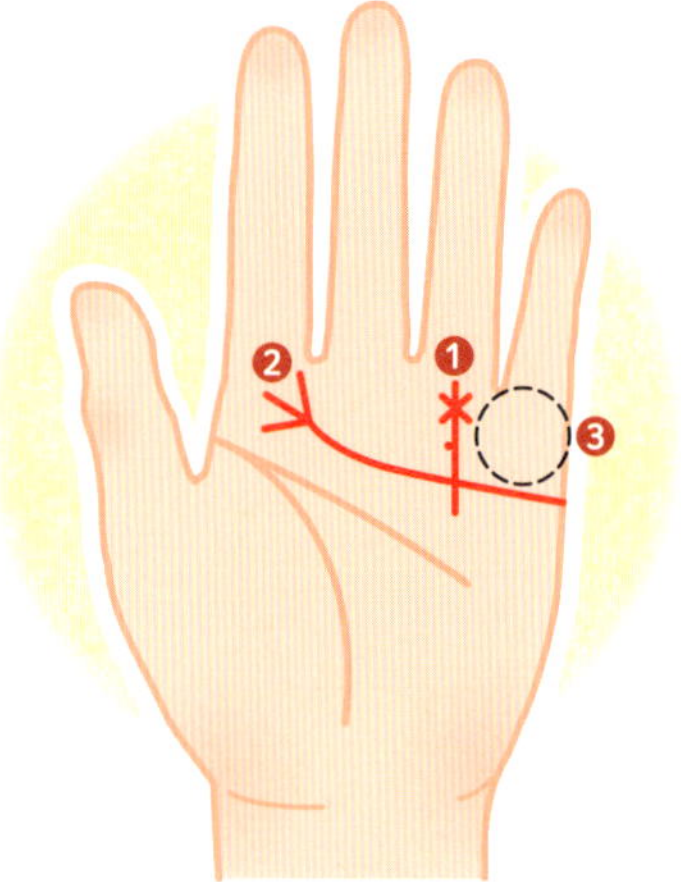

感情線の先が数本に枝分かれしているのは、思いやりにあふれた優しい人。さらにこの手相を持つ人の太陽線にクロスや赤い点が現れている場合、人に対しての支出が多いことを表します。家族や周りの人たちが困っていれば、自分の稼ぎを目減りさせて尽くします。そのために財運線は見当たりません。

親に依存し過ぎていない？

❶運命線が生命線の内側、金星丘から出ている

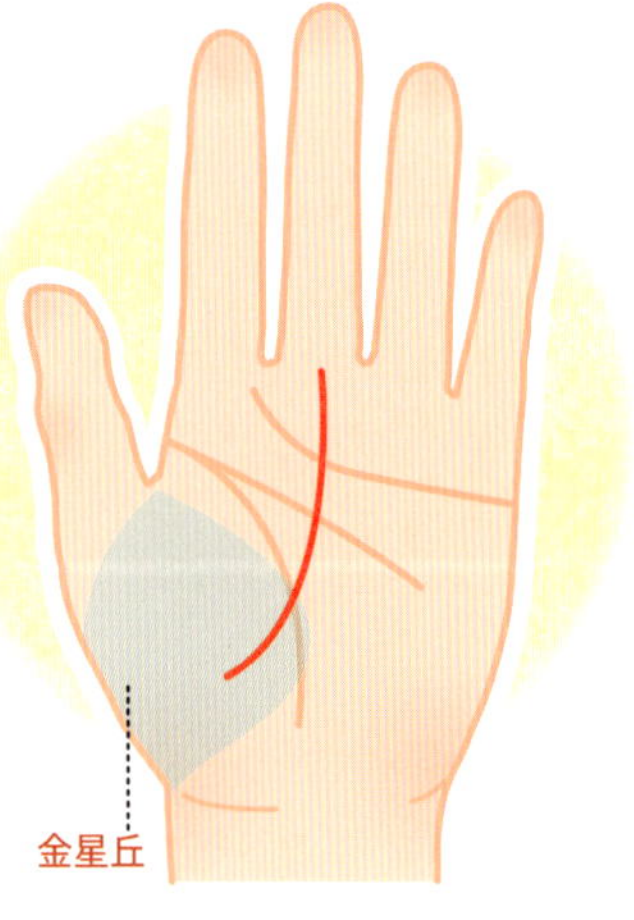

P.159／P.174も参照

運命線が、生命線の内側、金星丘のあたりから出ている人は、親や実家にべったりと依存しています。精神面でも経済面でも、困ったことがあったら「最終的には親にどうにかしてもらえば良い」と考えているところがあるかもしれません。周囲に頼り過ぎの状況を、そろそろ打開して。

金銭面で人に頼りっぱなしの人生

❶ **金星丘**から伸びる**障害線**が**太陽線**にぶつかる

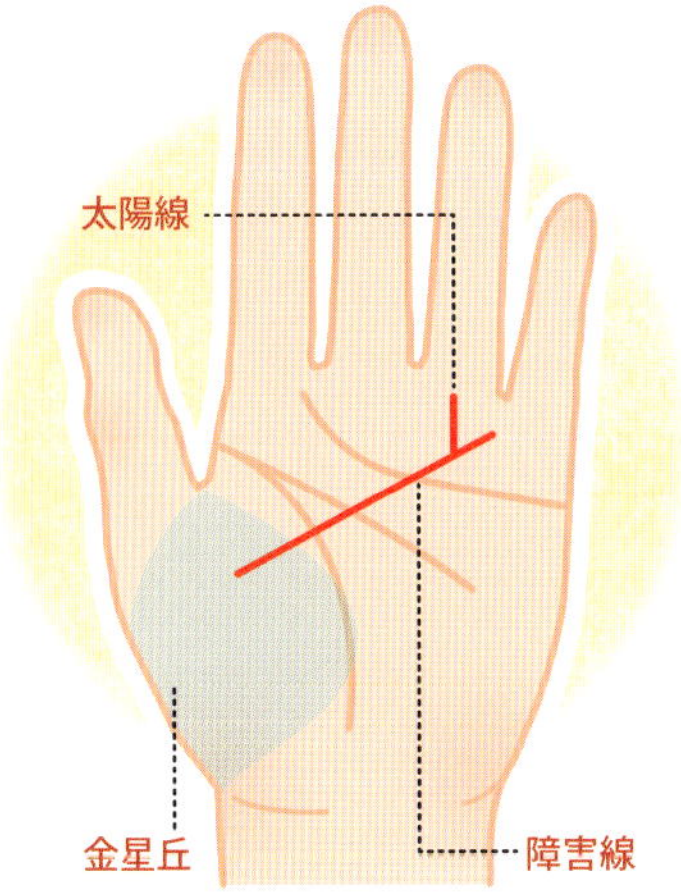

金星丘から斜めに伸びる障害線は、これからトラブルが起こることのサイン。太陽線の先にこの障害線がぶつかっているなら、**金銭面の停滞**を表します。さらに太陽線が障害線に遮られて突き抜けていない場合、**金銭面で人に頼り過ぎている**状態。愛想を尽かされる前に、**早めに自立**をしましょう。

資金面の援助者が出現する

❶ **太陽線**の周りに出現する**星**や**サポートライン**

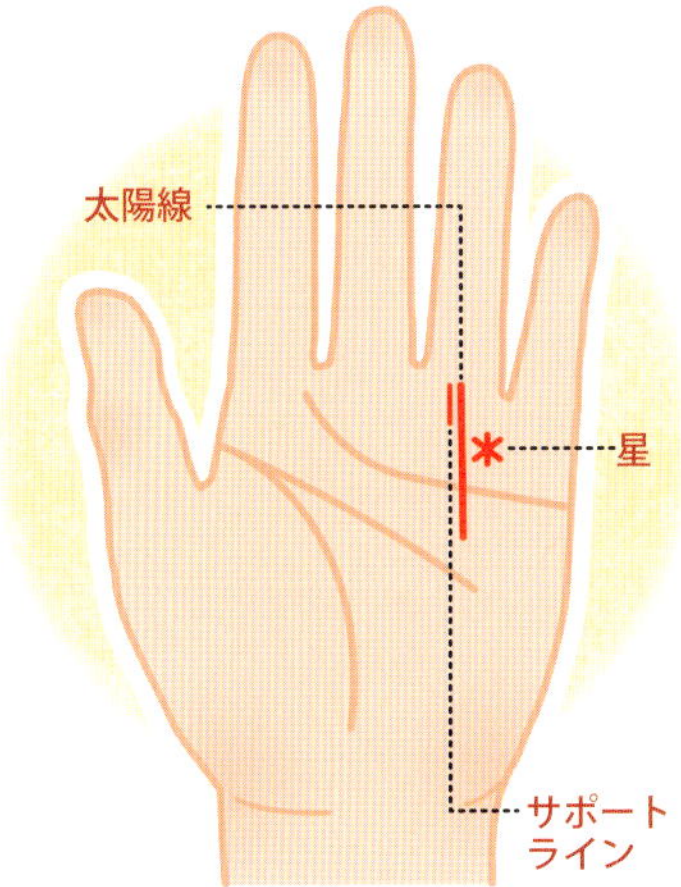

大きな買い物や事業を起こすなどでお金が必要になったとき、太陽線に寄り添うサポートラインや、星のマークが出ているならビッグチャンスです。思いがけない人から救いの手が差し伸べられるでしょう。**誰かが進んで資金の援助を申し出てくれる**かも。普段から**人との交流を欠かさないで**。

親しい人にだまされないように

❶ **感情線**、**太陽線**に**島**が出現

P.159も参照

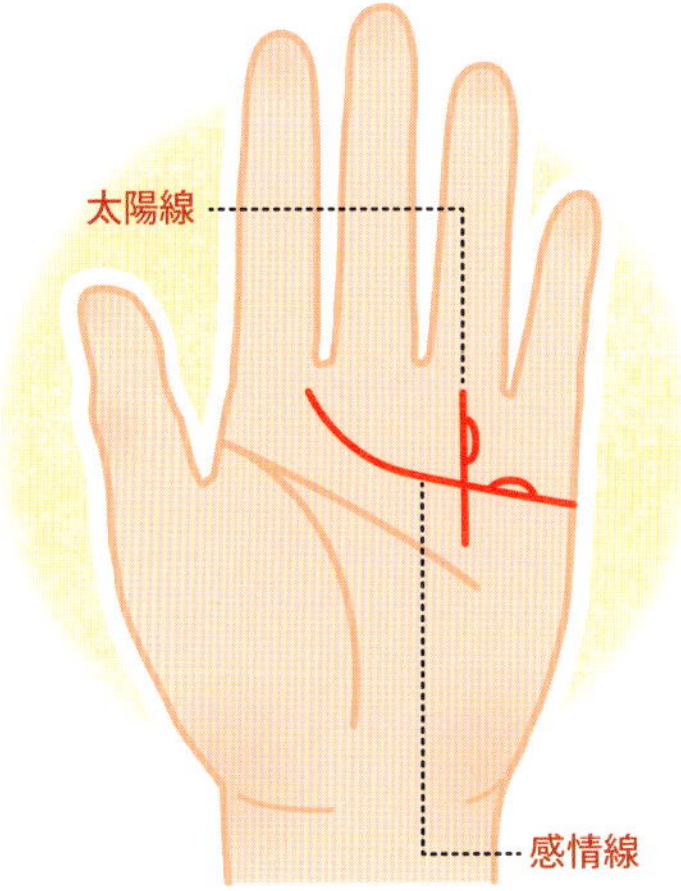

感情線に島がある手相の持ち主は、もともと人に尽くしやすいところがあります。さらに太陽線にも島がある場合は、借金の連帯保証人などで**人の犠牲になって金銭を失う恐れ**が。このような相が出たら、たちの悪い友人や身内などとのかかわりは断ちましょう。**親しい人の裏切りにも注意**。

現在の金運はどうなっている？

大事な金銭のやり取りを行いたい場合は、手相を見てタイミングを図りましょう。
障害線やクロスが出ている時期を避ければ、
お金で損をすることはないでしょう。

投資やローンの時期をチェック！

❶運命線、太陽線にクロス、サポートラインが出現

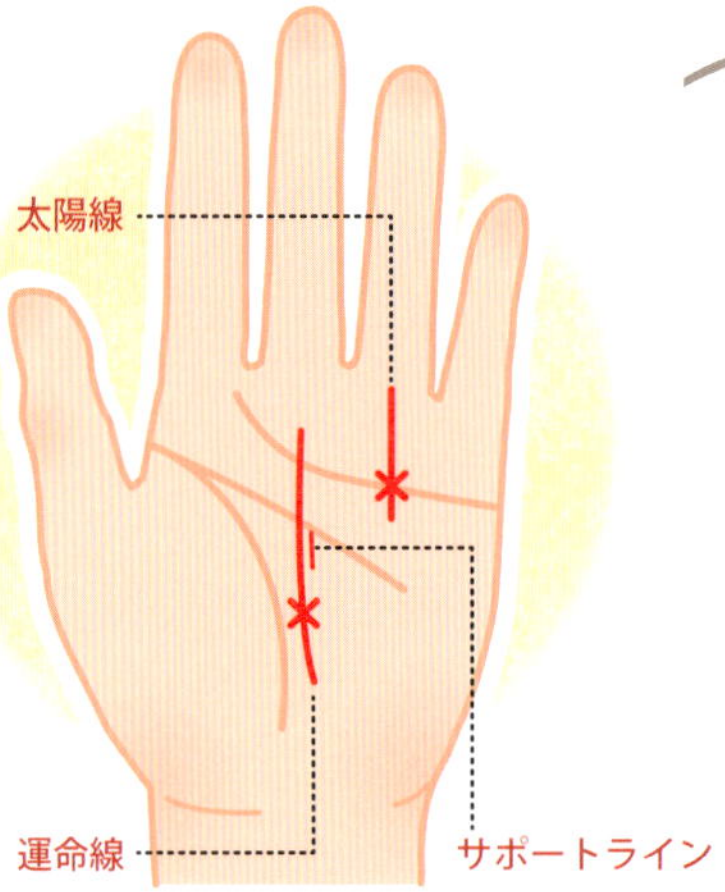

投資をしたり、ローンを組んだりする計画があるなら、運命線と太陽線を流年法（30～33ページ）で見て、クロスがついている時期を避けることが重要です。一方、運命線に寄り添うようなサポートラインが出ている場合はラッキー。その時期に融資を申し込めば、スムーズに物事が進むでしょう。

貸していたお金が戻ってきそう

❶太陽線にスクエアが出現
❷障害線の先にスクエアが出現

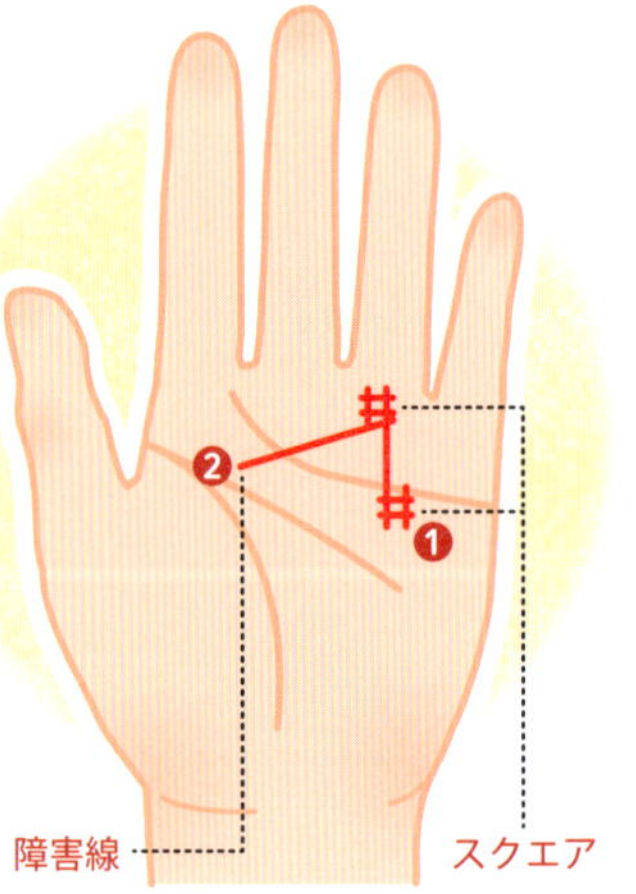

太陽線上にスクエアが出たときは、経済的なマイナスがプラスになるうれしい兆し。人に貸したままだったお金は、そのうち返ってくるでしょう。また、太陽線に障害線があったとしても、その先にスクエアが出ていたら、多少の元手がかかっても取り戻すことができます。投資などもおすすめ。

お給料アップは期待できる?

❶ 運命線と太陽線に星が出現

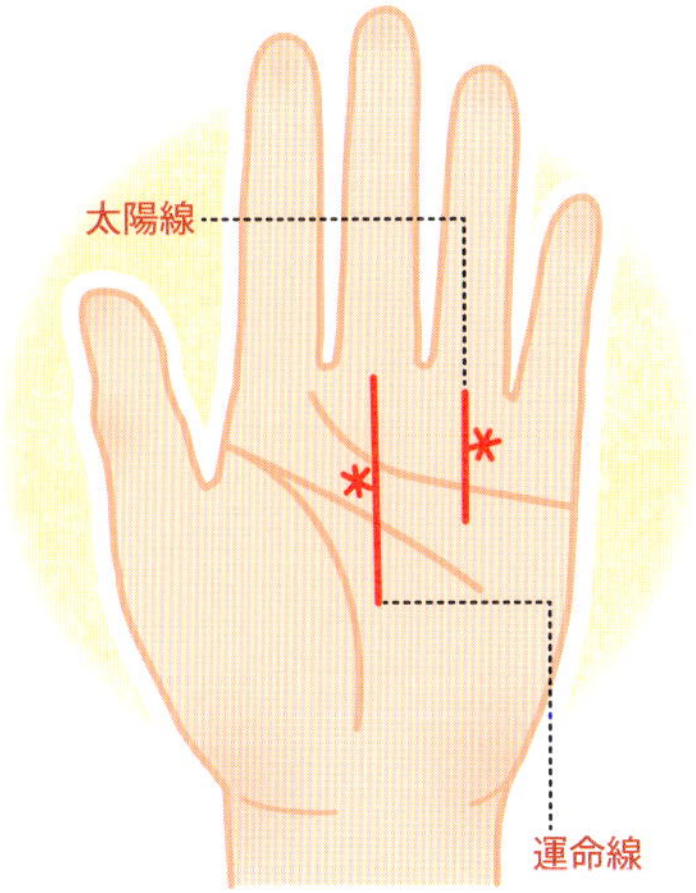

仕事上の転機と金銭上の転機が一致しているところに出た星で、給料がアップするかどうかを知ることができます。運命線と太陽線を流年法（30〜33ページ）でチェックしてみましょう。それぞれに星が出ている位置を確認して年齢が一致していれば、そのときに給料もアップするということに。

働いているのに生活が楽にならない

❶ 太陽線にクロスや島が出現
❷ 運命線が切れ切れ

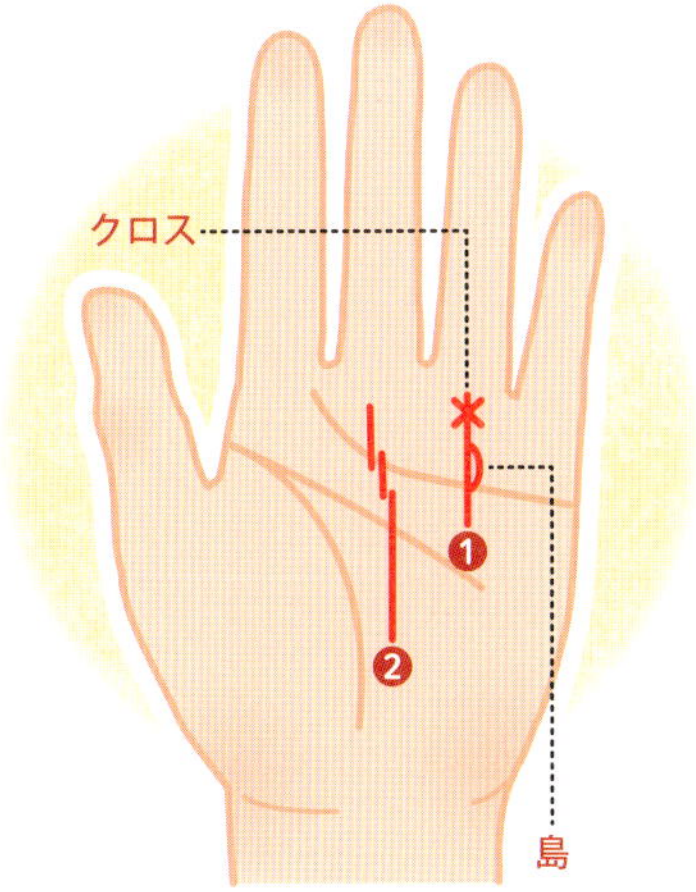

太陽線上にクロスや島があると、どれだけ稼いでも、そのお金が手元に残らないということ。運命線が切れ切れになっている場合も同様です。つまり、この2つの手相があると、頑張って働いても、なかなか暮らしが楽にならないという状況に陥ります。お金に対する考え方をシビアに見直しましょう。

アイデアで大金をつかむチャンス!

❶ グリルから伸びた太陽線の方向に注目

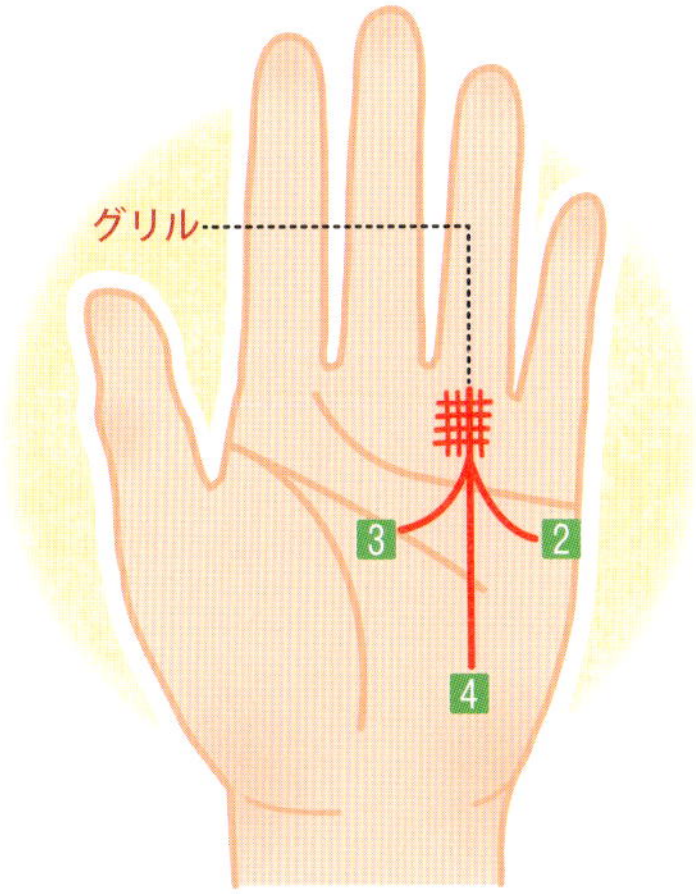

太陽丘にグリルが見られるのは、独創的なひらめきが光る兆し。さらに、ここから長い太陽線が伸びていると、大きな発見で大金を得ることがありそうです。2に伸びていると技術面で、3に伸びているとセールス面で、4に伸びていると芸術面での強さを示します。どれも大成功の予感です。

こんな金銭トラブルに注意して！

財布を落としたり、詐欺の被害に遭ったり、
そんな悲劇に陥る前に、手相から危険信号をキャッチしましょう。
事前に心得て注意をすれば、トラブルを回避できるかも。

詐欺《さぎ》の被害に遭いやすいかも

❶**太陽線**上に**クロス**が出現
❷**金星丘**から伸びる**障害線**が**太陽線**に届く

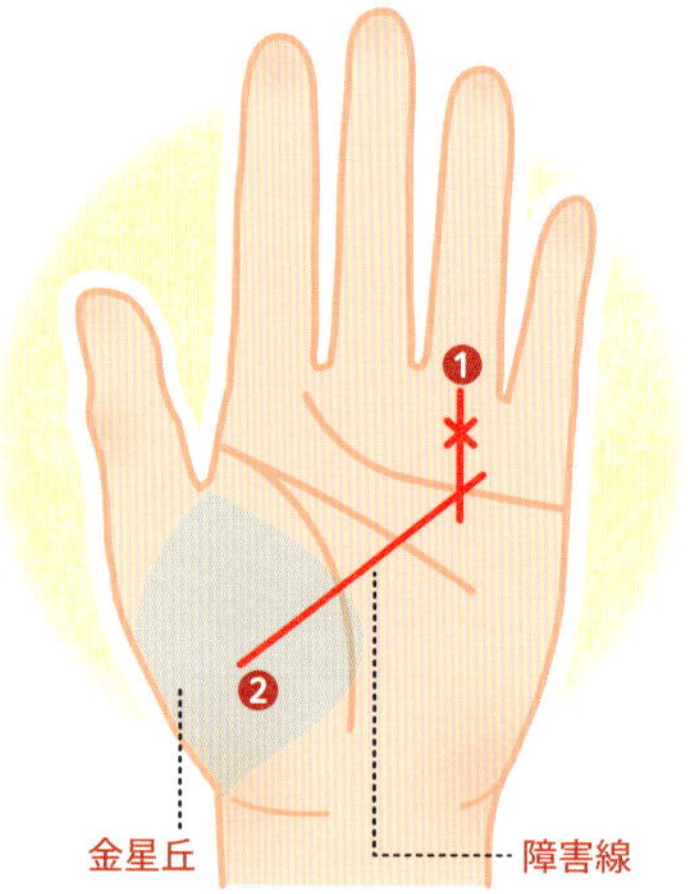

太陽線上にクロスが現れているか、金星丘から伸びる障害線が太陽線まで達している場合は、**人にだまされて金銭を失う可能性**があります。この線が出ていたら、いつも以上に人間関係や金銭面に気を配っておきましょう。たとえ身内や友人であったとしても、**お金の貸し借りは極力避けるように**して。

愛情に負けてお金を貢ぎそう

❶**ヴィア・ラシビア**がある
❷**金星環**がある
❸**太陽線**に**島**が出現

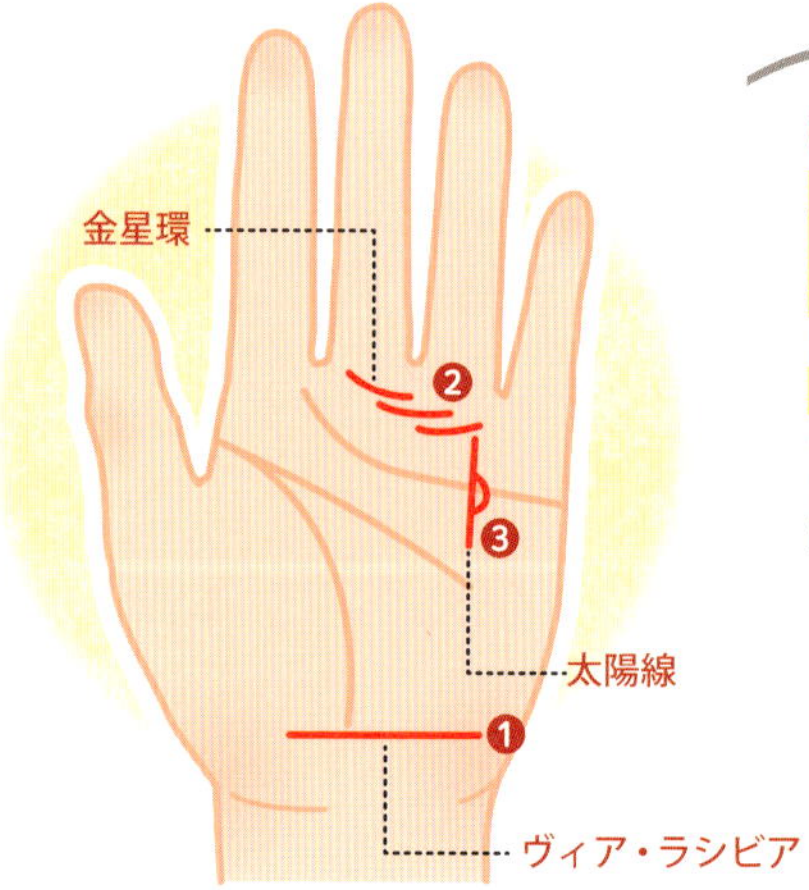

手のひらの下部にヴィア・ラシビアと、複数の金星環が現れているなら、**異性に夢中になりやすい状態**を表します。こういうときに恋人から借金の申し出があったら、何のためらいもなく貸してしまいそう。また、太陽線に島が出ているのは金銭トラブルの暗示。**自分を冷静にコントロール**しましょう。

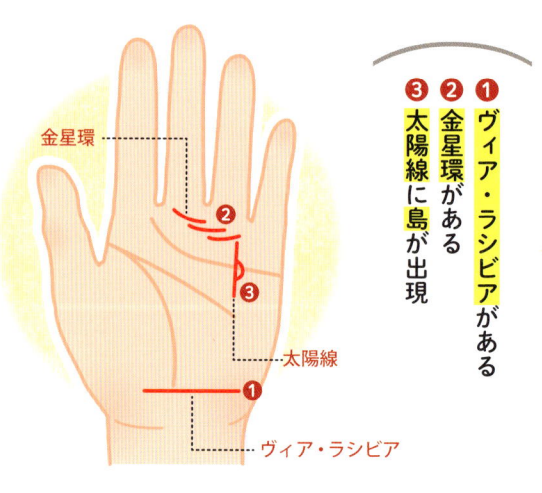

税金の申告漏れなどの失敗が

❶人さし指のつけ根に島がある
❷運命線と太陽線が同じ障害線でストップ

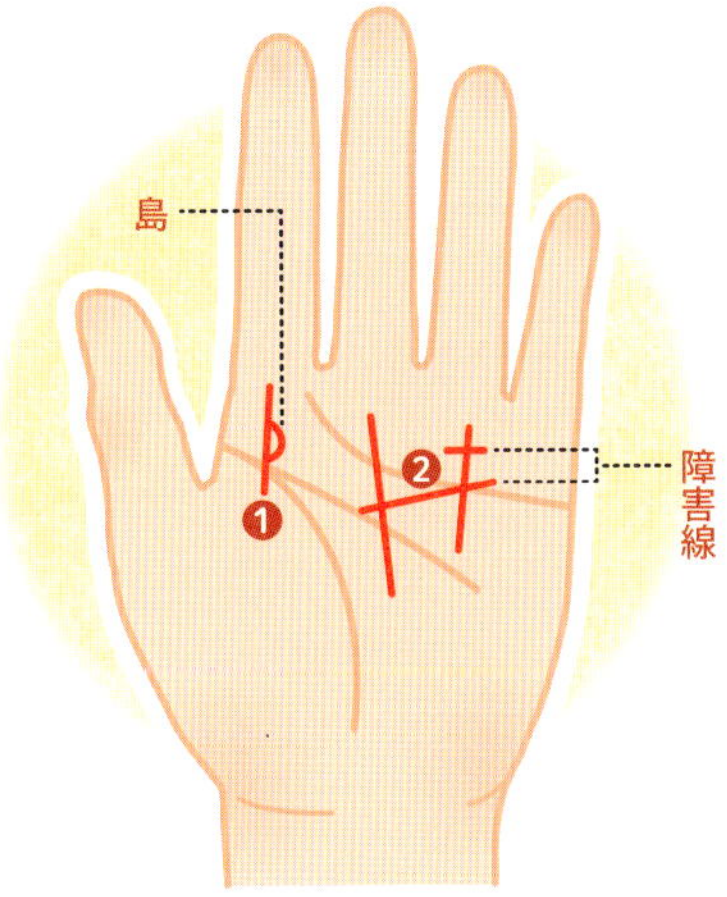

人さし指のつけ根のシワに島がある場合は、金銭上で義務に関するトラブルが起こりやすくなっています。たとえば、税金の申告漏れなどには十分注意を。加えて、運命線と太陽線が同じ障害線でストップしていると、公的な義務の不履行が、思いのほか深刻な問題になってしまう場合もあります。

余計なものを買わされるはめに

❶感情線が人さし指と中指の間に入っている
❷太陽線にクロスが出現

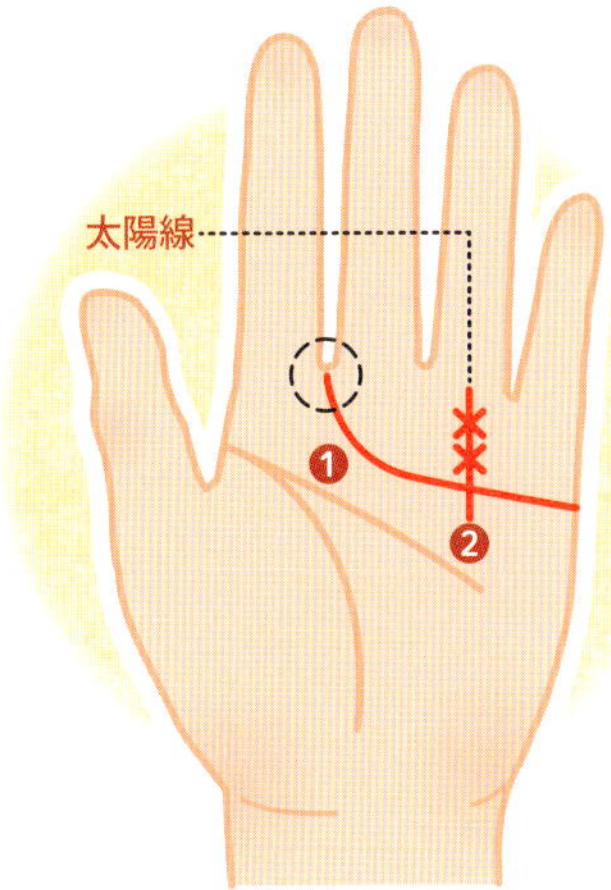

感情線が人さし指と中指の間にすっぽり入っているという人は、お人好しの手相です。売る人のおだてに乗って、つまらない買い物をしやすい傾向があります。さらに、太陽線に複数のクロスが現れると、営業マンの口車に乗って思いがけない高額商品を買う恐れも。慎重になりましょう。

投資や株で大失敗しそう！

❶頭脳線と感情線が1本になったマスカケ型
❷太陽線の上下にクロスが出現
❸運命線がストップしている

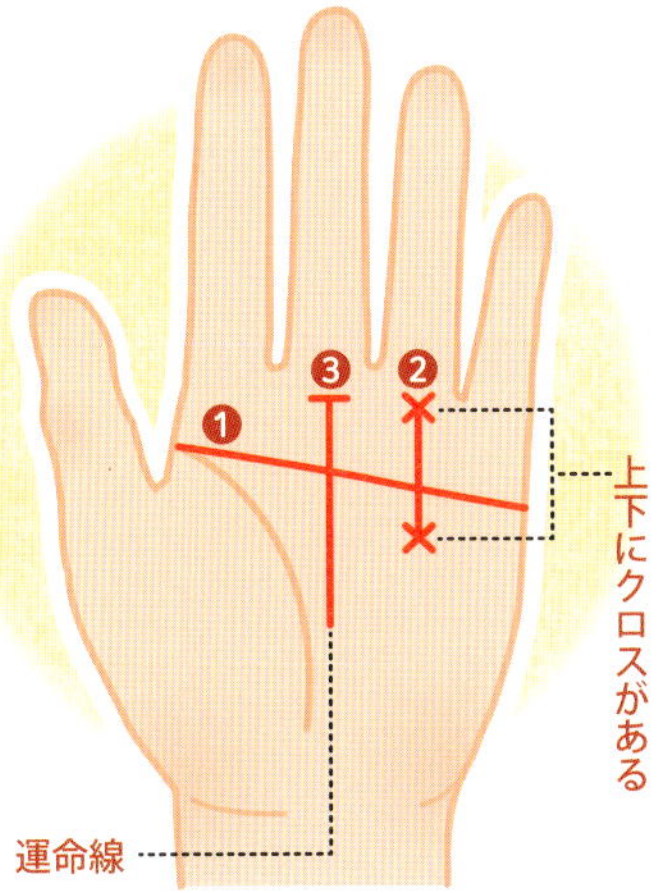

頭脳線と感情線が1本になったスジが手のひらを水平に横切るのがマスカケ。この相を持っている人は、株に強いはず。しかし、さらに、太陽線の上下にクロスがあり、さらに、運命線にストップがあれば、大きな損失があることを示します。こういうサインが現れたら、即座にブレーキを。

COLUMN

マネー感覚

ひと目で判断！ひと言で診断！

あなたや気になる人の手相の特徴はどれにあてはまりますか？
ワンフレーズで答えます！

運命線

中指に向けて伸びる運命線は金運のバロメーターです。

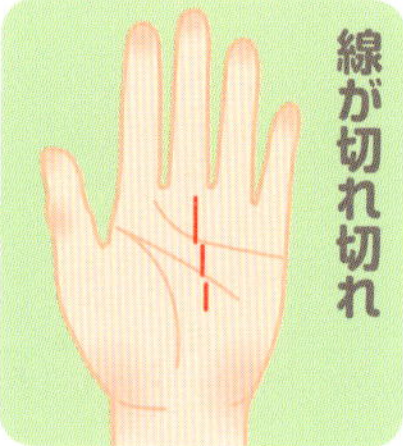

お金で苦労する

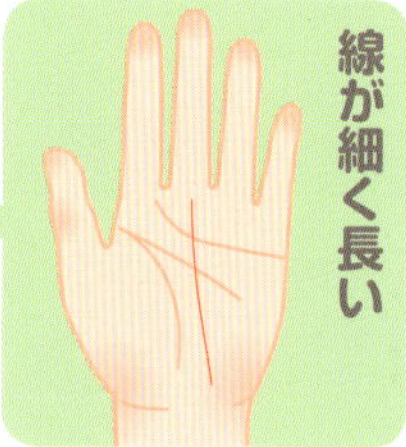

浪費家

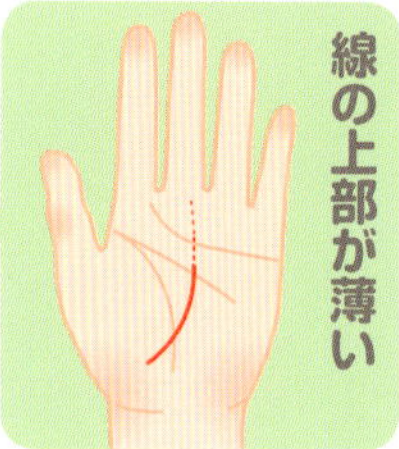

親からの遺産

太陽線

薬指の下から伸びる線で経済的なセンスを表します。

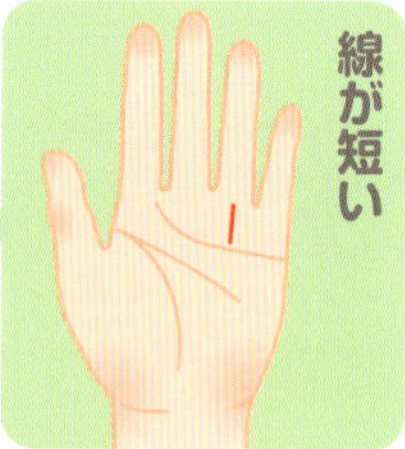

やりくりベタ

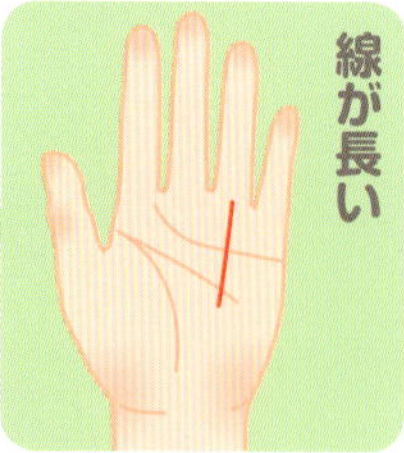

商才あり

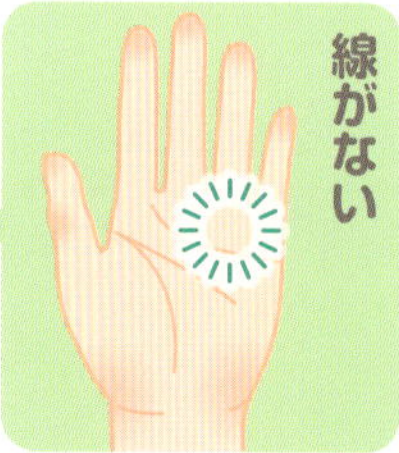

ケチ

財運線

小指の下から伸びる線で貯蓄する能力を表します。

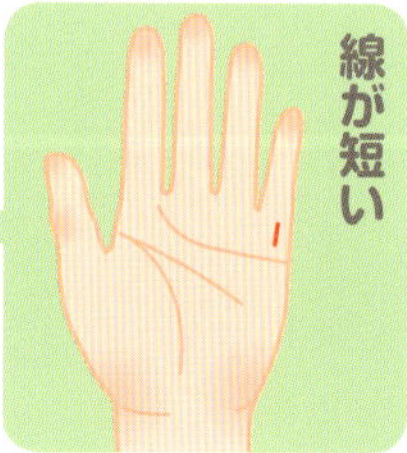

博打向き

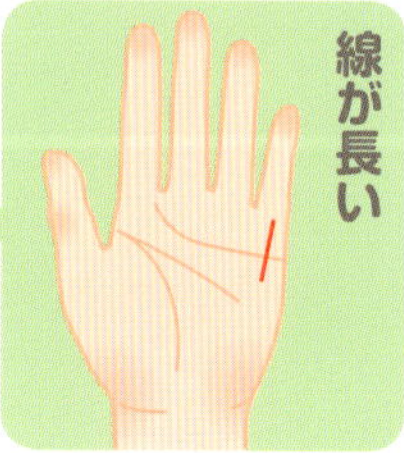

蓄財の才あり

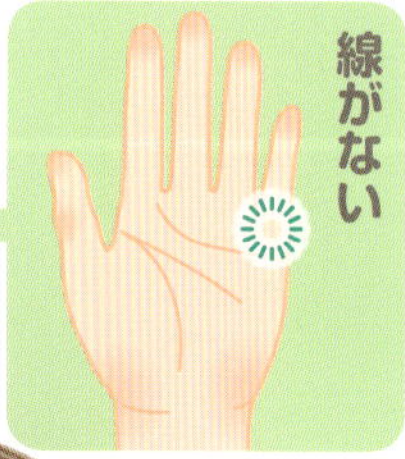

貯金が少ない

第8章

健康のタイプ

手相は身体の異変をキャッチすることもできます。手のひらの色、シワ、マークなどで大まかな健康チェックをしてみましょう。ちょっとした不調のサインを見逃さないで。

健康運の傾向はココで見る！

その人の身体の状態は手のひらとシワ、丘に表れます。病気を未然に防ぎ、健康を保つためにも、手相で行う大まかなセルフチェックを習慣にしましょう。

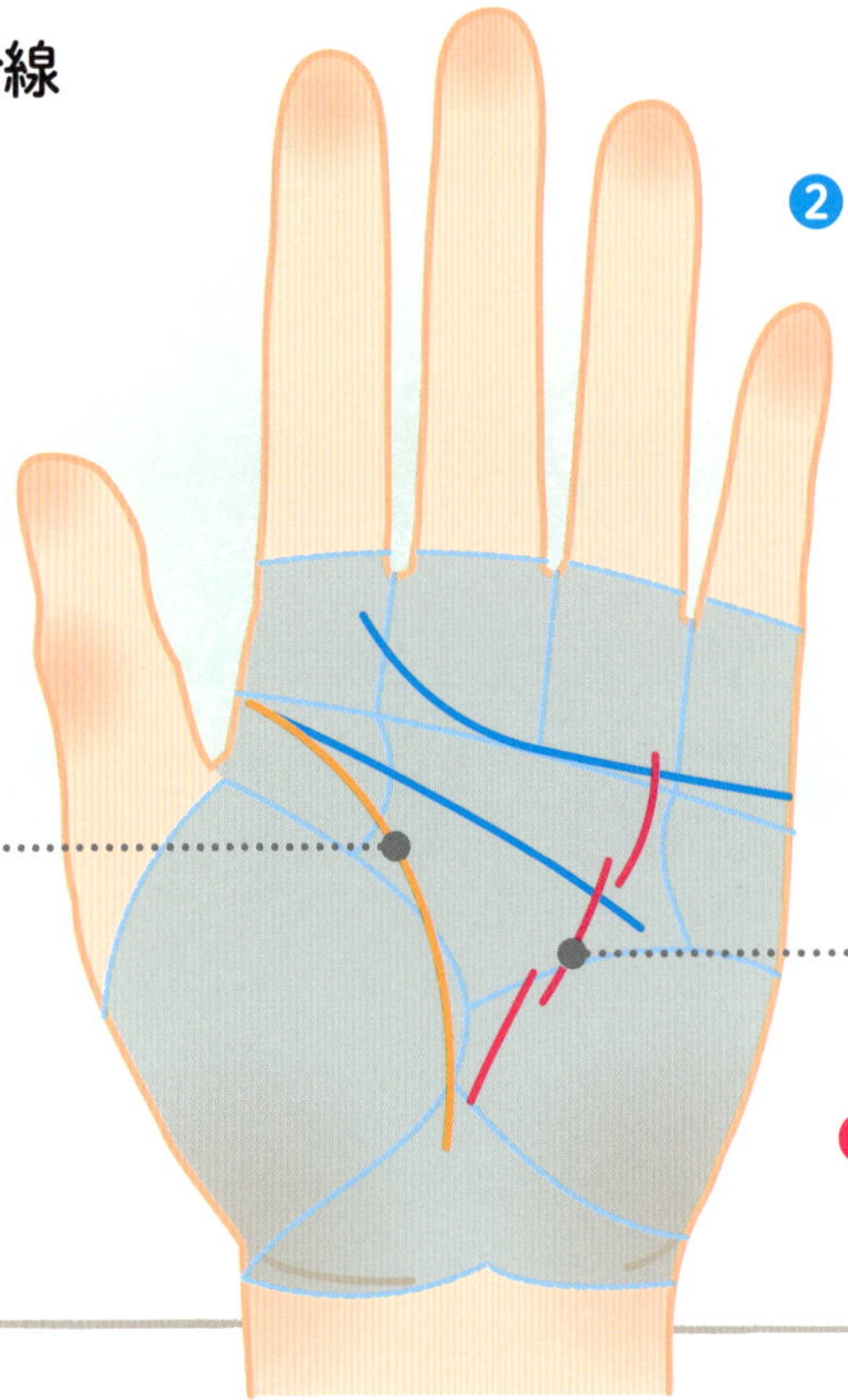

3 健康線

感情や自律神経と深いかかわりがあり「第2生命線」と呼ばれる

2 その他の線と丘

重要な線や手のひらにある各丘は体内組織の状態を表す

1 生命線

その人の生きる力、生命力、バイタリティを示す線

① 生命線

起点は呼吸系統、末端は消化器系統の状態を象徴

親指と人さし指の間から、親指のつけ根の丘（金星丘）に沿って伸びる生命線は、親指の動きによって深く手のひらに刻まれます。

人間が成長する過程で、親指はもっとも早く骨格が発達する指。親指の発達度は、その人が順調な活動をしているか判断する一つのバロメーターで、その基準は、親指球の動きでできる生命線といえるでしょう。

この線から判断できるのは、先天的な問題の他、身体の調子や活力、胸部から胃腸などの消化器関係、体調全般を左右する生活環境の状態などです。

大きく分けると、生命線の起点部分は呼吸系統の状態を、末端部分は、消化器系統の状態を象徴しています。

② その他の線と丘

あらゆる体内組織の健康状態を表す

生命線以外の重要な線や、手のひらにある各丘は、さまざまな体内組織の状態を表しています。

とくに丘や平原は、人間の身体機能の現状やトラブルと、密接なかかわりがあるといわれます。

左記はその関係をまとめたものです。

月丘→肝臓
水星丘→神経系、生殖系
火星平原→脳、目、耳
土星丘→心血管系
金星丘→呼吸器、消化器

頭脳線や感情線の上に出ている島や点、あるいは丘の上に出てくるマークや細かいシワによって、それぞれの組織の状態の良し悪しが、ある程度判断できるのです。

③ 健康線

線が切れている場合は要注意

小指のつけ根の水星丘あたりから、生命線の方向に伸びる斜めの線が健康線です。別名は第2生命線。

この線は、主に感情や自律神経と深いかかわりを持っています。運命線などの主要線と違って、ない人もいれば、長くはっきりしていたり、切れ切れの線になっていたりなどいろいろです。

どちらかといえば、心身の状態に問題がない人には現れにくく、もし出ていても、まっすぐで切れ目がない線なら問題ありません。

逆に、線が切れていたり、マークが出ていると、心身に何らかの負担がかかっている可能性があります。また、この線は力を必要とする職種やスポーツ選手に現れやすいようです。財運線と紛らわしいので注意を。

健康第一で長生きできそう？

丘や生命線のあたりをチェックしてみましょう。
身体のコンディションは、手相にしっかりと表れているのです。
生活を改善して、心身共に健康でいられるようにしたいものです。

長生きの典型、大往生の予感

❶はっきりした生命線が手首まで伸びる
❷感情線が木星丘の端まで伸びている

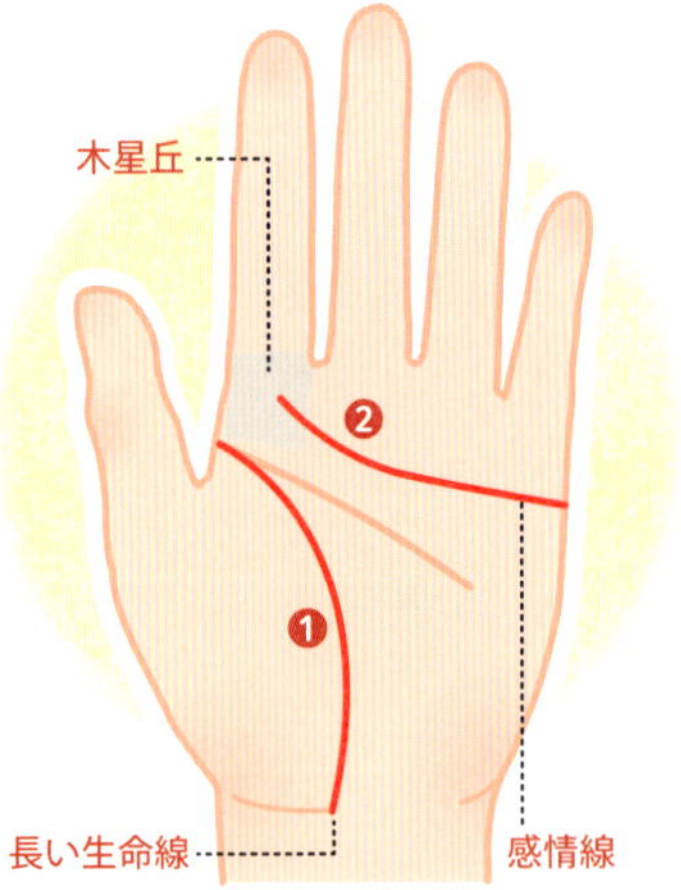

生命線のシワが深くはっきりしていて、手首の方までグッと伸びているなら、心身共に健康な状態です。また、感情線に切れ目や島などがなく、木星丘まで伸びている人も長生きの傾向が。強い意志と冷静さを持つ人なので、無理をすることも少ないでしょう。自ずと危険も少なくなります。

元気でスタミナにも恵まれる

❶手首に3本線のラシェット

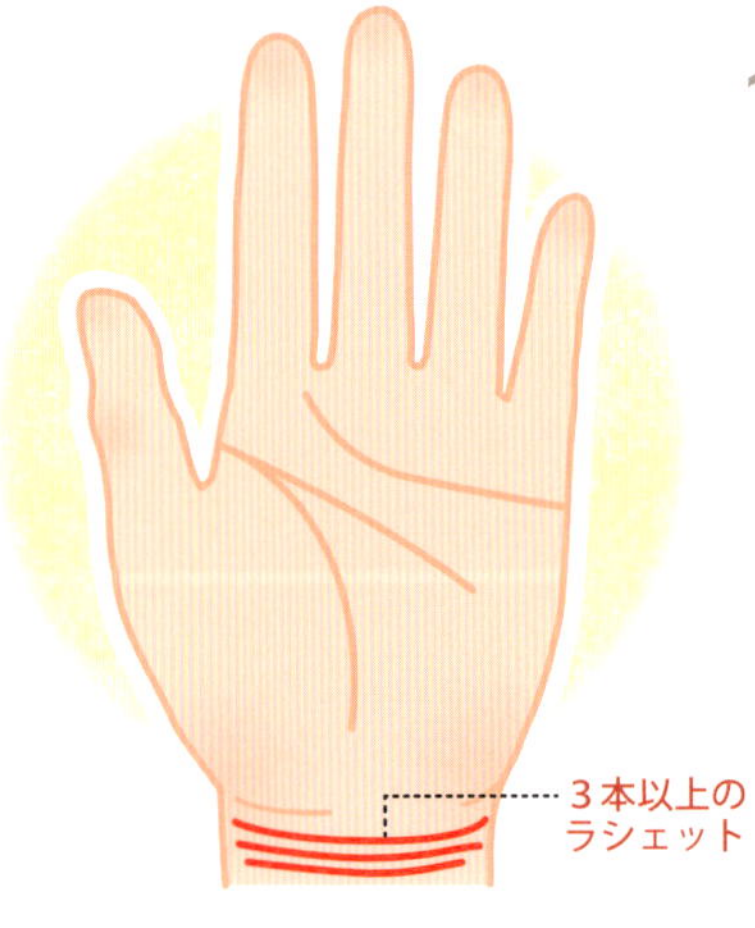

手首に出るシワをラシェットと呼びます。ラシェットはその人のスタミナを表すもので、はっきりした線が3本以上ある場合は、健康状態も良好でエネルギーに満ちているときといえます。たとえ年齢を重ねたとしても、旅行にスポーツにと、元気に動き回ることができるでしょう。

いつまでも若々しさを保てる

① 大きいカーブの**生命線**の内側にもう1本の**生命線**

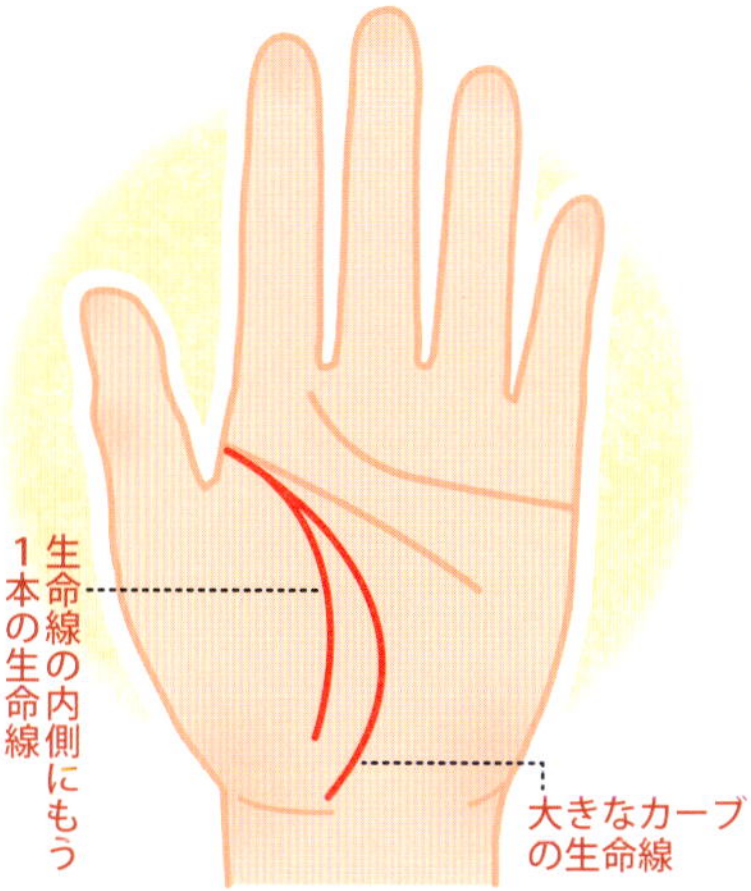

いわゆる二重生命線の持ち主は、普通の人より**スタミナがあります**。胃腸も丈夫で、食欲も旺盛でしょう。**たとえ病気になったとしても回復が早い**ので、長い期間ダウンしてしまうことはそれほどないようです。また、異性への関心度も高く、**何歳になっても若々しい気持ちで過ごせるでしょう**。

気力と体力にあふれるタフな人

① **金星丘**の上に水平に短く伸びる**スタミナ線**

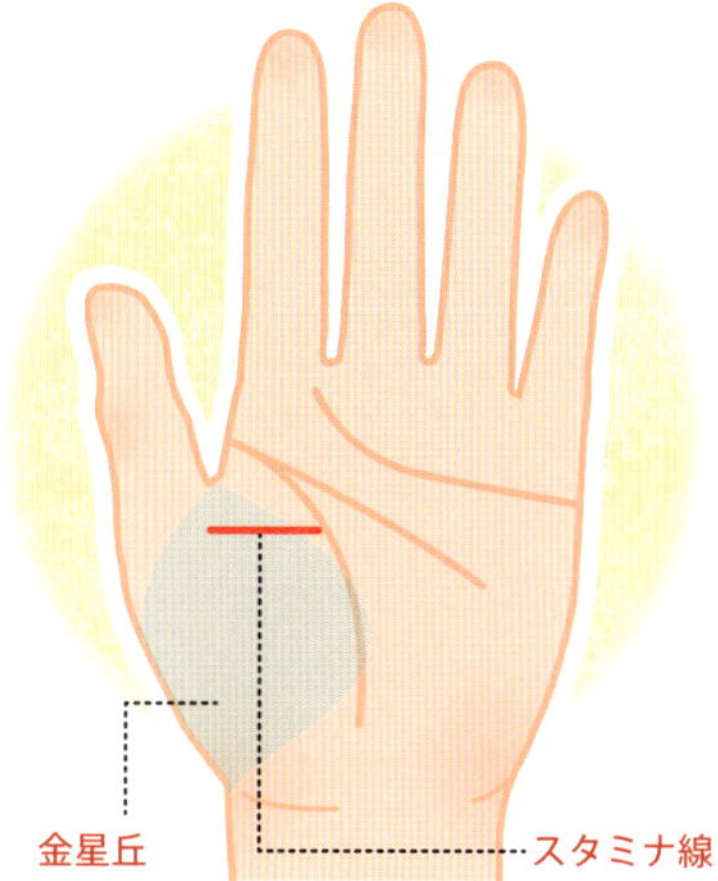

金星丘の上に水平に伸びる短いシワは、スタミナ線です。これは、二重生命線と同じように、**エネルギーが満ちている人に現れる**もの。この手相を持つ人は、自分なりの方法で上手にリフレッシュしたり、エネルギーを充電したりする工夫ができています。**気力も体力も充実している**でしょう。

エネルギーが一時的に枯れているかも

① 切れ切れになっている**生命線**

P.118／P.136も参照

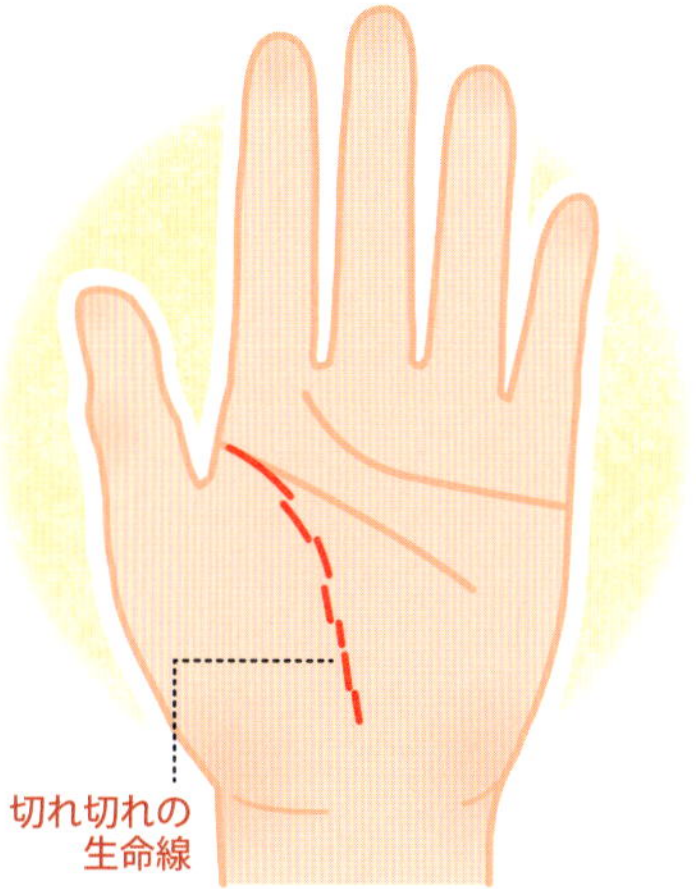

生命線が切れ切れなら、呼吸器が弱っているか、**体力がなくなってきている**というサイン。以前からこの手相を持っているなら、**生まれつき身体が丈夫ではない**かも。また、急に変化して生命線が切れ切れになった場合は、一時的な疲れが原因。**心身共にリフレッシュできれば、線も元に戻ります**。

注意したい身体の部分はどこ？

手のひらには、そのときの健康状態がダイレクトに反映されます。
手相をチェックして、身体の変化を察知しましょう。
事前に気をつけることで、大きなリスクを避けられるかも。

胃腸の病気に気をつけたい

❶**生命線**の上に**島**が出現
❷**生命線**の末端に複数の支線

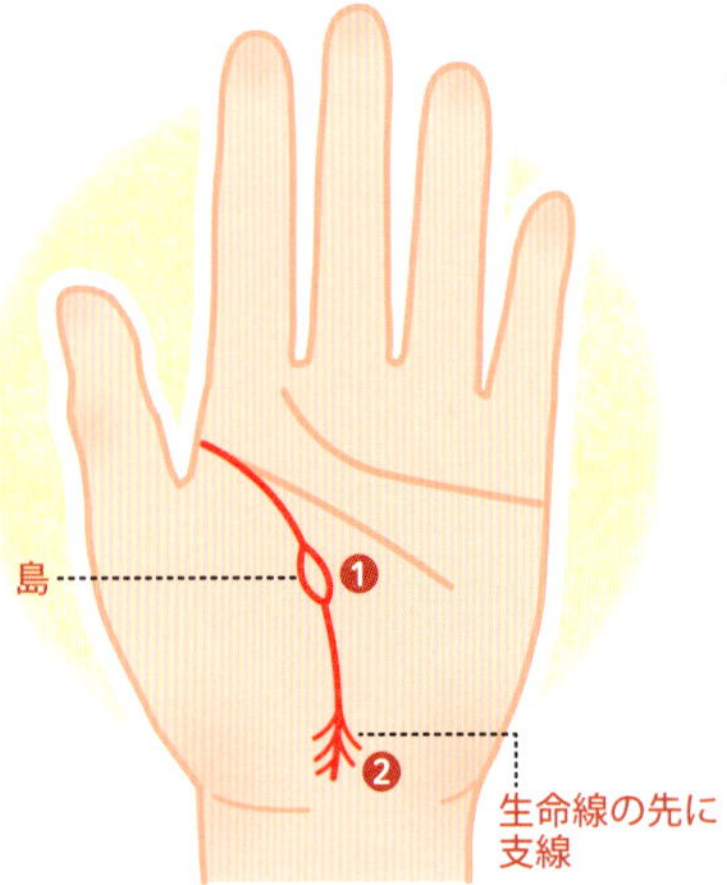

生命線上に島が現れている人は、**あまり胃腸が丈夫ではない**ようです。不摂生な生活が続いたり、食事の時間が遅くなったりすると、真っ先に悲鳴をあげるのは胃腸でしょう。加えて生命線の末端に支線がある人は、**消化器系が弱く、体力を消耗して疲れやすい**タイプ。**早食いにならないよう注意**を。

気管支や呼吸器系に注意を

❶**生命線**と**頭脳線**の起点がくさり状

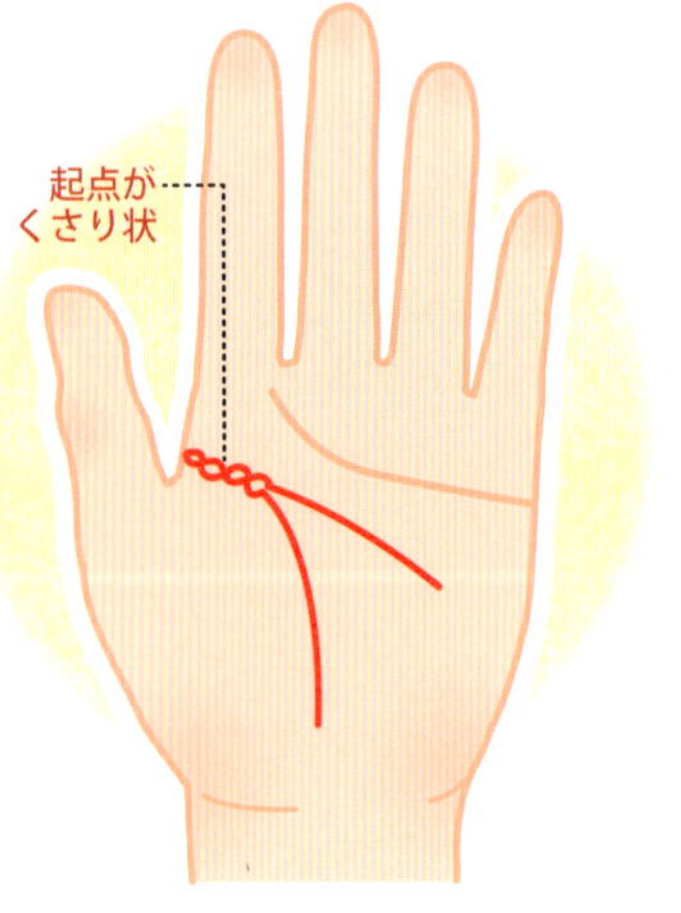

生命線と頭脳線の始まりがくさりのようになっている人は、**気管支や呼吸器に関する部分が弱点**のようです。風邪などを引きやすいのもこのタイプ。少し走っただけでもひどく息が切れるなど、疲れやすいことが多いので、**季節の変わり目はとくに注意が必要**です。少しでも異変を感じたら、病院へ。

心臓や血管にトラブルの恐れが

❶感情線が切れ切れか、縦の細かい線
❷感情線の起点が枝分かれしている

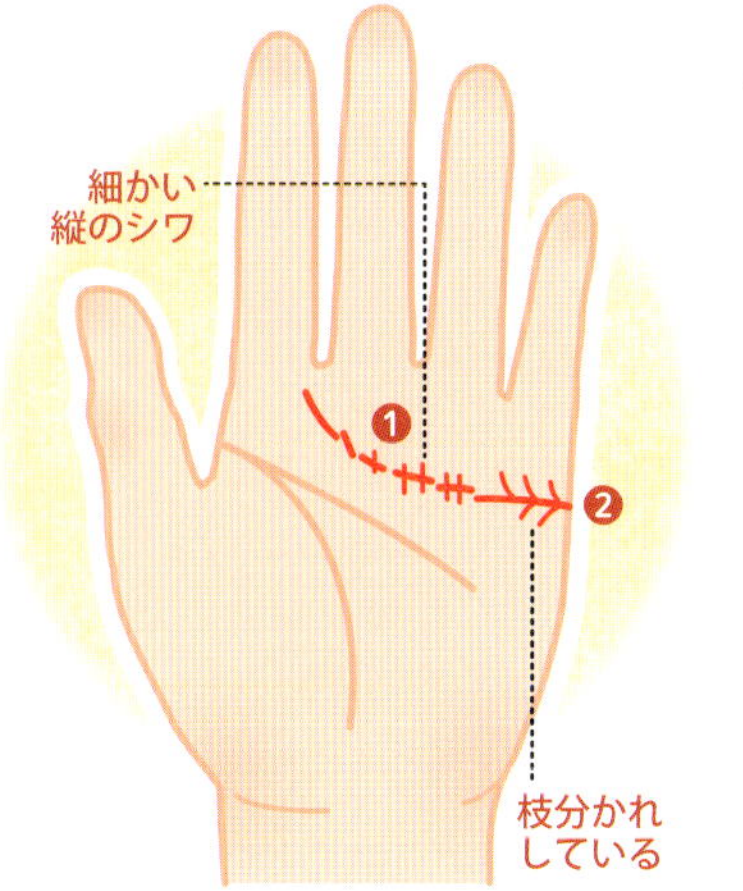

感情線が切れ切れか、土星丘近くに細かい縦の線が何本も現れていたら、生まれつき身体が丈夫ではないかもしれません。また、感情線の始まりが細かく枝分かれしていたり、切れ切れになったりしている場合、心臓が弱っているか血管に問題がある恐れが。コレステロール値なども注意しましょう。

肝臓が疲れている可能性あり

❶月丘の下部からはっきりした横のスジ

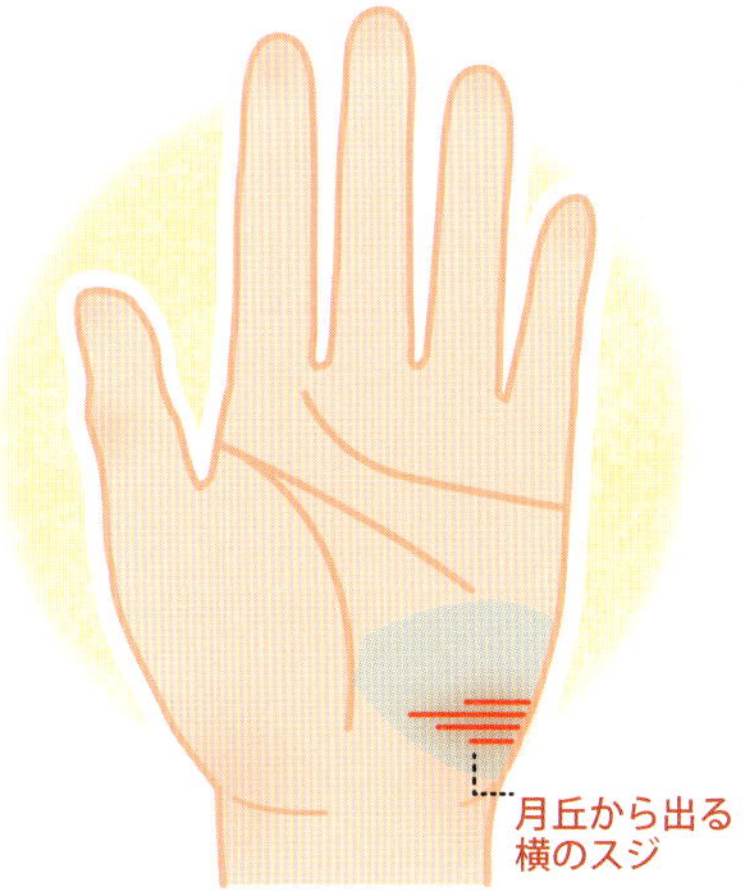

月丘のあたりに長さ2センチ以上の横線が5、6本出ていて、さらに、その線の付近が不自然に赤みを帯びている場合は、近いうちに肝臓のトラブルが発覚する恐れがあります。肝臓を休めるためにも、アルコール摂取は極力控えましょう。体調が回復すれば、線も自然と目立たなくなります。

不妊症になりやすいかも

❶感情線の起点から出る斜めの子ども線に島

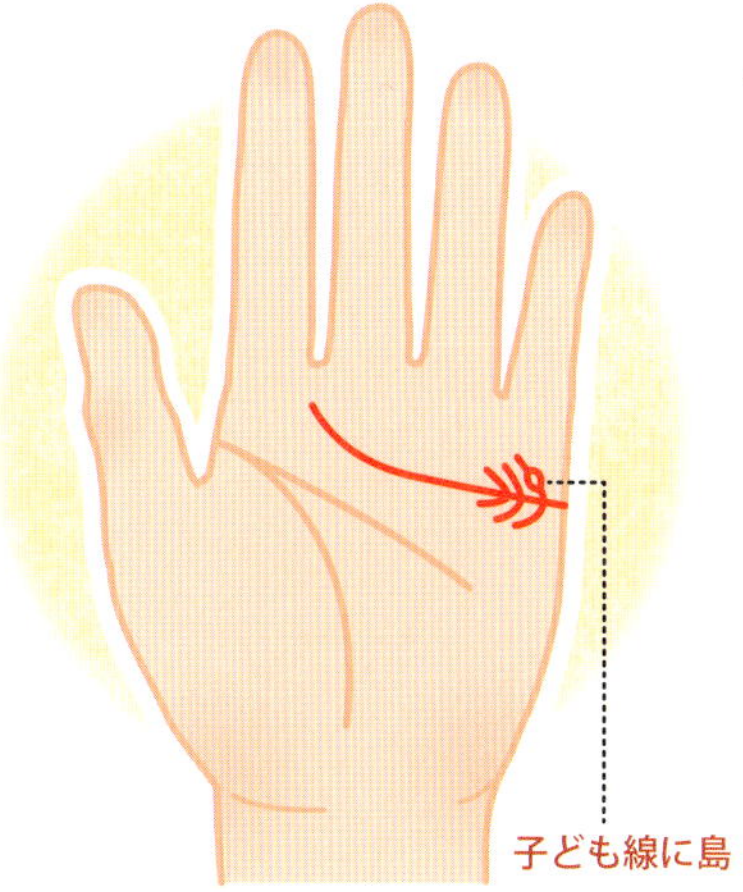

感情線の始まりをチェックしてみましょう。ここから出る支線が子ども線です。子ども線は男女共に出るものですが、女性で、この子ども線にはっきり島が現れている場合は、不妊症になりやすいことを示しています。しかし、原因を取り除くことができれば、この島も消えていくでしょう。

健康運

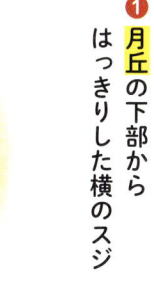

思わぬ事故やケガの可能性は？

手相は、あなたが注意力散漫になっていないか、
身体のコンディションが悪くなっていないか、なども知らせてくれます。
これらの手相が出たら、いつも以上に慎重な行動を心がけて。

事故やケガに注意すべき時期

❶ **生命線**の上に**クロス**が出現

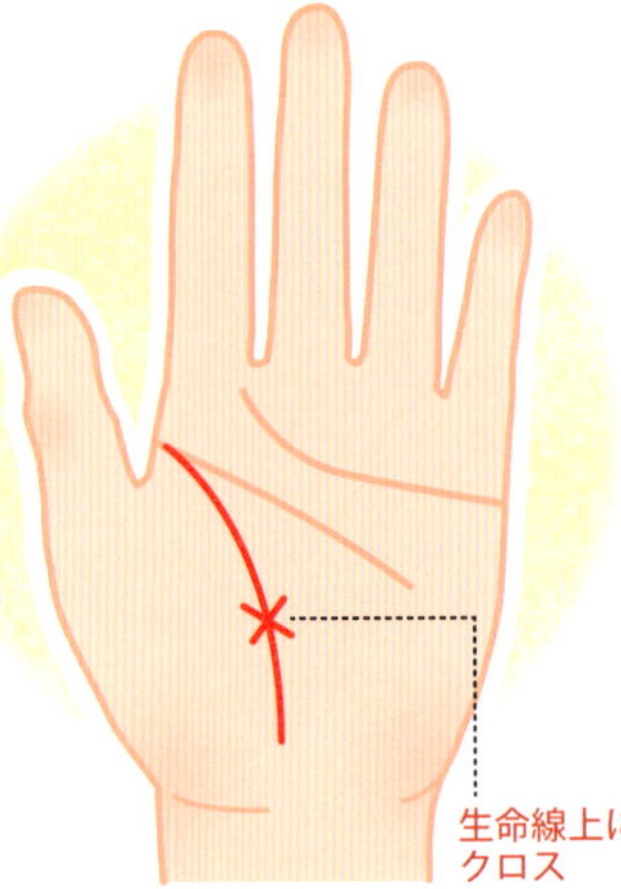

生命線上にクロスが出ているときは、そのクロスが示す時期に事故にあったり、ケガをしたりということが起こりやすくなります。流年法（31ページ）でチェックして、いつ頃かを予測しておくこと。そして、その期間はいつも以上に注意深く過ごし、思わぬ事故やケガから自分の身を守りましょう。

自分の不注意によるケガの暗示

❶ **頭脳線**の終わりに**クロス**が出現

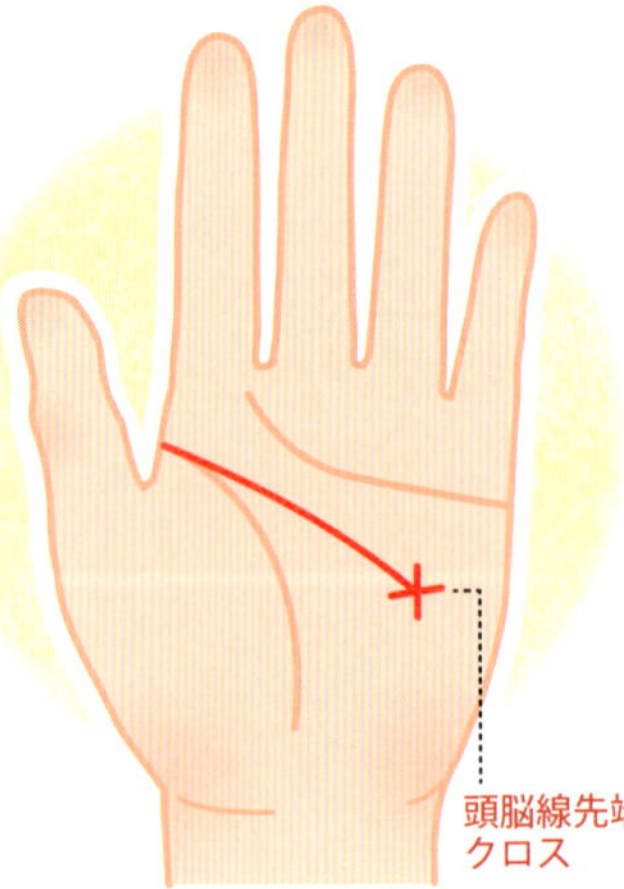

頭脳線の終わりにクロスが出て、線が分断しているように見える人は、事故やケガに注意することが大切。ここに出るクロスは、体力的な問題の事故やケガではなく、自分の不注意や集中力の低下などが原因となります。周りをよく見る、時間に余裕をもたせて行動する、などの習慣をつけましょう。

頭痛のストレスから注意力散漫に

❶頭脳線の途中に島が出現

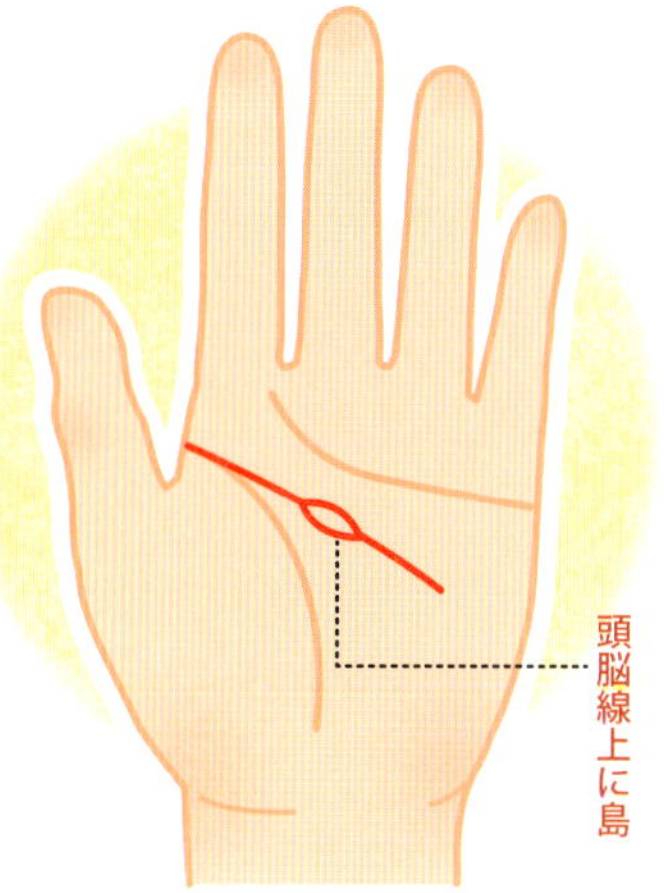

P.162も参照

頭脳線に島が出ているときは、事故やケガに注意が必要です。ちょっとした気のゆるみでケガをしてしまったり、避けることができる事故を起こしてしまったりする場合も。また、頭痛に悩むことも多く、そのストレスから注意力が散漫になりがち。頭痛の原因は早めに取り除きましょう。

危険な場所には近づかないで

❶頭脳線が1本の線にならずに切れている

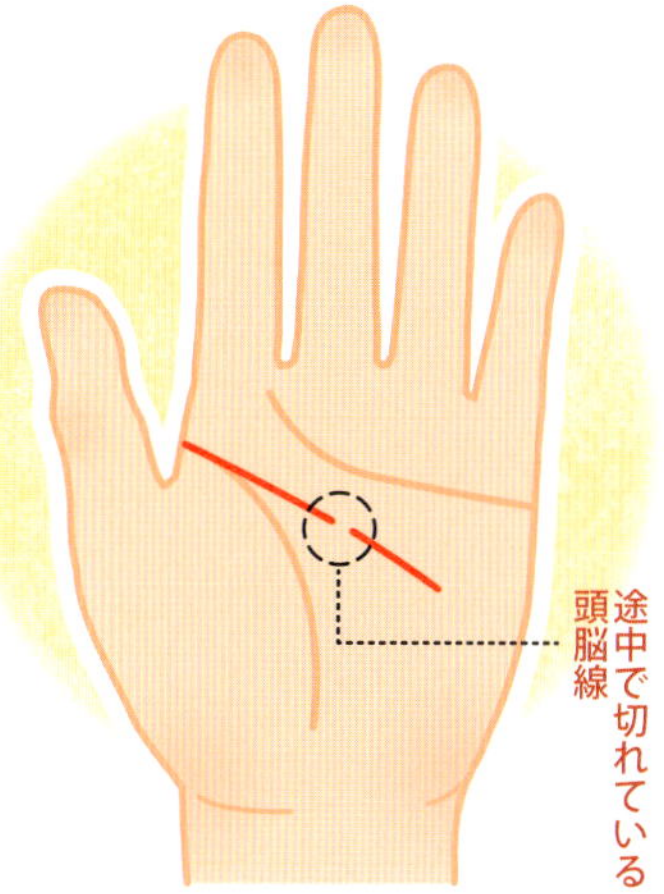

P.145も参照

頭脳線が1本の線にならず途中でブツリと断線してしまっている場合は、人や物に関することなどで、何らかの重大なトラブルに巻き込まれる可能性がありそうです。日頃から、危険なところには近づかないなどの用心を怠りなくしておけば、不運なトラブルも回避できるかもしれません。

旅行先でアンラッキーな出来事が

❶旅行線の先にクロスが出現

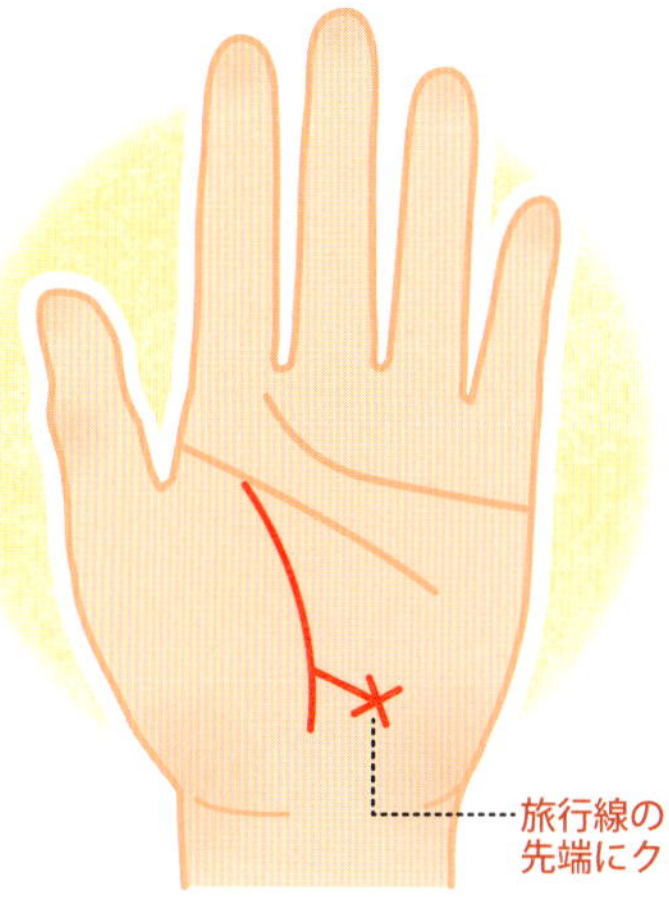

生命線から出る旅行線の先端にクロスが現れていたら要注意。遊びに行った出先や旅行先などで、何らかの災難に見舞われてしまうかも。予定通りにスケジュールが運ばなかったり、大切な持ち物を忘れてしまったりすることもありそう。事前準備や外出先での行動には、より注意を払って。

ストレスを溜めやすくなっている？

気分が落ち込んだときやイライラしたときなどに、
自分でも気づかないうちに溜め込んでしまうストレス。
目に見えないからこそ、日頃から手相でストレス度をチェックして。

悩みを一人で抱え込んでしまう

❶**頭脳線**が極端に下がっている

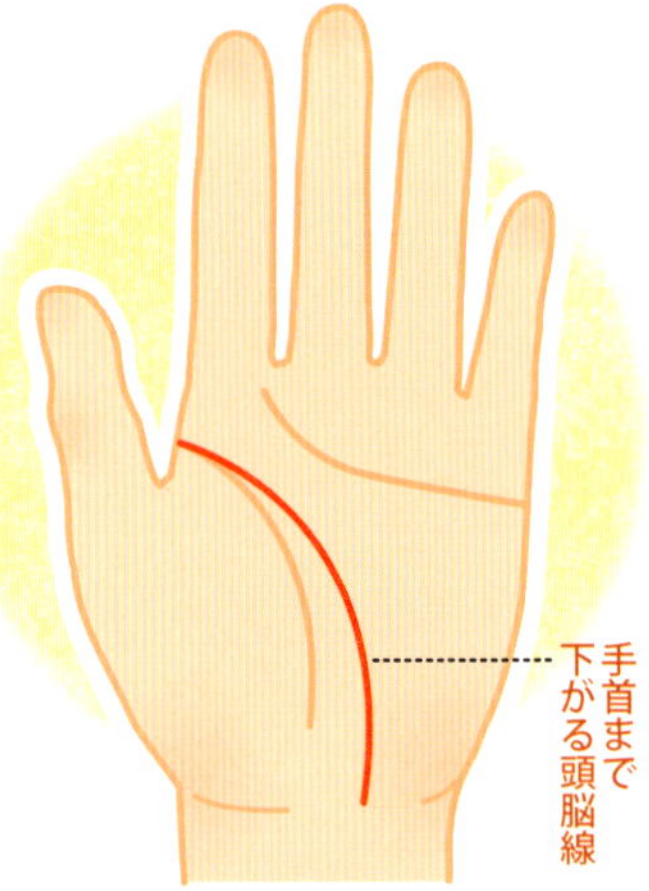

P.71／P.77も参照

頭脳線のカーブが大きく弧を描いて手首の方まで下がっていると、**控え目な性格**を表します。あらゆる物事に対してネガティブに考えてしまいがちで、内に**溜め込んだその思いを、人に話すことも苦手**なようです。一人で抱え込んで思い詰める前に、**気の置けない人にすべてを吐き出して**みて。

激しい不安に襲われて憂鬱に

❶**健康線**が切れ切れになる
❷**月丘**から細かい横のスジ

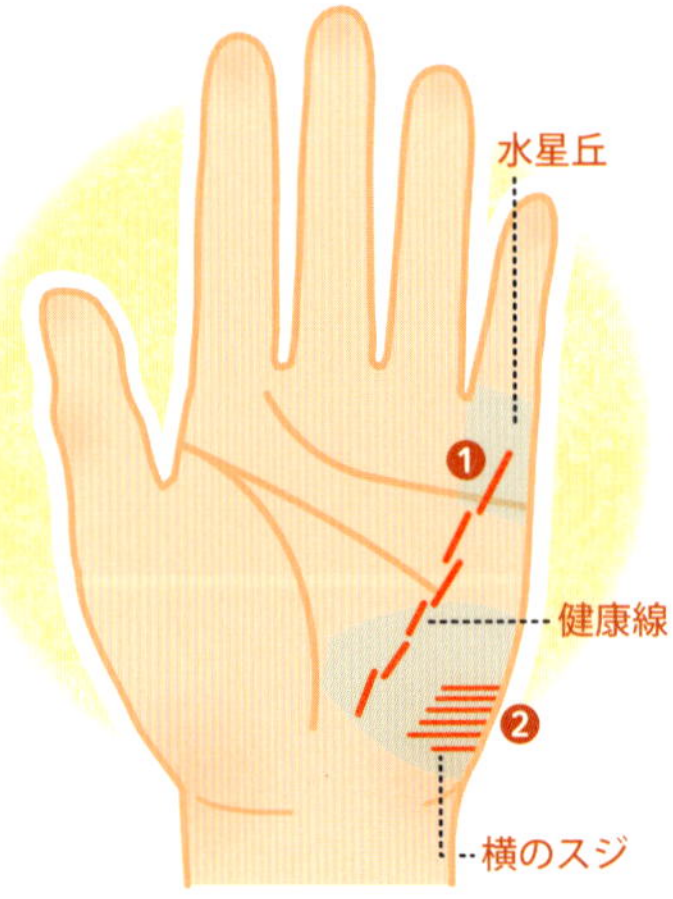

水星丘から生命線に向かって伸びる健康線。これが切れ切れの細かい線になっていると、激しい不安を感じたり、**必要以上に悲観的に考えてしまったりする**ようです。これは月丘から健康線の方向に、細かい横のスジが入っているときも同様です。日頃からなるべく**前向きな考え方を心がけて**。

人間関係に悩んで胃腸にトラブルが

❶**感情線**から下向きのスジが出現

P.72／P.105／P.152も参照

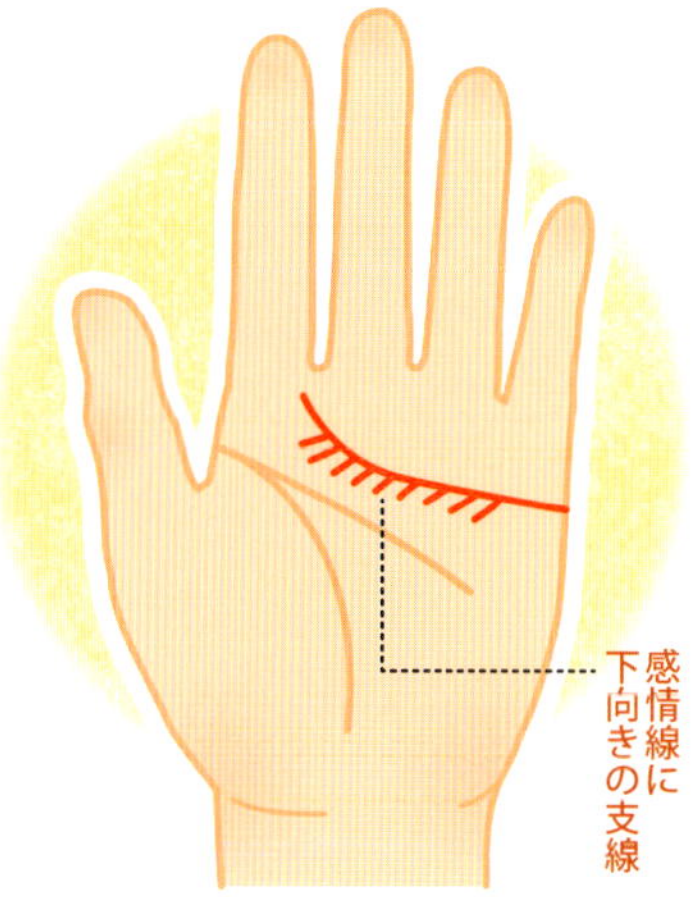

感情線から下向きの支線が出ていたら、今後、**対人関係のトラブルが起こりそう**です。この手相を持つ人は神経質な性格なので、仕事や人間関係などあらゆることで悩みがち。しかも、**ストレスを上手に解消できない**こともしばしばです。溜まった**鬱憤が胃腸にダメージを与えてしまう**ことも。

悩みが重なって気持ちが落ち込む

❶**生命線**の上に細かい複数の横スジ

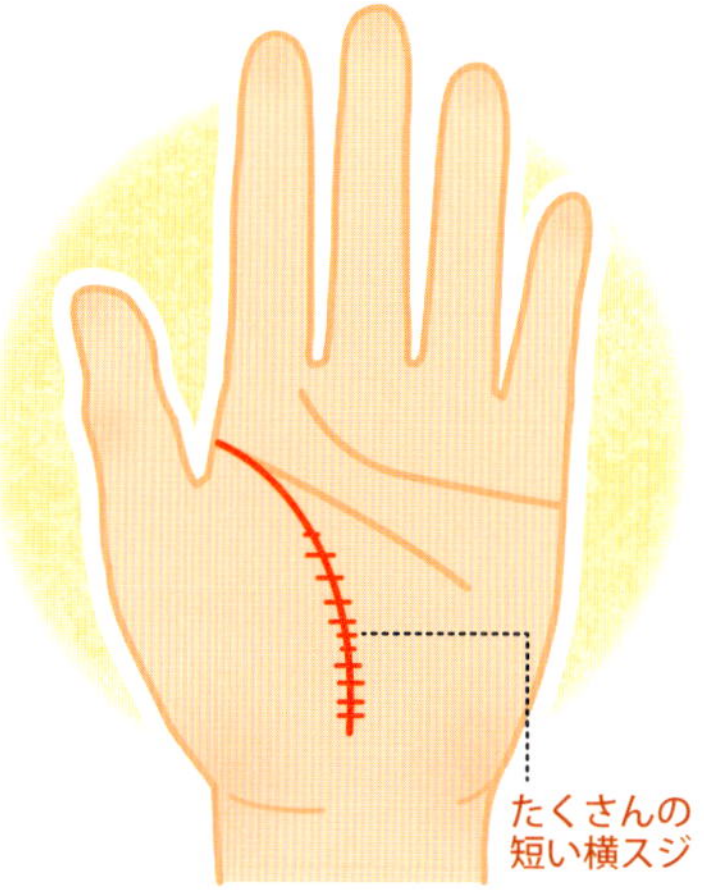

細かい横スジが生命線の上に大量に出てきた場合、**心が元気をなくしているサイン**かも。仕事に恋に家庭にと、さまざまな悩み事が重なって、気持ちが落ち込みやすくなっているようです。このままだとマイナス思考に陥って、**どんなことも悪い方向に考えてしまう**でしょう。**十分な休養が必要**です。

些細なことでもイライラしそう

❶**月丘**に**グリル**が出現

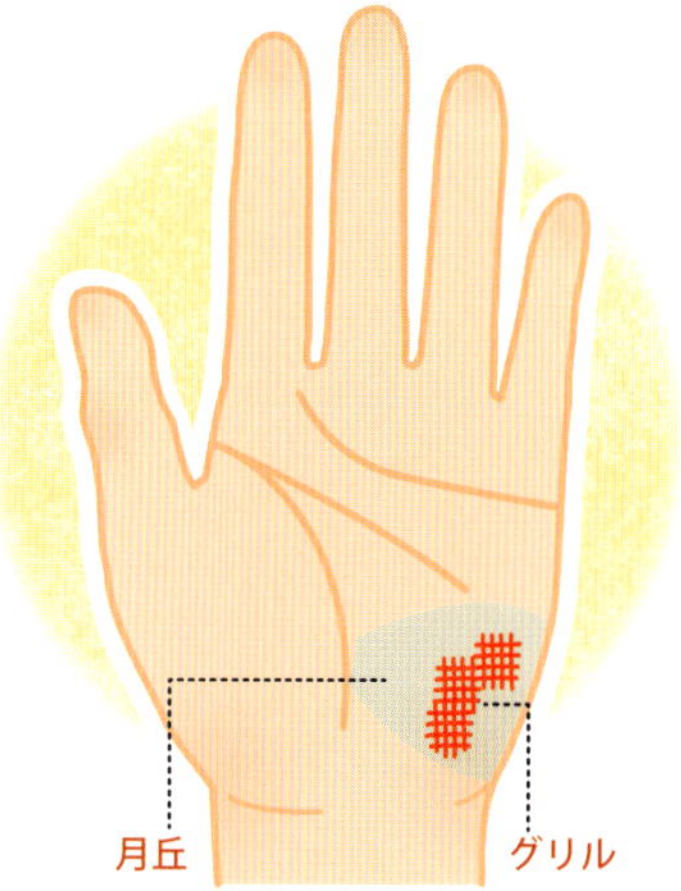

月丘に編み目のようなシワ、グリルがある場合は、あなたの**神経が過敏になっているサイン**。ちょっとしたことでネガティブ思考になり、溜まりに溜まったストレスで押しつぶされてしまいそう。とにかく**悩みを抱え込まないことが大切**です。親しい**友人や家族に心配事を打ち明けましょう**。

今の健康状態はどうなっている？

切れ目や島がなく、はっきりとした線は健康状態が良好なサイン。
逆に、細かいシワや、切れ切れで島だらけになっている場合は要注意。
何らかの異変が起こる手相といえます。

全身のコンディション不良

❶**健康線**に大きな**島**が出現

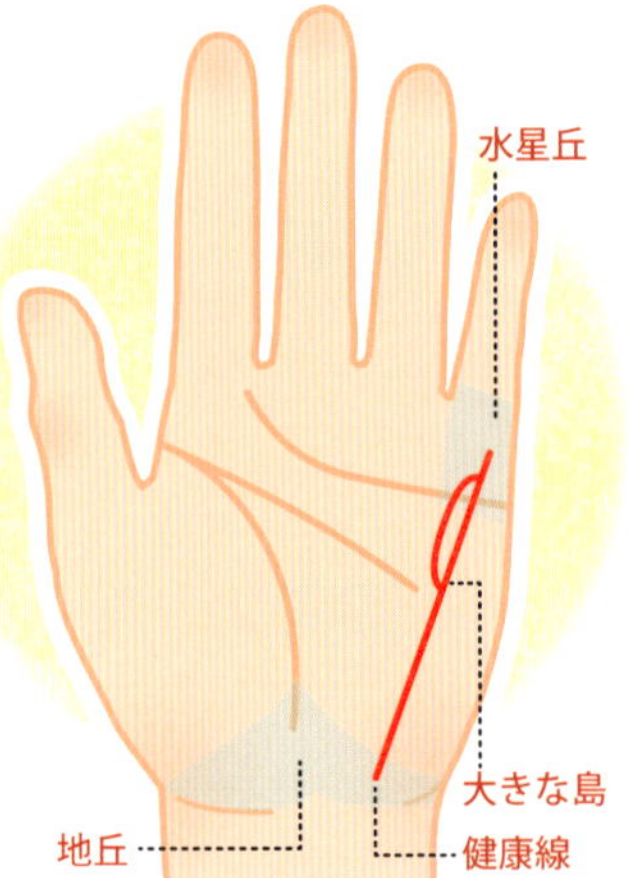

水星丘から地丘に斜めに伸びる健康線。そこに出る大きな島は、**精神的なものからくる全身の疲労**を表します。身も心も疲れている状態なので、内臓の機能も低下ぎみ。その原因であるストレスは、**スポーツやおしゃべりなど好きな方法で上手に解消**しましょう。そのうち、島も徐々になくなります。

視神経の疲れに気をつけて

❶**感情線**と**頭脳線**の間に**クロス**が出現
❷**健康線**上に**クロス**が出現

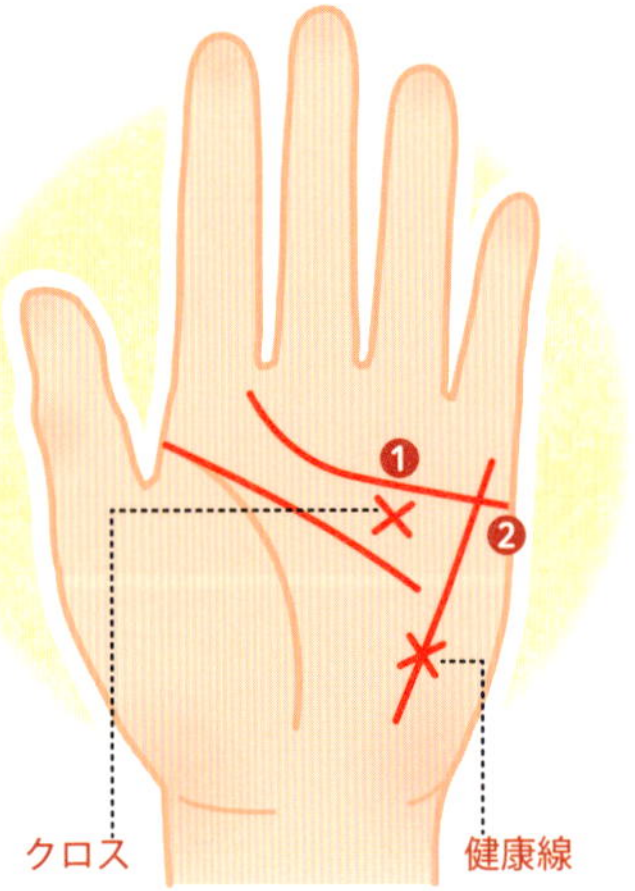

感情線と頭脳線の間にクロスが出ていると、**目が疲れているというサイン**です。パソコンやスマートフォンなどで**目を酷使している可能性**が。右手に出ている場合は右目の、左手に出ている場合は左目の疲れを表します。健康線上のクロスは視神経の疲れを示すので、**目を休める時間を意識して作って**。

運動不足で足腰にダメージが

❶薬指や小指のつけ根に細かいシワが出現

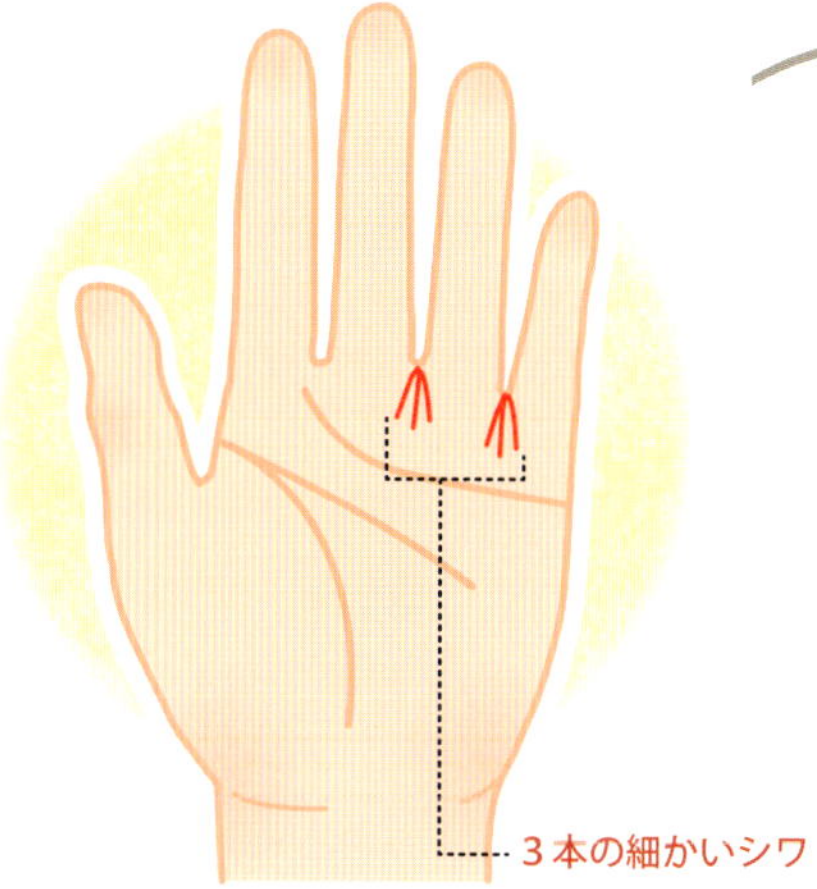

薬指や小指のつけ根あたりに3本の縦線が現れたら、**足腰が疲れている状態**。運動不足や、長時間同じ姿勢を続けていることなどが原因かも。この線は、右足が弱っているときは右手、左足が弱っているときは左手に出ます。**軽い運動やストレッチで身体を動かせば、線も自然と消える**でしょう。

心に張りがなく気持ちが老化

❶水星丘から金星丘に向かう一直線のスジ

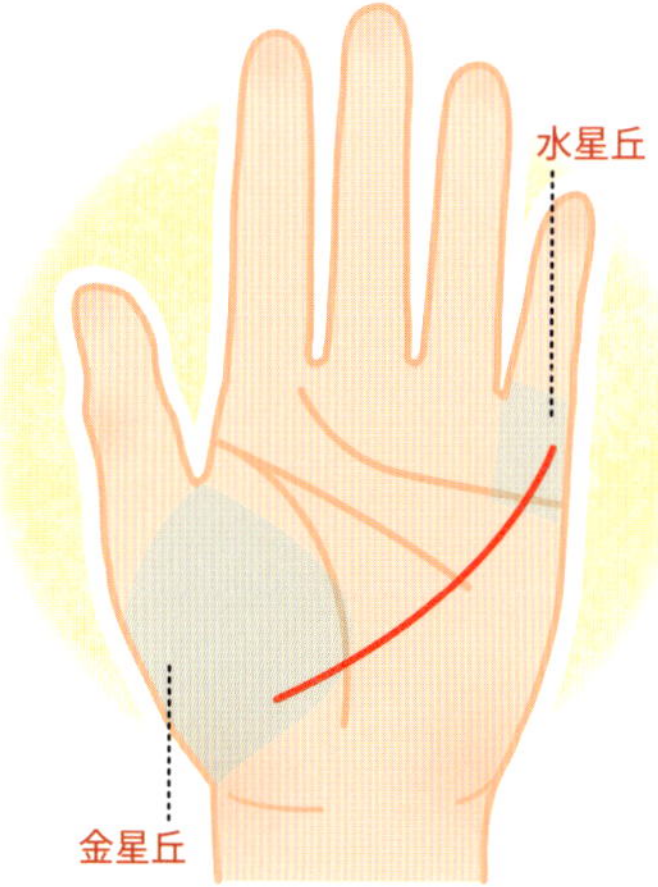

水星丘から金星丘に向かって一直線に伸びるシワ。一般的には80歳前後から現れるものですが、これは、**心身共に老化したと自らが老いを感じている**人の場合。その年齢を越えたとしても、身も心も若い人には見られません。また**年齢が若くても、気持ちが老化している人の手には出現**することも。

もしや重い病気の可能性が？

❶生命線の支線に島が出現
❷頭脳線の先端にはっきりとした島

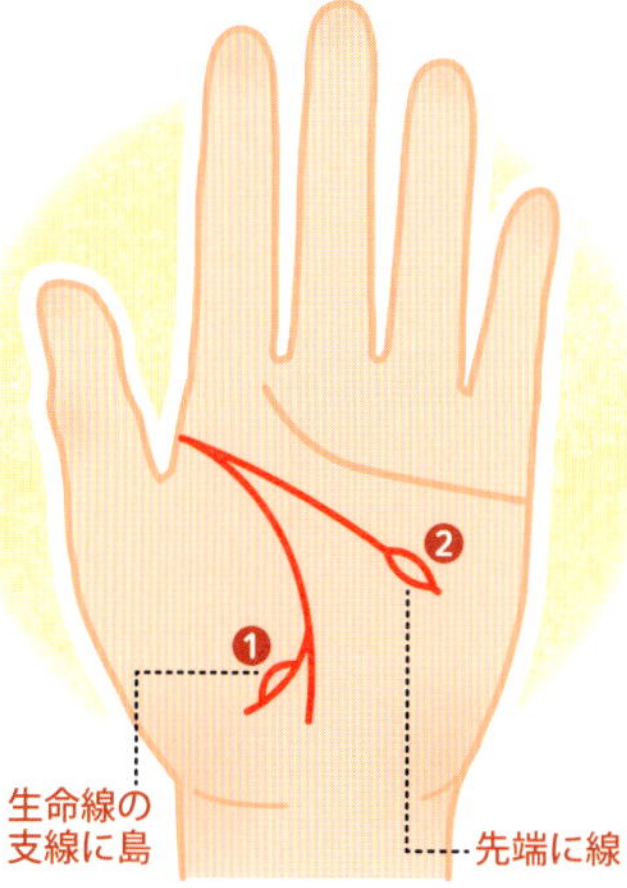

生命線から分かれた支線に島がはっきり出ている場合、重い**病気にかかっている可能性**があります。また、頭脳線を遮るように大きな島が現れている場合も、脳に関係した重大な病気の疑いが。健康診断を定期的に受けていない場合は、**なるべく早く、医師の診察を仰ぐように**しましょう。

健康バロメーター

ひと目で判断！ひと言で診断！

あなたや気になる人の手相の特徴はどれにあてはまりますか？
ワンフレーズで答えます！

生命線

細かい身体機能や生活環境の状態、隠れた病気の暗示も。

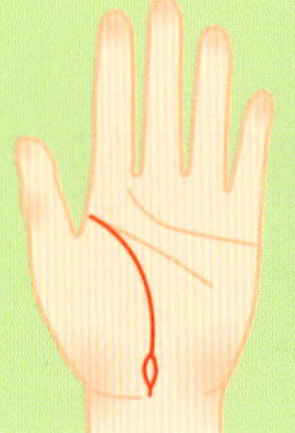
下部に島
病気の前兆

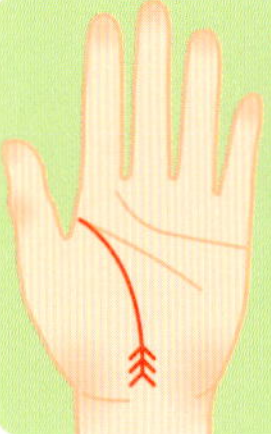
線の末端が枝分かれ
暴飲暴食に注意

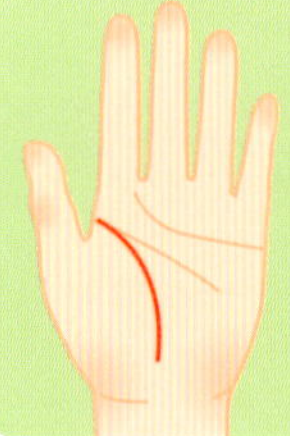
くっきり
健康的

健康線

別名「第２生命線」は健康に問題がなければ出現しない線。

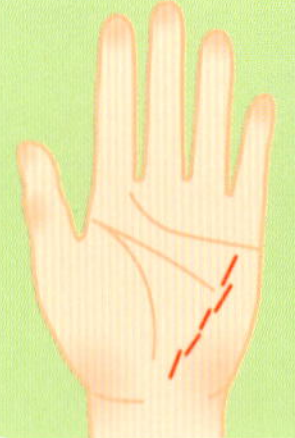
線が切れ切れ
疲れやすい体質

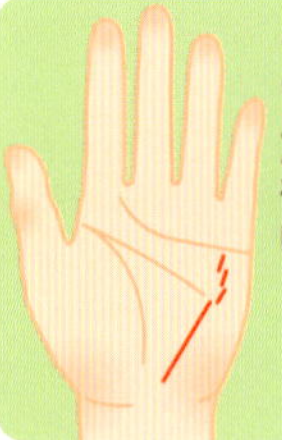
線の上部分にシワが多い
ホルモン異常

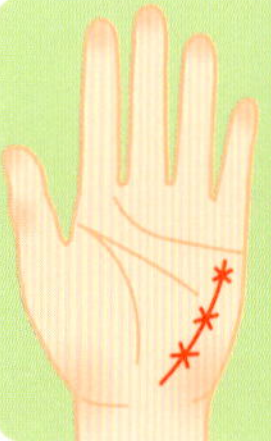
線の途中にクロスが多い
視神経の疲れ

丘

丘の上、丘を走る線に出るマイナスのサインやシワに注意。

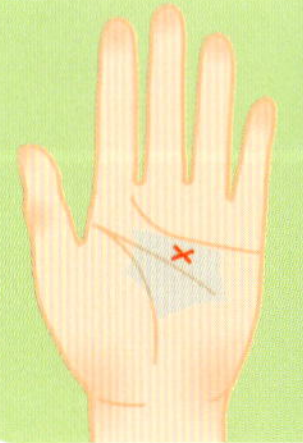
火星平原にクロス
眼精疲労

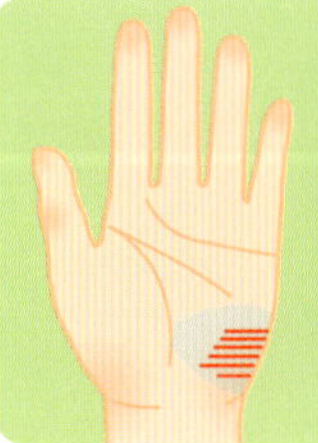
月丘に複数の横線
肝機能低下

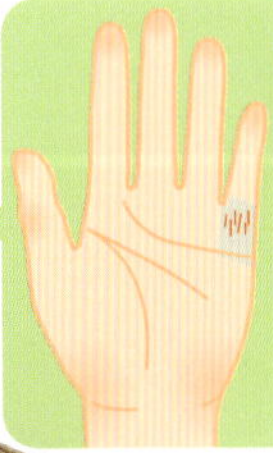
水星丘に細かいシワ
生理不順

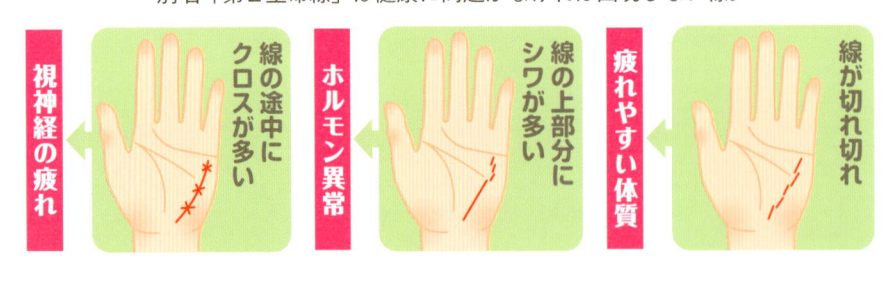

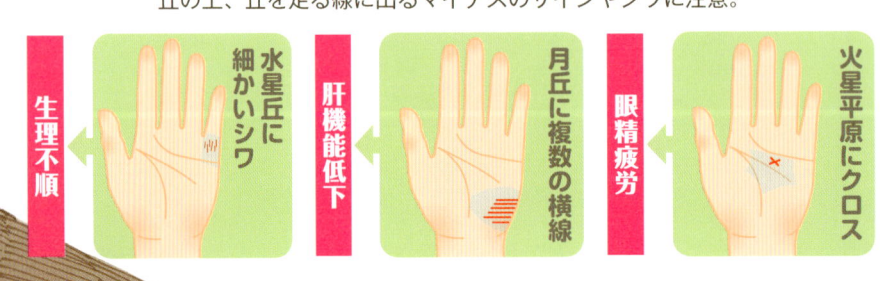

第9章

手相を変えて開運

手相は不変のものではありません。不本意な線が見つかったら、日々の習慣やしぐさ、考え方のクセをチェックしてみて。意識を変えることが手相にもいい影響を与えるのです。

手相を変えて運気をアップする

手相はとても変わりやすいものです。なぜなら、手相のシワは、日々の行動、しぐさ、クセが作るもの。毎日の習慣を意識して改善すれば、手相を変化させることができて、運気アップにつながるのです。まず、今の心理状況と手相の特徴を確認しましょう。

心理診断 CHECK①

まず、紙と鉛筆を用意します。そして目かくしをして、左から右へ、直線を10本引いてください。このとき、鉛筆を持った手の手首やひじは机から離し、鉛筆を持たない方の手も紙の上に乗せないようにします。そして、自分のカンだけを頼りに線を引きます。引き終えた線は、図のA～D、どれに近いものになっていますか？

A 10本共にまっすぐな線に近いもの

大変に安定した精神状態です。心と身体のバランスが取れています。現在の状態でも、手相はこのまま良くなっていきます。

C 線が全体的に右下がりになっている

感受性が豊かな反面、内気で神経質になっているところがあります。人見知りをしたり、恥ずかしがったりするところがありそう。

B 線が全体的に右上がりになっている

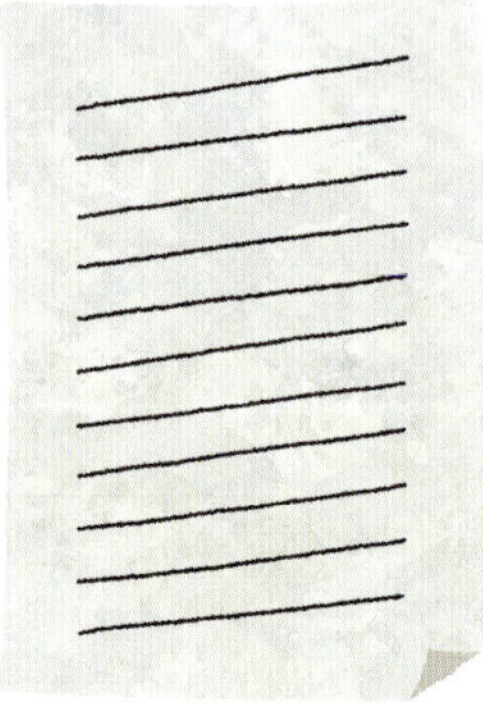

明るく外向的になっているのは良いのですが、やや注意力が散漫に。粘り強くやり抜く習慣を身につけるようにしましょう。

D 線が一定しないで途中で乱れている

睡眠不足、身体の不調、イライラしやすい状態を暗示しています。疲労が重ならないように休息をとりましょう。

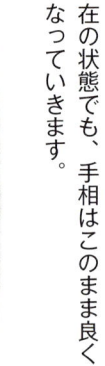

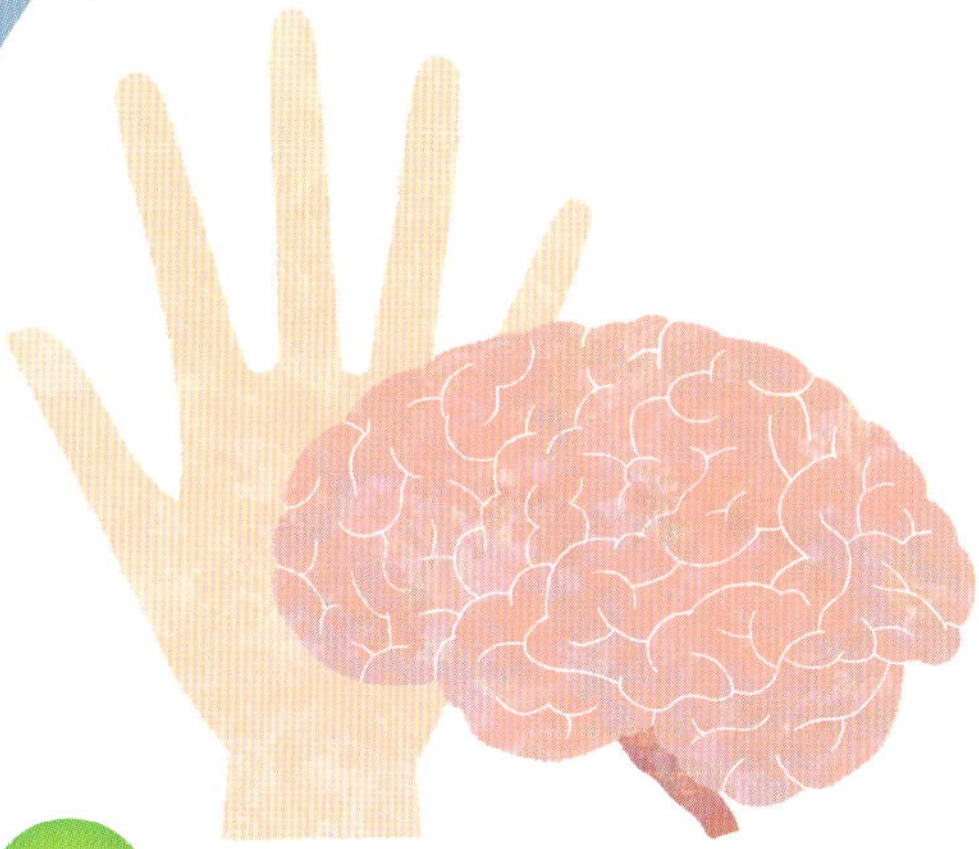

手相診断 CHECK②

手は、大脳と深いつながりがあります。ですから精神状態によって、手相は変わるのです。現在のあなたの手はどうなっているでしょうか。障害線となる横のシワが多ければ、良くない状態かもしれません。

A 生命線と頭脳線の起点に縦のシワが出てきた

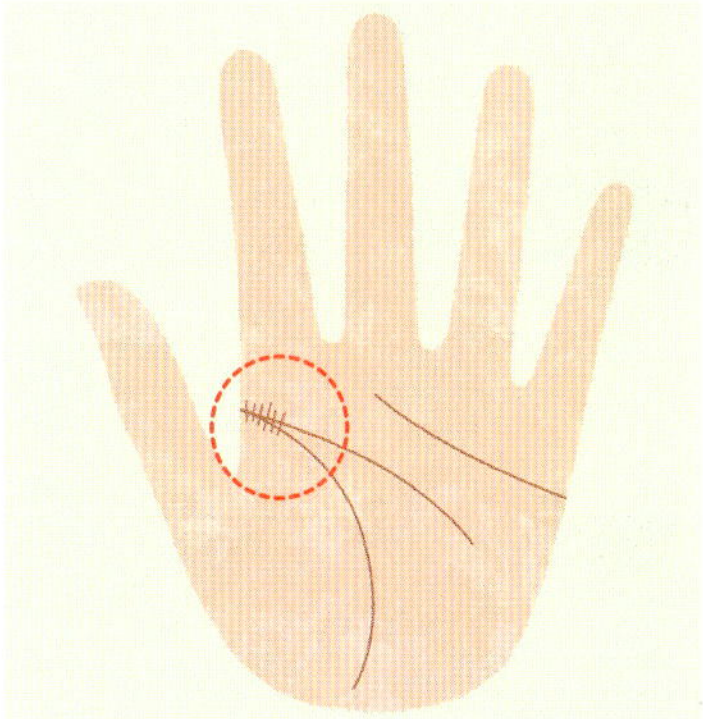

人に頼りたいという依存心が強まっています。置かれている状況を重荷と感じているようです。

B 頭脳線が手首に向かってカーブしてきた

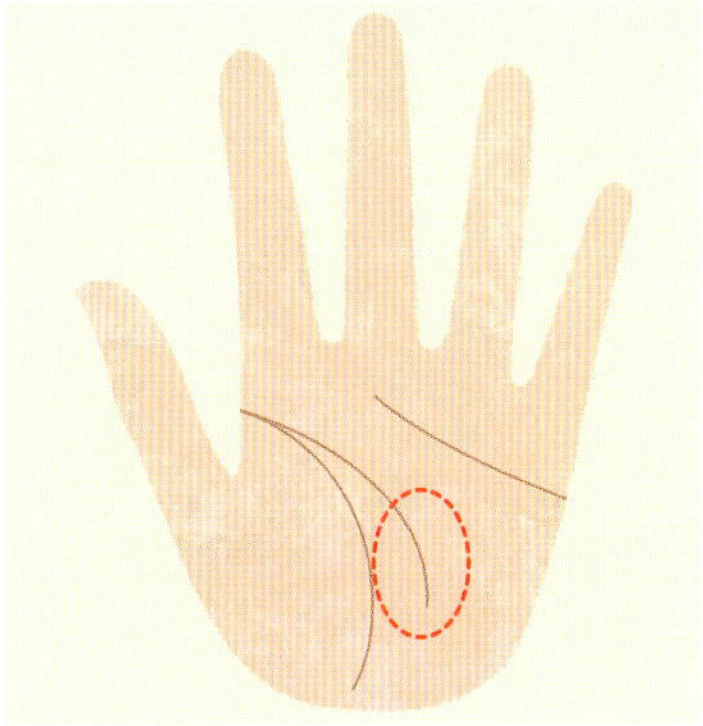

独立心が薄らいでいます。現状を何とかしようとする意欲が失われているのかもしれません。

C 感情線が切れて、くすり指のつけ根に横のシワが増えてきた

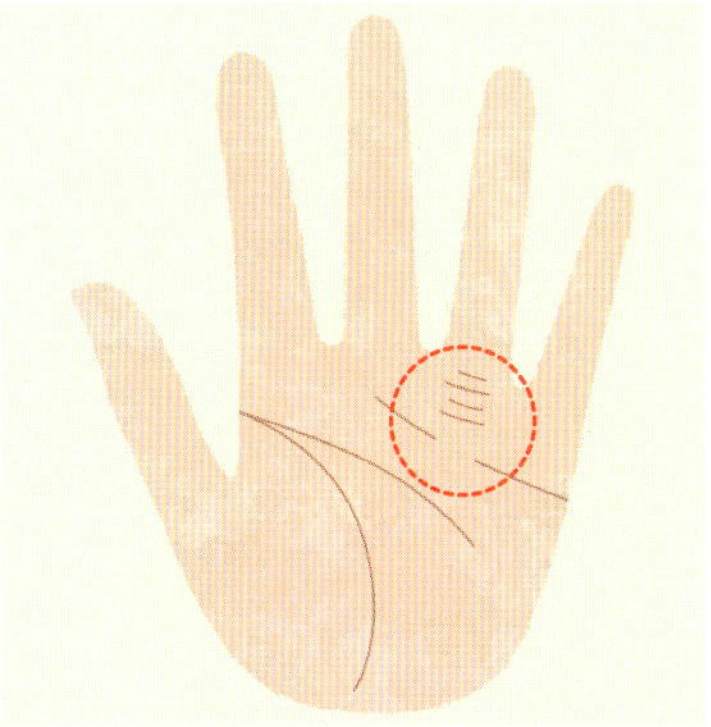

コミュニケーションが不足しがち。自分のことを理解してもらえるチャンスがなくて孤独を感じています。

D 親指のつけ根の横に、シワが増えてきた

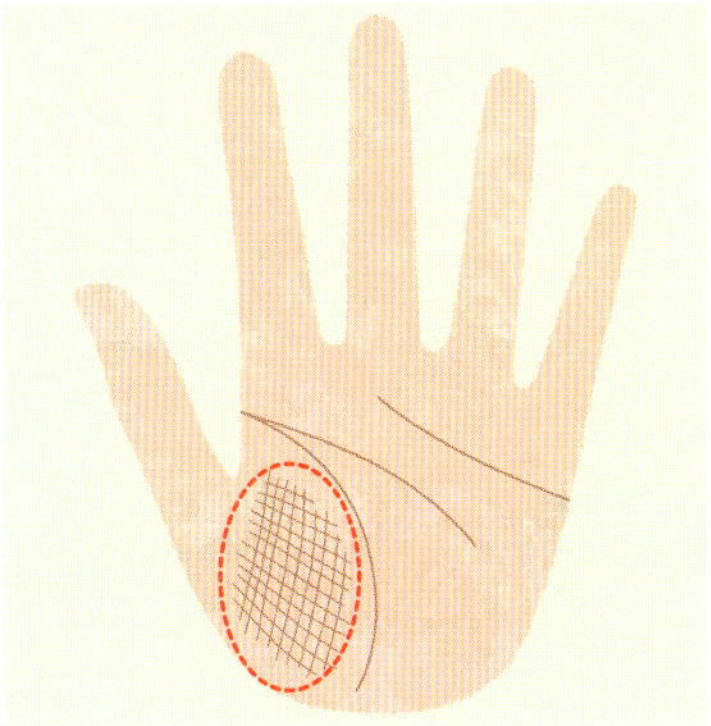

ストレスを抱えています。言葉にできない不満が溜まっている状態かもしれません。

心の状態で手相が変わる

手相の3大基本線を良くする一番いい方法は、心と身体の状態をバランス良く保つことです。手相と、大脳・身体・精神状態には深い結びつきがありますから、心のコンディションが悪くてイライラが続くと、手相に障害線が現れることもあります。

「障害線」をなくすためには？

一番効果があるのは日常の心の持ち方です。まず、大切なのは悲観的にならないこと。「何とかなる」というくらいの楽天的な気持ちでいましょう。そういう心持ちでいれば、障害線や他の悪い線も消えていきます。具体的な方法は次のようなものです。

明るくて楽天的な人、気持ちが前向きになれる人と交流するようにしましょう。

毎朝、鏡に向かってほほえんでみましょう。自分の笑顔を確認します。

好きな音楽を聞いたり、大声で歌ったりしてみましょう。

明るい未来のビジョンをいろいろイメージしてみましょう。

憧れている人のしぐさや、行動、ファッションなどをまねしてみましょう。

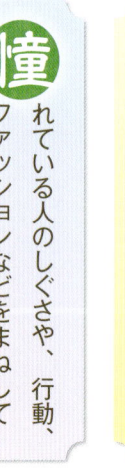

食事・環境で手相を変える

手は、身体とも深い結びつきがあります。「運は食なり」という言葉もあるほど、健康な身体作りは手相を良くすることにつながり、それが全体的な運勢を向上させることにもなります。同じく、環境を整えたり変化させることも運気アップにつながります。

バランスの良い食事を心がける

親指や人さし指に関係ある線には、肉、魚、卵、チーズなど動物性たんぱく質、小指やくすり指に関係ある線には、海藻、緑黄色野菜、果物、こんにゃく、などがおすすめです。生命線や健康線に関係ある線には、繊維質の多い野菜、たとえば、人参、大根、ごぼうなどを意識して食べると良いでしょう。線がはっきりして、手のひら全体の色つやが良くなります。

生活に使う水を変える

フランスの『ルルドの泉』の水が万病を治す奇跡の水と呼ばれるように、質のいい水は心身を健康にして、運を向上させます。日頃から、ミネラルウォーターを飲むように心がけてください。加えて、風呂の水や基礎化粧品などを変えてみるなど、肌に触れる水を意識して生活するようにしましょう。

旅をする・住環境を変える

意識的に今の環境を変えることで、手相が良くなることがあります。たとえば、旅行は運を向上させるためにもいい方法です。とくに旅行線の先にフィッシュや星が出ているときは、住んでいる地を離れることが必要。転居によって運が開ける場合もあります。それが無理な場合は、部屋の模様替えだけでも効果があります。

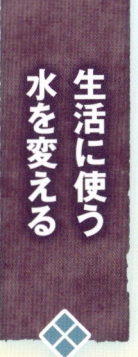

しぐさ・行動で手相を変える

手は使うほどにエネルギーが満ちてくるといわれます。左右の手はバランスよく使うようにしましょう。そして、しぐさ、行動でも手相を変化させることができます。何より「手相は自分が作る」という気構えを持つことが、いい手相への近道です。

くすり指を額の中央に当てるとインスピレーションが高まります。指を当てる位置は、額の髪の生え際とまゆ毛のほぼ中間点です。

会話をするときは視線だけを向けるのではなく、顔も相手に向けて話すようにしましょう。

物を持つときに小指を立てると、女性的な魅力がアップします。異性との出会いに恵まれます。

猫背にならないように背筋をまっすぐ伸ばして、積極的に歩きましょう。

人と話すときは、ジェスチャーを交えましょう。このとき、手のひらを相手に向けるようにすると、不思議といい手相に変わります。

指輪をする指によって、手のシワが変化します。心理的な効果が期待できます。

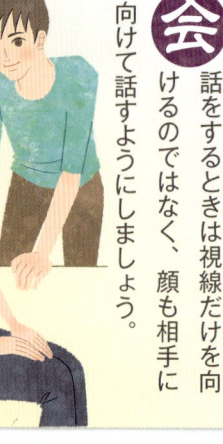

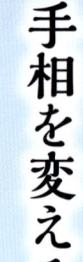

運気を悪くする 手の習慣あれこれ

無意識のうちに、ついやってしまっている手の習慣が、あなたの手相に悪影響を与えているかもしれません。もし、こういう動作がクセになっていたとしたら要注意です。いい手相にするためには、ふだんの手のしぐさを美しくするように心がけましょう。

× 神経質に手を洗い過ぎてしまう

× 人前で話すときに、つい腕組みをしている

× 洋服のポケットに手を入れたまま会話する

× 机の上でひじをついたり、両手を組んだりする

× アクセサリーや時計をつけたままで寝てしまう

× 指先、手の甲がいつもかさついている

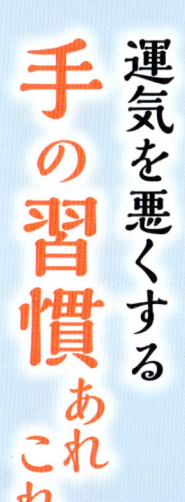

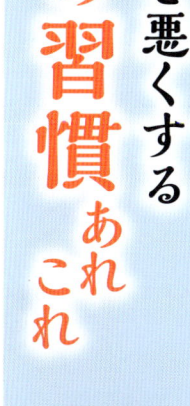

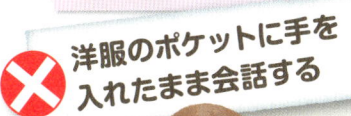

3大基本線を鍛えて運気を上げる

意識的に手を動かすことで、手のひらに溜まった運気の流れを良くする効果が期待できます。滞った気を開放するように、かんたんにできる手の体操を紹介しましょう。ちょっとした時間を利用して、続けてみてください。

生命線を鍛える

手の開閉運動や親指の動きで生命線を鍛えます。両手を同時に行うのがおすすめです。

❶親指を出して握りこぶしを作ります

❷親指だけを上げたり下ろしたりする動きを50回繰り返します

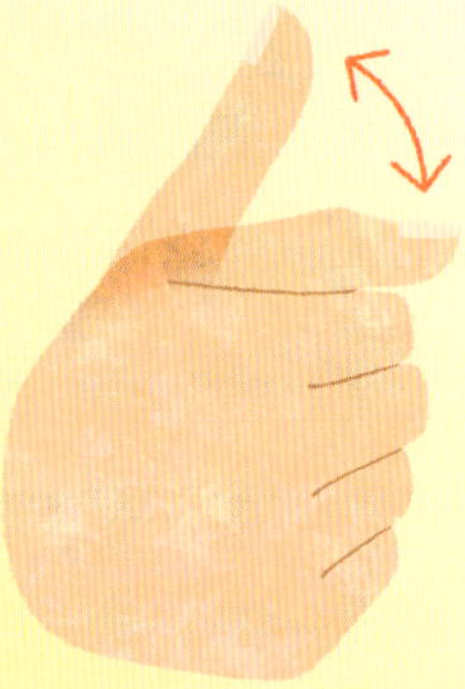

頭脳線を鍛える

人さし指と親指の細かい動きが頭脳線を鍛えます。毎日行うのがおすすめです。

❶テーブルの上に米粒（または小豆）50粒と茶椀を用意します

❷親指と人さし指で一粒ずつつまみ上げて茶碗に入れていきます

感情線を鍛える

くすり指と小指を動かして感情線を鍛えます。両手同時に行うのがおすすめです。

❶手を広げた状態で、小指とくすり指だけを30回、曲げたり伸ばしたりします

❷同じく手を広げた状態で、中指とくすり指だけを20回曲げ伸ばしします

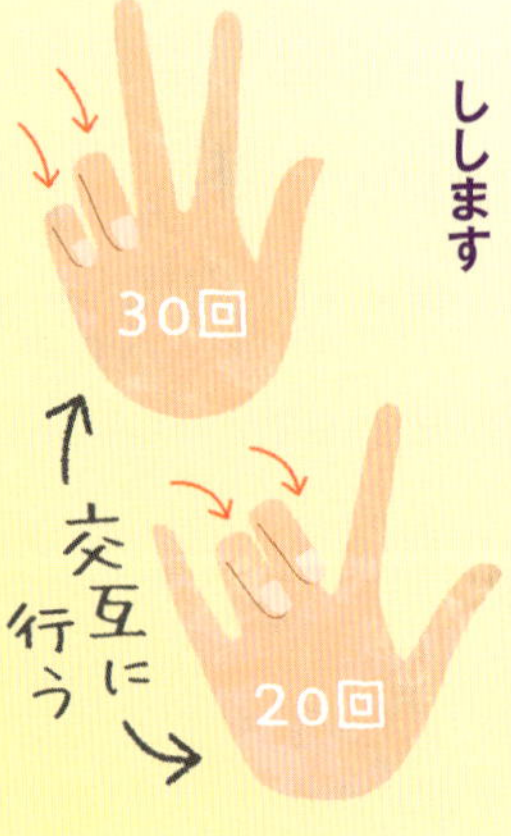

手のひら全体、指先を鍛える

手のひら全体や指先を鍛えるトレーニングを紹介しましょう。続けることで、運気アップの効果が期待できます。手のひらが柔らかくなる入浴中はもちろん、外出中の移動時間、待ち時間などでもかんたんに行うことができます。

手のひら全体

トレーニング①

手のひらはくっつけずに、5本の指の腹を全部合わせます。

トレーニング②

人さし指を反対の手で握り、上下に引っ張るようにします。これは両手共に行いましょう。また、金運や仕事運を上昇させたい人は、くすり指を握って引っ張ると効果的です。

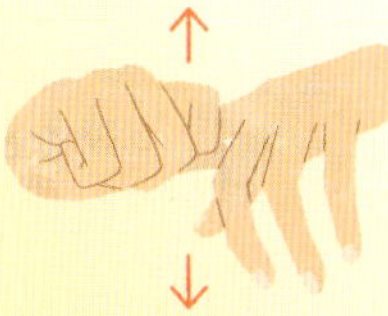

指先

マッサージ①

指の根元から指先に向かって、反対側の指でゆっくりもんでいきます。

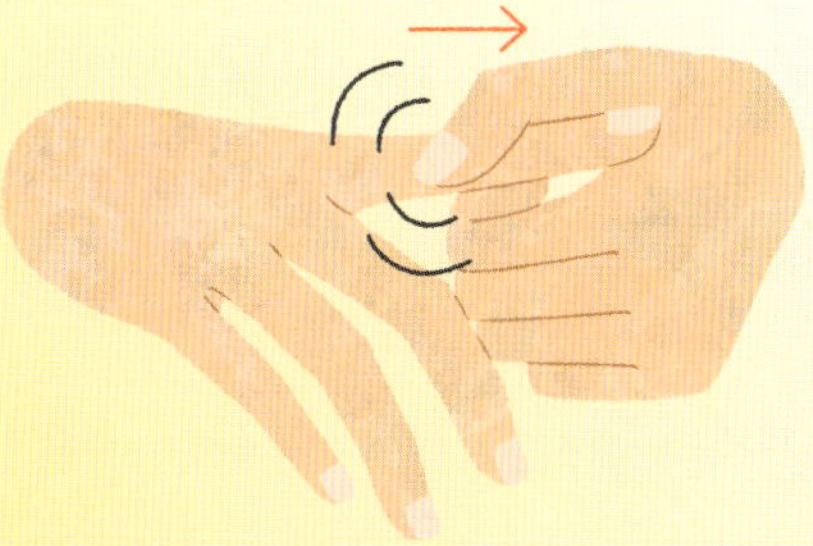

マッサージ②

爪の下部、爪の両脇をそれぞれ5秒ほど、反対側の指でギュッと押します。

マッサージ③

親指の根元のふくらみを、反対側の親指でゆっくりもむように押します。

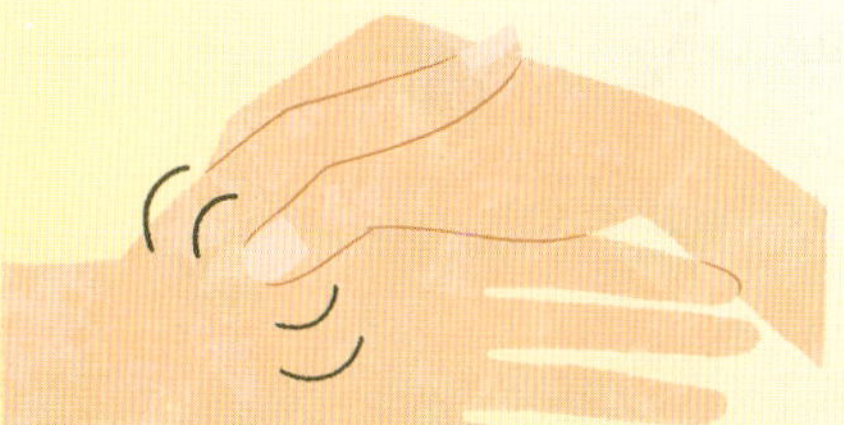

浅《あさ》野《の》八《はち》郎《ろう》

1931年名古屋生まれ。早稲田大学文学部卒業後大学院に進み、1955年フランスに留学。以後、人間心理学とパーソナリティーの研究を続ける。1962年「手相術」(光文社) を発表してベストセラーとなる。心理学研究家。日本占術協会名誉会長、国際予想科学協会会長、アメリカ人間心理学会会員、ニューヨーク科学アカデミー国際会員。著書は『一瞬で相手の心を透視できるフェイス・リーディング』(実業之日本社)、『大人女子のおまじない百科』(主婦の友社)、『手相診断』(説話社) をはじめ300冊以上。代表作は欧米他、アジアで広く翻訳、紹介されている。PC・スマホサイト「聖ユダヤ数3・7・12の暗号」など多数監修。

本文イラスト●ハラダマサミ
本文デザイン●根本直子（株式会社説話社）
編集協力●小島美奈子（株式会社説話社）
編集担当●梅津愛美（ナツメ出版企画株式会社）

いちばんやさしい手《て》相《そう》入《にゅう》門《もん》

2016年4月28日　初版発行
2020年1月20日　第6刷発行

著　者　浅《あさ》野《の》八《はち》郎《ろう》
発行者　田村正隆

発行所　株式会社ナツメ社
東京都千代田区神田神保町1-52　ナツメ社ビル1F（〒101-0051）
電話 03-3291-1257（代表）　FAX 03-3291-5761
振替 00130-1-58661
制　作　ナツメ出版企画株式会社
東京都千代田区神田神保町1-52　ナツメ社ビル3F（〒101-0051）
電話 03-3295-3921（代表）
印刷所　株式会社リーブルテック

ISBN978-4-8163-6016-9
Printed in Japan
＜定価はカバーに表示してあります＞
＜乱丁・落丁本はお取り替えします＞

本書に関するお問い合わせは、上記、ナツメ出版企画株式会社までお願いいたします。